Patrick Glogner-Pilz · Patrick S. Föhl (Hrsg.)

Das Kulturpublikum

Patrick Glogner-Pilz
Patrick S. Föhl (Hrsg.)

Das Kulturpublikum

Fragestellungen und Befunde der empirischen Forschung

2., erweiterte Auflage

Bibliografische Information der Deutschen Nationalbibliothek
Die Deutsche Nationalbibliothek verzeichnet diese Publikation in der
Deutschen Nationalbibliografie; detaillierte bibliografische Daten sind im Internet
über <http://dnb.d-nb.de> abrufbar.

1. Auflage 2010
2., erweiterte Auflage 2011

Alle Rechte vorbehalten
© VS Verlag für Sozialwissenschaften | Springer Fachmedien Wiesbaden GmbH 2011
Lektorat: Barbara Emig-Roller | Eva Brechtel-Wahl

VS Verlag für Sozialwissenschaften ist eine Marke von Springer Fachmedien.
Springer Fachmedien ist Teil der Fachverlagsgruppe Springer Science+Business Media.
www.vs-verlag.de

Das Werk einschließlich aller seiner Teile ist urheberrechtlich geschützt. Jede Verwertung außerhalb der engen Grenzen des Urheberrechtsgesetzes ist ohne Zustimmung des Verlags unzulässig und strafbar. Das gilt insbesondere für Vervielfältigungen, Übersetzungen, Mikroverfilmungen und die Einspeicherung und Verarbeitung in elektronischen Systemen.

Die Wiedergabe von Gebrauchsnamen, Handelsnamen, Warenbezeichnungen usw. in diesem Werk berechtigt auch ohne besondere Kennzeichnung nicht zu der Annahme, dass solche Namen im Sinne der Warenzeichen- und Markenschutz-Gesetzgebung als frei zu betrachten wären und daher von jedermann benutzt werden dürften.

Umschlaggestaltung: KünkelLopka Medienentwicklung, Heidelberg
Gedruckt auf säurefreiem und chlorfrei gebleichtem Papier
Printed in Germany

ISBN 978-3-531-18092-2

Geleitwort zur zweiten Auflage

Armin Klein

Dass in so kurzer Zeit bereits eine zweite Auflage des vorliegenden Buches erfolgt, zeigt deutlich, dass wir es mit einem Paradigmenwechsel in Kulturmanagement und Kulturpolitik zu tun haben. Standen seit Mitte der siebziger Jahre des letzten Jahrhunderts der „Kulturelle Auftrag" und das künstlerische Produkt im Mittelpunkt des Interesses der Kulturschaffenden, so dämmert allmählich die Einsicht, dass das schönste Produkt, der hehrste Auftrag nichts nützen, wenn die Rezipienten nicht ausreichend wahrgenommen werden. Doch dies ändert sich zurzeit massiv: Gerade in den letzten Jahren sind immer mehr Publikumsstudien durchgeführt worden, die den „großen Unbekannten" – den Besucher bzw. den Nutzer von Kulturangeboten in den Mittelpunkt stellen.

Schon vor einigen Jahren schrieb der Theaterkritiker Gerhard Jörder in der Wochenzeitung *Die Zeit*: „Es ist schon eigenartig mit dem Theaterpublikum. Ist es da, interessiert sich keiner dafür. Bleibt es weg, sprechen alle von ihm. Erst wenn es sich verweigert, ist es wieder wer. Ein ‚Phänomen'. Ein Problemfall!" Was hier speziell über das Theaterpublikum gesagt wird, kann mehr oder weniger auch für die anderen Kunstsparten gelten: Über viele Jahrzehnte wussten die Produzenten von Kunst und Kultur wenig, viel zu wenig über ihr Publikum.

Dies hat im Wesentlichen zwei Gründe. Zum einen waren (und sind) viele Kulturschaffende weitestgehend an ihrem künstlerischen Produkt und dessen Herstellung interessiert. Das ist auch völlig in Ordnung so, kann sich doch der Künstler, die Künstlerin auf die (nahezu) grenzenlose Freiheit berufen, die ihm das Grundgesetz in Artikel 5 Absatz 3 gewährt. Die zweite Ursache liegt in den in Deutschland sehr hohen staatlichen Zuwendungen, die die immaterielle Kunstfreiheitsgarantie materiell absichern: Rund 9,6 Milliarden Euro (Stand 2010 laut Kulturfinanzbericht) lassen sich dies Bund, Länder und Gemeinden kosten.

Diese erfreulichen materiellen wie immateriellen Kunst- und Kulturfreiheitsgarantien haben indes im Laufe der Jahrzehnte verstärkt dazu geführt, dass der Adressat der künstlerischen Bemühungen, das Publikum nämlich, mehr und mehr aus dem Fokus der Kulturbetriebe geriet. Der Theatermann Jürgen-Dieter Waidelich sprach in den neunziger Jahren angesichts solcher Entwicklungen gar von der „Emanzipation des Theaters vom Publikum". Doch wenn nicht alles täuscht, so verändert sich die Situation seit der Mitte der neunziger Jahre. Zunehmend wird den Kunst- und Kulturschaffenden angesichts großer demographischer Veränderungen, zunehmenden Konkurrenzdrucks innerhalb der so genannten „Erlebnisgesellschaft", neuer medialer Präsentationsformen – und nicht zuletzt aufgrund sinkender bzw. stagnierender öffentlicher Zuwendungen immer deutlicher, wie wertvoll das Publikum wird. Begriffe und Konzepte wie „Kulturmarketing" und „Besucherorientierung" haben längst den negativen Beigeschmack verloren, den sie für viele noch in den achtziger Jahren hatten.

Aber wer sind nun die Besucherinnen und Besucher von Theateraufführungen, Konzerten und Kinos, die Museumsgänger, die Nutzer von kulturtouristischen Angeboten? Was wollen sie – und was wollen sie nicht? Wie informieren sie sich, mit wem kommen sie, warum kommen sie, wie lange bleiben sie? Und auch: Wer sind die Nicht-Nutzer, diejenigen, die keinerlei Interesse an Kunst und Kultur zu haben scheinen? Was sind die Gründe für ihr Fernbleiben?

Bislang gab es auf solche Fragen nur Einzelantworten in teilweise weit verstreuten Einzelstudien und diejenigen, die mehr wissen wollten, mussten ihre Kenntnisse an teilweise entlegenen Orten suchen. Es ist das große Verdienst der Autorinnen und Autoren des vorliegenden Bandes, nicht nur die Publikumsforschung in einen systematischen Rahmen gestellt zu haben, sondern einen nunmehr leicht zugänglichen Überblick über die Veröffentlichungen und Studien zu den Publika verschiedener Kulturbetriebe erstellt zu haben. Nicht länger muss der und die Interessierte mühsam recherchieren, sondern hat hier einen vorzüglichen Überblick.

Wie bei jeder guten Forschung werden bei diesem Überblick die noch vorhandenen Lücken, Leerstellen und Desiderate deutlich sichtbar gemacht: Noch viel zu wenig wissen wir über unser Publikum. Indes: Ein Anfang ist gemacht und die notwendigen Fragen für weitere Forschungen sind gestellt. Und mit einem gewissen Stolz erfüllt es, dass die Initiative für dieses Buch und die meisten der Autorinnen und Autoren aus dem *Institut für Kulturmanagement* in Ludwigsburg kommen, in dem das Publikum und seine Erforschung schon seit langem im Mittelpunkt stehen! Es ist zu wünschen, dass dieser zweiten, erweiterten Auflage noch viele weitere folgen werden, die immer mehr Licht ins Dunkel bringen.

Prof. Dr. Armin Klein
Ludwigsburg im Februar 2011

Inhaltsverzeichnis

Patrick Glogner-Pilz/Patrick S. Föhl
Das Kulturpublikum im Fokus der empirischen Forschung:
Relevanz, Systematisierung, Perspektiven.. 9

Patrick S. Föhl/Patrick Glogner-Pilz
Spartenübergreifende Kulturpublikumsforschung: Ansätze und Ergebnisse...... 27

Patrick S. Föhl/Markus Lutz
Publikumsforschung in öffentlichen Theatern und Opern:
Nutzen, Bestandsaufnahme und Ausblick 53

Nora Wegner
Besucherforschung und Evaluation in Museen:
Forschungsstand, Befunde und Perspektiven... 127

Stefanie Rhein
Musikpublikum und Musikpublikumsforschung 183

Elizabeth Prommer
Das Kinopublikum im Wandel:
Forschungsstand, historischer Rückblick und Ausblick 225

Yvonne Pröbstle
Kulturtouristen:
Soll- und Ist-Zustand aus Perspektive der empirischen Kulturforschung......... 269

Autorinnen und Autoren 309

Das Kulturpublikum im Fokus der empirischen Forschung: Relevanz, Systematisierung, Perspektiven

Patrick Glogner-Pilz/Patrick S. Föhl

1 Einführung

Das Kulturpublikum ist in den letzten Jahren zunehmend in das Zentrum der Aufmerksamkeit von Kulturpolitik, Kulturmanagement und kultureller Bildung gerückt. Es wurde nicht nur eine Reihe an Tagungen und Konferenzen initiiert – wie beispielsweise der Bundeskongress der Kulturpolitischen Gesellschaft im Jahr 2005 zum Thema „publikum.macht.kultur" mit über 500 Teilnehmern –, es entstand auch eine Vielzahl an Publikationen, die sich mit Fragen der Besucherorientierung, mit Möglichkeiten der Kundenbindung, mit der neuen Bedeutung des Kulturpublikums sowie mit der Kulturnutzung in der Bevölkerung befassen.[1] Ferner wurde im Jahr 2007 an der Freien Universität Berlin ein Zentrum für Audience Development (ZAD) eröffnet.

Darüber hinaus beschäftigen sich aber auch die Praktikerinnen und Praktiker in den Kulturinstitutionen zunehmend mit „ihrem" Publikum. Zum einen kann ein steigender Bedarf an Fortbildungen, Beratungen und Publikationen in den Bereichen Marketing und Marktforschung festgestellt werden. So war beispielsweise die erste Auflage des vorliegenden Bandes bereits innerhalb eines Jahres vergriffen. Zum anderen führen Kultureinrichtungen aber auch vermehrt eigene Besucherstudien durch: Bei einer Umfrage gaben mehr als die Hälfte der sich beteiligenden öffentlichen Museen, Theater, Opern und Orchester an, in der Zeit von 2002 bis 2006 bereits selbst Besucherforschungsprojekte durchgeführt zu haben (ZAD 2007: 8, 35, 39).

Trotz dieses großen Interesses am Publikum von Kunst und Kultur sowie der vielfältigen Forschungsaktivitäten fehlt bislang jedoch ein umfassender und fundierter Überblick über die verschiedensten Ansätze, Fragestellungen und empirischen Befunde. Die Forschungssituation ist gegenwärtig noch von einer großen Unübersichtlichkeit geprägt. Grund hierfür ist einerseits, dass viele ver-

---

1 Exemplarisch verwiesen sei auf Hausmann/Helm (2006), Institut für Kulturpolitik der Kulturpolitischen Gesellschaft e.V. (2005, 2006), Keuchel/Wiesand (2006, 2008), Keuchel/Zentrum für Kulturforschung (2003), Klein (2005), Knava (2009), Mandel (2008).

schiedene wissenschaftliche Disziplinen – wie zum Beispiel Kulturmanagement, Soziologie, Psychologie und Betriebswirtschaftslehre – sich mit den Besuchern und Publika von Kulturveranstaltungen befassen. Andererseits beschränken sich diese Studien zumeist auch auf jeweils eine Sparte – wie zum Beispiel Museen, Theater oder Kinos – oder sogar nur auf einen Teilbereich innerhalb einer Sparte, wie beispielsweise Festspiel-Besucher. In der Konsequenz existiert eine Vielzahl an speziellen Fragestellungen und Einzelbefunden, die aber bislang kaum zu einem umfassenden Gesamtbild zusammengeführt wurden. Ziel des vorliegenden Bandes ist es, einen Beitrag zur Orientierung in diesem Feld zu liefern. Den an zukünftigen Diskussionen bzw. Entscheidungen beteiligten Akteuren aus Kulturmanagement, Kulturpolitik und kultureller Bildung soll mit dem vorliegenden Sammelband die Möglichkeit gegeben werden, sich schnell und umfassend über das Publikum jeder Sparte zu informieren und sich damit nicht mehr alleine auf punktuelle Einzelbefunde beschränken zu müssen. Ferner soll Forschenden ein Einstieg in die Thematik erleichtert und ein Blick über den Tellerrand des eigenen Spezialgebietes ermöglicht werden. Damit verbunden ist auch die Absicht, zu einer Übertragung erfolgreicher Zugänge und Methoden aus Forschungsprojekten innerhalb einer Sparte – wie zum Beispiel dem Kinopublikum – auf andere Sparten und ihre Publika – wie den Theaterbesuchern – anzuregen und auf diesem Weg eine Grundlage für einen übergreifenden und sich gegenseitig inspirierenden Austausch über empirische Forschungsansätze zu schaffen.

Bevor in den einzelnen Beiträgen der Stand der empirischen Forschung für das Theater- und Opernpublikum, für die Museumsbesucherinnen und -besucher, für das Konzert- und Musikpublikum, für das Film- und Kinopublikum sowie für Kulturtouristinnen und -touristen aufgearbeitet wird, soll hier zunächst jedoch dargestellt werden, inwieweit eine Stärkung der empirischen Publikumsforschung sowie eine Ausweitung ihrer Fragestellungen als dringend notwendig erachtet wird. Da die Publikumsforschung im Kulturbereich sehr vielfältig und teilweise auch unübersichtlich ist, wird in einem nächsten Schritt eine Systematisierung der Forschungspraxis unternommen. Den Abschluss bildet ein Blick auf einige grundlegende Herausforderungen, mit denen sich die Publikumsforschung gegenwärtig und in naher Zukunft konfrontiert sieht. Ferner werden ausgewählte Perspektiven zur Weiterentwicklung der empirischen Kulturpublikumsforschung aufgezeigt.

2   Zur Relevanz der empirischen Publikumsforschung aus Sicht von Kulturpolitik, Kulturmanagement und kultureller Bildung

Der Grund für das wachsende Interesse am Kulturpublikum kann zu großen Teilen auf die aktuellen wirtschaftlichen, politischen und gesellschaftlichen Veränderungen zurückgeführt werden, mit denen Kulturbetriebe, die Kulturpolitik und die Kulturförderung in jüngerer Vergangenheit und aktuell konfrontiert werden: Beispielhaft genannt seien die Finanzlöcher der öffentlichen Haushalte und der damit einhergehende Rückgang öffentlicher Fördermittel, multioptionale Medienangebote, hybride Publikumsinteressen und -gewohnheiten, die Auswirkungen des demografischen Wandels mit seinen Hauptausprägungen „älter, bunter und weniger" (Stiftung Niedersachsen 2006) sowie die zunehmenden Konkurrenz auf dem postmodernen Freizeitmarkt.

In der Konsequenz sehen sich Kulturmanager, Kulturpolitiker und Kulturvermittler nicht nur erheblichen Legitimationszwängen gegenüber Politik, Verwaltung und Öffentlichkeit ausgesetzt, in Folge des Rückgangs von Fördergeldern steigt gleichzeitig auch der Druck zur Erhöhung der Eigeneinnahmen über Eintrittsgelder, Gastronomie etc. Hinzu kommt ein bislang nicht da gewesener Konkurrenzkampf um Besucherinnen und Besucher. Aus diesen Problembereichen – Legitimationsbedarf, Erhöhung der Eigeneinnahmen, Konkurrenz um Publika – lässt sich jeweils direkt die Notwendigkeit einer Ausweitung der empirischen Publikumsforschung ableiten.

Zunächst sei auf den Legitimationsbedarf eingegangen. Hier kann die gegenwärtige Situation zugespitzt folgendermaßen beschrieben werden:

> „In den gegenwärtigen Auseinandersetzungen um Kürzungen in den öffentlichen Haushalten werden häufiger als in früheren Jahren bei der Schließung eines Schwimmbads, eines Jugendclubs oder einer Kinderkrippe die im Vergleich dazu oft noch immer gut bemessenen Mittel für viele der traditionellen Kultur- und Kunstinstitute ins Feld geführt. Angesichts der prekären Finanzsituation der Kommunen verschärft sich dieser ‚Kulturkampf' zwischen Opernhäusern und Krabbelstuben, Kunstmuseum und Frauenhaus, und es treten zunehmend mehr oder weniger artikulierte Konflikte zwischen verschiedenen öffentlichen Aufgabenfeldern auf. In dieser angespannten gesellschaftlichen Situation, in der ‚Kosten und Nutzen' verschiedener gesellschaftlicher Bereiche zunehmend stärker gegeneinander gestellt werden, ist es zwangsläufig, dass auch im Kulturbereich intensiver danach gefragt wird, für wen und für was die sparsamer fließenden Mittel ausgegeben werden." (Wagner 2005: 11 f.)

Ein zentrales Argument von Seiten der Kulturanbieter in diesen Diskussionen stellen die Funktionen dar, die Kultur für die Publika von Kulturveranstaltungen übernehmen soll bzw. die positiven Wirkungen, die man sich für die Nutzerinnen und Nutzer der jeweiligen Kulturangebote verspricht. Diese Funktions- und Wirkungszuschreibungen – denen vor allem seit Etablierung der „Neuen Kulturpolitik" ab Mitte der 1970er Jahre in kulpolitischen Diskussionen eine besondere Aufmerksamkeit entgegengebracht wird (vgl. zum Beispiel Glaser/Stahl 1983, Hoffmann 1981, Schwencke et al. 1974) – sind äußerst vielfältig und reichen von

Kreativitätssteigerung, Anregung zu Kommunikation und sozialer Integration über Identitäts- und Persönlichkeitsbildung bis hin zu gesellschaftlicher Aufklärung und politischer Emanzipation. Im Rahmen einer umfassenden Recherche konnten Fuchs und Liebald bereits 1995 insgesamt 90 Wirkungs- und Funktionsbehauptungen von Kunst und Kultur sammeln. Gleichzeitig stellen sie aber auch fest, dass „bislang nicht danach gefragt wurde, ob die behaupteten Wirkungen auch eingetreten sind" und dass es nötig sei, „über Möglichkeiten des Nachweises von Wirkungsbehauptungen nachzudenken" (Fuchs/Liebald 1995: 98).

So begrüßenswert die genannten Funktionen und Wirkungen auch sein mögen, ihre alleinige *Behauptung* ohne *empirische Belege* ist in der politischen Auseinandersetzung um die Förderung von Kultur und den Ausbau kultureller Bildungsangebote wenig überzeugend. Gleichwohl schien bislang im deutschsprachigen Raum an einer Evaluation der Wirkungen und Funktionen von Kunst und Kultur auf die Nutzerinnen und Nutzer wenig Interesse zu bestehen. So schreibt Dieter Kramer, der in den 1970er und 1980er Jahren mit Hilmar Hoffmann in Frankfurt die kommunale Kulturpolitik mitgestaltet hat, die lange Zeit vorherrschende Haltung wie folgt:

> „In den 14 Jahren, in denen ich aktiv an der Frankfurter Kulturpolitik beteiligt war, haben wir nie ernsthaft Wirkungsforschung betrieben – nicht nur, weil wir keine Zeit oder kein Geld gehabt hätten, sondern auch weil es ein so brennendes Interesse daran nicht gab. Kulturpolitik hatte ihr Programm und war von dessen Qualität und Bedeutung so überzeugt, dass eine empirische Nachfrage nicht notwendig schien. Pragmatische Kulturpolitik mit programmatischen Elementen, wie sie ‚Kultur für alle' war, interessierte sich wenig für Wirkungsforschung, weil sie sich auf die Botschaft der Künste verließ, und weil sie, positiv gewendet, an die Mündigkeit der Nutzer appellierte, die allmählich ihre ‚wahren Bedürfnisse' entdecken würden. Beziehungen zwischen Künsten und Nutzern herzustellen, das war die Aufgabe, deren Gelingen nicht gemessen werden konnte." (Kramer 1995: 162)

In diesem Zusammenhang soll auf den so genannten „Rechtfertigungskonsens" (Schulze 1997: 513 ff.) verwiesen werden, der für den deutschen Kulturbetrieb in weiten Teilen nach wie vor sehr prägend ist. Dieser besagt, dass in der Kultur einer der wenigen Werte an sich gesehen wird, der keiner weiteren Rechtfertigung bedarf: „Öffentliche Kulturförderung kann immer nur gut sein" (Schulze 1997: 513 f.). Als Folge wird eine kritische Auseinandersetzung mit Kulturpolitik, kulturpolitischen Zielen und ihrer tatsächlichen Realisierung kaum initiiert. Auch wenn nachvollziehbar ist, dass in Zeiten guter finanzieller und personeller Ausstattung – wie es in den späten 1970er und frühen 1980er Jahren noch der Fall war – Kulturbetriebe und Kulturverwaltungen eher vom Angebot als vom Nutzer her dachten und entsprechend auch Publikumsforschung kaum eine Rolle spielte, ist diese Haltung unter gegenwärtigen Rahmenbedingungen nur schwer verständlich. So kann empirische Publikumsforschung wissenschaftlich fundierte Argumente zur Aufrechterhaltung und Förderung kultureller Angebote liefern, wenn sich die empirisch *bestätigten* Wirkungen der Kulturnutzung mit den *behaupteten* decken. Nicht verschwiegen werden soll indes, dass unwillkommene Ergebnisse demgegenüber aber auch die Legitimation öffentlicher Kulturangebote relativieren können (vgl. Glogner/Rhein 2005: 432). „Dieses Risiko ist jedoch in Kauf zu nehmen, da die alleinige Artikulation des guten Willens in Bezug auf Wirkungsintentionen beim Kulturpublikum und den Kulturnutzern in Zukunft nicht mehr ausreichen wird" (Glogner/Rhein 2005: 432). In diesem Zusammenhang sollte zudem bedacht werden, dass Erkenntnisse über *nicht* erreichte Ziele auch einen wichtigen Beitrag zur Diskussion um Möglichkeiten und Grenzen der Kulturvermittlung, der Publikumsansprache und des Dialogs mit dem Publikum bedeuten können. So zeigt eine aktuelle Studie von Reuband (2010) beispielsweise auf, dass das Krisenerleben von Menschen *nicht* – wie so oft behauptet (vgl. Reuband 2010: 64) – eine Hinwendung zur Kultur begünstigt und damit auch nicht von einer Zunahme der Kulturnutzung in Krisenzeiten ausgegangen werden kann. Insofern bietet Publikumsforschung auch die Chance, aus „Fehlern" zu lernen, bisherige Sichtweisen zu überdenken und weiterzuentwickeln.

Wie bereits angedeutet wurde, erhöht der Rückgang an öffentlichen Fördermitteln nicht nur den Legitimationsdruck von Kultureinrichtungen und -anbietern. Neben der Frage, wie man die politisch Verantwortlichen von der Notwendigkeit einer Förderung überzeugt, gewinnt auch die Frage an Bedeutung, auf welche Weise eine Steigerung der Eigeneinnahmen möglich und realisierbar ist. Da die Eigeneinnahmen im Kulturbereich zu großen Teilen über das Publikum und die Eintrittsgelder erwirtschaftet werden, ist es nachvollziehbar, dass Kulturinstitutionen sich sehr darum bemühen (müssen), ihren Publikumskreis zu erweitern bzw. die bereits gewonnenen Besucher langfristig an sich zu binden. Außerdem dürfte inzwischen weitestgehend Einigkeit darüber bestehen, dass „öffentlich geförderte Kunst und Kultur (…) Zuschauer (braucht), um ihre gesellschaftliche Funktion wirksam erfüllen zu können" (Sievers 2005: 46).

Diese „Vermehrung" und Bindung des Kulturpublikums ist jedoch unter den veränderten Bedingungen eines multioptionalen Freizeit- und Erlebnismarktes (vgl. Schulze 1997) nicht ohne Weiteres möglich. Einerseits nimmt die Konkurrenz für die öffentlichen und öffentlich geförderten Kulturangebote stetig zu. Beispielhaft zu nennen sind die bereits erwähnten Entwicklungen auf dem Medienmarkt – verwiesen sei nur auf den DVD- und Web 2.0-Boom – sowie die stetig steigende Mobilität der Menschen und ihre Bereitschaft, für besondere „Events" auch große Distanzen zurückzulegen.

Andererseits ist die große Konkurrenz um das Publikum aber auch die direkte Folge eines über die letzten dreißig Jahre stetig expandierenden öffentlichen bzw. öffentlich geförderten Kulturbetriebs. So erfreulich und wichtig diese Entwicklung auf der einen Seite aus Sicht der Künstler und Kulturschaffenden sein mag, so problematisch ist auf der anderen Seite aus der Perspektive von Kulturmarketing und Kulturvermittlung, dass die Nachfrage nicht mit dem Wachstum des Kulturangebots mithalten konnte: „Verzeichnete beispielsweise die einschlägige Statistik des Deutschen Bühnenvereins 1991/92 noch 25 Theaterfestivals mit insgesamt 1.324 Vorstellungen, die von 1.427.667 Besuchern nachgefragt wurden, so sind es zehn Jahre später, in der Spielzeit 2001/2002, bereits 37 Festivals (eine Steigerung um fast ein Drittel!) mit 2.151 Vorstellungen (ein Zuwachs um fast 40 Prozent) und 1.532.783 Besuchern (eine Zunahme um nur knapp 7 Prozent)" (Klein 2005b: 16, vgl. auch Glogner-Pilz 2011a). Das Publikum ist nicht beliebig vermehrbar, ebenso wenig wie seine finanziellen und insbesondere seine zeitlichen Ressourcen.

Hinzu kommt außerdem, dass sich nicht nur der Freizeitmarkt vergrößert und in eine Vielzahl verschiedenster (Konkurrenz-)Angebote ausdifferenziert hat. Durch gesellschaftliche Pluralisierungs- und Individualisierungstendenzen (vgl. Beck 1986, Schulze 1997) sowie die Herausbildung verschiedenster Lebensstile (vgl. www.sinus-sociovision.de, Hartmann 1999, Otte 2004) kann man auch nicht mehr von einem einheitlichen und eindeutigen Publikumsbegriff ausgehen. Man hat es nicht mehr mit „dem Theaterzuschauer" oder „dem Museumsbesucher" zu tun, „es gibt vielmehr höchst differente Publika mit überaus unterschiedlichen Kulturinteressen, Nutzungsmotiven und Ansprüchen an Kultureinrichtungen" (Glogner 2005).

Welche Rolle kann nun Publikumsforschung vor dem Hintergrund der beiden aufgeworfenen Problembereiche spielen? Um einerseits dem angesprochenen Konkurrenzdruck aktiv und wirkungsvoll zu begegnen, um andererseits die ausdifferenzierten Zielgruppen adäquat ansprechen zu können, ist eine genaue Kenntnis der (potenziellen) Nutzerinnen und Nutzer der Kulturangebote unverzichtbar. Nur wer über gesicherte empirische Kenntnisse zu den Bedürfnissen, Kulturnutzungsmotiven und Umgehensweisen mit Kultur „seiner" Publika verfügt, wird in der Lage sein, Kulturangebote zielgruppengerecht zu vermitteln bzw. zu vermarkten. Betont sei, dass damit nicht eine *Nachfrage*orientierung gemeint ist, die sich inhaltlich an einem möglichst breiten und populären Publikumsgeschmack orientiert. Kulturmarketing-Vertreter betonen immer wieder eindringlich, dass das künstlerische oder kulturelle „Produkt" im Vordergrund steht und inhaltlich unangetastet bleiben muss (vgl. Klein 2005a: 2, 2008a: 37): „Die Qualität des künstlerischen bzw. kulturellen Produktes ist nach wie vor die vorrangige Voraussetzung, um Besucher an eine Kultureinrichtung zu binden" (Klein 2008a: 87). Dies schließt jedoch nicht aus, dass eine Kultureinrichtung *besucher*orientiert² arbeitet und darum bemüht ist, sich im Rahmen seiner Preis-, Service- und Distributionspolitik bestmöglich auf seine Kunden einzustellen.³

Über diese eher – aber nicht ausschließlich – praxisnahen Fragestellungen hinaus ist Publikumsforschung aber natürlich auch von besonderem Interesse für die kulturwissenschaftliche und kultursoziologische Forschung. Bedeutsam ist hier beispielsweise die Rolle des Publikums als „Wesenselement" des künstlerischen Prozesses (vgl. Eco 1977, exemplarisch zum Theaterpublikum Fischer-Lichte 1997).⁴ Anders als im Medienbereich, in dem die publikumsorientierte Aneignungs- und Rezeptionsforschung seit über vier Jahrzehnten eine umfassende Tradition hat, die zu einer inzwischen nahezu unüberschaubaren Anzahl empirischer Studien geführt hat, ist bei vergleichbaren kulturwissenschaftlichen und -soziologischen Forschungsaktivitäten eher Zurückhaltung zu beobachten (vgl. auch Glogner/Rhein 2005: 431).

Von Relevanz ist des Weiteren die Frage nach Zusammenhängen zwischen sozialer Herkunft und kultureller Inklusion bzw. Exklusion. In der Kultursoziologie werden entsprechende Abhängigkeiten zwar breit diskutiert und es liegen auch umfassende empirische Forschungsarbeiten vor (vgl. zum Beispiel Bourdieu 1998, Schulze 1997, Keuchel/Wiesand 2006), bislang wurden solche Fragestellungen jedoch nur selten mit Blick auf die Publika konkreter Kulturveranstaltungen zum Gegenstand empirischer Untersuchungen gemacht. Gerade die Analyse von realen Kulturpublika könnte jedoch eine wichtige Ergänzung zu den bisherigen Lebensstil- und Milieustudien sein und vertiefende qualitative Einblicke in die Reproduktion sozial-kultureller Ungleichheit(en), ihrer Bedingungen und Einflussfaktoren liefern.

---

2   Vgl. zur Unterscheidung von Nachfrage- und Besucherorientierung Klein (2008a; 2008b: 65).
3   Auch im Rahmen von strukturellen Veränderungsprozessen – zum Beispiel bei Kooperationen und Fusionen – wird die stärkere Einbeziehung von (potenziellen) Besuchern und weiteren Stakeholdern der beteiligten Kultureinrichtungen mittels Befragungen oder ähnlichen Maßnahmen in Planungs- und Entscheidungsprozesse diskutiert (vgl. exemplarisch Glogner 2009). Bei Kulturentwicklungsplanungen sind moderierte Zukunftswerkstätten mit Bürgern und andere Methoden der empirischen Sozialforschung bereits vorzufinden (vgl. Neisener 2009: 95). Darüber hinaus existieren zum Beispiel Belege, dass in den 1990er Jahren im Rahmen der Reform kommunaler Kulturverwaltungen zahlreiche Bürgerbefragungen durchgeführt worden sind. So ergab eine Umfrage des Instituts für Kulturpolitik der Kulturpolitischen Gesellschaft in Kommunen mit über 30.000 Einwohnern, dass im Sinne einer besseren Bürgerorientierung im Verlauf des Reformprozesses 45 Prozent der befragten Reformverwaltungen eine Bürgerbefragung durchgeführt haben (vgl. Oertel/Röbke 1999: 53).
4   Siehe zu diesen Aspekten auch den Beitrag von Föhl/Lutz in diesem Band.

3 Forschungspraxis: Begrifflichkeiten, methodische Zugänge und Fragestellungen

Nach diesen allgemeinen Überlegungen zur Relevanz der Publikumsforschung soll nun die konkrete Forschungspraxis näher betrachtet und einer ersten Systematisierung unterzogen werden, um ein begriffliches sowie methodisches Vorverständnis für die folgenden Einzelbeiträge zu schaffen und für zentrale Erkenntnisinteressen zu sensibilisieren.

Eingangs wurde bereits darauf hingewiesen, dass das Publikum von Kulturveranstaltungen von vielen wissenschaftlichen Disziplinen – wie zum Beispiel Kulturmanagement, Soziologie und Betriebswirtschaftslehre – zum Untersuchungsgegenstand gemacht wird. Durch diese verschiedenen disziplinären Zugänge werden zum einen höchst unterschiedliche Ziele verfolgt, die von sozialwissenschaftlicher Grundlagenforschung über Marktforschung bis hin zu kulturpädagogischen Evaluationen reichen, zum anderen finden eine Vielzahl verschiedener theoretischer Konzepte und methodischer Herangehensweisen Anwendung. Entsprechend nachvollziehbar ist damit, dass empirische Forschungen über Kulturpublika nur in wenigen Fällen aufeinander bezogen sind, „weshalb die Einschätzung der Forschungslage als disparat, heterogen, unsystematisch, polytelisch hier eher angebracht ist als in vielen anderen Forschungsfeldern" (Dollase 1998: 164).

Um dieser Unübersichtlichkeit zu begegnen, ist es sinnvoll, zunächst noch einmal die eher anwendungsorientierte Forschung von der stärker grundlagenorientierten Forschung abzugrenzen. Die Ergebnisse der *wissenschaftlichen (Grundlagen-)Forschung* können zumeist zwar auch in der Praxis der Kultureinrichtungen Verwendung finden, sind jedoch primär auf ein rein wissenschaftliches Erkenntnisinteresse und dessen wissenschaftliche Verwertbarkeit ausgerichtet – zum Beispiel in den oben bereits genannten soziologischen Studien oder als Grundlagen für weitergehende Forschung. Sie sind in der Regel durch einen expliziten Theoriebezug sowie durch eine belastbare wissenschaftlich-methodische Vorgehensweise gekennzeichnet und unterscheiden sich damit überwiegend von *anwendungsbezogenen Studien*. Bei diesen kann vom „einfachen Blick auf die Besucher" (vgl. Glogner-Pilz 2011b) gesprochen werden, der in erster Linie durch die Kultureinrichtungen oder entsprechende Berater realisiert wird. Dieser einfache Blick ist nicht selten pragmatischer und verständlicherweise durch weniger komplexe Erhebungen gekennzeichnet und verfolgt in der Regel praxeologische sowie konzeptionelle Zielsetzungen. Das neu gewonnene Wissen fließt bestenfalls in die Praxis zurück und kommt damit unmittelbar dem Kulturbetrieb als Nutzer bzw. Verwerter der Informationen zugute. Häufig steht bei entsprechenden Studien die Verbesserung der Kommunikation und des Marketings im Mittelpunkt des Interesses. Diese Feststellung zeigt sich vor allem in den Untersuchungen des Zentrums für Audience Development der Freien Universität Berlin. 2007 wurden ausgewählte öffentliche Museen und Theater/Orchester/Opern zum Thema Besucherforschung befragt. Hier wurde empirisch nachvollzogen, dass in 55,2 % der befragten Einrichtungen (gesamt N=174) überwiegend die *Marketingabteilung* für die Besucherforschung zuständig war, gefolgt von der *Presse- und Öffentlichkeitsarbeit* mit 45,4 % (vgl. ZAD 2007: 9).

Die Unübersichtlichkeit im Bereich der Kulturpublikumsforschung ergibt sich des Weiteren aus den vielfältigen „Publikumsbegriffen", die den Untersuchungen zugrunde gelegt werden. Deshalb soll auch hier eine Systematisierung vorgenommen werden. Nach Dollase (1998: 141) können folgende fünf Publikumsarten unterschieden werden:

- Reale Publika: Beiwohnende einer Aufführung zur selben Zeit im selben Raum (zum Beispiel in Konzerträumen, Theatern oder Kinos).
- Massenmediale Publika: Personen rezipieren zur gleichen Zeit an verschiedenen Orten eine Aufführung, wie zum Beispiel Radio- und Fernsehpublika.
- Medienschaften: Rezipienten wohnen einer aufgezeichneten Aufführung (CD, DVD, Festplatte) zu verschiedenen Zeiten an verschiedenen Orten bei.
- Statistische Publika: Rezipienten, die als virtuelles bzw. hypothetisches Publikum aus einer Umfrage mit entsprechenden Fragen gebildet werden (zum Beispiel alle, die angekreuzt haben, dass sie öfter ‚Problemfilme im Kino besuchen').
- Experimentelle Publika: Beiwohnende einer Aufführung im Rahmen sozialwissenschaftlicher Experimente.

Je nach gewähltem Publikumsbegriff ergeben sich vielfältige Konsequenzen für die Konzeption einer Untersuchung, die Wahl der Erhebungsmethode, die Validität der erhobenen Daten und die Interpretation der Ergebnisse (vgl. Brauerhoch 2005). So sind beispielsweise Publikumsuntersuchungen, bei denen auf Grundlage einer Bevölkerungsumfrage statistische Publika ermittelt werden, auf der einen Seite relativ einfach und kostengünstig durchzuführen. Außerdem können die Anforderungen an Repräsentativität sehr viel einfacher erfüllt werden. Jedoch kann auf der anderen Seite die Ermittlung von Personen, die bestimmte Kulturinstitutionen oder Veranstaltungen besuchen, zur Suche nach der „Nadel im Heuhaufen" werden, da der Bevölkerungsanteil, der zum Nutzerkreis zählt, sehr gering ist (vgl. Brauerhoch 2005: 452). Hinzu kommt, dass Diskrepanzen zwischen den verbalen Auskünften und dem tatsächlichen Handeln aufgrund sozialer Erwünschtheit nicht auszuschließen sind (vgl. Brauerhoch 2005: 452, Diekmann 2007: 447 ff., Glogner-Pilz 2011c: 607). Bei Vor-Ort-Befragungen von realen Publika trifft man hingegen die Personen direkt in den Kulturinstitutionen an und erhält damit auch verlässlichere Auskünfte über ihr tatsächliches Verhalten. Jedoch sind Vor-Ort-Befragungen wesentlich anspruchsvoller in der Planung und aufwändiger in der Realisierung (vgl. Brauerhoch 2005: 453, Glogner-Pilz 2011c: 611).

Für eine weitere Systematisierung der Forschungspraxis ist es ferner sinnvoll, die zum Einsatz kommenden Erhebungsmethoden einer genaueren Betrachtung zu unterziehen. Hierzu zählen die quantitative Fragebogenerhebung, das qualitative Leitfaden-Interview, qualitative und quantitative Beobachtungen, der Test bzw. das Experiment und die Inhaltsanalyse. Laut Zentrum für Audience Development sind die mit Abstand wichtigsten Instrumente im Rahmen anwendungsbezogener Studien (gesamt N=174) der schriftliche Fragebogen vor Ort in der Kultureinrichtung zum selbstständig ausfüllen (74,1 %) und das persönliche Interview mittels Frageleitfaden (46,6 %), ebenfalls vor Ort in den Kultureinrichtungen (vgl. hier und im Folgenden ZAD 2007: 15). Sporadisch werden zudem Fragebögen postalisch versandt (9,8 %), Telefoninterviews geführt (7,5 %), Gruppeninterviews veranstaltet (7,5 %), Online- (4,6 %) und E-Mail-Befragungen (1,7 %) organisiert. Dieser Befund belegt eine klare Dominanz sogenannter quantitativer Zugänge in der Forschungspraxis.

Gleichwohl muss betont werden, dass nicht pauschal der quantitativen oder qualitativen Herangehensweise der Vorzug gegeben werden kann. Die Wahl der Erhebungsmethode hängt in erheblichem Maße von dem Untersuchungsziel ab. Und obgleich bestimmte Erkenntnisinteressen durchaus eher mit qualitativen oder quantitativen Zugängen in Verbindung gebracht werden, sind diese Konventionen nicht als unumgehbare und unumkehrbare „Gesetze" zu verstehen. In der Diskussion um die Vorzüge und Nachteile quantitativer und qualitativer Forschung setzt sich zudem immer stärker die Position durch, dass im Idealfall eine Verbindung angestrebt werden sollte. Im Bereich der akademischen Forschung werden deshalb neben den genannten und weiteren Methoden teilweise auch aufwändige Studien mittels einer sogenannten Methodentriangulation realisiert, um unterschiedliche Perspektiven auf den untersuchten Gegenstand einzunehmen (vgl. vertiefend Flick 2004).

Als Beispiel aus der Publikumsforschung, bei dem das Prinzip der Methodentriangulation sehr konsequent und anspruchsvoll verfolgt wird, kann die Studie „Pilgerfahrt ins Ich" angeführt werden, bei der folgende Methoden zur Anwendung kamen (vgl. Gebhardt/Zingerle 1998: 31 f.):

- Dokumentenanalyse: zum Beispiel Auswertung von Programmheften und Presseberichten;
- Experteninterviews: 17 Gespräche mit Personen, die in verschiedenen Beziehungen zu den Festspielen stehen;

- Standardisierte Befragungen von Festspielbesuchern: 1.920 verteilte Fragebögen mit einem Rücklauf von 844 Exemplaren;
- qualitative Interviews mit 28 Festspielgästen;
- Durchführung von 55 Beobachtungssequenzen hinsichtlich des Verhaltens und der Gesprächsinhalte der Festspielbesucher;
- Foto-Dokumentation zu typischen Situationen und charakteristischen Personen.

Mit einer anderen Methodentriangulation hat das Projekt „eMotion" die Erfahrung von Museumsbesuchern experimentell untersucht. Die Erhebungsphase im Feld fand im Sommer 2009 im Kunstmuseum St. Gallen statt. Im Zentrum stand die psychogeografische Wirkung des Museums und seiner Objekte auf das Erleben. Dazu wurden wissenschaftliche und künstlerische Forschungs- und Darstellungsmethoden zu einem transdisziplinären Vorgehen integriert (vgl. zum Forschungsansatz Tröndle/Kirchberg/Wintzerith 2008).

Eine weitere Möglichkeit der Systematisierung der Forschungspraxis bieten letztlich die zentralen Fragestellungen und Erkenntnisinteressen in Bezug auf das Kulturpublikum. Betrachtet man die vorliegenden empirischen Studien, so lassen sich folgende Schwerpunkte festhalten (vgl. Klein 2008a: 48 und den Beitrag von Föhl/Lutz in diesem Band):

- soziodemografische/-ökonomische Fragestellungen: zum Beispiel Alter, Geschlecht, Einkommen, Nationalität;
- einstellungs-, motiv- und wirkungsbezogene Fragestellungen: zum Beispiel Erwartungen an einen Besuch, Meinungen, Einstellungen und Assoziationen zu einer Kultureinrichtung, Gründe für einen Besuch, Nutzungspräferenzen und Präferenzstrukturen, Untersuchung der Entscheidungsprozesse von Besuchern und ihren Einflussfaktoren, Besuchsbarrieren, Wirkungs- und Wahrnehmungsforschung, Zufriedenheit mit Kultureinrichtungen und ihren Leistungsmerkmalen;
- verhaltensbezogene Daten: zum Beispiel Besuchshäufigkeit/-intensität und ihre Determinanten, Besuch von Kultureinrichtungen und Begleitung, genutzte Distributionskanäle beim Kartenerwerb, Planungszeiträume, Informationsverhalten der Besucher;
- sonstige Fragestellungen: zum Beispiel Besucherpotenzial/-reichweite in der Bevölkerung, Existenz sozialer Erwünschtheitseffekte in Bevölkerungsumfragen und ihre Auswirkungen auf die Ergebnisse solcher Studien, Wertschätzung öffentlicher Kultureinrichtungen in der Bevölkerung, Finanzierungsfragen aus Sicht der Besucher.

Neben diesen Schwerpunkten gibt es darüber hinaus noch weitere wichtige Forschungsdesiderate. Hierzu gehören nach Günter (2006: 178 f.) unter anderem folgende Fragen:

- „Wer ist Stammpublikum, wer Gelegenheitspublikum und wie unterscheiden sich diese Zielgruppen voneinander?
- Warum wenden sich Zielgruppen ab?
- Wie kann man sie wiedergewinnen (Regain Management)? [...]
- Wie erreichen wir Zielgruppen effizient (Wirkung unterschiedlicher Kommunikationswege)?
- Wer agiert wirklich als Multiplikator?
- Wie sind Peer Groups bzw. Cliquen zusammengesetzt, gibt es ‚Platzhirsche' und wie erreicht man sie?
- Welche Bedeutung hat die Besucherpartizipation und -integration (‚customer integration') bei kulturellen Dienstleistungen?
- Welche Rolle spielt das Internet beim Publikum?
- Was ‚bleibt hängen' nach einem Besuch; was ist der Outcome?
- Welche Rolle spielt die persönliche Interaktion und Kommunikation, z.B. als Basis von Personalisierungsstrategien der Angebotskonzeption von Kulturbetrieben? [...]
- Welche Bedeutung hat eine Museums‚marke'?
- Wie kommen ‚Besucherschlangen' wirklich zustande (z.B. die Berliner MoMA – Schlange)?
- Unter welchen Bedingungen identifiziert sich das Publikum mit ‚seinem' Museum, Theater usw.?
- Welche Rolle spielen Unsicherheit, Überraschung und Information? Also: Warum kaufen wir beim Theaterbesuch eine ‚Katze im Sack' (oder auch doch nicht, wenn und weil wir das Theater oder einzelne Protagonisten kennen)?
- Welche Bedeutung haben ‚Lange Nächte der ...' für das Publikum? [...]
- Und letztlich: Warum nutzen überhaupt welche Besucher welche Kulturangebote?"

4 Herausforderungen und Perspektiven

So erfreulich einerseits die dargestellte Vielfalt an Erkenntnisinteressen, an theoretischen Ansätzen und methodischen Zugängen in der Erforschung des Kulturpublikums ist, so problematisch ist andererseits, dass bislang kaum ein systematischer Austausch zwischen den beteiligten wissenschaftlichen Disziplinen stattfindet. Dieser Austausch ist jedoch eine wesentliche Voraussetzung, um Theorien und Erhebungsinstrumentarien weiterzuentwickeln und aufeinander abzustimmen. Auch kann ein solcher Austausch dabei helfen, von den in der konkreten Forschungspraxis bereits gewonnenen Erfahrungen anderer – beispielsweise in Bezug auf Probleme bei der Probandenansprache in Foyers – zu profitieren und das „Rad nicht immer wieder neu erfinden zu müssen".

Um diesem Ziel näher zu kommen, bedarf es zunächst einer grundlegenden Bestandsaufnahme über die bereits geleistete Forschungsarbeit, zu der auch der vorliegende Sammelband einen Beitrag leisten möchte. Erst auf der Basis solcher Bestandsaufnahmen lässt sich in einem weiteren Schritt herausarbeiten, welche Theorien und Erhebungsmethoden sich bewährt haben, wo man auf Grenzen und Probleme stößt und welche Fragen bislang noch nicht befriedigend beantwortet bzw. zum Untersuchungsgegenstand gemacht wurden. Darüber hinaus wären Replikationsstudien wünschenswert, um den bisherigen Erkenntnisstand von (punktuellen) Einzeluntersuchungen zu verallgemeinern (vgl. zum Beispiel Glogner 2002: 107) und die bereits entwickelten Forschungsinstrumentarien einer kritischen Überprüfung zu unterziehen bzw. zu optimieren. Am Ende eines solchen Prozesses würde sich einerseits ein Kernbestand an Theorien und Methoden herauskristallisieren, die sich bewährt haben und spartenübergreifend einsetzbar sind. Andererseits würde aber auch deutlich werden, welche Forschungsdesiderate noch bestehen (vgl. Föhl/Glogner 2009).[5]

Eine weitere Herausforderung mit der sich die empirische Publikumsforschung im Kulturbereich konfrontiert sieht, steht im engen Zusammenhang mit den bisherigen Ausführungen zu einem mangelnden Austausch zwischen den wissenschaftlichen Fächern. So ist derzeit der forschungsmethodische (Ausbildungs-)Standard in den „Kerndisziplinen" der Publikumsforschung – d. h. Kulturmanagement, Kulturpolitik und kulturelle Bildung – bei Weitem nicht so fortgeschritten wie in der Psychologie, in der Soziologie oder in der Betriebswirtschaftslehre. Zwar gibt es zwischenzeitlich in nahezu jedem Studiengang Einführungsseminare zum Thema Forschungsmethoden, jedoch gehen diese in der Regel nicht über die Grundlagen der Operationalisierung und der Stichprobenziehung sowie des Designs einfacher Erhebungsinstrumente hinaus. Möglichkeiten zur vertieften Auseinandersetzung mit komplexen Forschungsmethoden, mit methodologischen Fragen sowie mit anspruchsvolleren Auswertungsverfahren – wie zum Beispiel multivariate Statistiken – sind bislang die Ausnahme. Ähnlich sieht die Situation bei den Fachpublikationen aus. Neben den

---

5   Vgl. in diesem Zusammenhang auch die kontroverse Diskussion um das Wissenschaftsverständnis im Kulturmanagement und die Rolle von Bestandsaufnahmen bei der Erarbeitung theoretischer und methodischer Kernbestände des Faches (Föhl/Glogner 2008 und 2009, Tröndle 2008, van den Berg 2008).

wenigen, sehr praxisorientierten Einführungen zum Thema Besucherforschung im Kulturbereich (vgl. Butzer-Strothmann/Günter/Degen 2001, Glogner-Pilz 2011c) existieren bislang keine umfassenden Veröffentlichungen über empirische Forschungsmethoden in Kulturmanagement und Kulturpolitik.

Hieraus ergibt sich die Gefahr, dass Publikumsuntersuchungen, die von Kulturbetrieben in Eigeninitiative und ohne externe Fachberatung entwickelt und durchgeführt werden, methodische Mindeststandards nicht erfüllen[6] und in der Folge zu verzerrten Ergebnisse führen, und damit unter Umständen auch zu kulturmanagerialen oder kulturpolitischen Fehlentscheidungen auf der Basis dieser Ergebnisse.

Wünschenswert ist jedoch nicht nur ein intensiverer Austausch der „Kerndisziplinen" der Publikumsforschung im Kulturbereich im engeren Sinne. Darüber hinaus wäre auch ein Blick auf die relevanten Nachbardisziplinen sinnvoll, die sich mit vergleichbaren Fragestellungen befassen. So haben die Medien- und Kommunikationswissenschaften bereits eine lange Tradition in der empirischen Erforschung von Medienpublika. Diese Forschungstradition hat zwischenzeitlich zu einer Vielzahl an Fragestellungen und unterschiedlichsten theoretischen und methodischen Ansätzen geführt, die sich bewährt haben und ohne größere Schwierigkeiten auch in der Erforschung von Kulturpublika im engeren Sinne angewandt werden könnten. Obgleich die Publikumsforschung im Kulturbereich von diesem Fundus erheblich profitieren könnte, findet eine solche Übertragung bislang jedoch noch eher selten statt (vgl. Glogner/Rhein 2005: 437 f.).

Die folgenden Beiträge sollen neben ihren Bestandsaufnahmen zur Forschungslage innerhalb der jeweiligen Sparten auch eine erste Grundlage für einen spartenübergreifenden Austausch sein. Zwar gibt es eine Reihe an eindeutigen Gemeinsamkeiten in den Erkenntnisinteressen wie zum Beispiel die soziodemografische Zusammensetzung oder die Besuchsmotive der jeweiligen Publika. Daneben lassen sich aber auch unterschiedliche Forschungsschwerpunkte erkennen. In der Museumsbesucherforschung spielt beispielsweise das Thema Evaluation eine wesentlich bedeutsamere Rolle als in den übrigen Sparten, und in der Musik- und Filmpublikumsforschung ist eine deutlich größere Nähe zu Ansätzen der empirischen Medienwissenschaften und Marktforschung erkennbar. Diese Schwerpunkte *innerhalb* einzelner Sparten geben jedoch wichtige Anregungen für die Weiterentwicklung und Optimierung der empirischen Publikumsforschung und können dazu ermutigen, sich entsprechende Ansätze auch über die bewährten Anwendungsfelder hinaus zu Nutze zu machen.

Der anschließende Beitrag öffnet jedoch zunächst den Horizont auf Ergebnisse spartenübergreifender Publikumsforschung. Darauf folgt der erste sparten-

---

6 Dies ist eine Beobachtung der beiden Autoren, die seit Jahren in der Weiterbildung und Beratung im Kulturmanagement tätig sind.

spezifische Einblick mit einem Beitrag zu den Publika in öffentlichen Theatern und Opern. Die Museen und ihre Besucher stehen im Mittelpunkt des nächsten Aufsatzes. Beiträge zum Musik- und Filmpublikum schlagen im Anschluss die Brücke von der Kulturpublikums- zur Medienpublikumsforschung. Der Band schließt mit einem spartenübergreifenden Beitrag zum Kulturtourismus. Diese bewusst übersichtlich gehaltene Auswahl ermöglicht vertiefende Einblicke in unterschiedliche Ansätze und Ergebnisse der Publikumsforschung im Kulturbereich. Es werden spartenspezifische Besonderheiten, aber auch Überschneidungen hinsichtlich der jeweiligen Publikumsforschung sichtbar, wenngleich nicht alle Sparten und Publika berücksichtigt werden konnten.

Da dieser Sammelband nicht möglich gewesen wäre ohne die tatkräftige Unterstützung unseres beruflichen und privaten Umfeldes, möchten wir an dieser Stelle unseren Dank aussprechen. Zunächst danken wir herzlich den Autorinnen und Autoren dafür, dass sie dieses Projekt mit ihren Beiträgen möglich gemacht haben. Danken möchten wir zudem Natalie Pilz für ihren gewohnt präzisen Blick bei der Schlussredaktion sowie den Kolleginnen und Kollegen der Abteilung Kultur- und Medienbildung der Pädagogischen Hochschule Ludwigsburg für deren Unterstützung: hier insbesondere Karin Matt für den organisatorischen Rückhalt und Nadja Theilemann für die spontane Hilfe bei den Abschlussrecherchen. Ein ganz besonderer Dank geht schließlich an Maren Scharpf und Vera Angstenberger, die mit ihren umfassenden Recherchen und ihrer gründlichen redaktionellen Mitarbeit einen unverzichtbaren Beitrag zum Gelingen dieses Buches geleistet haben.

Wir widmen dieses Buch Ilya Föhl, der während der Abschlussarbeiten zur ersten Auflage des vorliegenden Sammelbandes am 29. Juli 2009 geboren wurde.

Literatur

Beck, Ulrich (1986): Risikogesellschaft. Auf dem Weg in eine andere Moderne. Frankfurt am Main: Suhrkamp

Bekmeier-Feuerhahn, Sigrid/Karen van den Berg/Steffen Höhne/Rolf Keller (Hrsg.) (2009): Forschen im Kulturmanagement: Jahrbuch für Kulturmanagement 2009. Bielefeld: Transcript

Bourdieu, Pierre (1998): Die feinen Unterschiede. Kritik der gesellschaftlichen Urteilskraft. 10. Auflage. Frankfurt am Main: Suhrkamp

Brauerhoch, Frank-Olaf (2005): Worüber reden wir, wenn wir vom „Publikum" sprechen. Verführungen der Kulturtheorie und Empirie. In: Institut für Kulturpolitik der Kulturpolitischen Gesellschaft e.V. (2005): 451-457

Butzer-Strothmann, Kristin/Bernd Günter/Horst Degen (2001): Leitfaden für Besucherbefragungen durch Theater und Orchester. Baden-Baden: Nomos

Diekmann, Andreas (2007): Empirische Sozialforschung. Grundlagen, Methoden, Anwendungen. 18. Auflage, vollständig überarbeitete und erweiterte Neuausgabe. Reinbek bei Hamburg: Rowohlt

Dollase, Rainer (1998): Das Publikum in Konzerten, Theatervorstellungen und Filmvorführungen. In: Strauß (1998): 139-174

Eco, Umberto (1977): Das offene Kunstwerk. Frankfurt am Main: Suhrkamp

Fischer-Lichte, Erika (1997): Die Entdeckung des Zuschauers. Paradigmenwechsel auf dem Theater des 20. Jahrhunderts. Tübingen/Basel: Francke

Flick, Uwe (2004): Triangulation. Wiesbaden: VS

Föhl, Patrick S./Patrick Glogner-Pilz/Markus Lutz/Yvonne Pröbstle (Hrsg.) (2011): Nachhaltige Entwicklung in Kulturmanagement und Kulturpolitik. Wiesbaden: VS (in Druck)

Föhl, Patrick S./Patrick Glogner (2009): „Vom Kopf auf die Füße" – Kritische Anmerkungen zur aktuellen Diskussion um das Forschungs- und Wissenschaftsverständnis des Faches Kulturmanagement. In: Bekmeier-Feuerhahn u. a. (2009): 187-197

Föhl, Patrick S./Patrick Glogner (2008): Ein Widerspruch der keiner ist? Überlegungen zur Notwendigkeit der Verknüpfung von Theorie und Praxis im Kulturmanagement. In: Keller/Schaffner/Seger (2008): 13-19

Föhl, Patrick S./Iken Neisener (Hrsg.) (2009): Regionale Kooperationen im Kulturbereich. Theoretische Grundlagen und Praxisbeispiele. Bielefeld: Transcript

Fuchs, Max/Christiane Liebald (Hrsg.) (1995): Wozu Kulturarbeit? Wirkungen von Kunst und Kulturpolitik und ihre Evaluierung. Remscheid: Bundesvereinigung kulturelle Kinder- und Jugendarbeit e.V.

Gebhardt, Winfried/Arnold Zingerle (1998): Pilgerfahrt ins Ich. Die Bayreuther Richard Wagner-Festspiele und ihr Publikum. Eine kultursoziologische Studie. Konstanz: UVK

Glaser, Hermann/Karl-Heinz Stahl (1983): Bürgerrecht Kultur. Aktualisierte und erweiterte Neuausgabe. Frankfurt am Main/Berlin/Wien: Ullstein

Glogner-Pilz, Patrick (2011a): Das Spannungsfeld von Angebot, Nachfrage und generationsspezifischen kulturellen Einstellungen: offene Fragen für eine nachhaltige Kulturpolitik. In: Föhl/Glogner-Pilz/Lutz/Pröbstle (2011) (in Druck)

Glogner-Pilz, Patrick (2011b): Instrumente der Besucherforschung. In: Klein (2011a) (in Druck)

Glogner-Pilz, Patrick (2011c): Empirische Methoden der Besucherforschung. In: Klein (2011b): 599-622

Glogner, Patrick (2009): Publikumsforschung und Bürgerbefragungen im Rahmen regionaler Kooperationsprozesse. In: Föhl/Neisener (2009): 129-138

Glogner, Patrick/Stefanie Rhein (2005): Neue Wege in der Publikums- und Rezeptionsforschung? Zum Verhältnis der empirischen Medienpublikums- und Kulturpublikumsforschung. In: Institut für Kulturpolitik der kulturpolitischen Gesellschaft e.V. (2005): 431-439

Glogner, Patrick (2005): Spot an für das Publikum. Die Forschung kann den Dialog fördern. In: Das Parlament. Wochenzeitung hrsg. vom Deutschen Bundestag. Nr. 33 vom 22. August 2005

Glogner, Patrick (2002): Altersspezifische Umgehensweisen mit Filmen. Teilergebnisse einer empirischen Untersuchung zur kultursoziologischen Differenzierung von Kinobesuchern. In: Müller/Glogner/Rhein/Heim (2002): 98-111

Günter, Bernd (2006): Besucherforschung im Kulturbereich. Kritische Anmerkungen und Anregungen. In: Institut für Kulturpolitik der Kulturpolitischen Gesellschaft e.V. (2006): 174-180

Hartmann, Peter (1999): Lebensstilforschung. Darstellung, Kritik und Weiterentwicklung. Opladen: Leske+Budrich

Hausmann, Andrea/Sabrina Helm (Hrsg.) (2006): Kundenorientierung im Kulturbetrieb. Grundlagen – innovative Konzepte – praktische Umsetzungen. Wiesbaden: VS

Hausmann, Andrea/Jana Körner (Hrsg.) (2009): Demografischer Wandel und Kultur. Veränderungen im Kulturangebot und der Kulturnachfrage. Wiesbaden: VS

Hoffmann, Hilmar (1981): Kultur für alle. Perspektiven und Modelle. Erweiterte und aktualisierte Ausgabe. Frankfurt am Main: Fischer

Institut für Kulturpolitik der Kulturpolitischen Gesellschaft e.V.(Hrsg.) (2006): publikum.macht.kultur. Kulturpolitik zwischen Angebots- und Nachfrageorientierung. Dokumentation des 3. Kulturpolitischen Bundeskongresses am 23./24. Juni 2005 in Berlin. Essen: Klartext

Institut für Kulturpolitik der Kulturpolitischen Gesellschaft e.V. (Hrsg.) (2005): Jahrbuch für Kulturpolitik 2005. Thema: Kulturpublikum. Essen: Klartext

Keller, Rolf/Brigitte Schaffner/Bruno Seger (Hrsg.) (2008): spiel plan: Schweizer Jahrbuch für Kulturmanagement 2007/2008. Bern/Stuttgart/Wien: Haupt

Keuchel, Susanne/Andreas Wiesand (2008): Das KulturBarometer 50+. „Zwischen Bach und Blues ...". Bonn: ARCult Media

Keuchel, Susanne/Andreas Wiesand (Hrsg.) (2006) Das 1. Jugend-KulturBarometer: „Zwischen Eminem und Picasso...". Bonn: ARCult Media

Keuchel, Susanne/Zentrum für Kulturforschung (2003): Rheinschiene – Kulturschiene. Mobilität – Meinungen – Marketing. Bonn: ARCult Media

Klein, Armin (Hrsg.) (2011a): Kompendium Kulturmarketing. München: Vahlen (in Druck)

Klein, Armin (Hrsg.) (2011b): Kompendium Kulturmanagement. Handbuch für Studium und Praxis. 3., überarbeitete Auflage. München: Vahlen

Klein, Armin (2008a): Besucherbindung im Kulturbetrieb. Ein Handbuch. 2. Auflage. Wiesbaden: VS

Klein, Armin (2008b): Kulturpolitik vs. Kulturmanagement? Über einige für überholt gehaltene Missverständnisse. In: Kulturpolitische Mitteilungen. Heft 123/IV. 65-67

Klein, Armin (2007): Der exzellente Kulturbetrieb. Wiesbaden: VS

Klein, Armin (2005a): Kulturmarketing. Das Marketingkonzept für öffentliche Kulturbetriebe. 2. aktualisierte Auflage. München: dtv

Klein, Armin (2005b): Nachhaltigkeit als Ziel von Kulturpolitik und Kulturmanagement – ein Diskussionsvorschlag. In: Klein/Knubben (2005): 9-28

Klein, Armin/Thomas Knubben (Hrsg.) (2005): Deutsches Jahrbuch für Kulturmanagement 2003/2004. Band 7. Baden-Baden: Nomos

Knava, Irene (2009): Audiencing: Besucherbindung und Stammpublikum für Theater, Oper, Tanz und Orchester. Wien: Facultas

Kramer, Dieter (1995): Wie wirkungsvoll ist die Wirkungsforschung in der Kulturpolitik? In: Fuchs/Liebald (1995): 162-165

Mandel, Birgit (Hrsg.) (2008): Audience Development, Kulturmanagement, Kulturelle Bildung. Konzeptionen und Handlungsfelder der Kulturvermittlung. München: Kopäd

Müller, Renate/Patrick Glogner/Stefanie Rhein/Jens Heim (Hrsg.) (2002): Wozu Jugendliche Musik und Medien gebrauchen. Jugendliche Identität und musikalische und mediale Geschmacksbildung. Weinheim/München: Juventa

Neisener, Iken (2009): Von der Kulturentwicklungsplanung zur „Kulturabwicklungsplanung"? Kulturelle Planungen im Kontext des demografischen Wandels. In: Hausmann/Körner (2009): 83-106

Oehmichen, Ekkehardt/Christa-Maria Ridder (Hrsg.) (2003): Die MedienNutzerTypologie: ein neuer Ansatz der Publikumsanalyse. Baden-Baden: Nomos

Oertel, Martina/Thomas Röbke (1999): Reform kommunaler Kulturverwaltungen. Ergebnisse einer Umfrage in Kommunen über 30.000 Einwohnern. Bonn

Otte, Gunnar (2004): Sozialstrukturanalysen mit Lebensstilen: eine Studie zur theoretischen und methodischen Neuorientierung der Lebensstilforschung. Wiesbaden: VS

Reuband, Karl-Heinz (2010): Kultur als Refugium in einer krisenhaften, unübersichtlichen Welt? Krisenerleben und Nutzung kultureller Einrichtungen in der Bevölkerung – Empirische Befunde. In: Kulturpolitische Mitteilungen. Heft 129/II. 64-66

Schulze, Gerhard (1997): Die Erlebnisgesellschaft. Kultursoziologie der Gegenwart. 7. Auflage. Frankfurt am Main/New York: Campus

Schwencke, Olaf/Klaus H. Revermann/Alfons Spielhoff (Hrsg.) (1974): Plädoyers für eine neue Kulturpolitik. München: Carl Hanser

Sievers, Norbert (2005): Publikum im Fokus. Begründungen einer nachfrageorientierten Kulturpolitik. In: Institut für Kulturpolitik der Kulturpolitischen Gesellschaft e.V. (2005): 45-58

Stiftung Niedersachsen (Hrsg.) (2006): »älter – bunter – weniger«. Die demografische Herausforderung an die Kultur, Bielefeld: Transcript

Strauß, Bernd (Hrsg.) (1998): Zuschauer. Göttingen u. a. O.: Westdeutscher Verlag

Tröndle, Martin (2008): Restart. Paradigmen und Paradigmenwechsel im Kunst- und Kulturmanagement. In: Keller/Schaffner/Seger (2008): 61-73

Tröndle, Martin/Volker Kirchberg/Stéphanie Wintzerith u. a. (2008): Innovative Museums- und Besucherforschung am Beispiel des Schweizerischen Nationalforschungsprojektes eMotion. In: KM, Nr. 26, Dezember 2008

Van den Berg, Karen (2008): Vom „kunstbezogenen Handeln" zum „Management of Meaning". Drei Vorschläge zur Theoriebildung im Kunst- und Kulturmanagement. In: Keller/Schaffner/Seger (2008): 75-87

Wagner, Bernd (2005): Kulturpolitik und Publikum. Einleitung. In: Institut für Kulturpolitik der Kulturpolitischen Gesellschaft e.V. (2005): 9-27

Zentrum für Audience Development (ZAD) (2007): Besucherforschung in öffentlichen deutschen Kulturinstitutionen. Eine Untersuchung des Zentrums für Audience Development (ZAD) am Institut für Kultur- und Medienmanagement der Freien Universität Berlin. Berlin

Spartenübergreifende Kulturpublikumsforschung: Ansätze und Ergebnisse

Patrick S. Föhl/Patrick Glogner-Pilz

1 Einleitung

Viele verschiedene wissenschaftliche Disziplinen – von Kulturmanagement bis hin zur Soziologie – sowie Institutionen – von Universitäten über Verbände bis hin zu den Kultureinrichtungen selbst – setzen sich mit den Besuchern und Publika von Kulturveranstaltungen auseinander, wobei zumeist eine spartenspezifische Perspektive eingenommen wird (vgl. die anschließenden Beiträge in diesem Sammelband). Die Konsequenz ist eine Vielzahl an Einzelbefunden, die mit Puzzleteilen vergleichbar sind: Man sieht nur einen detaillierten Ausschnitt zu einer Spezialfrage, um ein umfassendes Bild über allgemeine, über einzelne Sparten hinausgehende Entwicklungen zu bekommen, muss man aber die vielen Teile mühsam zusammensetzen. Jedoch gibt es auch eine Reihe an Studien, die sich zum Ziel setzen, auf repräsentativer Basis ein solches umfassendes, spartenübergreifendes Bild der Kulturnutzer und der Nicht-Kulturnutzer zu zeichnen. Häufig steht dabei die Erarbeitung quantifizierbarer Typologien im Mittelpunkt, die sowohl soziodemografische Daten als auch Erkenntnisse zum Verhalten, den Einstellungen, Wünschen und Besuchsmotiven des Publikums enthalten. Mitunter finden außerdem (Teil-)Untersuchungen zu der Frage statt, warum so viele Bürgerinnen und Bürger den Weg in die kulturellen Einrichtungen nicht finden. Denn immerhin gibt rund die Hälfte der deutschen Bevölkerung an, sich grundsätzlich nicht für Kultur zu interessieren (vgl. Mandel 2008a: 27).

Obgleich die akademische Erforschung des Kulturpublikums erst in den letzten beiden Jahrzehnten stark zugenommen hat und in das Zentrum der Aufmerksamkeit von Kulturmanagern, -politikern und -vermittlern gerückt ist, hat sie eine lange Tradition, wie Publikumsstudien aus dem 19. Jahrhundert belegen (vgl. exemplarisch Lewald 1833). Seit der Gründung des Zentrums für Kulturforschung in den frühen 1970er Jahren hat die spartenübergreifende, wissenschaftliche Publikumsforschung zudem einen permanenten Ort, der insbesondere durch das regelmäßig erscheinende KulturBarometer Trends in der Kulturpublikumsentwicklung empirisch abbildet (vgl. Keuchel 2005: 111). Darüber hinaus existieren weitere Einrichtungen und Institute, die sich regelmäßig mit dem Kulturpublikum befassen, wie der Lehrstuhl für Soziologie II und der Lehrstuhl für Betriebswirtschaftslehre, insbesondere Marketing, beide an der Heinrich-Heine-Universität Düsseldorf oder das Institut für Kulturmanagement der Pädagogischen Hochschule Ludwigsburg.

Für die seit den 1990er Jahren ansteigenden Aktivitäten im Bereich der spartenübergreifenden Publikumsforschung und die zunehmende Relevanz entsprechender Ergebnisse lassen sich verschiedene Gründe anführen. Kultureinrichtungen haben einen zunehmenden Bedarf an einem belastbaren Orientierungsrahmen beispielsweise hinsichtlich vorhandener Zielgruppen, Nichtnutzer, Besuchsbarrieren und der Wirkung von Kultur (vgl. auch die Einleitung in diesen Herausgeberband). Um einen größtmöglichen Nutzerkreis zu erschließen, also relevante und interessante Zielgruppen zu identifizieren und eine passgenaue Ansprache zu gewährleisten, sind umfangreiche Kenntnisse über das existierende sowie das potenzielle Publikum notwendig. Spartenübergreifende Ergebnisse liefern hier Ansatzpunkte hinsichtlich der großen Entwicklungslinien. Für die Kulturpolitik und -verwaltung sind entsprechende Untersuchungen von Bedeutung, da sie übergreifende Trends sowie Ergebnisse zu Tage fördern und so Grundlagen für strategische und operative Entscheidungen darstellen können. Diese Nachfrage führt in der Konsequenz auch zu einem vermehrten spartenübergreifenden Erkenntnisinteresse bei Hochschulen und privatwirtschaftlichen Forschungseinrichtungen.

Auf die klassischen Fragestellungen und Erkenntnisbereiche im Rahmen empirischer Publikumsforschung wurde bereits in der Einleitung dieses Bandes rekurriert (soziodemografische/-ökonomische, einstellungs-, motiv-, wirkungs- und verhaltensbezogene sowie sonstige Fragestellungen). Neben den entsprechenden Ergebnissen strebt ein Großteil der spartenübergreifenden Forschungen eine möglichst präzise Einteilung der Bevölkerung in differenzierte Besucher- und Nichtbesucher-Gruppen an, die sich jeweils durch spezifische Merkmale, Einstellungen und Nutzungsweisen charakterisieren und voneinander abgrenzen lassen. Hierdurch können verschiedene Zielgruppen gebildet, quantifiziert sowie ‚verbildlicht' werden, was für Kultureinrichtungen die Auswahl und Ansprache der für sie wichtigsten Zielgruppen – zum Beispiel für Marketing- oder Vermittlungsprogramme – erleichtert. Je nach wissenschaftlichem Hintergrund wird hier u. a. von der Segmentierung (Colbert 1999, Klein 2005), der Milieubildung (Schulze 1997) oder der Lebensstilgruppierung (Hartmann 1999, Otte 2008) gesprochen. Darüber hinaus gibt es einen wachsenden Bestand an Studien, die sich von vornherein ausschließlich mit einem spezifischen Ausschnitt der Bevölkerung befassen und diesen differenzierend betrachten. Exemplarisch seien das 1. Jugend-KulturBarometer (vgl. Keuchel/Wiesand 2006) und das KulturBarometer 50+ (vgl. Keuchel/Wiesand 2008) genannt.

Die zentralen empirischen quantitativen und qualitativen Erhebungsmethoden im Rahmen der Kulturpublikumsforschung sind in der Einführung zu diesem Sammelband benannt. Bei einem Großteil der spartenübergreifenden Studien stehen die verschiedenen Formen der schriftlichen Befragung im Mittelpunkt, die auf der Basis von Zufalls- oder Quotenstichproben sogenannte „repräsentative Ergebnisse" anstreben: Es soll empirisches Wissen über die Verteilung von Merkmalen, Verhaltensweisen und anderen Erkenntnisbereichen der Befragten generiert werden, das mit Blick auf die Gesamtbevölkerung oder auf bestimmte Teilgruppen – wie Jugendliche oder Migranten – verallgemeinert werden kann (vgl. Diekmann 2006: 368 f.).[1]

Im Anschluss wird eine Auswahl sparten*übergreifender* Studien vorgestellt, um die darauf folgenden sparten*spezifischen* Betrachtungen und Spezialfragen in diesem Band in einen systematischen Rahmen zu setzen. Hierzu werden zunächst in Kapitel 2 Trends zu ausgewählten übergreifenden Entwicklungen und Ergebnissen der Kulturpublikumsforschung vorgestellt. In Kapitel 3 werden umfangreiche Studien zu Segmentierungen und Typisierungen der Kulturnutzer und der Nicht-Nutzer abgebildet. Die Kulturnutzung ausgewählter Bevölkerungsgruppen ist Gegenstand von Kapitel 4. Darauf folgend werden in Kapitel 5 regionale Ansätze der Kulturpublikumsforschung thematisiert.

2 Ausgewählte Trends und Ergebnisse der Kulturpublikumsforschung

Die Betrachtung des gegenwärtigen Kulturpublikums ist außerordentlich diffizil und vielschichtig. Ehemalige *Milieus* und *Schichten* unterliegen einer zunehmenden Ausdifferenzierung und Neukonstituierung. Selbst das einstmals fest etablierte und sich reproduzierende klassische Bildungsbürgertum, aus dem sich beispielsweise vor allem die Theaterbesucher rekrutiert haben, befindet sich in einem fortschreitenden Prozess der Diversifikation und Erodierung (vgl. Sievers 2005: 45). Besonders deutlich wird der geschilderte Sachverhalt beim sogenannten Kulturflaneur, dem Musterbeispiel des heutigen Kulturnutzers (vgl. hier und im Folgenden Keuchel 2005: 119 ff.). Zunächst zeichnet er sich dadurch aus, dass ihn nicht nur inhaltliche Motive zu einem Besuch in einer Kultureinrichtung bewegen, sondern teilweise gesellige, unterhaltende Motive wichtiger sind. Er ist unbeständig in seinen Bedürfnissen und in seinem Kulturnutzungsverhalten. Keuchel spricht von einem „wechselhaften Spartenverhalten", da ein Theaterbesuch ebenso von Interesse ist wie ein Rockkonzert oder der Besuch einer Aus-

---

[1] Allerdings ist darauf hinzuweisen, dass eine sogenannte repräsentative Stichprobe niemals sämtliche Merkmalsverteilungen einer Population abbilden kann, sondern eine möglichst genaue Schätzung bzw. Annäherung an diese darstellt (vgl. Diekmann 2006: 368 f.).

stellung. Das Interesse liegt in einer breiten Spartenerkundung bzw. -kenntnis und weniger in der Spezialisierung auf eine einzelne Sparte. Dies gilt übrigens auch für die über 50-Jährigen, die in der Vergangenheit nicht selten als im kulturellen Verhalten einheitliche Besuchergruppe dargestellt wurden. Diese Generation 50+ ist in ihrem Kulturnutzungsverhalten ebenfalls stark diversifiziert und lässt sich dementsprechend in zahlreiche verschiedene Gruppierungen unterteilen (vgl. vertiefend Keuchel/Wiesand 2008 und Kapitel 3 in diesem Beitrag). Der Kulturflaneur bzw. ein überwiegender Teil der kulturinteressierten Bevölkerung tut sich folglich zunehmend schwer, sich an eine Kultureinrichtung zu binden bzw. langfristig im Voraus zu planen. Die Folge ist eine breite Verunsicherung der Kulturbetriebe, verlieren sie doch zunehmend ihre Stammkunden sowie ein verlässliches Besuchsverhalten und damit ihre Planungssicherheit. Während die Abonnements in deutschen Theatern abnehmen, steigt der Verkauf von Einzelkarten beispielsweise deutlich an (vgl. Keuchel 2005: 120). Allein dieser knappe Einblick in die Komplexität des Kulturpublikums verdeutlicht, vor welchen Herausforderungen die Kultureinrichtungen und auch die Kulturpolitik stehen, bedeutet es doch, permanent den Blick auf diese Entwicklungen zu richten und die eigenen Maßnahmen entsprechend anzupassen. Dass empirische Ergebnisse über das Kulturpublikum eine wesentliche Grundlage sind, diesen Weg zu beschreiten, liegt nahe.

Im Rahmen der Kulturpublikumsforschung sind die Nutzungsmotive bzw. die Erwartungen an Kulturangebote von übergreifendem Interesse. Mandel unterscheidet grundsätzlich drei Aneignungsweisen bzw. Rezeptionsmuster von Kultur (vgl. Mandel 2008a: 51 f.). Hierzu zählt erstens die Kontemplation als „weihevolle" Würdigung von Kunstwerken der Hochkultur. Das geistige und seelische Genießen steht im Vordergrund. Als zweites Muster führt Mandel die kognitive Auseinandersetzung an, die Aneignung zeitgenössischer Kunstproduktionen, die stark an intellektuelle Fähigkeiten des Rezipienten geknüpft ist. Drittens wird die Unterhaltung genannt. Diese bezieht sich insbesondere auf populäre Kultur-, Vermittlungs- und Angebotsformen und gilt als Aneignungsmuster mit Komponenten der sozialen Interaktion und der Expression. Man erlebt sich mit anderen Besuchern als temporäre Gemeinschaft, häufig werden in den Angeboten mehrere Sinnebenen angesprochen (Kernprodukt, kommunikativer Austausch, Speisen etc.). In der empirischen Publikumsforschung spiegeln sich diese Muster weitgehend wider. So zählen laut Meinung der Bundesbürger zu den Aufgaben von Kunst und Kultur vor allem 1. „entspannen, unterhalten", 2. „Schönes, Ästhetisches herstellen, Freizeit verschönern", 3. „bilden, zum Nachdenken anregen", 4. „Umwelt und Städte schöner gestalten" sowie 5. „eigene Phantasie entwickeln, Selbstverwirklichung" (vgl. Keuchel 2005: 123; vgl. hierzu auch vertiefend Zentrum für Kulturforschung 2005).

Es liegt nahe, dass entsprechende Nutzungspräferenzen einen wichtigen Einfluss auf die Entscheidung für oder gegen einen Kulturbesuch ausüben. Der weitergehenden Untersuchung entsprechender Entscheidungsprozesse von Besuchern hat sich vor allem Fischer (2006) angenommen. Ein interessantes Ergebnis für das Kulturmarketing ist, dass für den Entscheidungsprozess die Informationsaufnahme eine entscheidende Rolle spielt. Schlüsselinformationen wie zum Beispiel Namen von bestimmten Künstlern, Veranstaltungsorte, Herkunftsländer von Künstlern sowie Kritiken und die sogenannte Mund-zu-Mund-Kommunikation haben einen besonderen Einfluss auf den Besuch kultureller Veranstaltungen.

Von übergreifendem Interesse sind zudem die Präferenzen in den Sparten. Was die Besuchshäufigkeit betrifft, so steht die „Theater- oder Opernaufführung" immer noch an erster Stelle, gefolgt von „Diskothek oder Rockkonzert", „Heimatmuseum", „Bibliothek oder Autorenlesung", „Ausstellung mit Werken älterer Kunst", „Ausstellung mit Werken moderner Kunst" und „Veranstaltung im Kunstverein" (vgl. Keuchel 2005: 113; vgl. hier und im Folgenden auch vertiefend Zentrum für Kulturforschung 2005). Was das generelle Interesse an Kultur betrifft, so ist dieses bei einem überwiegenden Teil der Bundesbürger „einigermaßen" ausgeprägt (ca. 42 %), gefolgt von „eher wenig" und „überhaupt nicht". Schlusslicht bilden ein „starkes" (ca. 17 %) und ein „sehr starkes" (ca. 4 %) Interesse (vgl. Keuchel 2005: 112). Hier stellt sich selbstredend die Frage, wie die interessierten Bürger aktiviert und bestenfalls gebunden werden können. Noch wichtiger dürfte aber die Frage sein, welche Barrieren bei den Nicht-Nutzern bestehen und wie diese abgebaut werden können. Junge Menschen nennen zum Beispiel als Gründe für ihre Inaktivität auf künstlerischem Gebiet 1. „Keine künstlerische Veranlagung in der Familie", 2. „Ich finde so etwas eher langweilig", 3. „ Meine Freunde interessieren sich dafür nicht", 4. „Keiner hat mir gezeigt wie man das macht" und 5. „Zu anstrengend neben den anderen Verpflichtungen" (vgl. Keuchel/Wiesand 2006: 87). Die Ergebnisse zeigen den Bedarf nach Angeboten, die auf Selbsterfahrung mit Kunst und Kultur setzen sowie die Notwendigkeit, diese in den Familien oder Schulen zu kommunizieren, um kollektive Erfahrungen mit Kunst und Kultur zu ermöglichen.

3 Segmentierungen und Typisierungen der Kulturnutzer und der Nicht-Nutzer

Wie dargestellt gibt es eine Reihe an allgemeinen Trends im Kulturinteresse, in der Nachfrage nach kulturellen Angeboten, im Entscheidungsverhalten und in den Nutzungsmotiven. Gleichwohl sind solche übergreifenden Ergebnisse nicht für alle Kulturnutzer im selben Maße zutreffend, da sie lediglich Durchschnittswerte wiedergeben. „Den" Kulturnutzer gibt es ebenso wenig wie „das" Kulturpublikum. Um eine differenzierende Sicht auf die Nachfrager – und auch auf die Nicht-Nachfrager – von kulturellen Angeboten zu erhalten, empfiehlt sich deshalb auch eine nähere Betrachtung von Studien, die auf der Basis repräsentativer Erhebungen die Bevölkerung in verschiedene Milieus oder Lebensstile einteilen. Die Kenntnis solcher Gruppierungen, ihrer Merkmale und ihres Anteils in der Bevölkerung sind eine wichtige Voraussetzung zum einen für die Zielgruppenansprache im Kulturmarketing sowie zum anderen für kulturpolitische und -pädagogische Bemühungen, die auf eine verstärkte Gewinnung bisher eher benachteiligter Bevölkerungsgruppen abzielen. Sowohl die (Kultur-)Soziologie als auch die kommerzielle Marktforschung widmen sich entsprechenden Fragestellungen und liefern eine Vielzahl an aufschlussreichen Befunden, von denen eine Auswahl im Folgenden vorgestellt wird.

In diesem Zusammenhang an erster Stelle zu nennen ist die kultursoziologische Studie „Die Erlebnisgesellschaft" (Schulze 1997). Obgleich der empirische Teil dieser Studie auf Erhebungen aus dem Jahr 1985 beruht und damit nur begrenzt auf gegenwärtige Verhältnisse übertragen werden kann, hat diese Untersuchung für den deutschsprachigen Raum Pioniercharakter. Zudem liefert sie – im Unterschied zu den Studien der kommerziellen Marktforschung – nicht nur empirische Befunde, sondern versucht auch, diese mittels eines fundierten theoretischen Bezugsrahmens umfassend zu erklären.

Zentraler Ausgangspunkt der Überlegungen Schulzes ist die Frage, welche Folgen die fortschreitende Individualisierung für unsere Gesellschaft hat. Schulze geht nicht davon aus, dass in der Konsequenz eine Herausbildung isolierter Einzelgänger zu erwarten ist, sondern er formuliert die These, dass die „zunehmende Verschiedenartigkeit der Menschen [...] Indiz für eine neue grundlegende Gemeinsamkeit" ist (Schulze 1997: 35). Diese besteht in der Möglichkeit der individuellen Wahl alltagskultureller Muster im Gegensatz zu ihrer Vorgabe aufgrund der Zugehörigkeit zu einer sozialen Schicht oder Klasse. Soziale Ungleichheit wird damit nicht mehr nur über schichtspezifische sozioökonomische Merkmale ausgedrückt, sondern vielmehr über die Zugehörigkeit zu sozialen Milieus, d. h. zu „Personengruppen, die sich durch gruppenspezifische Existenzformen und erhöhte Binnenkommunikation voneinander abheben" (Schulze 1997: 174). Für die Entstehung sozialer Milieus von besonderer Bedeutung sind die Faktoren

- Alter, da persönlicher Geschmack ein zum Teil generationsspezifisch und lebenszyklisch geprägtes Merkmal ist (Schulze 1997: 188 f.; vgl. auch Göschel 1991, 1999),
- Bildung, die je nach (Nicht-)Ausprägung als relevant für die Sozialisation hin zur „Hochkultur"- bzw. zur „Trivialkultur"-Präferenz betrachtet wird (Schulze 1997: 191) sowie die

- distinktive Bedeutung der Alltagsästhetik: „Persönlicher Stil wird zum Zeichen, an dem sich Individuen orientieren, um sich voneinander abzugrenzen" (Schulze 1997: 178).

Hinsichtlich der Alltagsästhetik unterscheidet Schulze zwischen verschiedenen alltagsästhetischen Schemata, die kollektive Bedeutungsmuster für große Zeichengruppen kodieren: „Sie legen erstens fest, was normalerweise zusammengehört, statten zweitens die als ähnlich definierten Zeichen mit zeichenübergreifenden Bedeutungen aus und erheben drittens beides zur sozialen Konvention" (Schulze 1997: 128). Es handelt sich hierbei um das Hochkultur-, Trivial- und Spannungsschema, die sich jeweils durch spezifische Zeichen, Genussschemata, Distinktionsbestrebungen sowie Lebensphilosophien auszeichnen, wie es im Folgenden exemplifiziert wird (zum Folgenden Schulze 1997: 142-166).

Typische Beispiele für Zeichen des Hochkulturschemas sind klassische Musik und der Museumsbesuch. Der Genuss der Hochkultur bzw. die Umgehensweise mit ihr lässt sich als kontemplativ beschreiben. Abgrenzung erfolgt v. a. gegenüber dem „barbarischen" Geschmack. Die Lebensphilosophie des Hochkulturschemas wird als Philosophie der Perfektion bezeichnet. Als Beispiele für Zeichen des Trivialschemas nennt Schulze u. a. den deutschen Schlager und Arztromane. Der Genuss kann für dieses Schema am besten mit dem Begriff der Gemütlichkeit oder des Eskapismus umschrieben werden. Distanzierung erfolgt gegenüber allem Exzentrischen, Individualistischen und Fremden. Die Lebensphilosophie des Trivialschemas ist das Prinzip der Harmonie. Von Schulze ausgewählte Zeichenbeispiele für das Spannungsschema sind Rockmusik, Thriller und Ausgehen. Der Genuss bzw. die Funktionalisierung kann in erster Linie als action-orientiert umschrieben werden. Ablehnung im Sinne von Distinktion erfährt alles Konventionelle. Die Lebensphilosophie des Spannungsschemas wird als narzisstisch bezeichnet.

Schulze ermittelt im Rahmen einer empirischen Untersuchung in Nürnberg im Jahr 1985 fünf verschiedene Milieus, die sich vor allem durch Unterschiede hinsichtlich ihres Alters, ihrer Bildung sowie der Nähe und Distanz gegenüber diesen alltagsästhetischen Schemata auszeichnen: das Unterhaltungsmilieu, das Selbstverwirklichungsmilieu, das Harmoniemilieu, das Integrationsmilieu sowie das Niveaumilieu (vgl. Tabelle 1).

Den Ergebnissen von Schulze folgend, die neben ihrem empirischen Gehalt eine theoretische Fundierung für die Publikumsforschung darstellen, soll im Folgenden eine weitere Milieustudie vorgestellt werden. Das Sinus-Institut Heidelberg hat die gleichnamigen Sinus-Milieus® entwickelt. Diese verbinden demografische Eigenschaften wie Bildung, Beruf oder Einkommen mit den realen Lebenswelten der Menschen, d. h. mit ihrer Alltagswelt, ihren unterschiedlichen Lebensauffassungen und Lebensweisen. Es werden u. a. die Einstellungen zu Arbeit, Familie, Freizeit, Geld und Konsum erhoben. Dadurch wird der Mensch ganzheitlich dargestellt, insbesondere in Hinblick darauf, was für sein Leben Bedeutung hat. Die verschiedenen Sinus-Milieus sind wichtige Indikatoren für die strategische und operative Ausrichtung von privatwirtschaftlichen und öffentlichen Akteuren (vgl. hierzu Sinus-Institut 2010).

Milieus	Unterhaltung	Selbstverwirklichung	Harmonie	Integration	Niveau
Alter	18 – 40	18 – 40	40 – 70	40 – 70	40 – 70
Bildung	Volksschule	mittlere Reife/Abitur	Volksschule	mittlere Reife	Abitur
Hochkulturschema*	-	+	- - -	+ +	+
Trivialschema*	-	-	+ + -	+ +.	-
Spannungsschema*	+	+	- + -	- +	-

* = Skala; „Das Pluszeichen bedeutet: oberhalb des Medians der jeweiligen Skala. Das Minuszeichen bedeutet: unterhalb des Medians der jeweiligen Skala."

Tabelle 1: Nähe und Distanz sozialer Milieus zu alltagsästhetischen Schemata (Schulze 1997: 665)

Die Sinus-Milieus® wurden im Sommer 2010 dem gesellschaftlichen Wandel angepasst. Hierzu zählen nach dem Sinus-Institut Heidelberg folgende gesellschaftliche Veränderungstendenzen, die auch für den Kulturbereich beachtliche Relevanz aufweisen (vgl. hier und im Folgenden Sinus-Institut 2010):

- Modernisierung und Individualisierung,
- Überforderung und Regression,
- Entgrenzung und Segregation,
- strukturelle Veränderungen,
- Wertekonvergenzen und -divergenzen sowie
- entsprechende soziale und kulturelle Folgen.

Werden diese Faktoren im nächsten Schritt auf die bereits bestehenden Milieu-Beschreibungen angepasst, ergeben sich zehn Milieu-Gruppen. Dabei differenziert das Sinus-Institut nach der sozialen Lage (Unterschicht, Mittelschicht und Oberschicht) und der Grundorientierung (Tradition, Modernisierung/Individualisierung und Neuorientierung). Die folgenden Milieus sind nach ihrem quantitativen Vorkommen in der deutschen Bevölkerung sortiert:

- *Traditionelles Milieu* (15,3 %, 10,8 Mio.): „Die Sicherheit und Ordnung liebende Kriegs-/Nachkriegsgeneration: in der alten kleinbürgerlichen Welt bzw. in der traditionellen Arbeiterkultur verhaftet" (hier und im Folgenden Sinus-Institut 2010)
- *Hedonistisches Milieu* (15,1 %, 10,6 Mio.): „Die spaß- und erlebnisorientierte moderne Unterschicht/untere Mittelschicht: Leben im Hier und Jetzt, Verweigerung von Konventionen und Verhaltenserwartungen der Leistungsgesellschaft"
- *Bürgerliche Mitte* (14 %, 9,9 Mio.): „Der leistungs- und anpassungsbereite bürgerliche Mainstream: generelle Bejahung der gesellschaftlichen Ordnung; Streben nach beruflicher und sozialer Etablierung, nach gesicherten und harmonischen Verhältnissen"
- *Konservativ-etabliertes Milieu* (10,3 %, 7,3 Mio.): „Das klassische Establishment: Verantwortungs- und Erfolgsethik; Exklusivitäts- und Führungsansprüche versus Tendenz zu Rückzug und Abgrenzung"
- *Adaptiv-pragmatisches Milieu* (8,9 %, 6,3 Mio.): „Die zielstrebige junge Mitte der Gesellschaft mit ausgeprägtem Lebenspragmatismus und Nutzenkalkül: erfolgsorientiert *und* kompromissbereit, hedonistisch *und* konventionell, flexibel *und* sicherheitsorientiert"
- *Prekäres Milieu* (8,9 %, 6,3 Mio.): „Die um Orientierung und Teilhabe bemühte Unterschicht mit starken Zukunftsängsten und Ressentiments: Anschluss halten an die Konsumstandards der breiten Mitte als Kompensationsversuch sozialer Benachteiligungen; geringe Aufstiegsperspektiven und delegative/reaktive Grundhaltung, Rückzug ins eigene soziale Umfeld"
- *Sozialökologisches Milieu* (7,2 %, 5,1 Mio.): „Idealistisches, konsumkritisches/-bewusstes Milieu mit normativen Vorstellungen vom ‚richtigen' Leben: Ausgeprägtes ökologisches und soziales Gewissen; Globalisierungs-Skeptiker, Bannerträger von Political Correctness und Diversity"
- *Liberal-intellektuelles Milieu* (7,2 %, 5,1 Mio.): „Die aufgeklärte Bildungselite mit liberaler Grundhaltung und postmateriellen Wurzeln: Wunsch nach selbstbestimmtem Leben, vielfältige intellektuelle Interessen"
- *Milieu der Performer* (7,0 %, 4,9 Mio.): „Die multi-optionale, effizienzorientierte Leistungselite mit global-ökonomischem Denken und stilistischem Avantgarde-Anspruch; hohe IT- und Medien-Kompetenz"
- *Expeditives Milieu* (6,3 %, 4,4 Mio.): „Die unkonventionelle kreative Avantgarde: hyperindividualistisch, mental und geografisch mobil, digital vernetzt und immer auf der Suche nach neuen Grenzen und nach Veränderung"

Die Sinus-Milieus® in Deutschland 2010

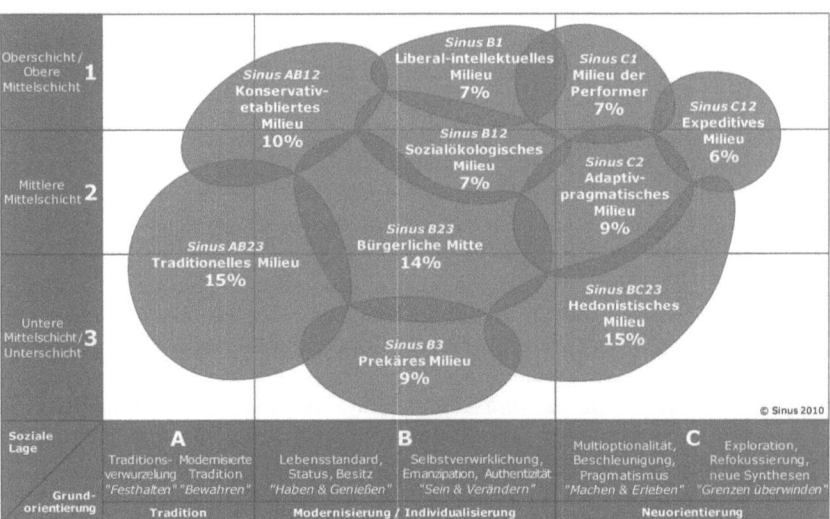

Abbildung 1: Die Sinus-Milieus in Deutschland 2010 (Sinus-Institut 2010; mit freundlicher Genehmigung des Sinus-Instituts Heidelberg)

Das Sinus-Institut legt sowohl eine differenzierte Beschreibung der verschiedenen Milieus vor als auch eine quantitative Einschätzung ihres Vorkommens in der deutschen Gesamtgesellschaft. Damit können Bewertungen zur Passfähigkeit von Kulturangeboten in Hinblick auf die vorhandenen Milieus bzw. entsprechende Vermittlungs-, Kommunikations- und Distributionserfordernisse vorgenommen werden. Selbstredend ist hier zu berücksichtigen, dass zahlreiche Überschneidungen zwischen den Milieus vorliegen und die Verteilungen regional unterschiedlich ausfallen. Hier sollten lokale/regionale Statistiken hinzugezogen werden. Zudem existieren Ausdifferenzierungen des Sinus-Instituts für die einzelnen Regionen in Deutschland.[2]

Für Kulturmanager und Kulturpolitiker ebenfalls von Interesse ist die MedienNutzer-Typologie (MNT), die von ARD und ZDF zwischen 1996 und 1998 entwickelt wurde, um das Medienpublikum auf Basis des Lebensstil-Ansatzes

---

2 Für die Schweiz liegen ebenfalls Ergebnisse von Sinus Sociovision vor (vgl. http://www.sinus-institut.de/uploads/tx_mpdownloadcenter/Sinus-Grafik_Schweiz.pdf; Abruf: 16.02.2011). Für Österreich existieren u. a. die sogenannten MOSAIC Milieus (vgl. http://www.profileaddress.at/index.php?id=109; Abruf: 16.02.2011).

optimal zu typisieren (vgl. Hartmann/Höhne 2007: 235).[3] „Ansatzpunkt der Entwicklung der MedienNutzer-Typologie [...] war die Überlegung, dass die wesentlichen Determinanten differenzieller Nutzung von Hörfunk-, Fernseh- und Onlineangeboten neben der Zugehörigkeit zu Alters- und Bildungsgruppen im Bereich individuellen Geschmacks und thematischer Interessen liegen. Als relevante Kandidaten für vorhersagekräftige Typisierungsvariablen erwiesen sich Merkmale wie Freizeitverhalten, Themeninteressen und Kleidermode, ergänzt um Lebensziele, Grundwerte und einige Persönlichkeitseigenschaften" (Oehmichen 2007: 226). Durch die breite Einbindung verschiedenster Daten sind auch vielfältige Schlussfolgerungen in Bezug auf die Kulturnutzung der verschiedenen MedienNutzer-Typen möglich.

Im Frühjahr 2006 wurde auf der Basis einer Gesamtstichprobe von 3.955 Personen die Erhebung für die aktuelle MedienNutzer-Typologie 2.0 durchgeführt. Ermittelt wurden dabei insgesamt zehn Nutzergruppen, die durch folgende Charakteristika und soziodemografischen Merkmale beschrieben werden können (hier und im Folgenden Oehmichen 2007: 228 f.):

- *Junge Wilde:* hedonistisch, materialistisch, konsumorientiert, Selbstbezüglichkeit und -unsicherheit, adoleszentes Verhalten
- *Zielstrebige Trendsetter:* pragmatische Idealisten und selbstbewusste Macher, breite Interessen, Erfolgsorientierung, Vollausschöpfung der Möglichkeiten neuer Medien
- *Unauffällige:* Orientierung am Privaten, wenig Kontakte, passiv, übernehmen ungern Verantwortung, ökonomisch eingeschränkt, starkes Bedürfnis nach Unterhaltung und Ablenkung
- *Berufsorientierte:* starke Berufsbezogenheit, wenig Zeit für anderes, nüchtern, rational, Kulturfaible, eher ledig als verheiratet
- *Aktiv Familienorientierte:* Familienmenschen, bodenständig, selbstbewusst, gut organisiert, clever/findig, dynamisch/lebendig
- *Moderne Kulturorientierte:* (Ehemalige) kulturelle Avantgarde, unter anderem arrivierte „68er", intellektuellster Typ, hohes Aktivitätsniveau, medienkritisch, weltoffen

---

3   Die ARD/ZDF-Medienkommission hat darüber hinaus bereits Ende der 1980er-Jahre eine wegweisende Studie in Auftrag gegeben, die sich dem Thema „Kultur und Medien" widmete (Frank/Maletzke/Müller-Sachse 1991). Die Studie verfolgte eine doppelte Zielsetzung: „zum einen die Publika jedes Kulturbereichs einzeln und in ihren Verknüpfungen zu erfassen, zum anderen die Beziehung zwischen der Vermittlung von Kultur vor Ort und in den Massenmedien zu beleuchten" (Frank/Maletzke/Müller-Sachse 1991: 7). Um diese Ziele zu erreichen, wurde ebenfalls eine aufschlussreiche „Typologie kulturbereichsübergreifender Publikumsmuster" (Frank/Maletzke/Müller-Sachse 1991: 342) erstellt.

- *Häusliche:* Bedürfnis nach Sicherheit und Kontinuität im Alltag, eher traditionelle Wertvorstellungen und Rollenbilder, relativ enger Aktionsradius, häuslicher Rahmen wichtig
- *Vielseitig Interessierte:* sehr breites Interessenspektrum, gesellig, aktiv, erlebnisfreudig, bodenständig
- *Kulturorientierte Traditionelle:* eher konservativ und traditionell geprägtes Weltbild, häuslicher Radius ist wichtig, gleichzeitig spielen aber auch (hoch-)kulturelle Aktivitäten eine Rolle
- *Zurückgezogene:* traditionell, häuslich, eher passiv, hohe Bedeutung von Sicherheit und Harmonie, gering ausgeprägte Interessen

Lebensstilgruppe	∅-Alter in Jahren	Anteil Männer / Frauen	Schulbildung		
			Hauptschule (mit / ohne Lehre)	Weiterführ. Schule ohne Abitur	Abitur / Studium
Junge Wilde	22,9	63 / 37	22	57	20
Zielstrebige Trendsetter	24,2	48 / 52	10	53	37
Unauffällige	38,7	38 / 62	50	46	4
Berufsorientierte	40,9	63 / 37	22	42	36
Aktiv Familienorientierte	41,6	53 / 47	40	48	12
Moderne Kulturorientierte	53,2	43 / 57	13	36	50
Häusliche	57,5	54 / 46	67	29	4
Vielseitig Interessierte	64,6	38 / 62	65	28	8
Kulturorientierte Traditionelle	65,2	34 / 66	44	33	23
Zurückgezogene	69,1	33 / 67	84	15	2

Tabelle 2: Soziodemografische Merkmale der MedienNutzer-Typen (vgl. Oehmichen 2007: 228 f.)

In Bezug auf die Kulturaffinität der MedienNutzer-Typen lässt sich festhalten, dass die *Modernen Kulturorientierten,* die *Kulturorientierten Traditionellen,* die *Berufsorientierten* und die *Zielstrebigen Trendsetter* als kulturnah beschrieben werden können, während sich die *Zurückgezogenen,* die *Häuslichen,* die *Unauffälligen* und die *Jungen Wilden* eher als kulturfern bezeichnen lassen. Zwischen diesen Polen bewegen sich die *Vielseitig Interessierten* und die *Aktiv Familienorientierten* (vgl. Hartmann/Höhne 2007: 238). Auffällig ist, dass die vier kulturaffinen Nutzertypen gleichzeitig die höchsten Anteile an Personen mit Abitur und Studium aufweisen. Zudem ist der Frauenanteil in den beiden kulturaffinen Nutzertypen mit den höchsten Altersmittelwerten (*Moderne Kulturorientierte* und *Kulturorientierte Traditionelle*) deutlich größer als der Männeranteil.

4 Die Kulturnutzung ausgewählter Bevölkerungsgruppen: Kinder, Jugendliche, Senioren, Migranten

Nachdem in den beiden vorangegangenen Kapiteln das Kulturinteresse und die Kulturnutzung einerseits in Hinblick auf allgemeine und übergreifende Trends, andererseits in Hinblick auf Differenzen zwischen verschiedenen Milieus und Lebensstilgruppen betrachtet wurden, soll nun das Augenmerk auf einige ausgewählte Bevölkerungsgruppen – Kinder, Jugendliche, Senioren und Migranten – gerichtet werden. Begründet wird die Auswahl damit, dass zu diesen Bevölkerungsgruppen bereits umfassende und aussagekräftige Studien vorliegen. Darüber hinaus werden Erkenntnisse zum Kulturinteresse und zur Kulturnutzung von Kindern, Jugendlichen, Senioren und Migranten im Zuge des demografischen Wandels zukünftig von herausragender Bedeutung für kulturpolitische und marketingrelevante Entscheidungen sein.

Aufschlussreiche Ergebnisse zu den kulturellen Interessen und Aktivitäten von Kindern liefert die 2. World Vision Kinderstudie 2010.[4] Die vom World Vision Institut für Forschung und Innovation in Auftrag gegebene Untersuchung setzt sich zum Ziel, „ein repräsentatives Bild von der Lebenssituation und den Wünschen, Bedürfnissen und Interessen der Kinder in Deutschland zu zeichnen" (World Vision Deutschland e.V. 2010: 13). Um dies erreichen, wurde eine repräsentative Befragung von 2.500 Kindern im Alter von sechs bis elf Jahren sowie ihrer Eltern durchgeführt. Darüber hinaus fanden Einzelinterviews mit zwölf Kindern derselben Altersspanne statt, um authentische Porträts von einzelnen Kindern zu gewinnen (vgl. World Vision Deutschland e.V. 2010: 14).

Ähnlich wie bei den Studien im vorangegangenen Kapitel wird in der 2. World Vision Kinderstudie 2010 auch für Kinder eine Freizeittypologie erstellt. Tabelle 3 zeigt die – mitunter sehr extremen – Unterschiede in der kulturellen und medialen Aktivität von Kindern:

---

4 Verwiesen sei hier auch auf die regelmäßig erscheinenden LBS-Kinderbarometer (LBS-Initiative Junge Familie 2009)

„Ein Viertel lässt sich als ‚Medienkonsumenten' beschreiben. Bei diesen Kindern stehen einseitig ‚Fernsehen' und ‚Playstation/Computerspiele' im Vordergrund. Ein weiteres Viertel repräsentiert [...] die ‚Vielseitigen Kids'. Nicht nur stehen kulturelle, musische und kommunikative Inhalte häufiger im Mittelpunkt dieser Kinder, sondern vielmehr kommt dabei eine größere Vielfalt an Aktivitäten zum Ausdruck, da diese Kinder im Schnitt zwei Aktivitäten mehr als die ‚Medienkonsumenten' angeben. [...] Ungefähr die Hälfte der Kinder lässt sich am besten als ‚normale Freizeitler' dazwischen beschreiben. Diese Kinder sind in keine Richtung besonders auffällig [....]." (Leven/Schneekloth 2010: 98)

Spalten in %	Vielseitige Kids	Normale Freizeitler	Medienkonsumenten
Freunde treffen	69	66	61
Sport treiben	49	56	65
Radfahren	61	56	50
Musik hören	**64**	50	35
Mit Spielzeug spielen	**56**	48	42
Fernsehen	15	47	**85**
Beschäftigung mit Tieren	50	41	25
Lesen	**75**	33	8
Basteln/Malen/Zeichnen	**63**	34	11
Unternehmungen mit der Familie	46	29	12
Playstation/Computerspiele	3	17	**59**
Musik machen	**42**	16	3
Mit Lego bauen	18	21	18
Tanzen/Ballett/Theater	**31**	8	3
Inlineskate/Skateboard	16	10	8
Werken	6	10	6
Durchschnittliche Zahl der benannten Aktivitäten	6,6	5,4	4,9

Tabelle 3: Was Kinder oft in ihrer Freizeit machen, getrennt nach den Freizeittypen / Basis: Kinder im Alter von 6 bis 11 Jahren in Deutschland (Leven/Schneekloth 2010: 100; Hervorhebungen im Original)

Besonders nachdenklich stimmt diese Typologie, wenn man die Gruppierungen differenziert nach persönlichen und sozialen Merkmalen betrachtet (vgl. Leven/Schneekloth 2010: 100 ff.). Beispielsweise lassen sich 37 % aller Mädchen der Gruppe der „Vielseitigen Kids" zuordnen, während es bei den Jungen nur 12 % sind. Umgekehrt gestaltet sich die Zusammensetzung bei den „Medienkonsumenten": Hier sind 37 % aller Jungen zu finden und nur 11 % aller Mädchen. Wiederum dazwischen bewegen sich die „Normalen Freizeitler" mit einem nahezu gleichen Anteil von Mädchen und Jungen. Es bestehen damit erhebliche geschlechtsspezifische Differenzen in der Kulturpartizipation von Kindern. Problematisch sind ferner die Zusammenhänge mit der Schichtzugehörigkeit, auf die hier exemplarisch eingegangen werden soll:

> „Zählen unter allen Kindern 24 % zu den vielseitigen Kids, so sind es in der Unterschicht nur 5 %. In der Oberschicht sind mehr als zwei Fünftel (43 %) in der Gruppe der vielseitigen Kids anzutreffen. Bei den Medienkonsumenten kehrt sich dieses Verhältnis um. 45 % der Kinder aus der Unterschicht gehören aufgrund ihrer selbst eingeschätzten Freizeitausgestaltung zum Teil der Medienkonsumenten – in der Oberschicht sind es dagegen nur 14 %" (Leven/Schneekloth 2010: 100 ff.).

Vor dem Hintergrund solcher Befunde muss festgehalten werden, dass die kulturelle Partizipation von Kindern nach wie vor in erheblichem Ausmaß von der sozialen Herkunft abhängig ist.

Nach diesen Einblicken in die kulturellen Interessen und Aktivitäten der 6- bis 11-Jährigen wird in einem nächsten Schritt die Kulturpartizipation Jugendlicher anhand einiger exemplarischer Befunde näher betrachtet. Grundlage hierfür ist das 1. Jugend-KulturBarometer (vgl. Keuchel/Wiesand 2006) des Zentrums für Kulturforschung, in dessen Rahmen im Jahr 2004 auf der Basis einer repräsentativen Stichprobe 2.625 Jugendliche zwischen 14 und 24 Jahren befragt wurden. Erhoben wurden unter anderem allgemeine Meinungen und Einstellungen zu Kunst und Kultur, die Nutzung von Kultur- und Freizeitangeboten sowie die Aktivitäten und Interessen in den verschiedenen Sparten. Gefragt wurde außerdem nach der Gestaltung und Optimierung von Kulturangeboten, nach Bildungserfahrungen zum Thema Kunst und Kultur sowie nach ergänzenden Informationen zum Lebensstil.[5]

Insgesamt kommt das Jugend-KulturBarometer zu dem Ergebnis, dass sich junge Leute tendenziell noch etwas mehr für Kultur in ihrer Region interessieren als die erwachsene Bevölkerung: Ferner haben 83 % der jungen Leute schon einmal ein Kulturangebot besucht, davon 67 % innerhalb der letzten 12 Monate. Von diesen besuchten 56 % durchschnittlich ein bis zwei Mal, 36 % drei bis zehn Mal und knapp neun Prozent sogar mehr als zehn Mal innerhalb der letzten 12 Monate ein kulturelles Angebot (vgl. Keuchel/Wiesand 2006: 19 f.). Hiermit

---

5 Umfassende Informationen zu den Werten von Jugendlichen, zu den Lebenssituationen in Schule und Familie sowie zu Wünschen und Erwartungen an die Zukunft liefern zudem die regelmäßig erscheinenden Shell-Jugendstudien (Shell Deutschland Holding GmbH 2006, 2010)

liegen folglich nicht nur wesentliche Merkmalsbeschreibungen für jugendliche Kulturnutzergruppen vor, sondern empirische Indikatoren, die belegen, dass zahlreiche Jugendliche ein mittleres bis sehr großes Interesse an Kultur aufweisen. Um ein differenziertes Bild über die Kulturpartizipation Jugendlicher zu erhalten, wurden die befragten Jugendlichen in verschiedene Interessens- und Nutzergruppen zusammengefasst, die sich wie folgt beschreiben lassen (vgl. Keuchel/Wiesand 2006: 51-60):

- *Kultureller Randgänger* (33 %): Bei dieser Gruppe besteht eine Präferenz für mindestens eine Musikrichtung aus dem Bereich Pop und Rock sowie für populäre Filme, ansonsten sind nur punktuelle Interessen – wie zum Beispiel das Spielen eines Musikinstrumentes – erkennbar.
- *Kreativer Chaot* (10 %): Hier existiert eine deutlichere kulturelle Orientierung (vor allem im Bereich der Bildenden Kunst), das musikalische Interesse ähnelt dem *Randgänger*, während das Filminteresse stärkere Genrevorlieben aufweist. Darüber hinaus sind die *kreativen Chaoten* vielfach selbst künstlerisch aktiv.
- *Popkulturist* (8 %): Die Filminteressen lassen sich mit denen der *Kreativen Chaoten* vergleichen. Musikalisches Interesse besteht eher an populärer Musik und an Richtungen wie HipHop und Techno als an Rock. Das Ausstellungsinteresse orientiert sich an Medienkunst und Fotografie. Darüber hinaus zeigt diese Gruppe Interesse an Comedy, Sport und Computern.
- *„Klassischer" Hobbyaktivist* (7 %): Die Bezeichnung für diese Gruppe rührt von ihren eher traditionellen Hobbys – Sport treiben und musizieren – her. Es besteht ein vergleichsweise großes Interesse an klassischer Musik, ansonsten sind die Interessen mit denen des *Kreativen Chaoten* vergleichbar, wobei Bildende Kunst aber weniger relevant ist.
- *Literaturfan* (5 %): Es zeigt sich vor allem ein großes Interesse an Literatur, aber auch an Fantasy. Ansonsten stehen die *Literaturfans* den *Kreativen Chaoten* und den *Popkulturisten* am nächsten.
- *Zeitgenössischer Grenzgänger* (3 %): Neben den üblichen Film- und Musikinteressen werden vor allem moderne, zeitgenössische Kultursparten – sowohl der Popular- als auch der klassischen Kultur – präferiert (zum Beispiel Modern Dance, moderne Skulpturen, modernes Theater oder Musicals).
- *Kreativer kultureller Allesfresser* (2 %): Diese Gruppe ist breit interessiert in den Bereichen Film, populäre Musik, Bücher und Ausstellungen. Der Anteil an aktiv Musizierenden ist hoch, gleichwohl ist das Interesse eher an Neuer Musik und Weltmusik ausgerichtet und nicht an Klassik. Ebenfalls von Interesse sind Comedy und – besonders ausgeprägt – Fantasy.
- *„Klassischer" junger Kulturfan* (1 %): Bevorzugt werden vor allem die Bereiche Film und Ausstellungen bzw. Bildende Kunst in allen Facetten.

- Besonderes Interesse besteht an Kunst- und Dokumentarfilmen sowie an aktuellen Kunstausstellungen und kulturgeschichtlichen Ausstellungen. Darüber hinaus interessieren sich die Kulturfans für Literatur und künstlerische Hobbys (v.a. im Bereich Bildender Kunst). Sie besuchen außerdem gerne soziokulturelle Angebote. Auch bei dieser Gruppe besteht großes Interesse an Fantasy.
- Nicht zuzuordnen sind 30 % der befragten Jugendlichen.

In ihrer Gesamtstruktur betrachtet zeigt die Kulturtypologie auch eine Reihe an übergreifenden Jugend-Trends: „die große Affinität zum Film und zur populären Musik, aber auch die Offenheit gegenüber Angeboten der Bildenden Kunst einerseits, und die andererseits sehr ablehnende Haltung gegenüber Klassischer Musik, die – wenn überhaupt – in der Regel nur revidiert wird, wenn die jungen Leute in ihrer Freizeit selbst musikalisch aktiv sind" (Keuchel/Wiesand 2006: 56). Wie auch bei der World Vision Kinderstudie 2010 kann zudem festgestellt werden, dass sich vor allem die Mädchen für klassische Kulturangebote interessieren (vgl. Keuchel/Wiesand 2006: 56). Einfluss auf die kulturelle Partizipation Jugendlicher – sei es nun der Besuch von Kulturveranstaltungen oder eigene künstlerische Hobbys – nehmen außerdem vor allem die Bildung und die Prägung durch das Elternhaus. Eines der wohl wichtigsten Ergebnisse der Studie ist, dass mit sinkendem Bildungsstand der Jugendlichen und ihrer Eltern auch die kulturellen Aktivitäten – zum Teil deutlich – geringer ausgeprägt sind. Ferner zeigen sich starke Abhängigkeiten von der kulturellen Aktivität der Eltern sowie deutliche Zusammenhänge mit dem Zeitpunkt des ersten Kontaktes der Jugendlichen mit Kunst und Kultur (vgl. Keuchel 2005: 58 f., 75-107).

Wie bereits angedeutet rückt nicht zuletzt im Zuge des demografischen Wandels die Gruppe der Senioren vermehrt in das Zentrum der Aufmerksamkeit von Kulturanbietern. Anknüpfend an das Jugend-KulturBarometer wurden im Jahr 2008 mit dem KulturBarometer 50+ (Keuchel/Wiesand 2008) erstmalig umfassende Informationen zum Kulturverständnis und zur Bewertung kultureller Angebote, zur kulturellen Teilhabe, zu den künstlerisch-kulturellen Aktivitäten sowie zu den Potenzialen ehrenamtlichen Engagements von Menschen in der zweiten Lebenshälfte im Kontext ihrer Lebenssituation vorgelegt. Dabei sollten aber „keine Aussagen über ‚die Alten' als homogener Gruppe getroffen, vielmehr die ab 50-Jährigen in ihrer ganzen Differenziertheit erfasst werden" (Keuchel/Wiesand 2008: 13). Die Ergebnisse der Studie beruhen auf einer bundesweiten repräsentativen Befragung von insgesamt 2.000 Personen im Jahr 2007.

Im Kontext der Kulturpublikumsforschung[6] sind vor allem folgende Ergebnisse bedeutsam (vgl. Keuchel/Wiesand 2008: 116-119):

- Die altersspezifischen Rollenmuster werden durchlässiger und insbesondere die 50- bis 70-Jährigen haben einen weiteren Kulturbegriff, zeigen eine deutlich größere Offenheit für „modernere" Angebotsformate als die Älteren und nutzen diese Formate auch zu beachtlichen Anteilen.
- Es zeigt sich, dass Menschen, die im Alter kulturell aktiv bleiben, überdurchschnittlich an anderen Bildungsangeboten, an gesellschaftlichem Engagement, an ehrenamtlichen Tätigkeiten sowie an der Nutzung neuer Medien interessiert sind.
- Etwa 20 bis 30 % der Generation 50+ kann als mobil und konsumfreudig beschrieben werden, was auch dem Interesse am Kulturgeschehen entspricht: „Jeweils knapp ein Drittel der Befragten sind ‚stark' oder ‚sehr stark' (30 %) bzw. ‚wenig' oder ‚überhaupt nicht' (31 %) am Kulturleben in der Region interessiert; 39 % bezeichnen dieses Interesse als ‚durchschnittlich'" (Keuchel/Wiesand 2008: 117).
- Das infolge der Globalisierung und Migrationsbewegungen in den letzten Jahrzehnten entstandene Mehr an kultureller Vielfalt wird von älteren Menschen gegenwärtig noch weniger wahrgenommen oder akzeptiert.
- „Barrieren" gegenüber einer Nutzung kultureller Angebote sind vor allem hohe Eintrittspreise (73 %), zu starke Ausrichtung potenziell interessanter Veranstaltungen auf ein junges Zielpublikum (55 %), zu weite Wege (51 %), ein Informationsmangel zu Angeboten und Inhalten (45 %) und eine fehlende Resonanz bei möglichen Begleitern (44 %). Sehr deutliche Altersunterschiede zeigen sich bei den „Gesundheitlichen Einschränkungen": „Insgesamt werden sie von 42 % mindestens teilweise für kulturelle Abstinenz verantwortlich gemacht, unter den über 80-Jährigen aber von 79 %, unter den 50-60-Jährigen dagegen nur von 19 %" (Keuchel/Wiesand 2008: 118).
- Die Bildungsmotivation im Alter ist sehr hoch. Ein Großteil der Befragten vertritt die Meinung, dass künstlerische Fertigkeiten durchaus auch noch im Alter erlernbar sind. Gleichwohl beträgt der Anteil von „Neueinsteigern" beim Besuch von Kulturangeboten unter älteren Menschen derzeit nur 2 %.

Ebenso wie die kulturelle Partizipation von Kindern, Jugendlichen und Senioren sind auch die kulturellen Einstellungen und Aktivitäten von Menschen mit Migrationshintergrund erst in den letzten Jahren in den Fokus der empirischen Forschung gerückt. Dies ist insofern überraschend, da ihr Anteil in der deutschen

---

6 Auf die vielfältigen Befunde der Studie zu Fragen des ehrenamtlichen Engagements und der künstlerisch-kreativen Eigenaktivitäten wird hier nicht eingegangen.

Bevölkerung inzwischen fast ein Fünftel (ca. 16 Millionen Personen) ausmacht (vgl. Statistisches Bundesamt 2010). Nachdem im Rahmen des Projektes „Kommunale Handlungsfelder Interkultur" (vgl. Jerman 2007) deutlich wurde, dass bei Kulturanbietern, Verwaltungen und Stadtentwicklern kaum Kenntnisse über die Soziodemografie sowie über die kulturellen Präferenzen und Gewohnheiten von Menschen mit Migrationshintergrund vorhanden waren (vgl. Cerci 2007: 50), entschloss sich die Kulturabteilung der Staatskanzlei des Landes Nordrhein-Westfalen, das Datenforschungsprojekt Interkultur zu initiieren.

Ausgehend von einer Bestandsaufnahme zu den vorhandenen Daten und Fakten auf Basis des Mikrozensus 2005 fand eine Pilotstudie in Dortmund statt (vgl. Cerci 2007: 52), um daraufhin eine für Deutschland repräsentative Studie[7] durchzuführen. Verfolgt wurde dabei der sozialwissenschaftliche Ansatz der Sinus-Milieus® (vgl. Kapitel 3), um zum ersten Mal die „Lebenswelten und Lebensstile von Menschen mit unterschiedlichem Migrationshintergrund [zu untersuchen]. Ziel war ein unverfälschtes Kennenlernen und Verstehen der Alltagswelt von Migrantinnen und Migranten, ihrer Wertorientierungen, Lebensziele, Wünsche und Zukunftserwartungen" (Ministerpräsident des Landes Nordrhein-Westfalen 2010: 9). Um dieses zu erreichen, wurden zum einen über 100 mehrstündige Tiefeninterviews mit Migrantinnen und Migranten durchgeführt, die sich in Alter, Geschlecht, Bildungshintergrund sowie Herkunft unterschieden. Darauf aufbauend fand eine quantitative Erhebung mit 2.072 Personen (ab 14 Jahren) statt, um die Ergebnisse der Interviews zu überprüfen und die Größe der Migranten-Milieus zu ermitteln (vgl. Ministerpräsident des Landes Nordrhein-Westfalen 2010: 9).

Eines der zentralen Ergebnisse der Studie ist, dass sich die Migranten-Milieus untereinander weniger nach ethnischer Herkunft als nach ihren Wertvorstellungen, Lebensstilen und ästhetischen Vorlieben unterscheiden. Oder in anderen Worten: „Menschen des gleichen Milieus mit unterschiedlichem Migrationshintergrund verbindet mehr miteinander als mit dem Rest ihrer Landsleute aus anderen Milieus. Die Herkunftskultur gibt also keine Aufschlüsse über das Milieu. Und das Milieu sagt nichts über die Herkunftskultur" (Ministerpräsident des Landes Nordrhein-Westfalen 2010: 11). Aufschlussreich ist außerdem, dass „die Unterschiede zwischen den Milieus größer und damit die gesamte Gruppe deutlich vielgestaltiger [ist], als wir es von Bürgerinnen und Bürgern ohne Zuwanderungsgeschichte kennen" (Ministerpräsident des Landes Nordrhein-Westfalen 2010: 16). Die Bandbreite der Milieuspezifika reicht von Prägungen durch vormodern bäuerliche Traditionen bis hin zu soziokulturell modernsten

---

7 Zur Grundgesamtheit der Studie gehören die in Deutschland lebenden Ausländer sowie alle in Deutschland lebenden Zuwanderer (u. a. Spätaussiedler, Eingebürgerte) und ihre in Deutschland lebenden Nachkommen (Ministerpräsident des Landes Nordrhein-Westfalen 2010: 9).

Einstellungen. Darüber hinaus zeigt sich aber auch, dass es viele Ähnlichkeiten bzw. Gemeinsamkeiten mit den weiter oben bereits vorgestellten Milieus der einheimischen deutschen Bevölkerung gibt. Die Sinus-Migranten-Milieus® in Deutschland lassen sich folgendermaßen zusammenfassen (Ministerpräsident des Landes Nordrhein-Westfalen 2010, Sinus Sociovision 2008: 6):[8]

- *Adaptives Bürgerliches Milieu* (16 %): „Die pragmatische moderne Mitte der Migrantenpopulation, die nach sozialer Integration und einem harmonischen Leben in gesicherten Verhältnissen strebt" (hier und im Folgenden Sinus Sociovision 2008: 6)
- *Statusorientiertes Milieu* (12 %): „Klassisches Aufsteiger-Milieu, das durch Leistung und Zielstrebigkeit materiellen Wohlstand und soziale Anerkennung erreichen will"
- *Multikulturelles Performermilieu* (13 %): „Junges, leistungsorientiertes Milieu mit bi-kulturellem Selbstverständnis, das sich mit dem westlichen Lebensstil identifiziert und nach beruflichem Erfolg und intensivem Leben strebt"
- *Intellektuell-kosmopolitisches Milieu* (11 %): „Aufgeklärtes, global denkendes Bildungsmilieu mit einer weltoffenen, multikulturellen Grundhaltung und vielfältigen intellektuellen Interessen"
- *Religiös-verwurzeltes Milieu* (7 %): „Vormodernes, sozial und kulturell isoliertes Milieu, verhaftet in den patriarchalischen und religiösen Traditionen der Herkunftsregion"
- *Traditionelles Arbeitermilieu* (16 %): „Traditionelles Blue Collar [Arbeitsoverall] Milieu der Arbeitsmigranten und Spätaussiedler, das nach materieller Sicherheit für sich und seine Kinder strebt"
- *Entwurzeltes Milieu* (9 %): „Sozial und kulturell entwurzeltes Milieu, das Problemfreiheit und Heimat/Identität sucht und nach Geld, Ansehen und Konsum strebt"
- *Hedonistisch-subkulturelles Milieu* (15 %): „Unangepasstes Jugendmilieu mit defizitärer Identität und Perspektive, das Spaß haben will und sich den Erwartungen der Mehrheitsgesellschaft verweigert."

---

8 Korrespondierend zu den in Kapitel 3 bereits vorgestellten Sinus-Milieus erfolgt hier die Differenzierung nach niedriger, mittlerer und hoher sozialer Lage und den Grundorientierungen Tradition, Modernisierung und Neuidentifikation.

5 Der regionalspezifische Blick spartenübergreifender Publikumsforschung

Neben den Ansätzen spartenübergreifender Publikumsforschung für das gesamte Bundesgebiet existieren auch regionalspezifische Studien. Diese befassen sich mit dem kulturellen Nutzerverhalten in einem klar umgrenzten Gebiet (beispielsweise Region, Stadt oder spezifische Reisedestination). Die Untersuchungen finden in der Regel vor dem Hintergrund verschiedener thematischer Schwerpunktsetzungen statt wie zum Beispiel

- Kulturtourismus (vgl. exemplarisch Klein/Wegner 2010: 99-102 für Untersuchungen zu Kulturtouristen an Landesmuseen),
- kulturelle Planungsprozesse (vgl. exemplarisch Föhl/Neisener 2010 für eine Befragung der Bevölkerung im Landkreis Prignitz zu ihrem kulturellen Nutzungsverhalten im Rahmen einer Kulturkonzeption für den regionalen Wachstumskern Perleberg-Wittenberge-Karstädt),
- anlässlich einer Veranstaltung (vgl. beispielsweise die umfassende Begleitforschung[9] zur Kulturhauptstadt Europas RUHR.2010) oder
- aufgrund eines besonderen wissenschaftlichen Erkenntnisinteresses (vgl. zum Beispiel Reuband 2010 für eine vergleichende Städteuntersuchung zur Nutzung der lokalen kulturellen Infrastruktur).

Die bereits vorgestellten Fragen und Typologien spartenübergreifender Kulturpublikumsforschung werden auf die vor Ort-Bedingungen adaptiert. Hierzu zählen unter anderem Fragen zur Bevölkerungsstruktur, zur Nutzung spezifischer Mobilitätsangebote und zu regionalen Traditionen.

Ein bislang europaweit einmaliges Pilotprojekt regionalspezifischer Publikumsforschung, das hier exemplarisch für diesen Untersuchungsfokus vorgestellt wird, ist das sogenannte KulMon-Besuchermonitoring.[10] Seit dem Jahreswechsel 2008/2009 finden in Berlin an zunächst 12 und mittlerweile 24 Kultureinrichtungen spartenübergreifende, kontinuierliche Besucherbefragungen statt (vgl. hier

---

9 Eine Auswahl an Studien ist zu finden beim Kontaktbüro Wissenschaft von Ruhr.2010: http://www.essen-fuer-das-ruhrgebiet.ruhr2010.de/ruhr2010-gmbh/team/kontaktbuero-wissenschaft/wissenschaftliche-literatur.html (Abruf: 23.02.2011).
10 Eine anders geartete regionale Publikumsstudie, die aufgrund ihrer Detailtiefe ebenfalls überregionale Beachtung gefunden hat, ist die Publikation „Rheinschiene – Kulturschiene" (vgl. Keuchel/Zentrum für Kulturforschung 2003). Unter dem Motto „Mobil in der Kulturregion" wurde im Auftrag des Landes Nordrhein-Westfalen und zehn großen Kultureinrichtungen eine Bevölkerungsbefragung in der Rheinschiene durchgeführt. Fragen, die im Mittelpunkt standen, waren u. a.: Wer ist das Kulturpublikum? Welche kulturellen Nutzungspräferenzen bestehen? Wer ist kulturell aktiv? Wer ist in der Rheinschiene kulturell mobil?

und im Folgenden ausführlich Berlin Tourismus/Senatskanzlei 2009 und Daniel/Heller/Graf 2010). Schwerpunkt des Monitorings bildet das Thema Kulturtourismus. Dementsprechend sind ausschließlich tourismusaffine Kultureinrichtungen Teil der Untersuchung wie die Deutsche Oper Berlin und das Jüdische Museum Berlin. Das Projekt wird als Kooperation der Berliner Kulturverwaltung, der Berlin Tourismus Marketing GmbH und den beteiligten Kultureinrichtungen realisiert. Das Besuchermonitoring liefert den Kulturbetrieben regelmäßig aktuelle Daten zu ihrer Besucherstruktur – die auch über das Thema Kulturtourismus hinaus nutzbar sind – und die Berliner Kulturverwaltung sowie die Berliner Tourismusmanager erhalten einen Überblick der Nutzerstrukturen der im Kulturtourismus besonders aktiven Kultureinrichtungen. Dabei gibt es drei Befragungs- bzw. Verwertungsebenen:

- Kern-Fragen: standardisiert für alle teilnehmenden Einrichtungen (zum Beispiel Herkunft, Besucherstruktur, Informationsverhalten und Ticketkauf).
- Branchen-Fragen: standardisierte Fragen für alle Einrichtungen einer Branche bzw. Sparte (zum Beispiel Besucherzufriedenheit und -motive).
- Individuelle Fragen: ausschließlich durch die jeweilige Einrichtung zu definierende Fragen nach eigenem Erkenntnisinteresse (zum Beispiel welche Ausstellungsbereiche wurden besucht?).

Auf diese Weise wird auf verschiedenen Ebenen empirisches Wissen gewonnen, das differenzierte Verwertungsdimensionen aufweist. Die Kern-Fragen ermöglichen zum Beispiel den Blick auf die gesamte kulturtouristische Entwicklung in den befragten Einrichtungen und geben u. a. Hinweise auf die Anforderungen an internationale Marketingkampagnen der Stadt Berlin. Gleichzeitig sind die Ergebnisse für die einzelnen Einrichtungen von Interesse. Gleiches gilt für die spartenspezifischen Erkenntnisse und insbesondere für die individuellen Fragen. Durch diesen Befragungsansatz wird zum einen eine meta- und gleichzeitig eine makrospezifische Untersuchung ermöglicht. Zum anderen werden regelmäßige Erhebungen garantiert.

Dass die Ergebnisse auch über den genannten Nutzen für die Kooperationspartner von Interesse sind, zeigen bereits die ersten empirischen Daten aus dem Jahr 2009. So konnte nachvollzogen werden, dass ca. 30 % der Besucher der Einrichtungen der Stiftung Oper in Berlin (die drei Berliner Opernhäuser) und des Friedrichstadtpalastes aus Deutschland und rund 8 % aus dem Ausland kommen. Das heißt, ein gutes Drittel der Berliner Opernbesucher und des Friedrichstadtpalastes sind Kulturtouristen, ein beachtlicher Anteil, wenngleich die großen Berliner Museen (u. a. Gemäldegalerie und Jüdisches Museum) rund 72 % Besucher zählen, die nicht aus Berlin stammen. Hier werden spartenspezifische

Unterschiede sichtbar, die insbesondere auch für die kulturtouristische Forschung von Interesse sind. Gleiches gilt selbstredend für weitere Fragenbereiche wie die Reisemotive und die Zufriedenheit der Berlin-Touristen.

6 Fazit

In der Gesamtperspektive ist erkennbar, dass sich sowohl das Kulturpublikum als auch die Nicht-Besucher hinsichtlich ihrer soziodemografischen Zusammensetzung, ihrer kulturellen Bedürfnisse und ihrer konkreten Nutzungsweisen von Kultur sinnvoll in differenzierte Untergruppierungen einteilen lassen. Wenngleich auch jede Gruppierung sehr spezifisch von anderen abgrenzbar ist, lassen sich übergreifende Entwicklungen beobachten. Bei den Kulturnutzern steht beispielsweise die Unterhaltung und Entspannung sehr häufig im Mittelpunkt, ohne dass ästhetische und bildende Motive in den Hintergrund treten. Demgegenüber zeigt sich in der Gegenüberstellung mit den Nicht-Nutzern kultureller Angebote nach wie vor die Existenz einer sozialen Schere. Besonders nachdenklich stimmt, dass sich diese Problematik bei Kindern und Jugendlichen eher zu verschärfen scheint. Angesichts dieser Entwicklungen wäre zu wünschen, dass die vorliegenden Ergebnisse stärker genutzt werden, um weitere Barrieren abzubauen und neue Publikumssegmente nachhaltig zu erschließen.

Literatur

Berlin Tourismus Marketing GmbH; Senatskanzlei – Kulturelle Angelegenheiten (2009): Besuchermonitoring an tourismusaffinen Berliner Kultureinrichtungen (KULMON), erste Ergebnisse, Juni 2009, internes PDF-Dokument, Berlin

Cerci, Meral (2007): Daten, Fakten, Lebenswelten – Annäherungen an eine (noch) unbekannte Zielgruppe. Datenforschungsprojekt Interkultur. In: Jerman (2007): 50-83

Colbert, François (1999): Kultur- und Kunstmarketing. Ein Arbeitsbuch. Wien/New York: Springer

Daniel, Hilde/Volker Heller/Bernhard Graf (2010): KulMon – Besuchermonitoring an Berliner Kultureinrichtungen. In: Loock/Scheytt (2010): Kulturmanagement und Kulturpolitik: Kap. D 3.6

Diekmann, Andreas (2006): Empirische Sozialforschung. Grundlagen, Methoden, Anwendungen, 16. Auflage. Reinbek bei Hamburg: Rowohlt

Fischer, Tilmann (2006): Kulturelle Veranstaltungen und ihr Publikum. Eine entscheidungsorientierte Untersuchung des Konsumentenverhaltens bei kulturellen Veranstaltungen. Aachen: Shaker

Föhl, Patrick S./Iken Neisener (2010): Interkommunale Kulturplanung: Der Weg ist das Ziel?! Kulturkonzeption für den Regionalen Wachstumskern Perleberg-Wittenberge-Karstädt. In: Kulturpolitische Mitteilungen 2010. Heft 129. 84 f.

Frank, Bernward/Gerhard Maletzke/Karl H. Müller-Sachse (Hrsg.) (1991): Kultur und Medien. Angebote – Interesse – Verhalten. Eine Studie der ARD/ZDF-Medienkommission. Baden-Baden: Nomos

Göschel, Albrecht (1999): Kontrast und Parallele – kulturelle und politische Identitätsbildung ostdeutscher Generationen. Stuttgart/Berlin/Köln: W. Kohlhammer

Göschel, Albrecht (1991): Die Ungleichzeitigkeit in der Kultur. Wandel des Kulturbegriffs in vier Generationen. Stuttgart/Berlin/Köln: W. Kohlhammer

Hartmann, Peter H. (1999): Lebensstilforschung. Darstellung, Kritik und Weiterentwicklung. Wiesbaden: Leske + Budrich

Hartmann, Peter H./Inga Höhne (2007): MNT 2.0. Zur Weiterentwicklung der Medien-NutzerTypologie. In: Media Perspektiven 2007. Heft 5. 235-241

Hausmann, Andrea/Jana Körner (Hrsg.) (2009): Demografischer Wandel und Kultur. Veränderungen im Kulturangebot und der Kulturnachfrage. Wiesbaden: VS

Jerman, Tina (Hrsg.) (2007): Kunst verbindet Menschen. Interkulturelle Konzepte für eine Gesellschaft im Wandel. Bielefeld: Transcript

Institut für Kulturpolitik der Kulturpolitischen Gesellschaft (Hrsg.) (2010): Jahrbuch für Kulturpolitik 2010. Thema: Kulturelle Infrastruktur. Essen: Klartext

Institut für Kulturpolitik der Kulturpolitischen Gesellschaft (Hrsg.) (2005): Jahrbuch für Kulturpolitik 2005. Thema: Kulturpublikum. Essen: Klartext

John, Harmut/Hans-Helmut Schild/Katrin Hieke (Hrsg.) (2010): Museen und Tourismus. Wie man Tourismusmarketing wirkungsvoll in die Museumsarbeit integriert. Bielefeld: Transcript

Keuchel, Susanne (2009): „Kultur für alle" in einer gebildeten, ungebundenen, multikulturellen und veralteten Gesellschaft? Der demografische Wandel und seine Konsequenzen für die kulturelle Partizipation. In: Hausmann/Körner (2009): 149-176

Keuchel, Susanne (2005): Das Kulturpublikum zwischen Kontinuität und Wandel – Empirische Perspektiven. In: Institut für Kulturpolitik der Kulturpolitischen Gesellschaft (2005): 111-125

Keuchel, Susanne/Andreas Wiesand (Hrsg.) (2006): Das 1. Jugend-KulturBarometer. „Zwischen Eminem und Picasso...". Bonn: ARCult Media

Keuchel, Susanne/Andreas Wiesand (2008): Das KulturBarometer 50+. „Zwischen Bach und Blues ...". Bonn: ARCult Media

Keuchel, Susanne/Zentrum für Kulturforschung (Hrsg.) (2003): Rheinschiene – Kulturschiene. Mobilität – Meinungen – Marketing. Bonn: ARCult Media

Klein, Armin (2005): Kultur-Marketing. Das Marketingkonzept für Kulturbetriebe, 2. Auflage. München: dtv

Klein, Hans Joachim/Nora Wegner (2010): Touristen im Museumspublikum. Befunde empirischer Untersuchungen aus Museumsperspektive. In: John/Schild/Hieke (2010): 85-109

Kulturpolitische Gesellschaft e.V. (Hrsg.) (2006): publikum.macht.kultur. Kulturpolitik zwischen Angebots- und Nachfrageorientierung. Essen: Klartext

LBS-Initiative Junge Familie (Hrsg.) (2009): WIR SAGEN EUCH MAL WAS. Stimmungen, Trends und Meinungen von Kindern in Deutschland. LBS-Kinderbarometer Deutschland 2009. Recklinghausen: RDN

Leven, Ingo/Ulrich Schneekloth (2010): Die Freizeit: Sozial getrennte Kinderwelten. In: World Vision Deutschland e.V. (2010): 95-140

Lewald, August (Hrsg.) (1833): Unterhaltungen für das Theater-Publikum. München: Georg Franz

Loock, Friedrich/Oliver Scheytt (2006ff.): Kulturmanagement und Kulturpolitik. Stuttgart: Dr. Josef Raabe

Mandel, Birgit (2008a): Kulturvermittlung als Schlüsselfunktion auf dem Weg in eine Kulturgesellschaft. In: Mandel (2008b): 17-72

Mandel, Birgit (Hrsg.) (2008b): Audience Development, Kulturmanagement, Kulturelle Bildung. Konzeptionen und Handlungsfelder der Kulturvermittlung. München: Kopaed

Ministerpräsident des Landes Nordrhein-Westfalen (2010): Von Kult bis Kultur. Von Lebenswelt bis Lebensart. Ergebnisse der Repräsentativuntersuchung „Lebenswelten und Milieus der Menschen mit Migrationshintergrund in Deutschland und NRW. URL: http://www.sinus-institut.de/uploads/tx_mpdownloadcenter/Lebenswelten_ und_Milieus_2009.pdf, Stand: April 2010, Abruf: 15.02.2011

Oehmichen, Ekkehardt (2007): Die neue MedienNutzerTypologie MNT 2.0. Veränderungen und Charakteristika der Nutzertypen. In: Media Perspektiven 2007. Heft 5. 226-234

Otte, Gunnar (2008): Sozialstrukturanalysen mit Lebensstilen. Eine Studie zur theoretischen und methodischen Neuorientierung der Lebensstilforschung, 2. Auflage. Wiesbaden: VS

Reuband, Karl-Heinz (2010): Kulturelle Partizipation als Lebensstil. Eine vergleichende Städteuntersuchung zur Nutzung der lokalen kulturellen Infrastruktur. In: Institut für Kulturpolitik der Kulturpolitischen Gesellschaft (2010): 235-246

Schulze, Gerhard (1997): Die Erlebnisgesellschaft. Kultursoziologie der Gegenwart, 7. Auflage. Frankfurt am Main/New York: Campus

Shell Deutschland Holding GmbH (Hrsg.) (2010): Jugend 2010. 16. Shell Jugendstudie. Frankfurt am Main: S. Fischer

Shell Deutschland Holding GmbH (Hrsg.) (2006): Jugend 2006. 15. Shell Jugendstudie. Frankfurt am Main: S. Fischer

Sievers, Norbert (2005): Publikum im Fokus. Begründungen einer nachfrageorientierten Kulturpolitik. In: Institut für Kulturpolitik der Kulturpolitischen Gesellschaft (2005): 45-59

Sinus-Institut Heidelberg (2010). URL: http://www.sinus-institut.de, Stand 2010 Abruf: 22.12.2010

Sinus Sociovision (2008): Zentrale Ergebnisse der Sinus-Studie über Migranten-Milieus in Deutschland. URL: http://www.sinus-institut.de/uploads/tx_mpdownloadcenter/ MigrantenMilieus_Zentrale_Ergebnisse_09122008.pdf, Stand 09.12.2008, Abruf: 15.02.2011

Statistisches Bundesamt (2010): Erstmals mehr als 16 Millionen Menschen mit Migrationshintergrund in Deutschland. URL: http://www.destatis.de/jetspeed/portal/cms/ Sites/destatis/Internet/DE/Presse/pm/2010/07/PD10__248__122,templateId=renderP rint.psml, Stand 14.07.2010, Abruf: 15.02.2011

Stiftung Niedersachsen (Hrsg.) (2006): »älter – bunter – weniger«. Die demografische Herausforderung an die Kultur. Bielefeld: Transcript

World Vision Deutschland e.V. (Hrsg.) (2010): Kinder in Deutschland 2010. 2. World
    Vision Kinderstudie. Frankfurt am Main: S. Fischer
Zentrum für Kulturforschung (2005): Achtes „KulturBarometer", Bonn: ARCult Media
Zentrum für Kulturforschung (2002): Siebtes „KulturBarometer", Bonn: ARCult Media

Publikumsforschung in öffentlichen Theatern und Opern: Nutzen, Bestandsaufnahme und Ausblick

Patrick S. Föhl/Markus Lutz

1 Entwicklungslinien und -tendenzen der Publikumsforschung

1.1 Vorbemerkungen zur Entwicklung der Publikumsforschung

Bis in die 1990er Jahre konzentrierten sich viele der öffentlichen Theaterbetriebe nahezu ausschließlich auf ihr künstlerisches Produkt und die eigene Organisation (so genannte ‚innenzentrierte Produktions- oder Organisationsorientierung'[1]). Das Thema Publikum fand – von Ausnahmen abgesehen – wenig Beachtung (vgl. Günter 1998: 18, Klein 2008a: 7). So offenbarte noch 1987 eine Untersuchung des Zentrums für Theaterforschung der Universität Hamburg an 106 befragten öffentlichen und privaten Bühnen in Deutschland deutliche Defizite hinsichtlich der Kenntnis ihres Publikums (vgl. Müller-Wesemann/Brauneck 1987). Glogner und Rhein sehen diese Entwicklung dem nach wie vor überaus großen Förderengagement der öffentlichen Hand im Kulturbereich geschuldet und konstatieren: „Wenn Kultur in Deutschland im Wesentlichen öffentlich geförderte Kultur ist, so führt diese – aus kulturpolitischer Sicht richtige und wichtige – Erfüllung des Kulturauftrags zu einer Angebotsorientierung, die gleichzeitig die Nachfrager von Kunst und Kultur und damit die Notwendigkeit einer empirischen Publikumsforschung in den Hintergrund treten lässt" (Glogner/Rhein 2005: 432). Gerade weil die Bühnen so sehr von ihrer inhaltlichen und organisatorischen Zielsetzung, dem kulturpolitischen Auftrag oder dem eigenen künstlerischen Anspruch überzeugt sind, besteht die Gefahr, die Besucher mit ihren Bedürfnissen und Interessen nicht ausreichend zu berücksichtigen (vgl. Klein 2005: 66). Das Konzept der *Neuen Kulturpolitik* beeinflusste diesen Sachverhalt zusätzlich. So wandte sich die Neue Kulturpolitik seit Mitte der 1970er Jahre in aufklärerischer Tradition und mit durchweg guten Absichten mit ihren Angeboten unter dem Schlagwort einer „Kultur für alle" ausdrücklich an jede Bürgerin und jeden Bürger (vgl. Hoffmann 1981: 29 f.). Wer sich allerdings mit seinen Angeboten explizit *an alle* wendet, kann schnell den Blick auf den *Einzelnen* und dessen Bedürfnisse sowie Rezeptionsverhalten verlieren (vgl. Klein 2008a: 8).

---

1 Vgl. Klein (2005: 67) und Schwarz/Purtschert/Giroud (1995).

Im Gegensatz zur Theaterpraxis besteht in der wissenschaftlichen (Theater-)Forschung bereits eine längere Tradition der Besucherforschung. Dabei waren diesbezügliche Aktivitäten im vergangenen Jahrhundert verschiedenartig stark ausgeprägt und haben Anfang der 1990er Jahren erkennbar zugenommen. Exemplarisch für ältere Studien sind Forschungsprojekte aus den 1960er und 70er Jahren, die primär die soziale Zusammensetzung des Theater- und Musiktheaterpublikums untersuchten.[2] Charakteristisches Kennzeichen dieser Studien ist ihre Beschränkung auf eine Einteilung des Publikums nach den klassischen sozialstrukturellen Kriterien von Bildung, Berufsprestige und Einkommen. Getragen von dem für diesen Zeitraum typischen aufklärerischen Ziel, Hochkultur ins breite Volk zu tragen, geht es ihnen um den Nachweis, auch in den unteren sozialen Schichten ein Bedürfnis nach Beteiligung an hochkulturellen Angeboten zu identifizieren (vgl. Gebhardt/Zingerle 1998: 5).[3] So waren spezifisch kultursoziologische Forschungsperspektiven, wie zum Beispiel der Versuch einer kultursoziologisch fundierten Klassifikation des Publikums, die Werthaltungen, Lebensstile und musikalische Orientierungen mit einschließt, kaum zu erkennen. Darüber hinaus gibt es Belege für systematisierte theoretisch-typologische bzw. qualitative Besucherforschungen (vgl. hierzu auch Gebhardt/ Zingerle 1998: 4 ff.). Entsprechende Beiträge lassen sich für das gesamte 20. Jahrhundert[4] lokalisieren (vgl. unter anderem Bab 1974, Behr 1980, Fischer-Lichte 1997, Gericke 1940, Strobel 1928). Exemplarisch ist hier der 1955 in der ersten Ausgabe der noch heute existierenden österreichischen theaterwissenschaftlichen Zeitschrift *Maske und Kothurn* erschienene Beitrag *Über das Wesen und Notwendigkeit der Publikumsforschung* zu nennen (vgl. Bruford 1955). Bruford beschäftigte sich in seinem Beitrag primär mit der Beschaffenheit historischer Theaterpublika im Kontext eines kulturgeschichtlichen Erkenntnisinteresses (vgl. Klotz 1998: 311),[5] unterstrich damit aber gleichermaßen die Relevanz der Publikumsforschung für die Gegenwart.[6]

---

2 Vgl. exemplarisch Beyme/Becker/Ueltzhoeffer (1977), Infas (1970), Wiesand/Fohrbeck (1975).
3 Eine Ausnahme stellt beispielsweise die Untersuchung des Marplan-Instituts dar, die vom Deutschen Bühnenverein 1964 aufgrund eines wahrgenommenen Besucherrückgangs an einigen Theatern in Auftrag gegeben wurde. Sie sollte Anhaltspunkte für die immer notwendigere Werbung für das Theater geben, Aufschlüsse darüber gewinnen, warum welche Bevölkerungsgruppen dem Theater fern bleiben (vgl. Marplan 1965).
4 Darüber hinaus existieren Quellen, die noch weiter zurückreichen (vgl. zum Beispiel Lewald 1833).
5 Bereits 1951 beschäftigte sich Bruford mit dem Theaterpublikum der Zeit von Johann Wolfgang von Goethe (1749-1832) (vgl. Bruford 1951). Vgl. in diesem Kontext auch exemplarisch die Untersuchungen von Kindermann zum Theaterpublikum in der Antike, dem Mittelalter und der Renaissance (Kindermann 1979, 1980, 1984 und 1986).
6 In einem ähnlichen Kontext befassen sich auch zahlreiche Beiträge einer Festgabe zur 200-Jahr-Feier der Erhebung des Burgtheaters zum Nationaltheater mit dem Publikum des Wiener Burgtheaters der vergangenen 200 Jahre (vgl. exemplarisch Dietrich 1976b, Hüttner 1976, Kindermann 1976, Schindler 1976).

Aufgrund des gesamtgesellschaftlichen Wandels und damit einhergehender Herausforderungen rückt der (potenzielle) Besucher und damit auch die empirische Publikumsforschung seit den 1990er Jahren verstärkt in das Rampenlicht von Forschung und Praxis. Die wachsende Bedeutung von Untersuchungen des Kulturpublikums zeigt sich dabei generell in vielen Tagungen und Publikationen, die sich mit der Zusammensetzung sowie den Interessen, Bedürfnissen und Erwartungen der diversen Kulturpublika befassen (vgl. Glogner 2008: 591). Bezogen auf den Theaterbereich spiegelt sich das gestiegene Interesse am Publikum insbesondere in den vielen Besucherumfragen wider, die seit Ende des 20. Jahrhunderts von den Bühnen vermehrt eigenverantwortlich oder in Kooperation mit Hochschulen bzw. öffentlichen oder privaten Institutionen durchgeführt werden (vgl. Butzer-Strothmann/Günter/Degen 2001: 5 f.).

Der hohe Stellenwert, den die Publikumsforschung heute an den öffentlichen Bühnen einnimmt, zeigt sich auch anhand einer empirischen Erhebung des Zentrums für Audience Development (ZAD) aus dem Jahr 2007 (vgl. Zentrum für Audience Development 2007). Danach führten 63,8 % der befragten 127 öffentlichen deutschen Theater[7], Opernhäuser und Orchester im Zeitraum von 2002 bis 2006 Besucherforschungsprojekte durch, wobei kleinere Häuser (bis 100 Mitarbeiter) seltener forschen als größere. Seit 2002 ist ein steigender Anteil an Besucherforschungsprojekten zu verzeichnen. Zudem schätzt auch die überwiegende Mehrzahl der befragten Institutionen selbst die gegenwärtige und zukünftige Bedeutung von Besucherforschung für ihre Institution als sehr wichtig bzw. wichtig ein und sieht eine steigende Relevanz in den nächsten fünf Jahren.

1.2 Publikumsforschung im Kontext der gegenwärtigen Herausforderungen öffentlicher Theater

Seit zwei Jahrzehnten vollziehen sich tiefgreifende und weitreichende gesellschaftliche Veränderungsprozesse, die traditionelle Institutionen und Einrichtungen verändern, vertraute Gewissheiten auflösen und den Wohlfahrtsstaat alten Musters zunehmend obsolet werden lassen (vgl. Wagner/Zimmer 1997a: 11).

---

7   Öffentliche Theater sind „stehende, in der angegebenen Zeit spielende Theater und Landesbühnen (Wanderbühnen) mit eigenem Ensemble, jedoch nicht Tourneetheater und Laienbühnen (Märchenbühnen, Heimatbühnen) sowie Varietés und Kabaretts. Öffentliche Theaterunternehmen sind solche, deren rechtliche und/oder wirtschaftliche Träger Länder, Gemeinden, Gemeindeverbände sind, unabhängig davon, in welcher Rechtsform sie betrieben werden" (vgl. Deutscher Bühnenverein 2007: 9). Der vorliegende Beitrag beschränkt sich auf diesen Theatersektor, zieht bei Bedarf aber inhaltlich und methodisch verwertbare Studien aus dem Bereich der freien und privaten Theater hinzu, wenn diese von besonderem Interesse für den Erkenntnisfortschritt sind.

Neben den immensen Transferleistungen im Rahmen der deutschen Wiedervereinigung und den – teilweise daraus resultierenden – zunehmenden Schwierigkeiten bei der Finanzierung der sozialen Sicherungssysteme (vgl. Butterwegge 2006: 125 ff.), sind hier unter anderem die Auswirkungen der Globalisierung (vgl. ausführlich Fäßler 2007), des demografischen Wandels (vgl. ausführlich Deutscher Bundestag 2002, 2008 und Stiftung Niedersachsen 2006) und der bürokratische Aufbau der öffentlichen Gebietskörperschaften selbst (vgl. exemplarisch Blanke 2005) zu nennen. Gemeinsam schränken diese – in interdependenten Beziehungen stehenden – Faktoren die monetäre Bewegungsfreiheit des Wohlfahrtsstaates zunehmend ein und implizieren einen radikalen Systemwandel. All diese Entwicklungen lassen das öffentliche Theater nicht unberührt, weder in finanzieller, noch in konzeptioneller Hinsicht (vgl. ausführlich Burmeister 2005, Kulturpolitische Mitteilungen 1995 und 2005, Wagner 2004a). So hat sich im Zuge dieser neuen Rahmenbedingungen die Finanzsituation der öffentlichen Theaterträger, insbesondere der Gemeinden, seit den 1990er Jahren kontinuierlich verschlechtert. Damit nahmen auch die Sparzwänge der Kulturetats zu (vgl. Schneider 2004: 51, Wagner 2004b: 21). Seither besteht eine eindeutige Tendenz, die finanziellen Mittel für Theaterbetriebe vor allem auf dem bisherigen Niveau festzuschreiben. Vielerorts stehen den kontinuierlichen Kostensteigerungen der Theater[8] keine entsprechend höheren öffentlichen Zuwendungen mehr gegenüber, wodurch die finanzielle Situation vieler Häuser erheblich angespannt ist. Diese Entwicklungen werden durch die Auswirkungen der Subprime-Hypotheken-Krise in den kommenden Jahren verstärkt.

Die Debatten um fehlende, zu geringe oder gekürzte Kulturmittel haben daher zwangsläufig auch das Augenmerk auf eine Steigerung der Eigeneinnahmen der Theater- und Operninstitutionen gelenkt, was in einem begrenzten Umfang auch durch die Steigerung der Besuchszahlen erreicht werden kann. Allerdings werden die öffentlichen Mittel nicht nur generell knapper, sondern es entsteht auch ein immer stärkerer Zwang sich zu legitimieren, warum die öffentlichen Bühnen überhaupt weiterhin sehr privilegiert bezuschusst werden sollen. Unter dem Druck

---

8   Die öffentlichen Theater in Deutschland sind größtenteils Repertoiretheater, die ein ständig wechselndes Programm anbieten und die Ausstattung für Neuproduktionen selbst herstellen und somit sehr personalintensiv sind. Eine Reduzierung der hohen Personalausgaben ist unter Fortschreibung der bestehenden Rahmenbedingungen nur schwer möglich. Während in anderen Branchen durch technologischen Fortschritt höhere Produktivitätsraten erzielt werden können, bleibt die Produktivität der vorwiegend handwerklichen und personalintensiven Arbeit in den künstlerischen Bereichen gleich – bei tarifbedingt steigenden Personalausgaben (sog. Baumolsche Kostenkrankheit; vgl. Baumol/Bowen 1966). Die sich öffnende Schere zwischen annähernd gleich bleibender Produktivität im Theaterbetrieb einerseits, steigenden Lohnkosten andererseits kann nur durch ständig steigende Eigeneinnahmen oder durch entsprechend wachsende öffentliche Zuschüsse geschlossen werden (vgl. Klein 2007: 28f.).

drängender konkurrierender Aufgaben der öffentlichen Hand besteht im Gegensatz zu früher über diesen Sachverhalt kein selbstverständlicher politischer Konsens mehr (vgl. Röper 2001: 613). Zur Legitimation eines Theaters oder Opernhauses reichen dessen bloße Existenz und auch der Nachweis künstlerischer Innovationsbereitschaft nicht mehr aus, immer häufiger wird von den politischen Entscheidungsträgern auch zusätzlich nach der Publikumsresonanz dieser Einrichtungen gefragt und es werden Forderungen nach Mindestauslastungen oder einer Steigerung der Besucherzahlen laut. Theaterbetriebe werden ihre Existenz und die zu gewährenden öffentlichen Mittel daher künftig sehr viel stärker diskursiv rechtfertigen und legitimieren müssen als in der Vergangenheit (vgl. Klein 2007: 63).

Verschärfend kommt hinzu, dass sich der Stellenwert der Existenz eines öffentlichen Theaters und seines Angebots für die Bürger und dadurch mittelbar auch gesellschaftspolitisch verändert hat (vgl. Wagner 2004b: 28). Das Theater hat in der heutigen postmodernen Gesellschaft seine herausragende Bedeutung als Leitmedium der gesellschaftlichen Selbstverständigung und zentralem kommunikativen Ort des Gemeinwesens weitestgehend verloren (vgl. Hippe 2004: 111 und Wagner 2004b: 21). Inzwischen haben sich diese Funktionen pluralisiert und verteilen sich auf verschiedene Kulturformen – zum Beispiel auf Fernsehen, Kino und für die jüngere Generation auf die interaktiven elektronischen Medien. Selbst der bereits eingeschränkten These, das Theater spiele zumindest weiterhin eine entscheidende Rolle für die gesellschaftliche Schicht des Bildungsbürgertums, ist der Boden entzogen. Denn das ehemals fest etablierte und sich reproduzierende klassische Bildungsbürgertum, aus dem sich vor allem die Theaterbesucher rekrutiert haben, befindet sich ebenfalls in einem Prozess der Diversifikation und Erodierung (vgl. Sievers 2005: 45, Wagner 2004b: 31). Mit dieser Entwicklung geht notwendig einher, dass zum einen ehemals nicht ernstlich in Frage gestellte kulturpolitische Konsenspositionen nun verstärkt zur Disposition stehen, wie beispielsweise der Betrieb und die abgesicherte Finanzierung eines öffentlichen Theaters (vgl. Röper 2001: 485-560). Zum anderen nimmt damit für die Bühnen auch der Grundbestand an Zuschauern ab, der in der Vergangenheit inhaltlicher Bezugspunkt und ökonomische Größe für die Theaterarbeit war (vgl. Wagner 2004b: 31). Anders als das Bildungsbürgertum als Kerngruppe der Theaterbesucher und Stamm des Abonnementpublikums müssen heutige Besucher vielfach immer wieder aufs Neue gewonnen werden.

Wie privatwirtschaftliche Unternehmen stehen auch Theaterbetriebe in einem zunehmend kompetitiven Wettbewerbsumfeld (vgl. Wiedmann et al. 2007: 19 f.). Die Erweiterung des Kulturbegriffs sowie die enorme Steigerung und Diversifikation des künstlerischen und kulturellen Angebots im Zuge der Neuen Kulturpolitik, die zunehmende Konkurrenz der kommerziellen Privatanbieter im Freizeit- und Kulturbereich und vor allem die Aufmerksamkeit, welche die audiovisuellen Medien und neuen Kommunikationstechnologien an sich binden, haben eine Situation geschaffen, welche die Bedeutung der öffentlichen Theater relativiert und gleichzeitig den Wettbewerb um das Freizeit- und Finanzbudget der Kulturnachfrager stark verschärft. Vor diesem Hintergrund wird nicht nur die Gewinnung neuer Besucher zunehmend schwerer, die starke Konkurrenz wirkt auch besucherbindungsreduzierend, so dass sich die Theater des Erhalts von Geschäftsbeziehungen längst nicht mehr sicher sein können. So konstatiert auch Wagner, dass die Zahl der Besuche an öffentlichen Theatern seit drei Jahrzehnten kontinuierlich abnimmt (vgl. Wagner 2004b: 29 f.). Ein Blick in die Theaterstatistik des Deutschen Bühnenvereins unterstreicht diese Aussage. Der Vergleich der Besuchszahlen zwischen der Spielzeit 1995/1996 und 2005/2006 zeigt, dass der Publikumszuspruch in diesen zehn Jahren von 23.022.233 auf 20.739.261, also um 2.289.972 Besucher bzw. 11,01 %, zurückgegangen ist (vgl. Deutscher Bühnenverein 1997 und 2007).[9]

Neben diesen Aspekten lässt sich auch eine Veränderung in der Struktur und im Verhalten des Publikums beobachten. Die umfassende Modernisierung der Gesellschaft führt zu einer zunehmenden Erlebnisorientierung, Individualisierung und Pluralität der Lebensstile von Besuchern (vgl. Schulze 2005). Dies bedeutet für Theater zum einen neue Publikumsgruppen mit nur schwer vorhersehbaren, multidimensionalen und scheinbar inkonsistenten Verhaltensweisen (vgl. Geffroy 2005: 17 f., Klein 1999: 15 f.) oder aber bisherige Publikumsgruppen, die ebenfalls Änderungen in ihrem Verhalten, ihren Ansprüchen und Bedürfnissen aufzeigen (vgl. Müller-Wesemann 1995: 31). Öffentliche Theater können immer weniger Beständigkeit und Verlässlichkeit ihrer Besucherbeziehungen voraussetzen und sich oft nicht mehr ohne Weiteres auf ihre zugeneigten Interessengruppen verlassen, wodurch sie zunehmend ihre Planungssicherheit verlieren (vgl. Butzer-Strothmann/Günter/Degen 2001: 117, Keuchel 2005c: 116).

Diese Umstände machen deutlich, dass es im Theater- und Opernbetrieb zunehmend darum geht, den Besucher, seine Erwartungen, Wünsche und Anforderungen und nicht zuletzt sein Verhalten besser zu verstehen. Das in den letzten Jahren gestiegene Interesse an der empirischen Publikumsforschung ist vermutlich auch auf die Überzeugung zurückzuführen, dass vertiefte Kenntnisse über Besucher für Theaterbetriebe einen Beitrag zur Verbesserung der beschriebenen Situation leisten können. Ein enger Kontakt zum Publikum und eine Forcierung der empirischen Publikumsforschung sowie der Erweiterung ihrer Ansätze und Fragestellungen können wichtige Hilfestellungen leisten, um auf die oben beschriebenen Entwicklungen zu reagieren und Entscheidungsgrundlagen zu

---

9   Im Gegensatz dazu steigen die Besucherzahlen der Privattheater seit Jahren an (vgl. Klein 2004: 128). Auch hier ergibt sich ein Untersuchungsbedarf hinsichtlich eines empirischen Vergleichs der Besucher öffentlicher und privater Theater sowie der jeweiligen Nutzungsmotive.

liefern (vgl. Glogner/Rhein 2005: 432). Hier wirkt es sich als Nachteil aus, dass die Informationslage der Theater in Bezug auf ihr Publikum nicht immer vollständig und aktuell ist (vgl. Butzer-Strothmann/Günter/Degen 2001: 5).

Im Hinblick auf den Legitimationszwang ergibt sich durch empirische Publikumsforschung die Chance wissenschaftlich fundierter Argumente zur Aufrechterhaltung und Förderung der Theaterangebote, sofern erwünschte Folgen der Kulturnutzung und positive Umgehensweisen mit Kultur durch das Publikum ermittelt werden können (vgl. Glogner/Rhein 2005: 432). Auch bezüglich der Begegnung des angesprochenen Konkurrenzdrucks spielt die empirische Publikumsforschung eine bedeutende Rolle. Entsprechende Kenntnisse über das Publikum sind die wesentliche Grundlage für die Vermittlung von Kunst und Kultur sowie für ein zielgruppengerechtes Marketing von Theaterbetrieben. Die empirische Untersuchung der Besucher stellt für das Theater ein wertvolles Instrument zur Informationsbeschaffung dar. Theater können dadurch bessere Kenntnisse hinsichtlich (veränderter) Bedürfnisse und Wünsche, (Un-)Zufriedenheit, Verbesserungsmöglichkeiten sowie anderer marketingpolitisch relevanter Tatbestände gewinnen; diese Hinweise kann das Theater entsprechend seiner künstlerischen Intention berücksichtigen. Laut Treinen dienen Untersuchungen des Publikums

> „der Transparenzbeschaffung über Art und Grad der kognitiven Voraussetzungen bei Besuchern, über Besucherbedingungen und Nutzungsmotive; ihre Ergebnisse betreffen vor allem die Außenbeziehungen von Theatern und lassen Schlussfolgerungen über Besucherklientele sowie Besuchspotenziale und damit über die Gestaltung der Öffentlichkeitsarbeit zu" (Treinen 1997: 45).

Auch wenn das Hauptziel der Publikumsforschung darin besteht, insgesamt mehr Informationen über das (potenzielle) Publikum unter anderem für Planungs- und Entscheidungsprozesse zu erhalten, darf ein weiterer, nicht unbedeutender Nutzen nicht unberücksichtigt bleiben. Ein verstärkter Informationsfluss beinhaltet nicht nur die passive Auskunftsbereitschaft der Besucher, sondern auch ihre Bereitschaft zur aktiven und kreativen Mitarbeit. Dem Publikum wird so eine aktive Mitwirkung am Theatergeschehen angeboten (sog. Besucherintegration; vgl. auch Günter 2000: 67 ff.), welche die Motivation für einen Theaterbesuch steigern und zur Besucherbindung beitragen kann.

Für Theater- und Opernbetriebe besteht der Anreiz einer intensiven Auseinandersetzung mit ihren Besuchern allerdings nicht nur in den beschriebenen Vorteilen, sondern betrifft auch ihre Funktionen und Ziele (vgl. Röper 2001: 272, Wiedmann et al. 2007: 46). Denn was auch immer man sich von einem öffentlichen Theater für die Besucher an positiven Wirkungen erwartet, seien sie ästhetischer, bildungspolitischer, kultureller oder allgemein künstlerischer Art, kann nur stattfinden, wenn es auch Besucher gibt. Folgt man den Überlegungen von Umberto Eco in seinem Buch „Das offene Kunstwerk", so vollendet sich jedes künstlerische Werk aufgrund seiner „fundamentalen Ambiguität" überhaupt erst in der Rezeption durch den jeweiligen Betrachter (vgl. Eco 1977). Laut Klein erhellt sich aus dieser Perspektive von Eco heraus die grundlegende Bedeutung der intensiven Beschäftigung mit dem Publikum weit über jedes kulturmanageriale Nützlichkeitsdenken hinaus: „Wenn sich (...) das künstlerische Produkt, die kulturelle Produktion erst im Besucher vollenden, dann sind Besucherorientierung und Besucherbindung nicht etwas von außen an das ansonsten autonome künstlerische Produkt Herangetragenes, sondern sind ganz wesentlich mit ihm verbunden" (Klein 2008a: 26). Was die Ziele des Theaters betrifft, so kann eine empirische Besucherforschung dabei helfen, insbesondere folgende Sach- und Formalziele von öffentlichen Theatern zu erreichen: Nachfrage- bzw. Besucherorientierung, regionale Ziele, Bildungsziele, soziale Ziele, Gemeinwohlorientierung und Finanzziele (vgl. dazu ausführlich unter anderem Greve 2002).

Zielsetzung einer besseren Information über Struktur, Verhalten, Erwartungen und Bewertungen des Publikums darf jedoch nicht sein, dem Publikum künstlerisch vor allem das anzubieten, was es mehrheitlich wünscht. Das würde nicht nur die Akzeptanz der empirischen Publikumsforschung innerhalb der Theater blockieren, sondern auch den kulturellen Auftrag öffentlich getragener und finanzierter Betriebe verkennen. Diese würden geradezu die Legitimation der öffentlichen Subventionierung verlieren, wenn sie ihre künstlerischen Produkte bzw. ihr meritorisches Gut der jeweiligen Nachfrage unterordnen (vgl. Klein 2008a: 22). Es geht also nicht darum, „das anzubieten, was sich das Publikum wünscht. Konsequente Besucherorientierung bedeutet vielmehr, dass die jeweilige Kultureinrichtung tatsächlich alle Anstrengungen unternimmt, das, was sie künstlerisch-ästhetisch produziert, einem größtmöglichen Kreis von Interessenten nahe zu bringen" (Klein 2007: 101).

Es wird deutlich, dass eine reine Publikumsorientierung als einziger Maßstab für die Angebotsgestaltung niemals genügen kann. Allerdings kann das künstlerische Konzept auch nicht völlig losgelöst von den Erwartungen und Bedürfnissen der Besucher festgelegt werden, da die Auswirkungen der Spielplangestaltung auf die Nachfrage mitunter gravierend sind (vgl. Giller 1995: 103). Es geht darum, in dem Sinne besucherorientiert zu handeln, dass zum einen die Rahmenbedingungen eines Theaterbesuchs an die Bedürfnisse der Besucher angepasst werden können, zum Beispiel hinsichtlich Zugänglichkeit und Serviceangeboten. Zum anderen sollen die künstlerischen Intentionen eines Theaters verdeutlicht bzw. die Inhalte für den Besucher attraktiv und verständlich gemacht werden. Ein derartiges besucherorientiertes Handeln setzt aber voraus, dass ein Theater sein Publikum mit dessen ganz unterschiedlichen Bedürfnissen kennt bzw. erkennt, wo Barrieren bestehen (vgl. Klein 2008a: 45-85).

1.3 Zielstellungen und Eingrenzungen

Im Kontext der geschilderten Ausgangssituation soll dieser Beitrag wichtige Entwicklungstendenzen, Fragestellungen und Ergebnisse der Publikumsforschung an öffentlichen Theatern und Opernhäusern im deutschsprachigen Raum (Schwerpunkt: Deutschland) aufzeigen. Dabei werden sich die Ausführungen auf eine größere Auswahl an Studien ab den 1990er Jahren beschränken, um die aufgeworfene Thematik im Kontext der gegenwärtigen gesamtgesellschaftlichen Herausforderungen vertiefend beleuchten zu können. Bislang gibt es nur wenige systematische Aufarbeitungen, die einen Überblick der bisher im deutschsprachigen Raum geleisteten Forschungsaktivitäten bieten.[10] Ohne entsprechende Bestandsaufnahmen der bisherigen Studien und ohne Analysen zu den dabei jeweils verfolgten Zielen und Schwerpunkten sowie angewandten Methoden, besteht die Gefahr, den Blick auf bisher Erreichtes und vor allem des bisher Bewährten zu verlieren, aber auch offene Fragestellungen und etwaige Fehlentwicklungen nicht zu erkennen. Das folgende Kapitel 2 ist gemeinsam mit der Synopse (tabellarische Übersicht der Auswertungsergebnisse) im Anhang als ein Baustein dieser Bestandsaufnahme – zumindest für den Zeitraum seit der deutschen Wiedervereinigung – zu verstehen. Sie stellen damit den Hauptteil dieses Beitrags dar. Da nicht alle Studien im Detail vorgestellt werden können, wurden zusätzlich zahlreiche weitere qualitative und quantitative Expertisen sowie Veröffentlichungen in das Literaturverzeichnis aufgenommen. Dieses bietet folglich einen umfangreichen Überblick der bisherigen Aktivitäten.[11]

In Kapitel 3 werden abschließend aus den gewonnenen Erkenntnissen Implikationen sowohl für die Wissenschaft, als auch für die Praxis abgeleitet. Dazu zählen unter anderem offene Fragestellungen, aber auch Hinweise zur Forschungssystematik und -methodik. Die Abgabe entsprechender Handlungsempfehlungen wird hierbei – aufgrund des fachlichen Hintergrunds der beiden Verfasser – insbesondere aus der Sichtweise des Kulturmanagements erfolgen.

2 Stand der Forschung: Überblick ausgewählter Forschungsprojekte

Zwar befindet sich die empirische Publikumsforschung im Bereich von Oper und Theater immer noch in einem Anfangsstadium (vgl. Reuband 2005a: 253) und die Vor-Ort-Erhebungen sind zudem lokal bzw. regional begrenzt und können daher nur schwer als empirischer Indikator für alle Theater in Deutschland ange-

---

10 Eine Ausnahme bildet beispielsweise Dollase (1998).
11 Die Besucherbefragungen an bzw. von öffentlichen Theatern können nicht in ihrer Gesamtheit dokumentiert werden. Zahlreiche Untersuchungen werden nicht veröffentlicht.

sehen werden. Dennoch ist durch die in den letzten Jahren zunehmende Anzahl kultursoziologischer und -managerialer Studien bereits ein recht differenziertes Bild über das aktuelle sowie potenzielle Theaterpublikum und generell über Trends sowie Veränderungsprozesse in der Hochkulturpartizipation entstanden.

Empirische Untersuchungen über die Besucher und Besucherpotenziale im Bereich von öffentlichen Theatern und Opern erfolgen grundsätzlich über zweierlei Zugänge (vgl. Reuband 2002: 53 und 2007: 46). Zum einen über quantitative und/oder qualitative Erhebungen unter den Besuchern von Aufführungen (Vor-Ort-Erhebungen).[12] Zum anderen über Erhebungen unter den (sporadischen) Besuchern und Nicht-Besuchern mittels quantitativer und/oder qualitativer Bevölkerungsbefragungen.[13]

Auf ausgewählte Arbeiten und die jeweils wichtigsten Ergebnisse soll nun näher eingegangen werden. Grundlage dafür bildet die Auswertung der in Tabelle 1 aufgelisteten Untersuchungen.

Die aufgeführten Studien wurden nach folgender Systematik ausgewertet:

- Inhalte/Fragestellungen/Zielsetzungen
- Methodik/Stichprobe
- Wichtigste Ergebnisse/Untersuchungsschwerpunkte

Analog zu dieser Abfolge werden in den nachstehenden Kapiteln die wichtigsten Ergebnisse zusammengefasst. Dabei werden keine einzelnen Untersuchungen separat dargestellt, sondern Schwerpunkte gebildet, um entsprechende Trends, Richtungen und Inhalte gemeinsam abzubilden. Als Grundlage dieser Zusammenfassung und zur Vertiefung der einzelnen Studien finden sich Übersichtstabellen als Synopse am Ende dieses Beitrags.

---

12 Vgl. zum Beispiel Brauerhoch (2004), Nolte/Schäfer/Yesilcicek (2001), Reuband (2005a, 2005b), Tauchnitz (2004a, 2004b).
13 Vgl. exemplarisch Eckhardt/Pawlitza/Windgasse (2006), Keuchel (2005a, 2006), Reuband (2002), Wiesand (1995). Wenn es um Aussagen auf nationaler Ebene geht, genießen Bevölkerungsumfragen den uneingeschränkten Vorzug. Wenn es sich jedoch um Aussagen auf lokaler Ebene handelt, bieten sich Bevölkerungsumfragen ebenso wie Besucherumfragen an. Ob man die eine oder andere Vorgehensweise wählt, wird in der Praxis meist aus rein pragmatischen und ökonomischen Gesichtspunkten entschieden, weniger aus methodologischen. Zu den methodischen Vor- und Nachteilen beider Zugänge sowie zur Frage der Validität der Ergebnisse unterschiedlicher Befragungsstrategien vgl. beispielsweise Reuband (2007: 46-70).

- Evaluation in Music Theatre: Empirical results on content and structure of the audience's quality judgement (Boerner et al. 2008)
- Unsichtbare Hauptrolle. Zur Bedeutung des Opernorchesters aus Sicht der Zuschauer (Boerner/Jobst 2009)
- Theater, Publikum und Image – eine Studie über die „Theaterlandschaft" in Frankfurt am Main (Brauerhoch 2004)
- Auswertung und Analyse der repräsentativen Befragung von Nichtbesuchern deutscher Theater (Deutscher Bühnenverein 2002)
- Ergebnisse der ARD-E-Musikstudie 2005. Besucherpotenzial von Opernaufführungen und Konzerten der klassischen Musik (Eckhardt/Pawlitza/Windgasse 2006)
- Kulturelle Veranstaltungen und ihr Publikum: eine entscheidungsorientierte Untersuchung des Konsumentenverhaltens bei kulturellen Veranstaltungen (Fischer 2006)
- Kultur und Medien. Angebot – Interesse – Verhalten. Eine Studie der ARD-/ZDF-Medienkommission (Frank/Maletzke/Müller-Sachse 1991)
- Pilgerfahrt ins Ich. Die Bayreuther Richard Wagner-Festspiele und ihr Publikum. Eine kultursoziologische Studie (Gebhardt/Zingerle 1998)
- Analyse des Zuschauerpotenzials des Volkstheaters Rostock. Ergebnisse einer Telefonbefragung (Gerdes 2000)
- 8. Kulturbarometer, Akzeptanz als Chance nutzen für mehr Publikum in Musiktheatern und Konzerten (Keuchel 2005a)
- Typologisierung des Theaterpublikums: Das Erkenntnispotenzial der verhaltensorientierten Marktsegmentierung für das Marketing öffentlich-rechtlicher Theater (Martin 1999)
- Opernpublikum – Musicalpublikum. Eine Studie zur Soziologie des Musiktheaters (Nolte/Schäfer/Yesilcicek 2001)
- Opernbesuch als Teilhabe an der Hochkultur. Vergleichende Bevölkerungsumfragen in Hamburg, Düsseldorf und Dresden zum Sozialprofil der Besucher und Nichtbesucher (Reuband 2002)
- Moderne Opernregie als Ärgernis? Eine Fallstudie über ästhetische Bedürfnisse von Zuschauern und Paradoxien in der Bewertung „moderner" Inszenierungen (Reuband 2005a)
- Sterben die Opernbesucher aus? Eine Untersuchung zur sozialen Zusammensetzung des Opernpublikums im Zeitvergleich (Reuband 2005b)
- Unterhaltung versus Intellektuelles Erleben. Soziale und kulturelle Differenzierungen innerhalb des Theaterpublikums (Reuband/Mishkis 2005)
- Partizipation an der Hochkultur und die Überschätzung kultureller Kompetenz. Wie sich das Sozialprofil der Opernbesucher in Bevölkerungs- und Besucherbefragungen (partiell) unterscheidet (Reuband 2007)
- Die soziale und kulturelle Differenzierung des Hochkulturpublikums (Rössel/Hackenbroch/Göllnitz 2002)
- Bevölkerungsbefragung zum Theater der Landeshauptstadt Magdeburg 1999 (Tauchnitz 2000a)
- Besucherbefragung Semperoper Dresden. Zusammenfassung der Studie (Tauchnitz 2003a)
- Bühnenbesuche als Ausdruck des Träumens von einer menschlicheren, friedvolleren Welt. Eine Means-End-Analyse (Tauchnitz 2004a)
- Publikum im Rampenlicht. Zweite gemeinsame Studie der Berliner Bühnen/ Publikumsbefragung in Hamburg. Zusammenfassung der Studie (Tauchnitz 2004b und 2005)
- Musiktheater und Konzerte: Mehr Rückhalt in der Bevölkerung (Wiesand 1995)

Tabelle 1: Übersicht der ausgewerteten Studien

2.1 Inhalte/Fragestellungen/Zielsetzungen

Grundsätzlich lassen sich zwei Richtungen in der Publikumsforschung im Bereich von öffentlichen Theatern und Opernhäusern unterscheiden. Hierzu zählen einerseits *anwendungsbezogene Studien*, die praxeologische und konzeptionelle Zielstellungen verfolgen, wie zum Beispiel die Gewinnung von empirischen Grundlagen für die Erarbeitung einer Marketingkonzeption. Die andere Hauptrichtung stellt die *wissenschaftliche (Grundlagen-)Forschung* dar, wie zum Beispiel die Untersuchung von Verhaltensmustern einer ausgewählten Stichprobe von Theaterbesuchern. Auch diese Ergebnisse können zumeist in der Praxis der Theater Verwendung finden, sind jedoch primär auf ein rein wissenschaftliches Erkenntnisinteresse und deren wissenschaftliche Verwertbarkeit (zum Beispiel in soziologischen Studien oder als Grundlagen für weitergehende Forschung) ausgerichtet. Im Folgenden werden diese beiden Hauptrichtungen, die im Rahmen der Auswertung zuvor dargestellter Studien exzerpiert wurden, näher vorgestellt.

2.1.1 Anwendungsbezogene Forschung

Anwendungsbezogene Publikumsforschung wird durch die generelle Zielsetzung charakterisiert, empirische Grundlagen für Planungs- und Entscheidungsprozesse zu generieren. Die Ausgangsfragestellungen der Studien weisen eine Nähe zum Erkenntnisinteresse der Theaterpraxis auf. Das neu gewonnene Wissen fließt in die Praxis zurück und kommt damit unmittelbar dem Theater als Nutzer bzw. Verwerter der Informationen zugute. Häufig steht bei den ausgewerteten Studien die Verbesserung der Kommunikation und des Marketings von Theatern im Mittelpunkt des Interesses. Entsprechende Fragestellungen zielen darauf ab, das Nutzerverhalten, die Nutzungsmotive, die spezifischen Besucherbedingungen und die Anforderungen von Besuchern bzw. Nicht-Besuchern besser kennen zu lernen, um daraus Schlussfolgerungen für die Kunstvermittlung sowie eine zielgruppengerechte Gestaltung des Theatermarketings ableiten zu können (vgl. exemplarisch Deutscher Bühnenverein 2002, Gerdes 2000, Tauchnitz 2000a, 2003a, 2004b, 2005).

Einige Studien wollen darüber hinaus einen Beitrag zur Beantwortung der Frage leisten, ob Kooperationen zwischen einzelnen Theatern und gegebenenfalls mit anderen Kulturanbietern vor Ort in Bezug auf Marketing und aufeinander abgestimmte Angebote Erfolg versprechend sein können (vgl. exemplarisch Brauerhoch 2004, 2005). Tauchnitz führt in den Jahren 2002 bis 2005 erstmals gemeinsame Publikumsbefragungen von mehreren Theatern in Berlin/Brandenburg und Hamburg durch. Diese theaterspezifischen und theaterübergreifenden

Ergebnisse sowie betriebsvergleichende Datenanalysen ermöglichen einen regionalen Betriebsvergleich (vgl. Tauchnitz 2002, 2004a, 2004b, 2005).

2.1.2 Wissenschaftliche (Grundlagen-)Forschung

Die primär an wissenschaftlichen Fragen und Zielsetzungen ausgerichtete Forschung befasst sich mit spezifischen Aspekten des Publikums (zum Beispiel Einstellungen, Wahrnehmungen, Verhalten, Entscheidungsprozesse). Sie ist zumeist durch eine disziplinäre Herkunft ihrer jeweiligen Forscher geprägt (zum Beispiel Soziologie, Kulturmanagement, Theater-/Musikwissenschaft oder Betriebswirtschaftslehre), was die Betrachtung des Publikums aus verschiedenen wissenschaftlichen Blickwinkeln ermöglicht.

Neben speziell für den Theaterbetrieb konzipierten Studien finden sich hier auch Untersuchungen zum Theaterpublikum als Teilbereich umfangreicherer Forschungsprojekte. Dies reicht von Untersuchungen zum Kulturpublikum und zur Partizipation der Bürger an der Hochkultur (vgl. exemplarisch Eckhardt/ Pawlitza/Windgasse 2006, Frank/Maletzke/Müller-Sachse 1991, Reuband 2005a, 2005b, Reuband/Mishkis 2005) bis hin zu einer groß angelegten Erhebung zu den städtischen Lebensbedingungen und der Lebensqualität, innerhalb derer die Fragen zur Nutzung des Theaters nur einen kleinen Themenkomplex unter anderen darstellt (vgl. Reuband 2002).

Zuvorderst finden sich in diesem Forschungsbereich eine Vielzahl an wissenschaftlichen Grundlagenstudien, die sich schwerpunktmäßig mit verschiedenen soziodemografischen/-ökonomischen, einstellungs-, motiv-, wirkungs- und verhaltensbezogenen oder sonstigen Fragestellungen auseinandersetzen (vgl. im Einzelnen Kapitel 2.3 und 2.4).

Daneben wurden bereits einige Spezialstudien zu einzelnen/speziellen Fragestellungen der empirischen Publikumsforschung durchgeführt. Exemplarisch lassen sich nennen:

- Entscheidungsfindung, -prozesse von Besuchern (vgl. Fischer 2006)
- Wahrnehmung und Bewertung von (zeitgenössischen) Inszenierungen (vgl. Reuband 2005a)
- Untersuchung des „overreportings" kultureller Teilhabe bzw. sozialer Erwünschtheitseffekte (vgl. Reuband 2007)
- Gewinnung von Beurteilungsmerkmalen für die Messung der Spielplanwahrnehmung (vgl. Tauchnitz 2004a)
- Empirische Überprüfung (kultur-)soziologischer Theorien und Konzeptionen zum Beispiel von Gerhard Schulze oder Pierre Bourdieu (vgl. Gebhardt/Zin-

gerle 1998, Nolte/Schäfer/Yesilcicek 2001, Reuband/Mishkis 2005, Rössel/ Hackenbroch/Göllnitz 2002).

Im Fokus der wissenschaftlichen Forschung steht neben der Untersuchung des Publikums eines bestimmten Theaters auch die Überprüfung bzw. Herausstellung von Unterschieden oder Gemeinsamkeiten zwischen verschiedenen Publika. So gehen Nolte/Schäfer/Yesilcicek der Frage nach, welche zentralen Unterschiede zwischen dem Opern- und Musicalpublikum bestehen (vgl. Nolte/ Schäfer/Yesilcicek 2001), Reuband vergleicht die Opernpublika in den neuen und alten Bundesländern (vgl. Reuband 2002), Reuband und Mishkis untersuchen mögliche Differenzierungen alltagsästhetischer Art innerhalb des Theaterpublikums von vier unterschiedlichen Düsseldorfer Theatern (vgl. Reuband/ Mishkis 2005) und Rössel/Hackenbroch/Göllnitz vergleichen die Besucherstrukturen von Hochkultureinrichtungen mit dem Ziel Erkenntnisse über soziale und kulturelle Differenzierungslinien innerhalb des Hochkulturpublikums zu gewinnen (vgl. Rössel/Hackenbroch/Göllnitz 2002).

Darüber hinaus existieren einige zeitliche Vergleichsstudien (so genannte Längsschnitt- bzw. Trendstudien) zur Untersuchung von sozialen und individuellen Wandlungsprozessen innerhalb des Theaterpublikums. Reuband führt zum Beispiel einen Langzeitvergleich zur Frage der sozialen Zusammensetzung der Opernbesucher auf der Basis einer identischen Orts- und Opernwahl durch, wobei er die Untersuchung von Dollase, Rüsenberg und Stollenwerk (1986) als Ausgangsbasis zugrunde legt (vgl. Reuband 2005b). Ebenso folgen Nolte/ Schäfer/Yesilcicek in Anlage und Durchführung ihrer Untersuchung weitgehend den Studien von Dollase et al. (1986) und Behr (1983). Zudem greifen sie auf eine Publikumsumfrage am Bremer Theater aus dem Jahr 1999 (vgl. Fuchs/ Steinkamp 1999) als Vergleichsstudie zurück (vgl. Nolte/Schäfer/Yesilcicek 2001). Wiesand setzt bei seiner Studie teilweise gleiche oder sehr ähnliche Fragestellungen aus der Opernstudie von 1975 (vgl. Wiesand/Fohrbeck 1975) ein und betrachtet die Weiterentwicklung der Ergebnisse im Zeitablauf (vgl. Wiesand 1995). Die Fragen des 8. Kulturbarometers greifen in Teilen auf das 5. Kulturbarometer von 1993/1994 zurück, in dem ebenfalls die Bereiche Orchester und Musiktheater abgefragt wurden (vgl. Keuchel 2005a).

2.2 Methodik/Stichprobe

In der empirischen Publikumsforschung im Theater- und Opernbereich können verschiedene quantitative und qualitative Erhebungsmethoden zum Einsatz kommen. Hierzu zählen die Befragung, die Beobachtung, der Test bzw. das Experiment und die Inhaltanalyse (vgl. Glogner 2008: 596). Das wichtigste und häufigste Instrument in den ausgewerteten Studien ist die Besucher- bzw. Bevölkerungsbefragung.[14]

2.2.1 Vor-Ort-Besucherbefragungen

Zur Besucherbefragung zählen unter anderem verschiedene Formen der schriftlichen oder mündlichen Befragung von Besuchern einer Theater- bzw. Opernvorstellung. Die Befragung des Theaterpublikums läuft grundsätzlich nach gleichen oder ähnlichen Schemata ab, indem Besuchern einer Theatervorstellung vor der Veranstaltung, in der Pause und teilweise auch nach einer Vorstellung gebeten werden, einen standardisierten Fragebogen mit überwiegend geschlossenen Fragen auszufüllen bzw. einem Interviewer diese Fragen mündlich zu beantworten. Dabei unterscheiden sich entsprechende Befragungen hinsichtlich ihrer Ausrichtung und Stichprobengröße teilweise erheblich. Diese Unterschiede erklären sich durch die jeweilige Zielstellung der Befragung (was soll wie, warum und mit welchem Aufwand untersucht werden?). So war es beispielsweise das Ziel von Tauchnitz in einer Studie aus dem Jahr 2004, möglichst umfangreiche Erkenntnisse zu Beurteilungskriterien für die Spielplanwahrnehmung, die Besuchsmotive und Einstellungen von Besuchern vergleichend an 20 Bühnen in Berlin, Potsdam und Cottbus zu untersuchen. Entsprechend groß war die Stichprobe bzw. die Zahl der verwertbaren Fragebögen (Netto-Rücklauf): 14.299.[15] Dagegen bewegen sich Befragungen an einem Theater häufig in Größenordnungen von 600 und 1.000 (vgl. zum Beispiel Martin 1999, Reuband/Mishkis 2005, Tauchnitz 2003a).

Vor allem die an den direkten Erkenntnisinteressen der Theater orientierten Untersuchungen (zum Beispiel über das Nutzerverhalten und die Wünsche des Publikums) oder von Theatern selbst durchgeführten bzw. beauftragten – zumeist anwendungsorientierten – Studien, greifen auf die Befragung der Theaterbesucher vor Ort als häufig einziges Standbein ihrer Untersuchung zurück. Diesen Trend spiegelt die zuvor erwähnte Studie des Zentrums für Audience Development an der FU Berlin. Hier gaben befragte Theater, Opernhäuser und Orchester an, den Fragebogen zum Selbstausfüllen am Veranstaltungsort am meisten zu verwenden (77,4 %), gefolgt – mit großem Abstand – von dem persönlichen Interview vor Ort (29,6 %) (vgl. ZAD 2007: 15).

---

14 Diese Einschätzung gilt generell für die Besucherforschung (vgl. Klein 2008a: 51). Siehe dazu auch unten die Hinweise auf die Studie des Zentrums für Audience Development (2007).
15 Siehe für derartige Vergleichsstudien zwischen verschiedenen Theatern mittels Vor-Ort-Besucherbefragungen zum Beispiel auch Brauerhoch (2004).

2.2.2 Bevölkerungsbefragungen

Die Befragung als zentrale Methode wird auch telefonisch (zum Beispiel Gerdes 2000), mit dem Abdruck eines Fragebogens in einer Zeitschrift (zum Beispiel Tauchnitz 2000a) oder mit dem Versand von Fragebögen (zum Beispiel Reuband/Mishkis 2005) durchgeführt. Diese Untersuchungen haben größtenteils das Ziel, einen festgelegten Ausschnitt der Bevölkerung (zum Beispiel Stichprobenziehung über das Melderegister) und damit auch Nicht-Besucher zu erreichen. Hierbei sollen zum Beispiel empirische Erkenntnisse über Theaterbesucher und deren Besuchsverhalten sowie gleichzeitig über Nicht-Besucher und entsprechende Motive gewonnen werden (vgl. Gerdes 2000). Bei einer Untersuchung des Deutschen Bühnenvereins (2002) handelte es sich dagegen beispielsweise um eine reine Nicht-Besucherbefragung. Die Stichprobe belief sich hier auf 1.007 Nicht-Besucher im Alter von 16 bis 29 Jahren und wurde mittels computergestützter Telefoninterviews durchgeführt. Ebenso variieren die Reichweiten dieser Befragungen je nach Erkenntnisinteresse stark und können von einer lokalen (vgl. unter anderem Brauerhoch 2004) bis hin zur bundesweiten Ausrichtung (vgl. exemplarisch Keuchel 2005a) reichen.[16]

2.2.3 Qualitative Methoden

Neben den dargestellten quantitativen Methoden empirischer Publikumsforschung, die eine statistische Darstellung von untersuchten Sachverhalten anstreben, kann zusätzlich eine größere Anzahl qualitativer Ansätze nachvollzogen werden. Das gilt allerdings nur für die Bandbreite der qualitativen Methoden, nicht für ihren quantitativen Anteil an der empirischen Publikumsforschung. Dieser ist relativ gering. Die Erhebung qualitativer Parameter (zum Beispiel Beobachtung, leitfadengestützte Interviews[17]) hat bislang vorwiegend einen explorativen, zum Beispiel als Vorstudie einer quantitativen Untersuchung (vgl. zum Beispiel Tauchnitz 2004b), oder ergänzenden Charakter (siehe Kapitel 2.2.4). Gründe für diese „Nebenrolle" können gegebenenfalls der größere Aufwand für die Durchführung solcher Methoden und eine generelle Skepsis gegen-

---

16 Vgl. zur Auswertung von quantitativen Daten empirischer Besucherforschung Butzer-Strothmann/Günter/Degen (2001: 95 ff.). Hier finden sich verschiedene Hinweise zur Datenanalyse, die über univariate Analysen hinausgehen. Dazu zählen bivariate und multivariate Verfahren. Darüber hinaus finden sich in der Synopse im Anhang teilweise Angaben zu den jeweiligen Analyseverfahren der ausgewerteten Studien.

17 In der qualitativen Forschung spielt die Befragung ebenfalls eine zentrale Rolle (neben Leitfadeninterviews zählen hierzu unter anderem narrative Interviews und Gruppendiskussionen).

über nicht quantifizierbaren Untersuchungsergebnissen darstellen.[18] Dennoch scheinen sich qualitative Ansätze – zumindest als Ergänzung oder zur Triangulation – zunehmend zu etablieren. Dies gilt vor allem bei wissenschaftlichen Studien. Besonders interessant ist die Bandbreite, die von leitfadengestützten Experteninterviews mit Stakeholdern eines Theaters über die Analyse bereits vorliegender Besucherumfragen bis hin zur Auswertung von Programmheften oder der Beobachtung des Publikums reichen können (vgl. Kapitel 2.2.5).

2.2.4 Methodentriangulation

Darüber hinaus werden zunehmend verschiedene qualitative und/oder quantitative Methoden kombiniert (vgl. exemplarisch Frank/Maletzke/Müller-Sachse 1991), um unterschiedliche Perspektiven auf den untersuchten Gegenstand einzunehmen. Diese bereits zuvor erwähnte Methodentriangulation (vgl. vertiefend Flick 2004) wird vor allem bei Forschungsstudien eingesetzt, die sehr spezifische Erkenntnisinteressen verfolgen und – neben einem direkten Erkenntnisgewinn für die Theater oder Opernhäuser – eine überwiegend wissenschaftliche Orientierung haben (zum Beispiel Martin 1999).[19]

Besonders hervorzuheben ist die Untersuchung von Gebhardt/Zingerle (1998), die im Rahmen einer kultursoziologischen Untersuchung der Bayreuther Richard Wagner-Festspiele und ihres Publikums eine sehr umfangreiche Methodentriangulation umgesetzt haben. Neben einer standardisierten Fragebogenerhebung der Gäste in den Hotels, Gasthöfen, Jugendherbergen, privaten Unterkünften und auf Campingplätzen in der Region Bayreuth (Netto-Rücklauf: 846 Fragebögen, 44 %), wurde ein umfassendes Programm an qualitativen Untersuchungen durchgeführt. Dieses reichte von der Dokumentenanalyse (unter anderem Auswertung von Programmheften und Presseberichten), über Leitfadeninterviews mit 28 Festspielgästen, 17 Experteninterviews mit Personen, die in verschiedenen Beziehungen zu den Bayreuther Festspielen standen, bis hin zu Beobachtungssequenzen der Festspielbesucher und dem fotografischen Festhalten typischer Situationen und charakteristischer Personen. Mit dieser Vorgehensweise konnten umfangreiche, unterschiedliche und belastbare Aussagen zu den Nutzungsmotiven der Besucher gewonnen werden.

---

18 Vgl. Diskussionspunkte zu qualitativer Forschung ausführlich Mayring (2002: 7 ff.).
19 Diese primär wissenschaftlich orientierten Studien werden in dem vorliegenden Beitrag schwerpunktmäßig vorgestellt, da ein Großteil der direkt von den Theatern durchgeführten Befragungen nicht veröffentlicht ist (vgl. vertiefend zum aktuellen Stand der Besucherforschung in öffentlichen Theatern ZAD 2007).

2.2.5 Zusammenfassung zu Methoden und Stichproben

Zusammenfassend kann im Rahmen der analysierten Studien von einer großen Bandbreite an eingesetzten Methoden und ihrer spezifischen Anwendung gesprochen werden.[20] Den Schwerpunkt bilden quantitative Untersuchungsstrategien:

1. Quantitative Publikumsforschung:

- Schriftliche Fragebogenerhebung vor Ort
- Mündliche Publikumsbefragung mittels Fragenkatalog vor Ort
- Schriftliche/postalische Befragung der Bevölkerung
- Computer- oder leitfadengestützte Telefoninterviews
- Schriftliche Befragung von verschiedenen Kultureinrichtungen
- Befragung der Bevölkerung in der Öffentlichkeit (Feldarbeit)

2. Qualitative Publikumsforschung:

- (Experten-)Interviews und Gruppendiskussionen
- Literatur- und Dokumentenanalyse
- Pilotstudien mittels Videosequenzen
- Beobachtungssequenzen
- Fotografische Dokumentation

3. Methodentriangulation

Generell stellen die Besucher einer Theateraufführung die am zahlreichsten beforschte Zielgruppe dar (vgl. ZAD 2007: 14). Bei den analysierten Studien bildet sich diese Tendenz nicht eindeutig ab, was sich durch die selektive Zusammensetzung der Studien und ihrer überwiegend stark wissenschaftlichen Orientierung erklärt (Methodentriangulation, großes Interesse an Nicht-Besuchern bzw. Bevölkerungsbefragungen etc.). Was die Größe der Stichproben der ausgewerteten Untersuchungen betrifft (Netto-Rücklauf bzw. auswertbare Interviews), so variieren diese von kleinen Gruppen im Rahmen von Experteninterviews (zum Beispiel Durchführung von zwei Experteninterviews mit Entscheidungsträgern aus der klassischen Musikbranche im Rahmen einer Methodentriangulation, vgl. Fischer 2006) bis hin zu den zuvor erwähnten 14.299 schriftlich befragten Besuchern an 20 Bühnen in Berlin, Cottbus und Potsdam (vgl. Tauchnitz 2004b). Zusätzliche Informationen zu den Stichproben, zum

---

20 Die Methoden sind dabei überwiegend an den Arbeitsweisen der empirischen Sozialforschung orientiert (vgl. vertiefend Atteslander 2008 und Diekmann 2006).

Beispiel zur Stichprobenziehung, finden sich in den individuellen Auswertungen der Studien im Anhang.

2.3 Wichtigste Ergebnisse/Untersuchungsschwerpunkte

Die forschungsleitenden Fragestellungen und Ergebnisse der bisherigen empirischen Publikumsstudien im Bereich von Theater und Oper lassen sich generell in vier unterschiedliche Kategorien einordnen (vgl. hierzu auch Klein 2008a: 48):

- Soziodemografische/-ökonomische Fragestellungen
- Einstellungs-, motiv- und wirkungsbezogene Fragestellungen
- Verhaltensbezogene Fragestellungen
- Sonstige Fragestellungen

Analog zu dieser im Rahmen der beschriebenen Auswertung getätigten Kategorisierung werden in den folgenden Kapiteln ausgewählte Ergebnisse und Untersuchungsschwerpunkte zusammengefasst.

2.3.1 Soziodemografische/-ökonomische Fragestellungen

Der überwiegende Teil der analysierten Studien verfolgt – ausschließlich oder teilweise – soziodemografische/-ökonomische Erkenntnisinteressen, die sich in entsprechenden Fragestellungen niederschlagen. Hierzu zählen vor allem

- Alter,
- Geschlecht,
- Familienstand,
- Wohnort,
- Studium/Ausbildung und
- Einkommen/Berufsstatus.

Mit der Erhebung dieser Daten wird der Strukturiertheit der Besucher bzw. Nicht-Besucher von Theater- oder Opernaufführungen nachgegangen. So kann es von Interesse sein, welches Einzugsgebiet ein Theater aufweist, soziale und kulturelle Differenzierungen innerhalb des Publikums festzustellen oder die Publikums- mit der Bevölkerungszusammensetzung zu vergleichen.

Soziodemografische/-ökonomische Daten stehen in der anwendungsbezogenen Publikumsforschung häufig im Mittelpunkt, um empirische Grundlagen für Planungs- und Entscheidungsprozesse zu generieren. In vielen Fällen reichen diese Strukturdaten, um Handlungs- und Veränderungsbedarfe festzustellen (zum Beispiel neue Informationstechnologien, Anforderungen an Barrierefreiheit). In der primär an wissenschaftlichen Frage- und Zielstellungen ausgerichteten Forschung, stellen soziodemografische Daten das Fundament dar, auf dem spezifische Untersuchungsaspekte hinsichtlich der Besucher bzw. Nicht-Besucher anschließen.

In den ausgewerteten Studien finden sich durchgängig soziodemografisch/ -ökonomische Fragestellungen/Ergebnisse. Auf einzelne Ergebnisse zu bestimmten Parametern (Alter, Bildung etc.) wird an dieser Stelle nicht ausführlich eingegangen (siehe die Synopse im Anhang). Im Folgenden sollen lediglich einige Tendenzen und exemplarische Studien vorgestellt werden.

Zum Alter von Theaterbesuchern finden sich unterschiedliche Aussagen und Interpretations-/Vergleichsansätze. So kommen beispielsweise Nolte/Schäfer/ Yesilcicek (2001) in einer Studie zu dem Ergebnis, dass das Musicalpublikum deutlich jünger ist (33,1 Jahre im Durchschnitt) als das Opernpublikum (48,7 Jahre). Rössel/Hackenbroch/Göllnitz (2002) benennen das Durchschnittsalter von Theaterbesuchern mit 34,5 Jahren und das des Opernpublikums mit 42 Jahren. Frank/Maletzke/Müller-Sachse (1991) geben die stärkste Nutzergruppe im Alterssegment 30 bis 49 an (40,3 %). Bei einer Studie von Tauchnitz lag das Durchschnittsalter bei 51 Jahren (vgl. Tauchnitz 2000a). Hier bildeten mit einem Anteil von 29 % die 56- bis 65-Jährigen die stärkste Altersgruppe. In anderen Studien von Tauchnitz stellen mit 37 % (vgl. Tauchnitz 2003a), 25 % (vgl. Tauchnitz 2004b) und 26 % (vgl. Tauchnitz 2005) die 60- bis 69-Jährigen die stärkste Altersgruppe. Die Untersuchungen von Tauchnitz an verschiedenen Theatern unterschiedlicher Städte bilden damit eine erste Tendenz ab. Darüber hinaus kommt Reuband (2005b) in einer Replikationsuntersuchung einer Studie von Dollase et al. (1986) zu dem Ergebnis, dass das Durchschnittsalter des untersuchten Fidelio-Publikums 1980 bei 38,3 Jahren lag und 2004 im Durchschnitt bei 55,3 Jahren. Das heißt, der „Alterungsprozess" der untersuchten Opernbesucher ist viel stärker ausgeprägt als die Verschiebung des Durchschnittsalters in der Bevölkerung. Darüber hinaus ist der Anteil der Rentner unter den Zuschauern gestiegen, der Anteil der Schüler und Studenten stark gesunken. Eine ähnliche Tendenz zeigt Keuchel (2005a). So liegt der Anteil der 40-Jährigen und Jüngeren, die mindestens einmal jährlich eine Oper besuchen bei 26 %. 1965 waren es noch mehr als doppelt so viele (58 %). Auch Rössel/Hackenbroch/Göllnitz (2002) zählen ältere Menschen zum Kernpublikum von öffentlichen Theatern und Opernhäusern. Die Studien weisen also insgesamt auf eine Altersverschiebung des Theaterpublikums (durchschnittlich älteres Publikum) in den Jahren des Betrachtungszeitraums (Studien seit 1990) hin.

Was die Geschlechterverteilung bei Theaterbesuchen betrifft, stellen Rössel/ Hackenbroch/Göllnitz (2002) fest, dass weibliche Besucher bei Theatern (59 %) und Opern (58 %) überwiegen. Bei Ballettveranstaltungen sind es sogar 68 %. Die Untersuchungen von Tauchnitz zeichnen eine ähnliche Tendenz. So sind auch hier Frauen durchgängig stärker vertreten als Männer (zwischen 53 und 64 %, vgl. Tauchnitz 2000a, 2003a, 2004b, 2005). Keuchel (2005a) stellt ebenso ein Ansteigen des weiblichen Besucheranteils bei Opernbesuchen fest. In der Replikationsuntersuchung von Reuband (2005b) ist der Anteil der beiden Geschlechter dagegen unverändert. Reuband (2002) weist darüber hinaus auf der Basis von drei Bevölkerungsumfragen in Hamburg, Düsseldorf und Dresden nach, dass der Frauenanteil in Hamburg und Düsseldorf mit der Häufigkeit des Opernbesuchs ansteigt. In Dresden dagegen fehlt dieses Muster.

Für den Umgang mit Daten hinsichtlich des Wohnortes bzw. der Herkunft der Besucher sei exemplarisch auf Martin (1999) verwiesen. Diese stellt in ihrer Studie fest, dass auch der Herkunft des Besuchers eine große Bedeutung zukommt. So bestehen große Nutzungsunterschiede zwischen denjenigen Besuchern, die aus der Stadt Dresden und der umliegenden Region kommen (insgesamt etwas weniger als die Hälfte der Befragten). Das Publikum aus Dresden geht im Durchschnitt 10,4-mal pro Jahr ins Theater und die Besucher aus der umliegenden Region 6,5-mal.

Ergebnisse zu Studium und Ausbildung der Befragten liegen ebenfalls häufig vor. Die Tauchnitz-Studien zeichnen beispielsweise eine klare Richtung. Der größte Anteil der Befragten verfügt über einen Hochschulabschluss (38 % bis 62 %, vgl. Tauchnitz 2000a, 2003a, 2004b, 2005). Bei Frank/Maletzke/Müller-Sachse (1991) verfügen 73,8 % der Theaterbesucher mindestens über einen weiterführenden Schulabschluss. Keuchel (2005a) stellt gar eine Intellektualisierung des Klassik- und Opernpublikums fest. Das unterstreicht auch Martin (1999), die für die Kategorie „Bildungsabschluss" ebenfalls empirische Zusammenhänge hinsichtlich der Intensität eines Theaterbesuchs nachweisen kann. Das Abitur ist dabei ein so genanntes Split-Kriterium. Reuband (2005b) stellt zusätzlich fest, dass das Bildungsniveau weitgehend konstant geblieben ist. Sowohl 1980 als auch 2004 lag der Anteil der Befragten mit Abitur bei rund 64 %. Was als Ausdruck der Konstanz erscheint, ist es im Kontext des gestiegenen Bildungsniveaus nicht. Der stabile Anteil besser Gebildeter vor dem Hintergrund eines gesamtgesellschaftlich gestiegenen Bildungsniveaus bedeutet eine leichte Abnahme sozialer Exklusivität. Reuband (2002) bildet zudem ab, dass mit zunehmender Häufigkeit des Opernbesuchs der Anteil der besser Gebildeten ansteigt. Bei seiner Untersuchung ist dieser Effekt in Dresden am stärksten ausgeprägt. Bildung ist in allen drei untersuchten Städten die wichtigste Variable für die Häufigkeit des Opernbesuchs. Rössel/Hackenbroch/Göllnitz (2002) können bei „komplexeren"

Opernaufführungen zudem durchschnittlich mehr Besucher mit einem hohen Bildungsabschluss lokalisieren. Arbeiter sind hingegen eher in „einfacheren" Opern (zum Beispiel Carmen) zu finden. Zum Einkommen und dem Berufsstatus liegen verschiedene Befunde vor. Nolte/Schäfer/Yesilcicek (2001) können Unterschiede in der Berufssituation zwischen Besuchern einer Opern- und einer Musicalaufführung nachweisen. Während in beiden Gruppen die Angestellten an erster Stelle stehen, folgen im Musicalpublikum die Studenten (Differenz 23,6 %) und im Opernpublikum die Beamten (Differenz 13,8 %). Die Feststellung, dass die Theater überproportional von gehobenen Bevölkerungsschichten frequentiert werden, bewahrheitet sich in ihrer Studie somit auf zweifache Weise: Für das Musicalpublikum in Bezug auf eine gehobene Bildung, für das Opernpublikum bezüglich einer gehobenen Bildung und einer (stark) gehobenen Berufssituation. Rössel/Hackenbroch/Göllnitz (2002) treffen dagegen die Aussage, dass das Kernpublikum ihrer Untersuchung ein geringes Einkommen aufweist. Was die Berufsstruktur betrifft, so kommen sie jedoch auch zu dem Ergebnis, dass der Arbeiteranteil im Theater nur 3,5 % und in der Oper geringe 0,5 % beträgt. Bei Tauchnitz sind 38 bis 47 % der Befragten erwerbstätig. Im Ruhestand befinden sich 27 bis 46 %. Mit Ausnahme eines Befragungsergebnisses (Tauchnitz 2000a) bewegt sich das frei verfügbare monatliche Konsumbudget bei ca. einem Viertel der Befragten zwischen 1.000 bis 2.000 Euro (vgl. Tauchnitz 2000a, 2003a, 2004b, 2005).

Darüber hinaus existieren weitere interessante Ergebnisse aus soziodemografischen/-ökonomischen Fragestellungen, für welche die folgende Studie abschließend exemplarisch steht: Reuband und Mishkis (2005) konnten beispielsweise in einer Vergleichsstudie herausarbeiten, dass innerhalb des Theaterpublikums Differenzierungen alltagsästhetischer Art vorliegen. Im Gegensatz zu Nolte/Schäfer/Yesilcicek und Rössel/Hackenbroch/Göllnitz wurden private Theater in die Untersuchung einbezogen. Verglichen wurden unter anderem Besucher von privaten Boulevardtheatern und dem Schauspielhaus in Düsseldorf. Im Gegensatz zu Geschlecht und Familienstand konnten stärkere Unterschiede der verschiedenen Publika hinsichtlich des Alters und der Bildung festgestellt werden. So sind ältere Besucher überproportional in den Boulevardtheatern anzutreffen. Dort finden sich ebenfalls überproportional die weniger gut Gebildeten. Im Verhältnis zur Gesamtbevölkerung, die vergleichend in die Studie einbezogen wurde, bestehen Differenzen bei den Merkmalen Geschlecht und Bildung. So sind Frauen und besser Gebildete unter den Zuschauern (aller befragten Theater) im Vergleich zur Gesamtbevölkerung überrepräsentiert.

2.3.2 Einstellungs-, motiv- und wirkungsbezogene Fragestellungen

Einstellungs-, motiv- und wirkungsbezogene Fragestellungen beziehen sich zum Beispiel auf Wertvorstellungen, die Motive für einen Besuch, Vorlieben, Erwartungen, Präferenzstrukturen oder die ästhetische Wahrnehmung von Besuchern. Entsprechende Fragestellungen zielen dementsprechend auf die Generierung von einstellungsbezogenen Daten, wie zum Beispiel „Was ist Ihre Meinung ...?", „Was halten Sie von ...?", „Was haben Sie erwartet ...?" (vgl. Klein 2008a: 48). In den untersuchten Studien konnte ein breites Bündel an einstellungs-, motiv- und wirkungsbezogenen Fragestellungen aufgefunden werden. Dabei können folgende Schwerpunkte gebildet werden:

- Erwartungen an einen Besuch
- Meinungen, Einstellungen und Assoziationen zum Theater
- Gründe für einen Besuch (Nutzungsmotive)
- Nutzungspräferenzen und Präferenzstrukturen
- Untersuchung der Entscheidungsprozesse von Besuchern und ihren Einflussfaktoren (Entscheidungsforschung)
- Besuchsbarrieren des Theaters
- Wirkungs- und Wahrnehmungsforschung
- Zufriedenheit mit dem Theater und seinen Leistungsmerkmalen

Die Erwartungen an einen Besuch im Theater sind vielfältig. Brauerhoch (2004) konnte als häufigste Erwartungen an einen Theaterbesuch die Faktoren „Unterhaltung", „gemeinsames Erleben", „Abwechslung", „Entspannung" und „Anregung zum Nachdenken" erheben. Bei Keuchel (2005a) richten sich folgende Erwartungen an den Besuch einer Kultureinrichtung: „gute Unterhaltung", „gute Atmosphäre" und „etwas live erleben". Bei einer Vergleichsstudie von Reuband und Mishkis (2005) soll das Theater zum Nachdenken anregen, zusätzlich werden aber auch der Unterhaltungscharakter sowie die Funktion einer Entspannung vom Alltag erwartet. Das gilt insbesondere für Boulevardtheaterbesucher, die der Abwechslung den Vorzug vor der intellektuellen Reflexion geben.

Was Meinungen, Einstellungen und Assoziationen zum Theater betrifft, so ist beispielsweise bei Frank/Maletzke/Müller-Sachse (1991) das „ideale Theater" nicht das Angebot einer sinnlich-intellektuellen Erfahrung, sondern die Repräsentation einer als gesichert geltenden kulturellen „Bedeutsamkeit" durch die möglichst affirmative Reproduktion klassischer Werke („Diener der Literatur"). Bei Tauchnitz (2000a) ist dagegen für die meisten Befragten der Theaterbesuch ein besonderes Ereignis, bei dem auch auf die Kleidung geachtet wird. Theaterbesuche sind mehrheitlich Ausdruck eines gepflegten Lebensstils und gehören zur guten Bildung. Weitere Assoziationen sind: geistvolle, kulturelle und anspruchsvolle Unterhaltung (15 %), Freude, Spaß, Vergnügen und Genuss (10 %) sowie Entspannung und Erholung (9 %). Gebhardt und Zingerle konnten 1998 im Rahmen von Meinungen Sinndimensionen von Wagners Musikdramen erheben. So wollte Wagner aus Sicht des Publikums mit seinem Werk bestimmte Werte fördern. Für die Wichtigkeit ausgewählter Werte (Mehrfachnennungen möglich) wurden zuerst die Liebe (88,89 %), die Treue (81,32 %), Gemeinsinn (73,17 %) und Naturverbundenheit (69,03 %) genannt.

Ähnlich wie die Erwartungen und Meinungen sagen die Nutzungsmotive und Gründe für einen Besuch viel über das Verhältnis Theater und Publikum aus. Bei Eckhardt/Pawlitza/Windgasse (2006) sind die wichtigsten Nutzungsmotive der Musikgenuss, das besonderes Erlebnis sowie Abschalten und Entspannen. Über 75 % der Befragten geben zusätzlich an, dass die festliche Atmosphäre, Spaß haben, Unterhaltung und den Horizont erweitern wichtige Nutzungsmotive sind. Auch bei Gebhardt/Zingerle (1998) steht das Motiv „gute Musik zu genießen" (74,11 %) an erster Stelle. Martin (1999) lokalisiert drei Arten primärer Nutzungsmotive für einen Besuch. Hier steht im Gegensatz zu den obigen Untersuchungen die Teilnahme an einem „gesellschaftlichen Ereignis" an erster Stelle. Darauf folgt die „emotionale Stimulierung". An dritter Stelle steht allerdings auch das „Bedürfnis nach geistiger und kultureller Entwicklung der Persönlichkeit". Bei Tauchnitz (2000a) dominiert allerdings eindeutig die Suche nach Unterhaltung und Entspannung die bildungs- und kulturbezogenen Gründe.

Im Rahmen der Nutzungsmotive bietet sich auch der Blick auf die Nutzungspräferenzen bzw. Präferenzstrukturen des Publikums an. Bei einer von Gerdes (2000) durchgeführten Analyse des Zuschauerpotenzials des Volkstheaters Rostock gaben über 50 % der Befragten an, sich für Musicals und Konzerte, gefolgt von Operetten und klassischer Oper (beide über 30 %) zu interessieren. Am wenigsten interessiert sich das Publikum für zeitgenössisches Theater (nur 21 %) und zeitgenössische Oper (11 %). Etwas differenzierter analysiert Martin (1999) produktspezifische Präferenzen von Besuchern mittels eines Konstantsummenverfahrens. Hier zählen die künstlerische Besetzung, das Veranstaltungsangebot, die Höhe der Eintrittspreise, das Ambiente und der Vorverkaufsservice für Karten (in dieser Reihenfolge) zu den überdurchschnittlich wichtigen Rahmenbedingungen des Theaterbesuchs. Leistungen, die einen Zusatznutzen versprechen, wie ein bequemer Sitzplatz und die Freundlichkeit des Personals, sind den Befragten unterdurchschnittlich wichtig, für einzelne befragte Personen spielen sie jedoch eine beträchtliche Rolle. Ähnlich sind auch die Ergebnisse von Reuband (2005a). Für die Mehrheit der Befragten gilt das Interesse in erster Linie der Musik, den Sängern und/oder dem Dirigenten.

Es ist zu vermuten, dass Nutzungspräferenzen einen wichtigen Einfluss auf die Entscheidung für oder gegen einen Theaterbesuch ausüben. Der Untersuchung von entsprechenden Entscheidungsprozessen von Besuchern hat sich vor allem Fischer (2006) angenommen. Ein Ergebnis ist, dass für den Entscheidungsprozess die Informationsaufnahme eine entscheidende Rolle spielt. Schlüsselinformationen, wie zum Beispiel Namen von bestimmten Künstlern, Veranstaltungsorten, Herkunftsländer von Künstlern, sowie Kritiken[21] und die so genannte „Word of Mouth" (WOM)-Kommunikation,[22] also die Mund-zu-Mund-Kommunikation, haben besonderen Einfluss auf den Besuch kultureller Veranstaltungen.

Neben den Motiven, Präferenzen und Entscheidungsprozessen für einen Besuch sind die Gründe für einen Nicht-Besuch des Theaters besonders aufschlussreich. Sie beinhalten zum Beispiel Hinweise für einen etwaigen Veränderungsbedarf. So hat der Deutsche Bühnenverein (2002) erhoben, dass ein mangelndes Serviceangebot, die Kosten und Informationsdefizite genauso Besuchsbarrieren darstellen wie alternative Freizeitangebote, mangelnde Einbindung des sozialen Umfelds, inhaltliche Resistenz und die Sozialisation. Erstgenannte Faktoren können verändert bzw. verbessert werden. Derartige Ergebnisse können dementsprechend direkten Handlungsbedarf sichtbar machen und gegebenenfalls in Gang setzen. Bei Eckhardt/Pawlitza/Windgasse (2006) stehen ebenfalls hohe Eintrittspreise im Vordergrund sowie die mangelnde persönliche Motivation. Frank/Maletzke/Müller-Sachse (1991) konnten zudem hinsichtlich der Disposition des Interesses folgende Ergebnisse generieren: Zunächst spielt die kulturelle Sozialisation eine wesentliche Rolle. Unter anderem existiert ein eindeutiger Zusammenhang zwischen der Häufigkeit des Veranstaltungsbesuchs mit Eltern und der Intensität des kulturellen Interesses. Darüber hinaus bestehen verschiedene subjektive Barrieren gegenüber dem Besuch kultureller Veranstaltungen. Die Hauptgründe gegen einen Besuch kultureller Veranstaltungen werden wie folgt angegeben: 40,9 % „zu teuer", 31,5 % „zu viel Aufwand", 28,6 % „zu lange Wege, schlechte Erreichbarkeit", 25,7 % „fehlende Begleitung" und 24,4 % „die Leute" oder „Feierlichkeit als Störfaktor". Ähnlich sind die Gründe für den „Nicht-Besuch" des Rostocker Theaters (vgl. Gerdes 2000). Hauptgründe für den Nicht-Besuch des Theaters sind „kein Interesse" (knapp 44 %) und „keine Zeit" (38 %). Darauf folgen der „Preis" (knapp 12 %) und das „Programmangebot" (knapp 11 %). 18 % der Nicht-Besucher weisen grundsätzlich Potenzial als Besucher auf, da sie nur die Theaterumstände kritisieren. 11 % weisen teilweises Potenzial auf (persönlich gehindert und Kritik an Theaterumständen). 71 % weisen dagegen gar kein Potenzial auf (Desinteresse und persönlich gehindert).

---

21 Mit zunehmender Unterhaltungsorientierung nimmt der Einfluss von Kritiken ab und mit einer gesteigerten Auseinandersetzungsorientierung zu.
22 Besuche mit geringer Besuchsintensität werden stärker von WOM beeinflusst.

Was die Wahrnehmung und Bewertung von Opernvorstellungen betrifft, so kommen vor allem Boerner et al. (2008) und Boerner/Jobst (2009) zu umfangreichen Aussagen. Im Rahmen einer Untersuchung des Zuschauerurteils hinsichtlich der Aufführungsqualität an Musiktheatern konnten als wichtigste Komponenten exzerpiert werden (vgl. Boerner et al. 2008):

- Zusammenspiel der musikalischen und schaupielerischen/bühnenbildnerischen Komponenten
- Zusammenspiel der schaupielerischen/bühnenbildnerischen Komponenten
- Zusammenspiel innerhalb des Chors

Die am geringsten bewerteten Komponenten der Befragten hinsichtlich der Aufführungsqualität eines Musiktheaters stellen sich wie folgt dar:

- Zusammenspiel zwischen Orchester, Solisten und Chor
- Chor-Leistung
- Zusammenspiel der Solisten

In einer ähnlichen Untersuchung kamen Boerner/Jobst (2009) hinsichtlich der wichtigsten Einzelkomponenten zur Bewertung der künstlerischen Qualität einer Aufführung zu folgenden Ergebnissen: Orchester (Mittelwert: 4,4)[23], Solisten (4,3), Chor (4,2) und Ausstattung (3,8). Wichtigste Faktoren hinsichtlich des Zusammenspiels einzelner Komponenten zur Bewertung der künstlerischen Qualität der Aufführung waren: Zusammenspiel innerhalb des musikalischen Bereichs (4,3), Zusammenspiel von Musik und Szene (4,0) und Zusammenspiel innerhalb des szenischen Bereichs (3,9). Die Gewichtung der Komponenten für das Gesamturteil über die künstlerische Qualität der Aufführung nach totalen Effekten kommt zu dem Ergebnis, dass das Zusammenspiel von Musik und Szene (.64)[24], das Orchester (.46) und das Zusammenspiel innerhalb des szenischen Bereichs (.36) den größten Einfluss haben. Das Zusammenspiel innerhalb des musikalischen Bereichs (.14) und der Chor (.04) haben dagegen am wenigsten Einfluss auf das Gesamturteil.

Anknüpfend an die Boerner-Studien soll abschließend die Zufriedenheit mit dem Theater und seinen Leistungsmerkmalen fokussiert werden. Als wichtigstes Merkmal des Theaters werden bei Tauchnitz (2000a) die künstlerischen Leistun-

---

23 Skala: 5 = „trifft voll und ganz zu" bis 1 = „trifft überhaupt nicht zu".
24 Der Wert in dieser und in den folgenden Klammern stellt den Korrelationskoeffizient dar. Dieser beschreibt die Stärke des linearen Zusammenhangs zwischen zwei Variablen und liegt im Bereich zwischen +1 und -1. Bei +1 handelt es sich um einen „perfekt" positiven und bei -1 „perfekt" negativen Zusammenhang (vgl. Diekmann 2006: 203f.).

gen angesehen. Bedeutsam sind aber auch die Atmosphäre des Hauses und „Nebenleistungen" wie freundliches Personal und bequeme Sitzplätze. Hier wird deutlich, dass das Theater als Gesamterlebnis angesehen wird und nicht nur das „Kernprodukt" die Zufriedenheit eines Besuchers bestimmt. Das unterstreichen auch Anregungen und Verbesserungsmöglichkeiten durch die Befragten, die den Wunsch nach einem attraktiveren Spielplan (15 %), einem besseren Bühnenbild und einem besseren Service (jeweils 11 %) äußerten (vgl. Tauchnitz 2000a). Bei Martin (1999) zählen die künstlerische Besetzung, das Veranstaltungsangebot, die Höhe der Eintrittspreise, das Ambiente und der Vorverkaufsservice für Karten (in dieser Reihenfolge) zu den überdurchschnittlich wichtigen Rahmenbedingungen des Theaterbesuchs. Diese Ergebnisse unterstreichen nochmals die Bedeutsamkeit der Sekundärleistungen eines Theaters und dessen generelle Servicequalität.

2.3.3 Verhaltensbezogene Fragestellungen

Die verhaltensbezogenen Fragestellungen haben die Aufgabe, umfassende Daten über das Publikumsverhalten zu erheben (vgl. Butzer-Strothmann/Günter/Degen 2001: 31). Dadurch wird eine detaillierte Beschreibung des Theaterpublikums möglich, das sich nicht nur durch seine strukturellen Merkmale, sondern auch durch sein tatsächliches Besucherverhalten differenziert (vgl. Klein 2005: 148). Die Ergebnisse der bisherigen empirischen Publikumsstudien lassen sich innerhalb dieser Kategorie tendenziell folgenden Schwerpunkten[25] zuordnen:

- Besuchshäufigkeit/-intensität und ihre Determinanten
- Spartenübergreifende Kulturwahrnehmung/Kultur- und Freizeitinteressen
- Theaterbesuch und Begleitung/genutzte Distributionskanäle beim Kartenerwerb/Planungszeiträume für Theaterbesuche
- Informationsverhalten der Besucher

Fischer (2006) sieht in der Besuchsintensität ein wichtiges Unterscheidungsmerkmal, das sich sehr gut als Kriterium für Segmentierungsansätze eignet und zudem einen einfachen Indikator für die Präferenz für kulturelle Veranstaltungen und das bereits vorhandene subjektive theaterfachliche Wissen der Besucher darstellt. Demnach erhebt auch ein Großteil der Studien die unterschiedlichen

---

25 Keinem der genannten Schwerpunkte lässt sich hingegen die ausführliche qualitative Beschreibung von Gebhardt und Zingerle zum Verhalten von Festspielbesuchern in Bayreuth (zum Beispiel Tagesablauf, Nutzungsgewohnheiten, Kommunikation etc.) zuordnen (vgl. Gebhardt/ Zingerle 1998). Sie soll an dieser Stelle aufgrund ihres umfassenden und außergewöhnlichen Charakters nochmals Erwähnung finden.

Besuchsfrequenzen ihres Publikums, unter anderem zur Identifikation bestimmter Besuchergruppen (vgl. exemplarisch Frank/Maletzke/Müller-Sachse 1991, Gerdes 2000, Gebhardt/Zingerle 1998, Nolte/Schäfer/Yesilcicek 2001, Tauchnitz 2003a, 2004b, 2005).

Fischer identifiziert einen „Gravitationseffekt" zwischen Besuchsintensität und Bedarf: Nimmt die Anzahl der Besuche zu, wächst auch der Bedarf und nimmt nicht ab, wie anzunehmen wäre. Der Bedarf nach kulturellen Veranstaltungen erlischt allerdings, wenn die Besuchsintensität unter einen Mindestwert sinkt. Das zugrunde liegende Bedürfnis wird dann durch andere Angebote befriedigt.

Fischer, Reuband und Martin identifizieren in ihren Studien „zentrale Bestimmungsgrößen" bzw. „Einflussfaktoren der Besuchshäufigkeit" (vgl. Fischer 2006, Reuband 2002, Martin 1999). Martin und Reuband lokalisieren dabei in ihren jeweiligen Studien für das Publikum der Sächsischen Staatsoper Dresden: regionale Herkunft[26], ausgeübter Beruf und formaler Bildungsabschluss als Einflussfaktoren, während dem Alter und dem Geschlecht für die unterschiedliche Besuchsintensität keine Bedeutung zukommt (vgl. Martin 1999, Reuband 2002). Demgegenüber stehen die Ergebnisse von Fischer, Gerdes und Reuband (für die untersuchten Theater in Westdeutschland), bei deren Erhebungen mit zunehmender Besuchsintensität auch das Alter (Fischer 2006, Gerdes 2000, Reuband 2002) und der Anteil männlicher (Fischer 2006) bzw. weiblicher Besucher (Reuband 2002) steigen.[27]

Opern- und Theaterbesucher sind keinesfalls auf ihre Sparte fixiert und auch außerhalb des „eigenen" Hauses ansprechbar. Sie üben häufig selbst aktiv kulturelle Tätigkeiten aus und nehmen Kulturangebote wie zum Beispiel Museen, Ausstellungen, Konzertaufführungen und Kino, spartenübergreifend und zudem meistens häufiger wahr als der Bevölkerungsdurchschnitt (vgl. exemplarisch Brauerhoch 2004, 2005, Eckhardt/Pawlitza/Windgasse 2006, Frank/Maletzke/ Müller-Sachse 1991, Reuband 2002, Tauchnitz 2000a, 2004b, 2005, Wiesand 1995). Nolte/Schäfer/Yesilcicek sowie Reuband und Mishkis identifizieren Unterschiede des Kulturverhaltens bzw. -interesses zwischen verschiedenen Theaterpublika (vgl. Nolte/Schäfer/Yesilcicek 2001, Reuband/Mishkis 2005). Während laut Nolte/Schäfer/Yesilcicek das Interesse von Opernbesuchern stärker in Richtung klassischer Bildung und Kultur tendiert, lassen sich hingegen die von

---

26 Ebenso stellt Wiesand fest, dass für die Nutzungshäufigkeit die regionale Nähe von (Musik-) Theatern eine Rolle spielt (vgl. Wiesand 1995).
27 Darüber hinaus identifiziert Fischer bei häufigen Besuchern eine höhere Relevanz von Interpreten, einen zunehmenden Freizeitmangel sowie eine steigende Auseinandersetzungsorientierung, wohingegen gleichzeitig die Unterhaltungsorientierung, die soziale Orientierung und die Relevanz von Mund-zu-Mund-Kommunikation abnehmen (vgl. Fischer 2006).

Musicalbesuchern am häufigsten präferierten Interessensgebiete allesamt dem Unterhaltungsbereich zuordnen. Die Besucher von „anspruchsvollen" Theatern frequentieren laut Reuband und Mishkis häufiger als Zuschauer von Boulevardtheatern Kunstmuseen, Opern und klassische Konzerte. Zudem haben sie ein stärkeres Interesse an Kunst und Malerei, klassischer Literatur und Biografien. Wohingegen Letztere vornehmlich leichte Musik wie Operetten, Volksmusik, Schlager und Musicals bevorzugen.

Nach den Untersuchungen von Tauchnitz erfolgt bei der Mehrzahl der befragten Besucher (je nach Untersuchung zwischen 83 und 90%) ein Theaterbesuch in Begleitung (vgl. Tauchnitz 2000a, 2003a, 2004b, 2005). Dabei handelt es sich bei mehr als der Hälfte der Begleiter um den (Ehe-)Partner. Daneben sind Freunde und Bekannte sowie die Familie von Bedeutung. Eine große Anzahl der Zuschauer geht regelmäßig mit mehr als einer Person zu Theatervorstellungen.

Ebenfalls Tauchnitz untersucht das Nutzerverhalten von den Besuchern beim Kartenerwerb (vgl. Tauchnitz 2000a, 2003a, 2004b, 2005). Dabei stellt er unter anderem fest, dass Theaterbesuchen zumeist längere Planungszeiträume von mehreren Tagen und Wochen vorausgehen. Lediglich zwischen ein und neun Prozent der Befragten trifft normalerweise ihre Entscheidung spontan am Abend der Vorstellung.

Weitere unterschiedliche Ergebnisse liegen innerhalb dieser Kategorie zum Informations- und Mediennutzungsverhalten des Theaterpublikums vor (vgl. exemplarisch Eckhardt/Pawlitza/Windgasse 2006, Gerdes 2000, Tauchnitz 2000a, 2003a, 2004b, 2005).

2.3.4 Sonstige Fragestellungen

Innerhalb dieser Kategorie finden sich einerseits spezielle forschungsleitende Fragestellungen und Ergebnisse, die sich den bereits beschriebenen drei Kategorien nicht eindeutig zuordnen lassen (sog. „Spezialfragestellungen"). Hierzu zählen zum Beispiel folgende Untersuchungsschwerpunkte:

- Besucherpotenzial/-reichweite in der Bevölkerung
- Existenz sozialer Erwünschtheitseffekte in Bevölkerungsumfragen und ihre Auswirkungen auf die Ergebnisse solcher Studien
- Wertschätzung des öffentlichen Theaters in der Bevölkerung
- Finanzierungsfragen aus Sicht der Besucher

Andererseits interessieren in Publikumsuntersuchungen vielfach auch Fragestellungen, die es notwendig machen, mehrere Variablen gleichzeitig zu betrachten und deren Beziehungen zu untersuchen (vgl. Butzer-Strothmann/Günter/Degen

2001: 96). In diesem Sinne verknüpfen manche der ausgewerteten Publikumsstudien ihre Einzelergebnisse mittels multivariater Analyseverfahren[28] (zum Beispiel Segment- oder Typologienbildung durch Clusteranalyse) und beschreiben deren charakteristische Zusammenhänge. Auch der Status quo dieser gleichzeitigen Betrachtung mehrerer Variablen soll im Folgenden kurz beschrieben werden.

Einige Studien identifizieren das Besucherpotenzial bzw. die Besucherreichweite von Theatern in der Bevölkerung (vgl. exemplarisch Eckhardt/ Pawlitza/Windgasse 2006, Reuband 2002, Wiesand 1995). Wiesand stellt in seiner Studie fest, dass sich die maximale Reichweite von Konzerten der E-Musik und Musiktheater in der Bevölkerung in den letzten zehn Jahren vergrößert hat – beim Musiktheater war dieser Trend besonders ausgeprägt (vgl. Wiesand 1995). Auch die aktuellere Studie von Keuchel bestätigt diese Entwicklung und stellt fest, dass „42 Prozent der Bundesbürger (…) in den letzten 12 Monaten mindestens eine Musiktheateraufführung bzw. ein klassisches Konzert besucht" (Keuchel 2005a) haben. Das sind laut Keuchel 18 % mehr Besucher als noch vor 20 Jahren.[29]

Wiesand merkt allerdings an, dass sich diese positive Entwicklung lediglich auf die gelegentlichen Nutzer bezieht, während für die Stammbesucher und Abonnenten eine gegenläufige Entwicklung beobachtet werden kann (vgl. Wiesand 1995). So konstatiert er: „Eine eher beiläufige, gelegentlich auch ‚zufällige' Nutzung von Theater und Konzert innerhalb eines vor allem in alltagskulturelle und mediale Dimensionen hinein erweiterten Freizeitangebots scheint mindestens für den mobileren Teil der Bevölkerung im Trend zu liegen, während der ganz dem Theater und Konzertleben verfallene Spezialist mindestens unter den tatsächlichen Benutzern an Bedeutung verliert" (Wiesand 1995: 4 f.). Auch Reuband stellt in seiner Untersuchung fest, dass der Anteil derer, die häufig die Oper besuchen, relativ klein und die Zahl der sporadischen und seltenen Besucher weitaus größer ist. Ein Großteil der gesamten Opernbesuche geht demnach auf eine kleine Zahl von Personen zurück, die diese in besonders intensiver Weise praktizieren (vgl. Reuband 2002).[30] Eckhardt/Pawlitza/Windgasse

---

28 Butzer-Strothmann/Günter/Degen stellen einige für die Auswertung von Besucherbefragungen besonders relevante multivariate Verfahren zusammen und geben einen guten Überblick über die Inhalte und Ziele der einzelnen Verfahren (vgl. Butzer-Strothmann/Günter/Degen 2001: 96 ff.).

29 Allerdings zeichnet sich laut Keuchel in den letzten zehn Jahren offensichtlich ein leichter Rückgang in der bisherigen Erfolgsbilanz sowohl der klassischen Musik als auch des klassischen Musiktheaters ab.

30 Darüber hinaus identifiziert Reuband deutliche Unterschiede zwischen den Alten und den Neuen Bundesländern in der Zahl derer, die sich dem Opernbesuch fernhalten. So lässt sich ein deutlich höherer Teil an Nicht-Besuchern in den beiden untersuchten Städten in den alten Bundesländern beobachten (vgl. Reuband 2002).

sprechen in ihrer Untersuchung von „Besucherpotenzialen"[31] und identifizieren neben einem weiten (etwa jährlichen) Potenzial ein enges (etwa monatliches) Potenzial, welches aus häufigen oder regelmäßigen Konzert- und Opernbesucherschaften besteht. Auch hier zeigt sich, dass der Anteil der Stammbesucher in der Bevölkerung (enges Potenzial) mit sechs Prozent relativ klein und die Zahl der sporadischen Besucher (weites Potenzial) mit 38 % weitaus größer ist.

Reuband konnte allerdings in einer aktuellen Untersuchung zur Frage des „overreportings"[32] kultureller Teilhabe feststellen, dass Bevölkerungsumfragen die Häufigkeit des Opernbesuchs überschätzen (vgl. Reuband 2007). Ganz offensichtlich gibt es soziale Erwünschtheitseffekte auf Seiten der Befragten, die etwas mit dem Selbstbild und den kulturellen Standards zu tun haben. Die Existenz sozialer Erwünschtheitseffekte bedeutet, dass sich die Schätzung der absoluten Zahl der Besucher und deren Besuchshäufigkeit anhand von Bevölkerungsumfragen als problematisch gestalten. So resümiert Reuband, dass für detaillierte Analysen des Publikums „Bevölkerungsumfragen Besucherumfragen in den Kultureinrichtungen nicht ersetzen [können], und dies nicht nur weil sie validere Angaben zur sozialen Zusammensetzung der Besucher liefern dürften, sondern auch weil sie weniger detailreiche Aussagen auf der Ebene der Aufführungen bieten. Am sinnvollsten ist eine Kombination beider Erhebungsarten" (Reuband 2007: 63 f.).

Einige Studien erheben die Wertschätzung des öffentlichen Theaters in der Bevölkerung (vgl. exemplarisch Keuchel 2005a, Brauerhoch 2004, 2005, Wiesand 1995). Laut Keuchel ist trotz der tendenziellen Abnahme des Publikums für klassische Musik und Musiktheater die allgemeine Akzeptanz für diese Angebote groß. Die Mehrheit der Bevölkerung spricht sich beispielsweise für die Förderung der großen Kulturhäuser aus (vgl. Keuchel 2005a). Allerdings sprachen sich bei der Festlegung auf einzelne Statements zu ihrer Förderung 2005 nur 20 % der Befragten für einen unbedingten Erhalt aus, 1994 waren das noch 40 %.

Auch Wiesand konstatiert, dass die Bedeutung von Theateraktivitäten in der eigenen Stadt/Region bei den Befragten auf den vorderen von zehn Plätzen liegen, ein eigenes Musiktheater- und Konzertangebot sogar an erster Stelle (vgl. Wiesand 1995). Brauerhoch konnte in seinen Untersuchungen herausarbeiten, dass die Wertschätzung – gemessen an der Zustimmung der finanziellen Förderung aus Steuermitteln – gegenüber bestimmten kulturellen Angeboten stark mit

---

31 Die definitorischen Unterschiede bei bestehenden Untersuchungen zur Besucherreichweite in der Bevölkerung machen die Zahlenwerke nur sehr bedingt miteinander vergleichbar, weshalb es laut Eckhardt/Pawlitza/Windgasse sinnvoll erscheint, bei der vorhandenen Datenlage eher von Potenzialen zu sprechen, wenn die Größe des Konzert- und Opernpublikums in Deutschland beschrieben werden soll (vgl. Eckhardt/Pawlitza/Windgasse 2006: 282).

32 Unter dem Begriff des „overreportings" wird die Überschätzung hochkultureller Partizipation durch soziale Erwünschtheitseffekte in Bevölkerungsumfragen verstanden.

der eigenen persönlichen Situation der Besucher zusammenhängt (vgl. Brauerhoch 2004, 2005). Entscheidend ist bei vielen Angeboten, ob diese von den Befragten auch genutzt werden oder nicht. Fast alle Angebote erhalten bei den Vollnutzern eine höhere Wertschätzung als bei den Teilnutzern. Besonders stark sind die Unterschiede bei den Angaben zum Besuch von Oper, Theater und Ballett. Diese Beobachtungen teilt auch Keuchel und konstatiert, dass große Kulturhäuser zwar durchweg hoch angesehen sind, aber über einen deutlich größeren Rückhalt in dem Teil der Bevölkerung verfügen, der ihre Angebote auch tatsächlich wahrnimmt (vgl. Keuchel 2005a).

Wiesand lässt im 5. Kulturbarometer die aktuelle öffentliche Förderungsbzw. Finanzierungspraxis von Kulturinstitutionen bewerten (vgl. Wiesand 1995). Die Befragten lehnen das Ausspielen so genannter Hoch- gegen Basiskultur ab. Vielmehr ist eine Mehrheit für eine Kombination zu finden. Auch bei Keuchel vertritt etwa die Hälfte der Befragten die Meinung, dass sowohl die freie Kulturszene als auch die Hochkultur gefördert werden sollte (vgl. Keuchel 2005a). Zudem stehen die von Wiesand Befragten den Finanzproblemen von Theatern und Orchestern nicht gleichgültig gegenüber. So werden verschiedene Reformvorstellungen erwogen. Diese reichen von privater Förderung über effizienteres Management bis hin zu Kulturgroschen auf Eintrittskarten. Nur wenige der Befragten (5 bis 8 %) halten eine Schließung für sinnvoll.

Theater- und Opernbesucher sind keine homogene Personengruppe, sondern bestehen aus ganz unterschiedlichen Nachfragern, die sich in verschiedenen Aspekten voneinander unterscheiden. Nicht jeder Besucher erwartet dasselbe, nicht jeder Besucher hat dieselben Vorkenntnisse und stellt identische Anforderungen an ein Theater und dessen Angebote. Die im Rahmen der Publikumsstudien gewonnenen Informationen lassen sich nutzen, um die Gesamtheit der befragten Besucher zu differenzieren, sie in Teilgruppen aufzugliedern, die homogener als die Gesamtmenge sind (so genannte Besuchersegmentierung[33]). Eine grundlegende Entscheidung bei der Besuchersegmentierung betrifft die Auswahl der Segmentierungskriterien.[34] In den ausgewerteten Publikumsstudien erfolgt die Segment- bzw. Typologienbildung nach unterschiedlichen Besuchermerkmalen (vgl. exemplarisch Deutscher Bühnenverein 2002, Frank/Maletzke/ Müller-Sachse 1991, Gebhardt/Zingerle 1998, Martin 1999, Reuband/Mishkis 2005, Tauchnitz 2000a, 2003a, 2004b, 2005).

So bilden Frank/Maletzke/Müller-Sachse Grundtypologien einerseits nach verschiedenen theaterbezogenen Interessen des Publikums. Eine weitere Ausdifferenzierung erfolgt nach den dem Publikum bekannten Stücken, Rezeptions-

---

33 Vgl. hierzu unter anderem Meffert (2000: 181).
34 Zu den Grundlagen der Segmentbildung vgl. unter anderem Kotler/Bliemel (2001: 430 ff.) und Nieschlag et al. (2002: 209 ff.).

erfahrungen und ihren Beziehungen zum Theater. Gebhardt und Zingerle entwerfen eine Typologisierung der Bayreuther Festspielbesucher hinsichtlich Motiv, Erwartung, Verhalten und Inszenierungsformen sowie der sozialen Herkunft. Martin segmentiert das Publikum clusteranalytisch in Benefit-, Motiv-, soziodemografische und Verhaltenssegmente. Die Motiv-Segmentierungen werden dabei von Martin als beste Lösung zur Typologisierung der Besuchertypen herausgearbeitet, da sie die stärksten Assoziationen zu den anderen Ansätzen aufweisen und am besten charakterisierbar sind. Tauchnitz bildet in seinen unterschiedlichen Studien Besuchercluster zum Beispiel aufgrund des Freizeitverhaltens und nach der Wertorientierung (vgl. Tauchnitz 2000a, 2004b, 2005) sowie nach Einstellungen und Verhaltensweisen (vgl. Tauchnitz 2003a). Auch Reuband und Mishkis differenzieren zwei Gruppen innerhalb der Theaterbesucher, die sich in ihren sozialen Merkmalen sowie kulturellen und ästhetischen Präferenzen unterscheiden (vgl. Reuband/Mishkis 2005).

3 Implikationen für die Wissenschaft und Praxis

Die Auswertung der vorliegenden Studien verdeutlicht, dass sich seit der im Jahr 1987 durchgeführten Untersuchung des Zentrums für Theaterforschung der Universität Hamburg (vgl. Kapitel 1.1) die Defizite der öffentlichen Theater und Opernhäuser hinsichtlich der Kenntnis ihres Publikums sichtbar minimiert haben. Durch die in den letzten 20 Jahren zunehmende Anzahl wissenschaftlicher (Grundlagen-)Studien und anwendungsbezogenen Erhebungen liegt bereits ein recht differenziertes Bild über das aktuelle sowie potenzielle Theaterpublikum vor. Die empirische Publikumsforschung fristet heute an den öffentlichen Bühnen kein Schattendasein, sondern nimmt in der Theaterpraxis einen wachsenden Stellenwert ein.

Trotz der in diesem Beitrag dargestellten umfangreichen Erkenntnisse sind gegenwärtig dennoch viele Fragen unbeantwortet bzw. bedürfen vorhandene Befunde einer weiteren empirischen Absicherung und Vertiefung.[35] Zu einem zunehmenden Erkenntnisfortschritt würde auch eine umfangreichere Veröffentlichung der von den Theatern direkt durchgeführten Befragungen beitragen. Noch immer wird ein Großteil der anwendungsbezogenen Studien nicht veröffentlicht. Diese Beobachtung unterstreicht auch die Studie des Zentrums für Audience Development, laut der über die Hälfte der befragten Theaterinstitutionen die

---

35 Dies wird besonders offensichtlich, wenn man zum Beispiel einen Blick auf die benachbarten Disziplinen der Medienpublikumsforschung und der Publikumsforschung in Bezug auf popkulturelle Angebote wirft (vgl. hierzu unter anderem Glogner/Klein 2006, Glogner/Rhein 2005 sowie Rhein und Prommer in diesem Band).

Ergebnisse ihrer Besucherforschung nur hausintern nutzt und damit auch auf positive Kommunikationseffekte gegenüber Besuchern, der interessierten Öffentlichkeit, Subventionsgebern und Sponsoren verzichtet (vgl. ZAD 2007: 29). Wünschenswert sind zudem vermehrte Kooperationen bei empirischen Publikumsstudien – und auch in anderen Arbeitsfeldern – zwischen einzelnen Theatern und gegebenenfalls mit anderen Kulturanbietern.[36] Diese Allianzen sollten mit dem Anliegen verbunden werden, das Marketing und die einzelnen Angebote der Institutionen besser aufeinander abzustimmen.

Darüber hinaus ist eine kontinuierliche Ausweitung von Spezialstudien zu einzelnen Fragestellungen (zum Beispiel zur Besucherbindung[37], Zufriedenheit[38] oder Besucherintegration) – insbesondere mit Blick auf den Bereich der anwendungsbezogenen Forschung – erstrebenswert, um zu aussagekräftigen Erkenntnissen für das Besuchermanagement zu gelangen.

Die Mehrzahl der betrachteten Studien hat häufig noch zu undifferenziert das gesamte (potenzielle) Theaterpublikum im Fokus. Da unter den Bedingungen einer zunehmend pluralisierten und individualisierten Gesellschaft nicht mehr generell von dem Theaterpublikum ausgegangen werden kann, sondern vielmehr höchst verschiedene Geschmacks- und Genrepublika existieren, scheint es aus Sicht der Theaterpraxis erstrebenswert, künftig vermehrt segmentbezogene bzw. binnendifferenzierte Publikumsstudien durchzuführen, um zu aussagekräftigeren Ergebnissen für ein zielgruppengerechtes Marketing zu gelangen. So wünschen sich auch über die Hälfte der in der Studie des Zentrums für Audience Development befragten Theater künftig eine Ausweitung der Befragungszielgruppen auf zum Beispiel Nicht-Besucher, Teilgruppen wie Abonnenten oder junge Besucher (vgl. ZAD 2007: 30).

Was den Einsatz zur Verfügung stehender Forschungsmethoden betrifft, so hat sich in der Analyse gezeigt, dass in der Publikumsforschung zwar bereits verschiedene qualitative Methoden verwendet werden, diese aber vergleichsweise selten zum Einsatz kommen. Der Studie des Zentrums für Audience Development zufolge kommen qualitative Methoden bei Forschungsprojekten, die von den Theatern selbst durchgeführt werden, sogar so gut wie gar nicht zum Einsatz (vgl. ZAD 2007: 15). Glogner und Klein konstatieren in diesem Zusammenhang, dass in Anbetracht der Vielschichtigkeit und Komplexität der mannigfachen Nutzendimensionen von Kunst und Kultur sowie der möglichen Einfluss-

---

36   Vgl. vertiefend zum Thema Kooperationen im Kulturbereich Föhl (2008, 2009).
37   Lutz widmet sich in seinem Promotionsvorhaben der empirischen Untersuchung von Einflussfaktoren der Besucherbindung im Opernbetrieb (vgl. hierzu http://www.kulturmanagement.ph-ludwigsburg.de).
38   Jobst widmet sich in ihrem Promotionsvorhaben der Entwicklung eines umfassenden Konzeptes zur Beschreibung der Entstehung des Zufriedenheitsurteils von Theaterbesuchern (vgl. hierzu http://www.uni-konstanz.de).

faktoren, wie soziale Herkunft, psychologische Aspekte etc., vermehrt qualitative Zugänge wünschenswert sind. Diese könnten die quantitativen Befunde ergänzen und/oder vertiefen (vgl. Glogner/Klein 2006: 56). Ebenso ermöglichen qualitative Ansätze andersartige Perspektiven auf ein Untersuchungsfeld. So können beispielsweise im Rahmen von Interviews auch Themen „aufgedeckt" werden, die mit einem geschlossenen schriftlichen Fragenbogen nicht zu Tage getreten wären. Eine Übersicht bisher verwendeter qualitativer Methoden wurde bereits in Kapitel 2.2.5 dargestellt. Darüber hinaus existieren weitere interessante Methoden wie zum Beispiel der Mystery Visitor-Ansatz. Hier wird die Servicequalität einer Einrichtung mit Hilfe so genannter „Mystery Visitors", also mit „verdeckten Ermittlern", getestet. Dieser Ansatz kann den Theater- und Opernschaffenden helfen, ihr Besuchermanagement serviceorientierter und effektiver zu gestalten (vgl. vertiefend Platzek 2006). Ebenso lohnt sich der Blick auf die Verwendung qualitativer Methoden in anderen Disziplinen wie zum Beispiel den Cultural Studies (vgl. Glogner/Klein 2006: 56 f.) oder die Sozialraumanalyse als Bestandteil der Sozialen Arbeit. Bei Letzterer wird unter anderem die stadt- oder beispielsweise landkreisspezifische Darstellung kleinräumiger Probleme, Entwicklungsvorhaben und Strukturen hinsichtlich der Bevölkerung oder einzelner Altersgruppen (vorwiegend Kinder und Jugendliche) empirisch abgebildet. Hieraus lassen sich Hilfsbedürfnisse in den einzelnen Sozialräumen, aber auch die Zusammensetzung der (Stadtteil-)Bevölkerungen ableiten (vgl. Deinet 2009). Gerade wenn sich ein Theater als lokale Kultureinrichtung mit entsprechender Bildungsfunktion versteht, können diese von der methodischen Herangehensweise der Sozialraumanalyse lernen (zum Beispiel Lebensweltanalysen und Stadtteilbegehung), um die Bevölkerungszusammensetzung und entsprechende Anforderungen ihres Umfeldes kennen zu lernen.

Ebenso erscheint es im Kontext qualitativer Vorgehensweisen sinnvoll, auf den Nutzen der verstärkten Einbeziehung von vorhandenen Untersuchungen – auch aus anderen Bereichen bzw. Kontexten – in die operative und strategische Ausrichtung der Theater und Opernhäuser hinzuweisen. Häufig ist zu beobachten, dass hilfreiche bzw. direkt oder indirekt die Theater betreffende Untersuchungen und Papiere nicht berücksichtigt werden (vgl. hierzu auch ZAD 2007: 25). Hier können exemplarisch Kulturentwicklungsplanungen und Stadtmarketingkonzepte, aber auch die zuvor genannten Sozialraumanalysen angeführt werden. Andersherum gilt dieser Hinweis ebenfalls, denn vorhandene Publikumsstudien eines Theaters können zum Beispiel Gewinn bringend in eine kommunale Kulturentwicklungsplanung einfließen.

Insgesamt empfiehlt sich in vielen Fällen der Einsatz einer Methodentriangulation (vgl. Kapitel 2.2.4). Mit der zunehmenden Komplexität der Umwelt und entsprechend spezifischer bzw. spezieller Fragestellungen im Rahmen von Besucherforschung sind vielschichtige Untersuchungsdesigns notwendig, um den Forschungsgegenstand adäquat erfassen zu können (vgl. zum Beispiel Reuband 2002). Was die Art der Studien und deren Umsetzung betrifft, können viele Perspektiven und Entwicklungsmöglichkeiten festgestellt werden. So hat die Analyse der in diesem Beitrag herangezogenen Studien zum Beispiel ergeben, dass in den wissenschaftlichen Untersuchungen insgesamt wenig praxeologische Hinweise formuliert werden. In diesem Kontext wäre es besonders wünschenswert, wenn in Zukunft vermehrt wissenschaftliche Studien an Instituten des Kulturmanagements, der Kulturpolitik und der kulturellen Bildung entstehen würden, die – analog zur Ausrichtung des Fachs – anwendungsorientierte Ansätze auf einer wissenschaftlich belastbaren Grundlage verfolgen (vgl. Föhl/ Glogner 2008). Ebenso kann sich hier der Hinweis auf den Nutzen einer verstärkten Kooperation zwischen wissenschaftlichen Einrichtungen und öffentlichen Theaterbetrieben anschließen. Durch entsprechende Allianzen können Forschungsdesigns besser zum gegenseitigen Nutzen entwickelt und weitere Synergien mobilisiert werden.

Darüber hinaus wäre eine Zunahme von Längsschnittstudien wünschenswert, um langfristige Entwicklungen besser nachvollziehen und vergleichen zu können. Der überwiegende Teil der bisherigen Befragungen von Theaterbesuchern ist zudem lokal bzw. regional begrenzt, so dass deren Ergebnisse nur schwer als empirische Indikatoren für alle Theater in Deutschland angesehen werden können. Als mittel- bis langfristiges Ziel sollte daher – ähnlich wie es bereits für das Filmpublikum realisiert wird[39] – die Entwicklung einer deutschlandweiten Gesamtbesucherstatistik für die öffentlichen Bühnen verfolgt werden. Hierdurch könnten gute und aufschlussreiche Ergänzungen – wie zum Beispiel soziodemografische Angaben – zu den bisher gewonnenen Daten (Besucherzahlen) der Theaterstatistik des Deutschen Bühnenvereins geschaffen werden.

Auch die vermehrte Einführung von Database-Marketing bzw. Customer Relationship Management-Systemen (CRM) bieten sich an, um – auch während des Alltagsgeschäfts – vertiefte Erkenntnisse von den Besuchern zu erhalten und insgesamt die Ergebnisse/Erhebungen der Publikumsforschung zu verbessern (vgl. Schlemm 2003). CRM-Systeme bieten umfangreiche Auswertungsmöglichkeiten. Das gilt zuvorderst für Daten, die ohnehin bzw. im „normalen" Geschäftsbetrieb – zum Beispiel an der Abendkasse oder bei der telefonischen Kartenbestellung – erhoben werden (können).

Was die systematische Anwendung der bisherigen empirischen Ergebnisse in den Theatern betrifft, werden laut der ZAD-Studie die Möglichkeiten von Besucherforschung in der Theaterpraxis noch unzureichend ausgeschöpft. Nur

---

39 Vgl. hierzu den Beitrag von Prommer in diesem Band.

8,8 % wenden die Ergebnisse beispielsweise beim Marketing in vollem Umfang an, 42,5 % größtenteils, 40,0 % teilweise und 8,8 % kaum/gar nicht (vgl. ZAD 2007: 22). Als Gründe hierfür werden unter anderem fehlende finanzielle Ressourcen, Zeitmangel und fehlendes Personal genannt (vgl. ZAD 2007: 23).[40]

Zusammenfassend lässt sich schlussfolgern, dass die Notwendigkeit von Besucherforschung an öffentlichen Theatern und Opern zunehmend erkannt wird. Allerdings legen die Erkenntnisse der vorliegenden Analyse nahe, dass die an Besucherforschung beteiligten Akteure – von den Kulturpolitikern und Theaterschaffenden bis hin zu den Wissenschaftlern – noch stärker an einem Strang ziehen müssen, um die gewonnenen Ergebnisse in Wert zu setzen. Das lässt sich vermutlich nur durch Verbindlichkeiten hinsichtlich der Ergebnisse von empirischer Besucherforschung (zum Beispiel Konsequenzen), aber auch durch die Professionalisierung der Prozesse (zum Beispiel Schulungen) und die intensivere Zusammenarbeit zwischen Praxis und Wissenschaft erreichen.

---

40 Da die wissenschaftlichen Studien häufig keinen direkten Praxisbezug aufweisen, haben diese ebenfalls nur einen geringen Einfluss auf die praktische Arbeit der Theater.

Synopse: Tabellarische Übersicht der Auswertungsergebnisse

In der folgenden Tabelle werden Forschungsarbeiten zum Theaterpublikum dargestellt. Die Auswertung findet anhand der in Kapitel 2 beschriebenen Kategorien statt, für die jeweils einige stellvertretende Arbeiten ausgesucht wurden. In diesen tabellarischen Übersichten werden exzerpierte Grundlageninformationen zu den vorgestellten Studien aufgeführt, um wesentliche Tendenzen hinsichtlich der Forschungssystematiken, den Fragestellungen und den entsprechenden Ergebnissen festzuhalten.[41]

Boerner et al. 2008
Inhalte/Fragestellungen/Zielsetzungen
• Untersuchung des Zuschauerurteils hinsichtlich der Aufführungsqualität an Musiktheatern. • Unterteilung der Untersuchungsbereiche in „musikalische Dimensionen" (Qualität des Orchesters, des Chors, der Solisten) und „Bühnendimensionen" (Qualität der Schauspieler, des Bühnenbilds, der Kostüme etc.). • Ausgangspunkt sind die konzeptionellen Ausführungen von Boerner zur Beurteilung künstlerischer Qualität in Opernhäusern (vgl. Boerner 2004).
Methodik/Stichprobe
• Entwicklung eines Fragebogens zur Wahrnehmung der Aufführungsqualität an Musiktheatern. • Validation des Fragebogens in zwei Pilotstudien mit 70 (Studie 1) und 39 Studenten (Studie 2). Den Studenten wurden jeweils 20-minütige Ausschnitte von drei Opernaufführungen gezeigt und zusätzliche Informationen zu den jeweiligen Produktionen bereitgehalten. Danach wurde der Fragebogen ausgefüllt. • Fragebogenerhebung (Studie 3) unter 145 Besuchern des Stückes „La forza del destino" in der Kölner Oper.
Wichtigste Ergebnisse/Untersuchungsschwerpunkte

Ergebnisse der Studie 3:
• 52 % Frauen, Durchschnittsalter: 56 Jahre.
• Die wichtigsten Komponenten der Befragten hinsichtlich der Aufführungsqualität eines Musiktheaters stellen sich wie folgt dar:
  o Zusammenspiel der musikalischen und schaupielerischen/bühnenbildnerischen Komponenten
  o Zusammenspiel der schaupielerischen/bühnenbildnerischen Komponenten
  o Zusammenspiel innerhalb des Chors
• Die am geringsten bewerteten Komponenten der Befragten hinsichtlich der Aufführungsqualität eines Musiktheaters stellen sich wie folgt dar:
  o Zusammenspiel zwischen Orchester, Solisten und Chor
  o Chor-Leistung
  o Zusammenspiel der Solisten

---

41 Aufgrund des unterschiedlichen Umfangs und verschiedenartiger Aufbereitungen der Forschungsarbeiten durch die jeweiligen Autoren differieren die folgenden Darstellungen teilweise hinsichtlich ihres Umfangs und textlichen/syntaktischen Aufbaus.

Boerner/Jobst 2009
Inhalte/Fragestellungen/Zielsetzungen
• Untersuchung des Zuschauerurteils hinsichtlich der Aufführungsqualität an Musiktheatern. Wie bei Boerner et al. 2008 Fokussierung auf die Komponenten einer Opernaufführung.
Methodik/Stichprobe
• Fragebogenerhebung unter 114 Besuchern einer Aufführung der „Zauberflöte" in einem großen deutschen Mehrspartenhaus.
Wichtigste Ergebnisse/Untersuchungsschwerpunkte
• 58 % Frauen, Durchschnittsalter: 49 Jahre.

• Wichtigste Einzelkomponenten zur Bewertung der künstlerischen Qualität der Aufführung:
  o Orchester (MW: 4,4 auf einer Skala von 5 = „trifft voll und ganz zu" bis 1 = „trifft überhaupt nicht zu")
  o Solisten (4,3)
  o Chor (4,2)
  o Ausstattung (3,8)

• Wichtigste Faktoren hinsichtlich des Zusammenspiels einzelner Komponenten zur Bewertung der künstlerischen Qualität der Aufführung:
  o Zusammenspiel innerhalb des musikalischen Bereichs (4,3)
  o Zusammenspiel von Musik und Szene (4,0)
  o Zusammenspiel innerhalb des szenischen Bereichs (3,9)

• Gewichtung der einzelnen Komponenten für das Gesamturteil über die künstlerische Qualität der Aufführung nach totalen Effekten (Korrelationskoeffizient): Zusammenspiel von Musik und Szene (.64), Orchester (.46), Zusammenspiel innerhalb des szenischen Bereichs (.36), Ausstattung (.33), Solisten (.31), Zusammenspiel innerhalb des musikalischen Bereichs (.14), Chor (.04).
Brauerhoch 2004[42]
Inhalte/Fragestellungen/Zielsetzungen
Teil 1:
• Gleichzeitige Untersuchung mehrerer Theater (öffentlich und privat) vor Ort.
• Überprüfung der Gemeinsamkeiten im Hinblick auf das Theaterpublikum und seinen über das Theater hinaus gehenden Kulturkonsum.
• Ziel: Schaffung einer empirischen Basis für Kooperationsentscheidungen in den Bereichen Angebot/Marketing zwischen Theatern sowie anderen Kulturanbietern.
Teil 2:
• Ziel: Ermittlung des Ansehens bestimmter Kulturangebote bei der Wohnbevölkerung vor Ort. Abhängigkeit der Wertschätzung eines Kulturangebots von dessen individueller Inanspruchnahme.
Methodik/Stichprobe
Teil 1:
• Schriftliche Vor-Ort-Befragung der Besucher von fünf Frankfurter Theatern.
• Stichprobe: 15.000 Besucher
• Netto-Rücklauf: 4.980 Personen (33,2 %)
Teil 2:
• Schriftliche Befragung der Wohnbevölkerung im Rahmen der regelmäßigen Bürgerbefragung der Stadt Frankfurt am Main im Jahr 2000.
• Netto-Rücklauf: 1.254 Personen mit Wohnort in Frankfurt am Main.

---

42   Die Studie wurde im Jahr 2005 erneut veröffentlicht (vgl. Brauerhoch 2005) und lediglich um das Kapitel „Das Publikum als Mit-Entscheider" ergänzt.

Wichtigste Ergebnisse/Untersuchungsschwerpunkte (Fortsetzung Brauerhoch 2004)
Teil 1:
• Jedes Theater bedient ein ihm eigenes Publikum und Publikumserwartungen, die die anderen Häuser nicht erfüllen. Gemeinsamkeiten bestehen in Bezug auf den räumlichen Einzugsbereich und die Zusammensetzung nach dem Geschlecht.
• Soziodemografische Zusammensetzung: Durchschnittsalter zwischen 42 und 56 Jahren, Bildung: Anteil der Personen mit Abitur/Hochschulreife zwischen 28 und 86 %.
• Häufigste Erwartungen an einen Theater-Besuch/Bedürfnisse: Unterhaltung, gemeinsames Erleben, Abwechslung, Entspannung, Anregung zum Nachdenken.
• Opern- und Theaterbesucher sind keinesfalls auf ihre Sparte fixiert und auch außerhalb des „eigenen" Hauses ansprechbar.
• Spartenübergreifende Wahrnehmung von Kulturangeboten: zum Beispiel Besuch von Museen, Ausstellungen, Konzertaufführungen und Kino.
• Anregungen, Verbesserungsmöglichkeiten aus Sicht der Besucher (ungestützte Erhebung): Vorschläge für die Spielplangestaltung, Angabe von Stückwünschen, Inszenierungsart (klassisch vs. modern), Preisgestaltung/Vergünstigungen, Bedürfnis nach Vororientierung.
Teil 2:
• Die Wertschätzung (gemessen an der Zustimmung der finanziellen Förderung aus Steuermitteln) kultureller Angebote hängt stark mit der eigenen persönlichen Situation zusammen. Fast alle Angebote erhalten bei den Vollnutzern eine höhere Wertschätzung als bei den Teilnutzern.
Deutscher Bühnenverein 2002
Inhalte/Fragestellungen/Zielsetzungen
• Ziel: Empirische Grundlagen zur Verbesserung der Kommunikation des Theaters mit seiner Öffentlichkeit im Alterssegment 16 bis 29 Jahre.
• Ableitung von Nicht-Besuchersegmenten für jeweils zielgruppenspezifische Ansprache.
Methodik/Stichprobe
• Computergestützte Telefoninterviews (CATI).
• 1.007 befragte Nicht-Besucher zwischen 16 und 29 Jahren im gesamten Bundesgebiet (max. Entfernung vom nächstliegenden Theater 50 km).
• Nicht-Besucher: mindestens drei Jahre kein Theaterbesuch und höchstens einmal im Jahr Musical-/Festspielbesuch
• ARTAMIS-Aussagekatalog[43]
Wichtigste Ergebnisse/Untersuchungsschwerpunkte
• Erhebung soziodemografischer Daten/Schwerpunkte: Einstellung zum Theater, Image des Theaters, mediale/nicht-mediale Freizeitinteressen und Freizeitverhalten.
Wichtigste Ergebnisse:
• Nutzungsbarrieren: alternative Freizeitangebote, mangelndes Serviceangebot, Kosten, mangelnde Einbindung des sozialen Umfelds, inhaltliche Resistenz, Informationsdefizit, Sozialisation.
• Nicht-Besuchersegmente (Clusteranalyse): „Aufmerksame", „Service-Orientierte", „Sozial-Orientierte", „Aufgeschlossene" und „Vermeider".
• Weibliche Befragte stehen Theatern tendenziell positiver gegenüber, unterschiedliche Einstellungen gegenüber Theater abhängig von Alter und Bildung.

---

43 Dieser Aussagekatalog, wurde in einer Pilotstudie der Arbeitsgemeinschaft „artamis" von Studenten und Absolventen der Heinrich-Heine-Universität Düsseldorf unter Leitung von Univ.-Prof. Dr. Bernd Günter entwickelt.

Eckhardt/Pawlitza/Windgasse 2006
Inhalte/Fragestellungen/Zielsetzungen
• Ziel: Grundlagenstudie zum Publikum klassischer Musik bzgl. dessen Präferenzen und Angaben zur Nutzung der E-Musikangebote v. a. im Radio und über eigene Tonträger, aber auch über Besuche von Konzerten und Opernaufführungen.
Methodik/Stichprobe
• Telefonische Befragung mittels Fragebogen.
• Stichprobe: 6.096 Personen ab 14 Jahren mit Wohnsitz in Deutschland.
Wichtigste Ergebnisse/Untersuchungsschwerpunkte
• 53 % aller Befragten sind offen gegenüber E-Musik.
• 27 % gehen mindestens einmal pro Jahr in Opern-/Ballettaufführungen.
• 38 % weisen ein so genanntes weites Besucherpotenzial auf (unterschiedliche Motive: zum Beispiel Musikgenuss, soziale oder religiöse Motive).
• 6 % bilden das so genannte enge Besucherpotenzial, welches aus häufigen oder regelmäßigen Konzert- und Opernbesucherschaften besteht.
• Frauen sind im weiten Besucherpotenzial überrepräsentiert. Das Durchschnittsalter im weiten Besucherpotenzialsegment liegt bei 53,4 Jahren.
• Im Segment des engen Besucherpotenzials liegt der Altersdurchschnitt bei 59,4 Jahren.
• Die Mehrzahl der Konzert- und Opernbesucher ist berufstätig (53 %). Höher gebildete Besuchergruppen sind vergleichsweise stark vertreten.
• Konzert- und Opernbesucher üben häufig kulturelle Tätigkeiten aus und sind aktiv.
• Wichtigste Nutzungsmotive: Musikgenuss, besonderes Erlebnis sowie Abschalten und Entspannen. Über 75 % der Befragten geben zusätzlich an, dass die festliche Atmosphäre, Spaß haben, Unterhaltung und Horizonterweiterung ein wichtiges Nutzungsmotiv sind.
• Weitere Ergebnisse liegen zum Beispiel im Bereich des Freizeitverhaltens, hinsichtlich der demografischen Kriterien, der Bedeutung des Abonnements und zur Nutzung von Informationsquellen vor.
• Ebenso werden Gründe gegen einen Konzert- und Opernbesuch genannt. Hier spielen hohe Eintrittspreise und die mangelnde persönliche Motivation eine entscheidende Rolle.
Fischer 2006
Inhalte/Fragestellungen/Zielsetzungen
• Zentraler Gegenstand der Arbeit ist die Nachfrage nach kulturellen Veranstaltungen. Hierzu soll das Verständnis für das Konsumentenverhalten bezüglich kultureller Veranstaltungen vertieft und damit eine fundierte Grundlage für Managementscheidungen geschaffen werden, die eine Nachfragestabilisierung oder -steigerung betreffen.
Zentrale Fragestellungen:
• Warum entscheiden sich Menschen für (bzw. gegen) den Besuch einer kulturellen Veranstaltung? Welche Entscheidungsprozesse führen zum Besuch kultureller Veranstaltungen?
• Welche Faktoren beeinflussen eine Entscheidung für oder gegen den Besuch einer kulturellen Veranstaltung?
• Welche Informationen führen zu einem Besuch einer kulturellen Veranstaltung?
• Wie kommen Präferenzen, die zum Besuch einer kulturellen Veranstaltung führen, zustande?
• Welche Konsequenzen ergeben sich aus unterschiedlichen Besuchsintensitäten für das Marketing von kulturellen Veranstaltungen?

Methodik/Stichprobe (Fortsetzung Fischer 2006)
- Publikumsbefragung (1.072 Besucher) an der Oper Frankfurt im Jahr 2002,
- zwei Experteninterviews mit Entscheidungsträgern aus der klassischen Musikbranche,
- neun Einzelinterviews mit (Nicht-)Besuchern zwischen 20 und 67 Jahren und
- Auswertung von sieben Publikumsbefragungen sonstiger kultureller Veranstalter als Sekundärmaterial.

Wichtigste Ergebnisse/Untersuchungsschwerpunkte
- Ausgangspunkt für die Entscheidung, eine kulturelle Veranstaltung zu besuchen, ist in der Regel ein entsprechendes Bedürfnis.
- Kulturelle Veranstaltungen können eine Reihe wichtiger Bedürfnisse befriedigen.

Mögliche Motive für einen Besuch:
- Persönliche Motive sind Neugier, der Wunsch nach Anregung, Abwechslung, Bildung, Horizonterweiterung, Selbstbelohnung, Erlebnis, Ekstase.
- Soziale Motive sind Begleitung, Wunsch nach Gemeinschaft, Zugehörigkeit, Kommunikation, Selbstdarstellung, Prestige, Status und Rollenwahrnehmung.

Für den Entscheidungsprozess spielt die Informationsaufnahme eine entscheidende Rolle:
- Wichtige Determinanten der internen Informationsaufnahme: kognitive Belastung, konfliktäre Bewertungssituation, Abrufbarkeit der gespeicherten Informationen.
- Wichtige Determinanten der externen Informationsaufnahme: Aktivierung, Risikoreduktion.
- Schlüsselinformationen (zum Beispiel Namen von bestimmten Künstlern, Veranstaltungsorten, Herkunftsländer von Künstlern) sowie Kritiken (mit zunehmender Unterhaltungsorientierung nimmt der Einfluss von Kritiken ab und mit zunehmender Auseinandersetzungsorientierung zu) und „Word of Mouth"(WOM)-Kommunikation (Besuche mit geringer Besuchsintensität werden stärker von WOM beeinflusst) haben eine Bedeutung für den Besuch kultureller Veranstaltungen.

Erklärungsansätze für das Zustandekommen von intrinsischen Präferenzen:
- Lernprozesse, soziale Aspekte und Aktivierungsansätze.

Einflussfaktoren auf die Entscheidung, eine kulturelle Veranstaltung zu besuchen:
- Alter, Konsumentenwissen bzw. -erfahrungen, Mehrpersonenentscheidungen, Interpreten, Werke und Preise.

Die Rolle der Besuchsintensität bei kulturellen Veranstaltungen:
- Besuchsintensität ist ein wichtiges Unterscheidungsmerkmal und eignet sich als Kriterium für Segmentierungsansätze.
- Besuchsintensität ist ein einfacher Indikator für die Präferenz für kulturelle Veranstaltungen und das subjektive Wissen.
- Rund zwei Drittel aller verkauften Karten wurden an Besucher veräußert, die häufiger als sechsmal jährlich eine kulturelle Veranstaltung besucht haben.
- Zusammenhang zwischen Besuchsintensität und Bedarf (Gravitationseffekt): Mit zunehmenden Besuch wächst auch der Bedarf und nimmt nicht ab, wie anzunehmen wäre. Der Bedarf nach kulturellen Veranstaltungen erlischt, wenn die Besuchsintensität unter einen Mindestwert sinkt. Das zugrunde liegende Bedürfnis wird dann durch andere Angebote befriedigt.

Einflussfaktoren auf die Besuchsintensität:
- Mit zunehmender Intensität nimmt das Alter, der Anteil männlicher Besucher, die Auseinandersetzungsorientierung, die Relevanz von Interpreten und Freizeitmangel zu.
- Gleichzeitig nehmen die Unterhaltungsorientierung, die soziale Orientierung und die Relevanz von WOM ab.
- Bei Erstbesuchern ist im Gegensatz zu regelmäßigen Besuchern eher ein niedriges Alter, eine geringere Auseinandersetzungsorientierung, eine größere soziale Orientierung, eine größere Relevanz von WOM, eine geringere Relevanz von Interpreten und eine geringere Relevanz von Freizeit anzutreffen.

Publikumsforschung in öffentlichen Theatern und Opern

Frank/Maletzke/Müller-Sachse 1991
Inhalte/Fragestellungen/Zielsetzungen

• Erkenntnisse zum Theaterpublikum im Rahmen einer „Kulturstudie" der ARD-/ZDF-Medienkommission (nur dieser Bereich wird hier vorgestellt; vgl. Frank/Maletzke/Müller-Sachse 1991: 188-225).
 • Auslöser für die Studie war die öffentliche und rundfunkinterne Diskussion über den Kulturauftrag des öffentlich-rechtlichen Rundfunks und den Stellenwert von Kultur im Rundfunk.
 • Ziel: Gewinnung eines Mindestmaßes an empirischem Wissen über die Zusammenhänge zwischen kulturellem Interesse, kultureller Praxis und medialer Teilhabe zur Ableitung neuer Handlungsstrategien für die Realisierung des Kulturauftrags des öffentlichen Rundfunks im Kontext der gesamtgesellschaftlichen Veränderungen gegen Ende der 1980er Jahre. Konkret:
   o Bestandsaufnahme der Kulturangebote vor Ort und medial (speziell Fernsehen)
   o Erfassung kultureller Interessen der Bevölkerung und der Bedingungen ihrer Entwicklung und Entfaltung
   o Analyse des Umgangs mit kulturellen Angeboten vor Ort und in den Medien

Methodik/Stichprobe
• Durchführung einer Bevölkerungsbefragung von 3.006 zufällig ausgewählten Personen ab 14 Jahren in der Bundesrepublik Deutschland und dem damaligen Westberlin mittels persönlichen Interviews und einem schriftlichen Fragebogen.   • Die mündlichen Interviews hatten einen Umfang von ca. einer Stunde. Der schriftliche Fragebogen umfasste 50 Seiten. Es konnte eine Ausschöpfung von 68 % erreicht werden.   • Des Weiteren wurde – als dritte Untersuchungsmethode – eine schriftliche Erhebung von Kultureinrichtungen und -angeboten in den insgesamt 126 Orten durchgeführt, in denen die Befragungen stattfanden.   • Insgesamt liegt ein ausgesprochen umfangreiches empirisches Material vor.
Wichtigste Ergebnisse/Untersuchungsschwerpunkte
• Untersuchungsschwerpunkte (Bürgerbefragung): soziodemografische Daten der Befragten (Alter, Geschlecht, Bildung, Berufsstatus, Wohnort), Wohnort (Situation/Zufriedenheit), Freizeitverhalten im/außer Haus (Tätigkeiten, Meinungen, Informationsverhalten), Nutzung, Einstellungen und Informationsverhalten gegenüber Büchern, Fernsehen/Radio, Theater, Malerei, Musik (Vertiefung im Fragebogen unter anderem hinsichtlich Interesse und Kenntnis zum Beispiel in Belletristik, Spielfilmen und Malerei), kulturelles Interesse, kulturelle Teilnahme vor Ort und medial, Zugangsbedingungen und -voraussetzungen, Fragen zum Verständnis von Kunst und Kultur.   • Untersuchungsschwerpunkte (schriftliche Erhebung unter den Kultureinrichtungen und -angeboten): Angaben zu den befragten Einrichtungen (Kultur- und Bildungseinrichtungen aller Sparten und aus allen Sektoren), Bildung von sechs Typen kultureller Infrastruktur (anschließend Zuweisung zu jedem einzelnen Befragten).   Ausgewählte Ergebnisse für den Bereich „Theater":   • 20,2 % der Befragten haben innerhalb der letzten sechs Monate mindestens eine Theatervorstellung besucht. 30- bis 49-Jährige bilden die stärkste Nutzergruppe (40,3 %).   • 73,8 % aller Theaterbesucher verfügen mindestens über weiterführende Schulabschlüsse.   • Theatergänger sind nach den Musiktheater- und Konzertbesuchern die zweitaktivste Nutzergruppe von Hochkultur insgesamt (also neben Theater Museen, Ausstellungen oder beispielsweise Konzerten).   • Meinungen und Einstellungen zum Theater: Das „ideale Theater" ist nicht das Angebot einer sinnlich-intellektuellen Erfahrung, sondern Repräsentation einer als gesichert geltenden kulturellen „Bedeutsamkeit" durch die möglichst affirmative Reproduktion klassischer Werke („Diener der Literatur").   Fortsetzung auf der nächsten Seite:

- Generell lassen sich drei Grundtypologien verschiedener theaterbezogener Interessen indizieren: „populäre Klassiker" wie zum Beispiel „Faust" und „Hamlet", „geläufiges Repertoire" wie zum Beispiel „Warten auf Godot" sowie „Werke mit besonderem Anspruch" wie zum Beispiel selten gespielte Klassiker (unter anderem „Troilus und Cressida"), moderne Klassiker (unter anderem „Verfolgung und Ermordung des J. P. Marat") und Gegenwartstücke (zum Beispiel „Totenfloß"). Eine weitere Ausdifferenzierung nach den ihnen bekannten Stücken, Rezeptionserfahrungen und ihrer Beziehung zum Theater ergab folgende Gruppierungen: „Desinteressierte" (für 34,4 % der Befragten ist das Theater so gut wie kein Thema), „Zufallsinteressierte" (diese Gruppe verfügt über Grundkenntnisse im Theaterbereich, zählt aber überwiegend zu den Nicht-Nutzern; ebenfalls 34,4 %), „Bildungsorientierte" (19,6 % der Befragten sind als Gelegenheitsnutzer einzuordnen) und „Theaterkenner" (11,6 % der Befragten stellen das Kernpublikum des Theaters dar und haben ein spezifisch gerichtetes Interesse am Theater; sie weisen soziodemografisch bzgl. des Sozialstatus' jeweils höchste Anteile auf).
- Überschneidungen zwischen Theaterinteressen und Interesse an anderen kulturellen Angeboten: Die Mehrheit der Kategorie „Theaterkenner" zählt auch zu den besonders aktiven Nutzern von Kulturangeboten aus anderen Bereichen. Kulturelles Interesse ist nur in Ausnahmefällen bereichsspezifisches Exklusivinteresse. Meistens sind interdisziplinäre Züge erkennbar und drücken ein kulturelles Gesamtinteresse in dieser Gruppe aus. Dieses fällt von Gruppe zu Gruppe ab. So haben die „Desinteressierten" auch ein großes Desinteresse an anderen Kulturangeboten.
- Disposition des Interesses (Auswahl): kulturelle Sozialisation (unter anderem eindeutiger Zusammenhang zwischen der Häufigkeit des Theaterbesuchs mit Eltern und der Intensität des kulturellen Interesses) und subjektive Barrieren gegenüber dem Besuch kultureller Veranstaltungen (die Hauptgründe gegen einen Besuch kultureller Veranstaltungen: 40,9 % „zu teuer", 31,5 % „zu viel Aufwand", 28,6 % „zu lange Wege, schlechte Erreichbarkeit", 25,7 % „fehlende Begleitung" und 24,4 % „die Leute" oder „Feierlichkeit als Störfaktor").
- Vergleichende Beurteilung der Rezeption von Theateraufführungen vor Ort und im Fernsehen: Das Publikum beurteilt Theaterübertragungen im Fernsehen durchgängig als „Surrogat" einer prinzipiell höher bewerteten authentischen Theatererfahrung vor Ort.
- Nutzung kultureller Angebote vor Ort (häufigste Nutzung unter den Befragten: 43,4 % Kino, 30,2 % Bibliothek, 23,3 % Museen/Ausstellungen, 20,2 % Theater).

Gebhardt/Zingerle 1998
Inhalte/Fragestellungen/Zielsetzungen

- Kultursoziologische Studie der Bayreuther Richard Wagner-Festspiele und ihres Publikums.
- Hauptziel: Gewinnung empirischer Aussagen zu den Nutzungsmotiven der Besucher der Festspiel-Besucher an der – vermutlichen – Schnittstelle von klassisch-bürgerlichen Werthaltungen und moderner Erlebnisorientierung.

Methodik/Stichprobe

Empirische Publikumsanalyse mittels Methodentriangulation:
- Dokumentenanalyse: unter anderem Auswertung von Programmheften und Presseberichten.
- Experteninterviews: 17 Interviews mit Personen, die in verschiedenen Beziehungen zu den Bayreuther Festspielen stehen (unter anderem Leitung, Mitarbeiter, Journalisten).
- Standardisierte Befragung: Verteilung von 1.920 schriftlichen Fragebögen in den Hotels, Gasthöfen etc. in der Region Bayreuth zur Befragung der jeweiligen Gäste. Rücklauf: 846 Fragebögen (44 %).
- Qualitative Interviews: Leitfadeninterviews mit 28 Festspielgästen (Auswahl nach Geschlecht, Alter, Bildungsniveau, sozialer Status). Durchschnittsgesprächsdauer: 45 Minuten.
- Beobachtungssequenzen: Durchführung von 55 Beobachtungssequenzen mittels eines Beobachtungsleitfadens hinsichtlich Verhalten und Gesprächsinhalten der Festspielbesucher. Zusätzlich eintägige verdeckte Begleitung von sechs Festspielgästen und Dokumentation ihres Tagesablaufs.
- Foto-Dokumentation: Festhalten typischer Situationen und charakteristischer Personen.

Wichtigste Ergebnisse/Untersuchungsschwerpunkte (Fortsetzung Gebhardt/Zingerle 1998)

• Untersuchungsschwerpunkte: Charakterisierung der Besucher der Bayreuther Festspiele, Gestaltung des Aufenthalts der Besucher, Verhalten und Erwartungen hinsichtlich des Besuchs, Motive und Erwartungen des Publikums, Entwurf/Überprüfung einer Typologisierung der Festspiel-Besucher hinsichtlich Motiv, Erwartung, Verhalten und Inszenierungsformen sowie der sozialen Herkunft, kulturellen/ästhetischen Werthaltung und Orientierungsmaßstäben, Versuch der Anwendung der soziologischen Individualisierungstheorie und der neuen kultursoziologischen Forschung auf die Bayreuther Festspiele als ein „soziales Ereignis".
 Zentrale Ergebnisse:
 • Soziale Herkunft des Publikums: Der typische Bayreuth-Besucher ist in etwa 50 Jahre alt (53 % der Besucher sind zwischen 46-65 Jahre), verheiratet, hat einen Hochschulabschluss (55,56 %), ist freiberuflich (25,88 %), leitender Angestellter (16,19 %) oder Beamter im gehobenen Dienst (10,05 %) und hat eine liberale (37 %) bis konservative (34,40 %) politische Grundüberzeugung. Damit entspricht der durchschnittliche Besucher dem sogenannten „Niveaumilieu" nach Schulze.
 • Organisiertes „Wagnerianertum": ca. 20 % der Besucher sind Mitglieder der Richard Wagner-Vereinigungen.
 • „Selbstinszenierung" des Publikums/Der „Ort Bayreuth"/Publikumsansprüche, -einstellungen und -motive:
   o Besucherfrequenz: Dreiviertel der Besucher waren bei der Befragung zum wiederholten Male bei den Festspielen, 38,65 % davon öfters als sechs Mal.
   o Aufenthaltsdauer der Übernachtungsgäste: bis zu drei Tage = 37,35 %, bis zu sechs Tage = 29,20 % und mehr als sechs Tage = 32,86 %.
   o Bedeutung der Umfeldangebote: Wichtig für einen angenehmen Aufenthalt unabhängig vom Kunsterlebnis (Top 5) = 76,12 % Qualität der Übernachtungsquartiere, 70,69 % Qualität der Restaurants, 59,34 % Serviceleistungen am Grünen Hügel, 45,86 % Komfort im Festspielhaus, 45,74 % andere Kulturangebote.
   o Erfüllte Erwartungen an den Besucher der Festspiele: ja = 62,88 %, teils-teils = 30,61 % und nein = 5,44 %.
   o Bewertung der Einstellungen hinsichtlich der Aufgaben/Funktionen von Kunst (Auswahl) mit „trifft zu": „Kunst erfüllt das eigene Leben mit Sinn" = 82,39 %, „Kunst soll nicht nur der Unterhaltung dienen" = 77,07 %, „Kunst führt Menschen aus Einsamkeit und Verzweiflung" = 66,90 %.
   o Grund für Besuch der Festspiele (Auswahl/Mehrfachnennungen möglich): 74,11 % „um gute Musik zu genießen", 59,57 % „um etwas Außergewöhnliches zu erleben", 56,26 % „um Richard Wagner und seinem Werk besonders nahe zu sein".
   o Ausführliche qualitative Ausführungen zur „Faszination" der Festspiele für die Besucher und ihrem Verhältnis zum Werk Wagners (unter anderem Auswertung der Leitfadeninterviews). Hauptergebnis ist die „Doppelakzentuierung von Musik und Sinn" (deutl. Vorrangstellung „Musik").
   o Ausführliche qualitative Beschreibungen zu dem Verhalten von Festspielbesuchern in Bayreuth (Tagesablauf, Nutzungsgewohnheiten, Kommunikation etc.).
   o Sinndimensionen von Wagners Musikdramen: „Wagner wollte mit seinem Werk bestimmte Werte fördern". Wichtigkeit ausgewählter Werte für die Gegenwart (Mehrfachnennungen möglich): Liebe = 88,89 %, Treue = 81,32 %, Gemeinsinn = 73,17 %, Naturverbundenheit = 69,03 %, Selbstvervollkommnung = 55,20 %, Opferbereitschaft = 55,08 %, Tapferkeit = 30,61 %, Patriotismus = 17,17 %.
   o Zusammenfassende Typologisierung der Festspielbesucher: 1. Hauptgruppe „Nicht-Wagner-fixierte Besucher", Unterteilung in Untergruppen: „Kulturkonservative", „großbürgerliche Musikliebhaber", „kleinbürgerliche Musikliebhaber", „Kultursnobs", „Yuppies", „New-Age-Alternative", „arrivierte Alt-68er" und „Fun-Kids"; 2. Hauptgruppe „Wagner-fixierte Besucher", Unterteilung in Untergruppen: „Alt-" und „Neu-Wagnerianer", „Wagner-Avantgarde".

Gerdes 2000

Inhalte/Fragestellungen/Zielsetzungen
- Analyse des Zuschauerpotenzials des Volkstheaters Rostock.
- Ziele: Gewinnung empirischer Belege über die Häufigkeit von Theaterbesuchen, Bewertung des Theaters durch regelmäßige Theaterbesucher sowie Erkenntnisse über Nicht-Besucher und warum diese nicht/selten ins Theater gehen und wie sie für das Theater gewonnen werden können.

Methodik/Stichprobe
- Leitfadengestützte Telefoninterviews der Rostocker Bevölkerung ab 18 Jahren (Stichprobe = 873; Stichprobenziehung mittels „Geburtstagsmethode").

Wichtigste Ergebnisse/Untersuchungsschwerpunkte
- 28,6 % der Rostocker besuchen das Theater Rostock. 71,4 % besuchen das Theater nicht.
- Theaterbesucher (Auswahl): Das Theater wird am häufigsten von den unter 25-Jährigen und der Gruppe der 55 bis 70-Jährigen besucht (jeweils ca. 37 %). Dabei setzt sich das Publikum vor allem aus Rentnern (25 %), Personen in mittleren Positionen (22 %) und Studenten (17 %) zusammen.
- Nutzerverhalten: Das Theater wird am häufigsten vier- bis fünfmal im Jahr besucht (35 %), gefolgt von zwei- bis dreimal (32 %) und sechs- bis zehnmal (14 %). Dabei gehen die über 65-Jährigen am häufigsten ins Theater (ein Drittel geht mehr als sechsmal im Jahr). Seltene Besucher (zweimal und weniger) finden sich vor allem in den Gruppen der 30- bis 40- und der über 70-Jährigen. Die häufigsten Gründe, warum das Theater nur selten besucht wird, sind „keine Zeit" und das „Programmangebot". So geben auch über 30 % an, dass sie häufiger ins Theater gehen würden, wenn sie mehr Zeit hätten. Über 15 % würden häufiger kommen, wenn mehr Musicals/Operetten und Konzerte angeboten würden.
- Einschätzung des Angebotes: In diesem Bereich sollte das künstlerische Angebot, aber auch die Sekundärleistungen etc. bewertet werden. Hier wird beispielsweise die Qualität der Musik auf einer Skala von 1 (sehr gut) bis 5 (sehr schlecht) mit 1,8 und damit am besten bewertet, wohingegen das äußere Ambiente des Theaters am schlechtesten bewertet wird (3,25).
- Nutzungspräferenzen hinsichtlich des Programms: Über 50 % der Befragten interessieren sich für Musicals und Konzerte, gefolgt von Operetten und klassischer Oper (beide über 30 %). Am wenigsten interessiert sich das Publikum für zeitgenössisches Theater (nur 21 %) und zeitgenössische Oper (11 %).
- Informationsverhalten des Publikums: Die meisten Besucher informieren sich über die Tagespresse (mehr als 40 %) über das Theater, gefolgt von Plakaten und Faltblättern (jeweils knapp 40 %).
- Gründe für den „Nicht-Besuch" des Rostocker Theaters: Hauptgründe sind „kein Interesse" (knapp 44 %) und „keine Zeit" (38 %). Darauf folgen der „Preis" (knapp 12 %) und das „Programmangebot" (knapp 11 %). 18 % der Nicht-Besucher weisen grundsätzlich Potenzial als Besucher auf, da sie nur die Theaterumstände kritisieren. 11 % weisen teilweises Potenzial auf (persönlich gehindert und Kritik an Theaterumständen). 71 % weisen kein Potenzial auf (Desinteresse und persönlich gehindert).
- Wann würden „Nicht-Besucher" ins Theater gehen?: Mehr Musicals stehen auf Platz eins der Umstände für einen Theaterbesuch unter den potenziellen Besuchern (über 20 %; Mehrfachnennung möglich). 17 % fordern mehr „leichte Kost/Lustiges". Ebenso 17 % würden kommen, wenn sie eine Begleitperson hätten.

Keuchel 2005a (8. Kulturbarometer)[44]
Inhalte/Fragestellungen/Zielsetzungen
• Zusammenfassender Bericht zum 8. Kulturbarometer des Zentrums für Kulturforschung (Schwerpunkt Musiktheater/Orchester).
Methodik/Stichprobe
• Befragung von 2.035 Personen ab 14 Jahren in Deutschland (Feldarbeit).
• Die Fragen des 8. Kulturbarometers – das unter anderem von der Deutschen Orchestervereinigung mitfinanziert wurde – greifen in Teilen auf das 5. Kulturbarometer von 1993/94 zurück, in dem ebenfalls die Bereiche Orchester und Musiktheater abgefragt wurden.
Wichtigste Ergebnisse/Untersuchungsschwerpunkte
Ergebnisse zum Themenkomplex Theater/Oper:
• Ergebnis einer offenen Frage nach der persönlichen Definition von Kunst und Kultur. Am häufigsten wurden musikalische Darbietungen genannt (über 40 %), gefolgt von Theater (ca. 38 %) und Kunst/Literatur (ca. 36 %). Dabei gaben etwa 35 % derjenigen, die Musik als kulturelles Medium schlechthin empfinden, explizit das Musiktheater an.
• Der Anteil der 40-Jährigen und Jüngeren, die mindestens einmal jährlich eine Oper besuchen, liegt bei 26 % (zum Vergleich: 1965 waren es 58 %).
• Beobachtung einer Intellektualisierung des Klassik- und Opernpublikums sowie ein Ansteigen des weiblichen Besucheranteils.
• Trotz der Abnahme des Publikums für klassische Musik und Musiktheater ist die allgemeine Akzeptanz für diese Angebote groß. Die Mehrheit der Bevölkerung spricht sich beispielsweise für die Förderung der großen Kulturhäuser aus.
• Erwartungen an Kultureinrichtungen (Top 3): „Gute Unterhaltung", „gute Atmosphäre" und „etwas live erleben".
Martin 1999
Inhalte/Fragestellungen/Zielsetzungen
• Ziel 1: Untersuchung des Einflusses von theaterspezifischen Motiven, Interessen und Einstellungen auf die Besucherhäufigkeit der Theaterbesucher.
• Ziel 2: Segmentierung des Theaterpublikums mit Hilfe soziodemografischer und psychografischer Variablen sowie Kriterien des Besuchsverhaltens (für das Marketing öffentlicher Theater).
Methodik/Stichprobe
• 1. Teil: Erfassung und Aus-/Bewertung bisheriger theaterbezogener Publikumsforschung.
• 2. Teil: Untersuchung der Verhaltensmuster und Typen von Theaterbesuchern anhand einer mündlichen und schriftlichen Befragung des Publikums der Semperoper in Dresden.
• Im Rahmen von 15 Aufführungen in der Semperoper wurden 1.000 Besucher mittels Fragebogen interviewt (willkürliche Auswahl als Modus der Stichprobenziehung; Interviewdauer 7-10 Min.).
• Anschließend wurde den interviewten Besuchern ein schriftlicher Fragebogen mitgegeben, von denen 568 zurückgesandt wurden (Rücklaufquote von 56,8 %; davon konnten 435 eindeutig den mündlichen Befragten zugeordnet werden = identifizierte Schnittmenge beider Datensätze).

---

44   Vgl. auch Keuchel 2006. Hier werden nochmals Ergebnisse des 8. Kulturbarometers zusammengefasst. Siehe auch Keuchel 2005c. Hier werden Ergebnisse der empirischen Bevölkerungsumfragen des Zentrums für Kulturforschung seit den 1970er Jahren in Hinblick auf die Entwicklung der Nutzer und Nicht-Nutzer kultureller Angebote synoptisch dargestellt und bewertet. Es finden sich vereinzelt auch spezifische Aussagen zum Theater- und Opernbereich. Eine ähnliche Zusammenfassung findet sich in Keuchel 2005b.

Wichtigste Ergebnisse/Untersuchungsschwerpunkte (Fortsetzung Martin 1999)

- Das Publikum der Semperoper besteht zu 65 % aus regelmäßigen Theatergängern. Bestimmungsgrößen der Besuchsintensität und Besuchshäufigkeit:
- 1. Regressionsanalysen sowie nichtparametrische Testverfahren zur Verhaltensrelevanz der erhobenen Daten:
  o Die Intensität des Theaterbesuchs hängt bei den befragten Probanden weder vom Alter noch vom Geschlecht ab. Hingegen kommt dem Bildungsabschluss große Trennkraft zu. Das Abitur stellt dabei das Split-Kriterium dar. Gleiches gilt für die Herkunft. Zwischen denjenigen Besuchern, die aus der Stadt Dresden und der umliegenden Region (insgesamt etwas weniger als die Hälfte der Befragten) kommen, bestehen große Nutzungsunterschiede. Die Dresdner gehen im Durchschnitt 10,4-mal pro Jahr ins Theater und die Bewohner des Umlands 6,5-mal.
  o Zusammenfassung: Die regionale Herkunft, der ausgeübte Beruf und der formale Bildungsabschluss eignen sich sehr gut zur soziodemogr. Segmentierung des Publikums der Semperoper.
- 2. Gewinnung psychografischer/sozioökonomischer Merkmale mittels Faktorenanalysen:
  o Drei Arten primärer Motive für einen Besuch: An einem „gesellschaftlichen Ereignis" teilzunehmen, beeinflusst die Besuchsintensität am stärksten (6,5 % Erklärungsbeitrag zu den emotional bedingten Motiven). Darauf folgt die „emotionale Stimulierung". Als drittes ist das „Bedürfnis nach geistiger und kultureller Entwicklung der Persönlichkeit" (4,5 %) anzuführen.
  o Zwei Gruppen von Hinderungsgründen: Die wichtigste Barriere ist der „Zeitmangel" (5,6 %). Dieser wird von Martin aber weiter ausgelegt und steht auch für „Hang zur Häuslichkeit", „Unlust" und „andere Freizeitinteressen". Die zweite Gruppe sind die „objektiven Barrieren" (3,3 %) wie zum Beispiel „Unsicherheiten auf dem Heimweg", „eingeschränktes Budget" oder „Ermüdung nach einem langen Arbeitstag".
- 3. Produktspezifische Präferenzen der Besucher mittels Konstantsummenverfahren:
  o Die künstlerische Besetzung, das Veranstaltungsangebot, die Höhe der Eintrittspreise, das Ambiente und der Vorverkaufsservice zählen in dieser Reihenfolge zu den überdurchschnittlich wichtigen Rahmenbedingungen des Theaterbesuchs.
  o Leistungen, die einen Zusatznutzen versprechen, wie ein bequemer Sitzplatz und die Freundlichkeit des Personals, sind den Befragten unterdurchschnittlich wichtig, für einzelne befragte Personen spielen sie jedoch eine beträchtliche Rolle.
- Segmentierung des Publikums anhand der obigen Ergebnisse und mittels Clusteranalysen:
  o 1. Benefit-Segmente: „Der praktische Preisbewußte" (38,1 %), „der gesellige Genießer" (36,1 %), und „der Kunstliebhaber" (25, 8 %).
  o 2. Motiv-Segmente: „Der Erlebnissuchende" (27,1 %), „der Emotionale" (20,1 %), „der Unmotivierte" (18,6 %), „der Verhinderte" (17,3 %) und der „kulturell Engagierte" (16,9 %).
  o 3. Soziodemografische-Segmente: „Berufstätige Westdeutsche" (30,6 %), „Dresdner" (28,9 %), „untere Bildungsschicht" (22,5 %) und „Ostdeutsche aus ländlichen Gegenden" (18 %).
  o 4. Verhaltens-Segmente: „Der monatliche Besucher" (33,7 %), „der quartalsweise Besucher" (22,5 %), „der Besucher im Zwei-Monats-Rhythmus" (17,4 %) „der Enthusiast" und „der seltene Besucher" (11,4 %).
- Die Motiv-Segmentierungen werden von Martin als beste Lösung zur Typologisierung der Besuchertypen herausgearbeitet, da sie die stärksten Assoziationen zu den anderen Ansätzen aufweisen und am besten charakterisierbar sind (Herstellung von profundem Verständnis des Kunden und Erhöhung der Markttransparenz).

Nolte/Schäfer/Yesilcicek 2001

Inhalte/Fragestellungen/Zielsetzungen
- Ergebnisse eines Forschungsprojekts an der Universität Bremen von 1999.
- Zentrale Forschungsfrage: Unterscheiden sich die Publika von Oper und Musical?
- Hypothese: Bei der Oper handelt es sich um ein kulturell wertkonservatives, politisch rechtsliberales Publikum mit überdurchschnittlichem Bildungs- und Berufsstand während das Publikum des Musicals eher einen repräsentativen Durchschnitt der Gesellschaft wiedergibt.
- In Anlage und Durchführung folgt die Studie weitgehend den Untersuchungen von Dollase et al. (1986) und Behr (1983). Zudem wurde als Vergleichsstudie auf eine Publikumsumfrage am Bremer Theater aus dem Jahr 1999 zurückgegriffen (vgl. Fuchs/Steinkamp 1999).

Methodik/Stichprobe
- Schriftliche Fragebogenerhebung am Bremer Theater an zwei Aufführungsabenden (Oper „La Traviata" und Musical „West Side Story") mit standardisierten und offenen Fragen.
- Rücklauf Opernpublikum: 709 Fragebögen ausgegeben, Rücklauf 207 (Rücklaufquote von 29,2 %). Rücklauf Musicalpublikums: 342 Fragebögen ausgegeben, Rücklauf 107 (Rücklaufquote von 31,3 %).

Wichtigste Ergebnisse/Untersuchungsschwerpunkte
Demografische Struktur:
- Das Musicalpublikum (Durchschnittsalter 33,1 Jahre) ist deutlich jünger als das Opernpublikum (Durchschnittsalter 48,7 Jahre).
- Die prozentuale Geschlechterverteilung ist in beiden Publika identisch.
- Die jeweils am stärksten vertretene Gruppe sind beim Opernpublikum die Verheirateten (57,5 %), beim Musicalpublikum die Ledigen (43 %).
- Während das Bildungsniveau zwischen den beiden Publika annähernd ausgeglichen ist, so zeigen sich bei der beruflichen Situation deutliche Unterschiede. Jeweils die am stärksten vertretene Berufsgruppe sind die Angestellten, gefolgt von den Beamten im Opernpublikum und den Schülern und Studenten im Musicalpublikum.
- Die Feststellung, dass sich die Theater überproportional von gehobenen Bevölkerungsschichten frequentiert werden, bewahrheitet sich in der Studie auf zweifache Weise: Für das Musicalpublikum in Bezug auf eine gehobene Bildung, für das Opernpublikum bezüglich einer gehobenen Bildung und einer (stark) gehobenen Berufssituation.

Kulturelle Praxis:
- Musicalbesucher legen durchschnittlich 38,6 km zum Theater zurück, das Opernpublikum 17,8 km. Das deutlich jüngere Musicalpublikum ist eher bereit, auch weitere Anfahrtswege zu akzeptieren, als das ältere Opernpublikum.
- Insgesamt lässt sich festhalten, dass sich der Musikkonsum der beiden Publika erheblich unterscheidet. Präferiert das Opernpublikum deutlich die Musikarten der klassischen Musik, so werden vom Musicalpublikum populäre Musikarten bevorzugt.
- Opernbesucher gehen häufiger ins Theater als Musicalbesucher.
- Das Interesse der Opernbesucher geht stärker in Richtung klassischer Bildung und Kultur. Bei den Musicalbesuchern hingegen sind die drei am häufigsten genannten Interessengebiete allesamt dem Unterhaltungsbereich zuzuordnen.

Kulturelle Werthaltungen:
- Bei beiden Publika ist die Aussage „Musik entspannt mich" die am häufigsten genannte Antwort und „Musik höre ich überwiegend als Hintergrundmusik" die am wenigsten genannte. Wichtige Unterschiede lassen sich allerdings in der Gewichtung einiger Antworten feststellen. So betonen die Musicalbesucher eher die unterhaltenden Funktionen von Musik, wohingegen das Opernpublikum die Bildungsfunktion stärker hervorhebt.

Fortsetzung von Nolte/Schäfer/Yesilcicek 2001:
- Insgesamt zeigt sich, dass die Musicalbesucher das Musiktheater eher als Institution der Kultur und Unterhaltung sehen, während die Opernbesucher es vor allem als Kulturtempel betrachten.
- Beide Publika stimmen überein, dass es sich bei der Oper um eine anspruchs- und kunstvolle Unterhaltung handelt, während das Musical als populäre Unterhaltung angesehen wird.
- Besonders die für das jeweilige Genre typischen Musikarten erhielten bei dem jeweiligen Publikum gute Bewertungen.

Politische Einstellungen:
- Insgesamt zeigt sich, dass sich beide Publika überwiegend der Mitte bzw. „halb-links" oder „halb-rechts" zuordnen. Extreme Antworten gibt es kaum.
- Insgesamt lässt sich feststellen, dass es bei beiden Publika – weitgehend unabhängig von Fragen des Alters und des Berufs – jeweils starke Gruppen von Grünen- und CDU-Anhängern gibt.

Fazit:
- Bei der Suche nach Unterschieden zwischen Opern- und Musicalpublika konnte festgestellt werden, dass sich beide Publika in vielen Bereichen nicht nennenswert voneinander unterscheiden. Somit konnte ein Teil der Hypothese widerlegt werden: Weder lässt sich beim Opernpublikum ein – gegenüber dem Musicalpublikum – höherer Bildungsstand beobachten, noch ist es politisch eindeutig als rechts-liberal zu identifizieren. Allerdings konnte bestätigt werden, dass es sich beim Opernpublikum um ein kulturell wertkonservatives handelt.
- Nichtsdestotrotz gibt es Unterschiede zwischen den Publika: sowohl in der Zusammensetzung als auch in den Einstellungen und Erwartungen gegenüber dem Musiktheater. Das Publikum der Oper begreift sich und seine musikalische Kultur eher als Teil der Hochkultur und versucht sich gegenüber musikalischen Kulturen mit geringerem Ansehen abzugrenzen. Das Musicalpublikum tastet die Hochkulturstellung der Oper weitgehend nicht an, versucht aber die eigene Kultur aufzuwerten.

Reuband 2002

Inhalte/Fragestellungen/Zielsetzungen
- Auf der Basis von drei Bevölkerungsumfragen in Hamburg, Düsseldorf und Dresden im Herbst 2000 und 2001 sollen drei Fragen untersucht werden: Wie viele Bürger in der jeweiligen Stadt besuchen die Oper? In welchem Umfang partizipieren sie an anderen sozialen und kulturellen Aktivitäten? Durch welche sozialen Merkmale zeichnen sich die Opernbesucher aus?
- Besonders der Vergleich der beiden westdeutschen Städte mit Dresden ist von Interesse: Es wird vermutet, dass andere Zugangsmöglichkeiten zu Opernkarten in der ehemaligen DDR bewirkt haben, dass der Kreis der Opernbesucher im Vergleich zu früheren Verhältnissen (und im Vergleich zu Westdeutschland) größer war. Zudem wird vermutet, dass dieser Zugang in Ostdeutschland eine stärkere Egalisierung in den sozialen Merkmalen der Besucher durch Senkung der Zugangsschwellen bewirkt hat.

Methodik/Stichprobe
- Repräsentative postalische Befragung der deutschen Wohnbevölkerung auf der Basis eines statistischen Zufallsverfahrens aus dem Einwohnermelderegister der jeweiligen Städte.[45]
- Die Zahl der Befragten pro Stadt liegt zwischen rund 700 und 1.100 Personen. Die Teilnahmequote beläuft sich je nach Stadt auf Werte zwischen rund 50 % und knapp über 60 %.
- Korrelations-, Faktoren- und Regressionsanalysen.

---

45 Angelegt waren die Erhebungen als Untersuchung der städtischen Lebensbedingungen und der Lebensqualität. Die Fragen der Nutzung kultureller Einrichtungen stellten nur einen Themenkomplex unter anderen dar. Durch die Vermeidung einer Ein-Themen-Fokussierung und dem Bezug zu einem allgemein interessierenden Thema sollte die Gefahr einseitiger Rekrutierung minimiert werden.

Wichtigste Ergebnisse/Untersuchungsschwerpunkte (Fortsetzung von Reuband 2002)
• Der Anteil der Besucher, die häufig die Oper besuchen, ist relativ klein. Die Zahl der sporadischen und seltenen Besucher ist dagegen weitaus größer. • Unterschiede zwischen West- und Ostdeutschland: deutliche Unterschiede in der Zahl derer, die sich dem Opernbesuch fernhalten. Deutlich höherer Teil an Nicht-Besuchern in den beiden westdeutschen Städten. • Wer Opernaufführungen aufsucht, geht besonders häufig auch in klassische Konzerte, in das Theater und in Museen. Opernbesucher haben insgesamt einen eher introvertierten als extrovertierten Lebensstil. • Der Frauenanteil steigt mit der Häufigkeit des Opernbesuchs an. In Dresden dagegen fehlt dieses Muster. Von einer stärkeren Präsenz der Frauen unter den häufigen Besuchern ist nichts zu erkennen. • Mit zunehmender Häufigkeit des Opernbesuchs wächst der Anteil der älteren Personen. Analoge Tendenzen lassen sich für Dresden allerdings nicht nachweisen. • Mit zunehmender Häufigkeit des Opernbesuchs steigt der Anteil der besser Gebildeten an, in Dresden ist dieser Effekt am stärksten ausgeprägt. • Bildung ist in allen drei Städten die wichtigste Variable für die Häufigkeit des Opernbesuchs. Der Berufsstatus und das Einkommen üben einen – wenn auch schwächeren – Effekt aus. • Der Einfluss der Merkmale Alter und Geschlecht liegt in Dresden niedriger als in den beiden westdeutschen Städten und der Effekt der Schulbildung höher. Dies dokumentiert, dass sich die soziale Selektivität in der Zusammensetzung der Opernbesucher je nach Zugehörigkeit zu West- bzw. Ostdeutschland in etwas anderer Form widerspiegelt.
Reuband 2005a
Inhalte/Fragestellungen/Zielsetzungen
• In einer Fallstudie zu einer modernen „Fidelio"-Inszenierung an der Kölner Oper hat der Autor Erwartungen und Präferenzen von Besuchern zur Beurteilung der Aufführung in Beziehung gesetzt und diese Ergebnisse mit ähnlichen Erhebungen an anderen Opernhäusern verglichen. • Wie die Zuschauer die Inszenierung – die das Geschehen in die Gegenwart verlagert – wahrnehmen und bewerten sowie welche sozialen und kulturellen Faktoren darauf Einfluss nehmen, wird unter Rückgriff auf eine schriftliche Besucherumfrage untersucht.
Methodik/Stichprobe
• Schriftliche Besucherbefragung zweier Fidelio-Aufführungen im Opernhaus Köln.[46] • Insgesamt wurden 370 Personen befragt. Rund 55 % Rücklaufquote.

---

46 Die Untersuchung ist Teil eines größeren Forschungsprojekts, das sich mit dem „Opernbesuch als Partizipation an der Hochkultur" befasst.

Wichtigste Ergebnisse/Untersuchungsschwerpunkte (Fortsetzung von Reuband 2005a)
• Soziodemografische Struktur des Publikums: Frauenanteil 54 %, Durchschnittsalter 55 Jahre. Zuschauer mit Abitur stellen einen Anteil von nahezu zwei Drittel. • Erwartungen und Präferenzen: Für die Mehrheit der Befragten gilt das Interesse in erster Linie der Musik, den Sängern und/oder dem Dirigenten. Nicht-musikalische Aspekte (zum Beispiel schauspielerische Leistungen, Bühnenbild und Inszenierung) werden als weniger bedeutsam erachtet. • 56 % aller Befragten bevorzugen Inszenierungen, die in der Zeit der Handlung spielen. 48 % der Besucher beurteilen die Inszenierung als „sehr gut" oder „gut". Die hohe Bedeutung, die dem musikalischen Erleben eingeräumt wird und die hohe Zufriedenheit mit ihm führen jedoch dazu, dass die Aufführung als Ganzes dennoch mehrheitlich positiv bewertet wird. • Besonderes Interesse in den Untersuchungen galt dem paradoxen Befund, dass die Zuschauer mehrheitlich das Geschehen in der Vergangenheit angesiedelt wissen wollen, sie sich aber dennoch in hohem Maße positiv über die Inszenierung äußern. Als Einflussfaktoren, die zur Erklärung des Paradoxons beitrugen, erwiesen sich die Art der zuvor erfahrenen Bewertungen, die Toleranz für neue Inszenierungen und die Neigung, von dem musikalischen Geschehen auf die Bewertung der Inszenierung hin zu generalisieren. • Mit zu den bemerkenswertesten Befunden der Untersuchung zählt, dass die zuvor gelesenen und gehörten Berichte über die Inszenierung das Erleben mit beeinflussten. • Jüngere Besucher geben im Vergleich zu älteren keineswegs der modernen Inszenierung eine bessere Bewertung; dies lässt sich auch nicht bei besser Gebildeten im Vergleich zu schlechter Gebildeten beobachten. Im Fall der Bildung trat sogar das Gegenteil ein: Eine höhere Zufriedenheit findet sich unter den Personen mit niedriger bis mittlerer Bildung.
Reuband 2005b
Inhalte/Fragestellungen/Zielsetzungen
• Langzeitvergleich zur Frage der sozialen Zusammensetzung der deutschen Opernbesucher auf der Basis einer identischen Orts- und Opernwahl. Die Kölner Untersuchung von Dollase et al. (1986) wird als Ausgangsbasis zugrunde gelegt und mit einer eigenen Besucherumfrage aus 2004 (Replikationsuntersuchung)[47] in Beziehung gesetzt. • Die Studie zeigt, dass sich das Durchschnittsalter des Publikums erheblich nach oben hin verschoben hat, das Bildungsniveau der Besucher hingegen konstant geblieben ist. Darüber hinaus ergeben sich Hinweise für eine Vervielfachung der subjektiven Funktionen des Musikhörens.
Methodik/Stichprobe
• Rund 55 % aller angesprochenen Personen nahmen an der Erhebung teil. Die Zahl der Befragten in den jeweiligen Aufführungen beläuft sich auf 189 bzw. 181 Personen.

---

47 Die Untersuchung ist Teil eines größeren Projekts von Reuband zur Partizipation der Bürger an der Hochkultur. Es bezieht sich schwerpunktmäßig auf Düsseldorf, berücksichtigt jedoch partiell auch Köln. Die Befragungen fanden im Rahmen des Projekts nicht nur im Opernhaus, sondern ebenfalls im Musicaltheater sowie in Theatern und Museen statt. Darüber hinaus wurde in Düsseldorf eine Bevölkerungsbefragung zu kulturellen Orientierungen und zum Musikgeschmack durchgeführt.

Wichtigste Ergebnisse/Untersuchungsschwerpunkte (Fortsetzung von Reuband 2005b)
• Lag das Durchschnittsalter des Fidelio-Publikums in der Untersuchung von Dollase et al. im Jahr 1980 bei 38,3 Jahren, so liegt es in der Untersuchung von 2004 bei 55,3 Jahren. Dieser „Alterungsprozess" der Opernbesucher ist viel stärker ausgeprägt als die Verschiebung des Durchschnittsalters in der Bevölkerung. • Die Struktur der Kölner Opernbesucher hat sich verändert: Heutzutage stellen Abonnenten (einschl. Mitglieder von Besucherorganisationen) einen kleineren Teil als noch 1979/1980. • Der Anteil der Rentner unter den Zuschauern ist gestiegen (er liegt inzwischen bei 37 %), der Anteil der Schüler und Studenten ist stark gesunken. • Hingegen ist der Anteil der beiden Geschlechter unter den Besuchern unverändert. Auch das Bildungsniveau ist weitgehend konstant geblieben: Sowohl 1980 als auch 2004 lag der Anteil der Befragten mit Abitur bei rund 64 %. Was als Ausdruck der Konstanz erscheint, ist es im Kontext des gestiegenen Bildungsniveaus nicht. Der stabile Anteil besser Gebildeter vor dem Hintergrund eines allgemein gestiegenen Bildungsniveaus bedeutet eine leichte Abnahme sozialer Exklusivität. • Subjektiver Stellenwert der Musik: In der Replikationsuntersuchung von 2004 wird die ursprüngliche Rangfolge der Nennungen in der Dollase-Untersuchung im Wesentlichen reproduziert. Am häufigsten wird wiederum betont, dass Musik „Teil des eigenen Lebens" sei und dass sie „erfreue und entspanne". Im Vergleich zur Ausgangsuntersuchung kommen jedoch weitere Nennungen vermehrt vor. Diese werden von Reuband als Ausdruck einer gesteigerten Bedeutung des Musikerlebens im Leben der Befragten angesehen. • Besonders das Hören von Musik als Sekundäraktivität hat im Zeitverlauf an Bedeutung gewonnen; ihre Funktionsvielfalt ist gewachsen.
Reuband 2007
Inhalte/Fragestellungen/Zielsetzungen
• In der Untersuchung wird die Frage des „overreportings"[48] kultureller Teilhabe unter Rückgriff auf eine repräsentative lokale Bevölkerungsumfrage sowie Besucherumfragen und Besucherstatistiken untersucht. Dies geschieht am Beispiel des Opernbesuchs in der Stadt Düsseldorf.
Methodik/Stichprobe
Bevölkerungsumfrage: • Die schriftliche und komplett anonyme Bevölkerungsumfrage, durchgeführt im Jahr 2004, basiert auf einer Stichprobe aus dem Einwohnermelderegister der Stadt Düsseldorf und bezieht sich auf die deutsche Bevölkerung ab 18 Jahren.[49] Befragt wurden 1.044 Personen (Ausschöpfungsquote: 59 %). Besucherumfrage im Opernhaus Düsseldorf: • Anonyme und schriftliche Befragung von Besuchern in mehreren unterschiedlichen/heterogenen Opernaufführungen (insgesamt 15 Aufführungen von 13 verschiedenen Werken) innerhalb einer Feldphase von mehreren Wochen. Mehrere Erhebungsphasen über einen Zeitraum von nahezu drei Jahren (2003-2005). Ausschöpfungsquote in den einzelnen Aufführungen: zwischen 50 und 60 %. Insgesamt wurden 2.403 Besucher des Opernhauses befragt.

---

48 Unter dem Begriff des „overreporting" wird von Reuband die Überschätzung hochkultureller Partizipation durch soziale Erwünschtheitseffekte in Bevölkerungsumfragen verstanden.
49 Um eine thematisch selektive Rekrutierung Kulturinteressierter zu vermeiden, war die Bevölkerungsumfrage als Mehrthemenuntersuchung angelegt und wurde gegenüber den Zielpersonen als eine Studie zum Leben in der Stadt und aktuellen Themen deklariert.

Wichtigste Ergebnisse/Untersuchungsschwerpunkte (Fortsetzung von Reuband 2007)
• Bevölkerungsumfragen, in denen nach der Häufigkeit des Opernbesuchs gefragt wird, überschätzen den Opernbesuch. Ganz offensichtlich gibt es soziale Erwünschtheitseffekte auf Seiten der Befragten, die etwas mit dem Selbstbild und den kulturellen Standards zu tun haben. • Die sozialen Erwünschtheitseffekte sind nicht in allen sozialen Gruppen gleich groß. Sie kommen unter den schlechter Gebildeten häufiger vor als unter den besser Gebildeten. Aufgrund dessen wird in Bevölkerungsumfragen der Anteil der Opernbesucher mit niedriger Bildung etwas zu hoch ausgewiesen. Tatsächlich aber ist die Zusammensetzung des Opernpublikums höchst selektiv. • Die Existenz sozialer Erwünschtheitseffekte bedeutet, dass sich die Schätzung der absoluten Zahl der Besucher und deren Besuchshäufigkeit anhand von Bevölkerungsumfragen als problematisch gestalten. • Will man jedoch den Einfluss sozialer Merkmale auf die Nutzung untersuchen, so sieht die Situation weniger dramatisch aus: Bezüglich der Merkmale Geschlecht und Alter bestehen keine nennenswerten Unterschiede von Bevölkerungsumfragen zu Besucherumfragen im Opernhaus. Leichte Unterschiede gibt es beim Merkmal Bildung. • Fazit: Für detaillierte Analysen des Publikums können Bevölkerungsumfragen Besucherumfragen in den Theatern und Opernhäusern nicht ersetzen, und dies nicht nur weil sie validere Angaben zur sozialen Zusammensetzung der Besucher liefern, sondern auch weil sie weniger detailreiche Aussagen auf der Ebene der Aufführungen bieten. Am sinnvollsten ist daher eine Kombination beider Erhebungsarten.
Reuband/Mishkis 2005
Inhalte/Fragestellungen/Zielsetzungen
• Anknüpfend an die alltagsästhetischen Schemata von Schulze stellen die Autoren zentrale Ergebnisse ihrer Besucheranalyse zu vier Düsseldorfern Theatern[50] vor, vergleichen die Besucherstruktur mit der Bevölkerungsstruktur und binden diese zurück an Schulzes Trivial- und Hochkulturschema. • Zentrale Fragestellung: Bestehen innerhalb des Theaterpublikums Differenzierungen alltagsästhetischer Art? Vermutung: Es gibt Differenzierungen, die sich vor allem an den Boulevardtheatern sowie Theatern mit klassischen und modernen Stücken herauskristallisieren.
Methodik/Stichprobe
• Schriftliche Besucherumfrage, die auf mehreren Aufführungen an den ausgewählten vier Theatern basiert.[51] Rücklauf 686 Personen (Ausschöpfungsquote 55 %). • Zudem erfolgt ein Rückgriff auf eine von den Autoren im Jahr 2004 durchgeführte postalische Bevölkerungsumfrage zu Zwecken des Vergleichs mit der Gesamtbevölkerung. Der Fragebogen enthält nicht nur Fragen zur Kultur und zum Theaterbesuch, sondern auch zu anderen Themen. • Die Bevölkerungsumfrage stützt sich auf eine Stichprobe aus dem Einwohnermelderegister der Stadt und bezieht sich auf die Einwohner mit deutscher Staatsbürgerschaft ab 18 Jahren. 1.044 Personen wurden befragt. Die Ausschöpfungsquote beläuft sich auf 59 %.

---

50 In die Untersuchung wurden das Schauspielhaus, das Forum freies Theater (FFT), die Komödie und das Theater an der Kö einbezogen.
51 Die Untersuchung ist Teil eines größeren Forschungsprojekts zur Partizipation der Bürger an der Hochkultur. Neben Theatern wurden in Düsseldorf das Opernhaus, klassische Konzerte, Musicaltheater und Museen in die Untersuchung einbezogen, darüber hinaus in Köln auch das Opernhaus.

Wichtigste Ergebnisse/Untersuchungsschwerpunkte (Fortsetzung von Reuband/Mishkis 2005)
Soziale Zusammensetzung der Theaterbesucher im Vergleich zur Bevölkerung: • In der Besucherumfrage liegt das Durchschnittsalter bei 48,1 Jahren. Das Durchschnittsalter in der Bevölkerung liegt mit 49,8 Jahren demnach über dem der Theaterbesucher. • Differenzen bestehen bei den Merkmalen Geschlecht und Bildung: Frauen und besser Gebildete sind unter den Zuschauern im Vergleich zur Gesamtbevölkerung überrepräsentiert. Soziale Differenzierungen innerhalb des Theaterpublikums: • Frauen sind unter den Besuchern aller untersuchten Theater gegenüber ihrem Anteil in der Bevölkerung leicht überrepräsentiert. Nennenswerte Unterschiede zwischen den verschiedenen Theatern gibt es nicht. • Die Besucher des Schauspielhauses und der Boulevardtheater ähneln sich auch weitgehend hinsichtlich des Familienstands. Bei beiden überwiegen die Verheirateten. • Stärkere Differenzierungen als im Fall von Geschlecht und Familienstand ergeben sich hinsichtlich des Alters und der Bildung. Ältere Besucher sind überproportional in den Boulevardtheatern anzutreffen. Dort finden sich ebenfalls überproportional die schlechter Gebildeten. • Unter den Besuchern des Schauspielhauses gibt es keinen nennenswerten Zusammenhang zwischen Bildung und Besuchshäufigkeit, doch besteht er zwischen den Besuchern der Boulevardtheater. Die Häufigkeit des Besuchs korreliert hier negativ mit der Bildung, das heißt der Anteil der schlechter Gebildeten steigt mit zunehmender Besuchshäufigkeit an. Eine analoge Tendenz findet sich beim Merkmal Alter. Während unter den Besuchern des Schauspielhauses und des FFT steigende Besuchshäufigkeit mit sinkendem Alter einhergeht, geht sie unter den Besuchern der Boulevardtheater mit steigendem Alter einher. Nutzung kultureller Einrichtungen, kulturelle Praxis und Orientierungen: • Besucher des Schauspielhauses nutzen überproportional häufig auch das FFT und umgekehrt. • Überschneidungen gibt es aber nicht nur zwischen den Besuchern der beiden anspruchsvollen Theater, sondern auch zwischen den Besuchern der Boulevardtheater und der anspruchsvollen Theater. Ungeachtet dessen besteht bei allen Besuchern eine überproportionale Präferenz für Theater der gleichen Gattung. • Der Besuch der anspruchsvollen als auch der Boulevardtheater geht mit dem häufigeren Besuch anderer Düsseldorfer Theater einher. • Die Besucher von anspruchsvollen Theatern besuchen häufiger als Besucher von Boulevardtheatern Kunstmuseen, Opern und klassische Konzerte. Zudem haben sie ein stärkeres Interesse an Kunst und Malerei, klassischer Literatur und Biografien. • Klassische Musik wird von Besuchern anspruchsvoller Theater etwas stärker geschätzt als von den Boulevardtheaterbesuchern. Letztere präferieren leichte Musik, wie Operetten, Volksmusik, Schlager und Musicals. • Die Besucher von Boulevardtheatern sind im Kontext der anderen Theaterbesucher zwar tendenziell dem Trivialschema verhaftet, stehen im Kontext der Gesamtbevölkerung jedoch auch dem Hochkulturschema nahe. Erwartungen an den Theaterbesuch: • Die Befragten aller Theater halten mehrheitlich Inhalt und Thematik des Stückes sowie die Schauspieler für wichtig, gefolgt von der Inszenierung und Bühnenbild. • Das Theater zum Nachdenken anregen sollte, wird befürwortet, aber auch der Unterhaltungscharakter sowie die Funktion einer Entspannung vom Alltag (insbesondere durch Boulevardtheaterbesucher, die der Abwechslung den Vorzug vor der intellektuellen Reflexion geben). Besuchertypologie: • Anhand der Untersuchungen differenzieren die Autoren zwei Gruppen innerhalb der Theaterbesucher, die sich in ihren sozialen Merkmalen sowie kulturellen und ästhetischen Präferenzen unterscheiden. Trotz der bestehenden Unterschiede gibt es allerdings auch viele Gemeinsamkeiten.

Rössel/Hackenbroch/Göllnitz 2002[52]
Inhalte/Fragestellungen/Zielsetzungen
• Vergleich der Besucherstrukturen von Hochkultureinrichtungen.
• Ziel: Gewinnung sozialer und kultureller Differenzierungslinien innerhalb des Hochkulturpublikums.
Methodik/Stichprobe
• Teil 1: Analyse von mehr als 70 Besucherumfragen in traditionellen Einrichtungen der Hochkultur (unter anderem Theater und Museen) nach systematischen Kriterien.
• Teil 2: Explorative Analyse von Umfragen unter Besuchern der Oper in Leipzig. Insgesamt wurden Befragungen in acht Aufführungen von sechs musikalischen Werken vorgenommen (Oper und Ballett).
Wichtigste Ergebnisse/Untersuchungsschwerpunkte
• Ausgehend von den kultursoziologischen Ansätzen Schulzes und Bourdieus untersuchen die Autoren die innere soziale und kulturelle Differenzierung des Hochkulturpublikums wie zum Beispiel die soziale Lage, der Bildungsgrad und das Geschlechterverhältnis.
• Ergebnisse Teil 1 (für den Theater-/Opernbereich):
o Deutlich höherer Anteil von weiblichen Besuchern in Theatern (59 %) und Opern (58 %), bei Ballettveranstaltungen sogar 68 %. Ähnliches gilt auch für die sonstigen darstellenden Künste und für Kunstmuseen. Nur bei „andere Museen" liegt ein ausgeglichenes Geschlechterverhältnis vor.
o Durchschnittsalter im Theater (34,5 Jahre) und Oper (42 Jahre). Zum Vergleich: Musikfestspiele (50 Jahre), Kunstmuseen (41 Jahre), andere Museen (37,5 Jahre) und klassische Konzerte (47 Jahre).
o Berufsstruktur: Arbeiteranteil im Theater (3,5 %), in der Oper (0,5 %). In den anderen Sparten ähnliche Werte. Selbstständige im Theater (10 %), in der Oper (8,5 %).
o Bildungsabschluss: Hauptschulabsolventen im Theater (8 %), in der Oper (8,5 %). In den anderen Sparten ähnliche Werte.
• Ergebnisse Teil 2 (vor allem für den Theater-/Opernbereich):
o Ergebnisse von Regressionsmodellen: Die regelmäßigen Besucher der Oper sind keine Fernbesucher, sind eher älter und etwas gebildeter. Das Kernpublikum weist ein geringes Einkommen auf (Bezugnahme zu Bourdieu, der behauptet, dass Personen mit hohem ökonomischem Kapital die Angebote der Hochkultur eher selten nutzen).
o Die Ergebnisse im Hinblick auf Experteneinschätzung: Es liegt eine geringfügige soziale Differenzierung zwischen Besuchern von Opern mit unterschiedlich hohem Anspruch vor. Dennoch können kleinere Unterschiede festgestellt werden. So finden sich in komplexeren Opern durchschnittlich mehr Besucher mit einem hohen Bildungsabschluss und vor allem mehr Fernbesucher (sozial eine besonders exklusive Gruppe mit exklusivem Geschmack). Arbeiter sind hingegen eher in einfacheren Opern (zum Beispiel „Carmen") zu finden.
o Zusammenfassend konnten keinerlei geschlechterspezifische Unterschiede in den Geschmacksvorlieben festgestellt werden. Ältere Menschen zählen eher zum Kernpublikum, unterscheiden sich im Geschmack aber nicht signifikant von den jüngeren Besuchern. Personen mit einer großen Kapitalausstattung finden sich eher unter den Randbesuchern einer Oper.

---

52 Diese Untersuchung findet sich nochmals in einer weitergeführten Form im Jahrbuch für Kulturpolitik 2005 (vgl. Rössel/Hackenbroch/Göllnitz 2005).

Tauchnitz 2000a[53]
Inhalte/Fragestellungen/Zielsetzungen
• Das ursprüngliche Ziel der Bevölkerungsumfrage, die Nicht-Besucher von Theatern zu ihren Einstellungen und Verhaltensweisen zu befragen, um anschließend durch Segmentierung des Magdeburger Marktes geeignete Zielgruppen zu identifizieren, wurde wegen einer zu kleinen Stichprobe nicht erreicht. • Die Ergebnisse der Studie geben allerdings Einblicke in die bislang erreichten Zielgruppen des Theaters der Landeshauptstadt Magdeburg.
Methodik/Stichprobe
• Schriftliche Befragung von Lesern des Elbe-Reports im Juni 1999. • Rücklauf: 310 Fragebögen, davon 300 auswertbar.
Wichtigste Ergebnisse/Untersuchungsschwerpunkte
• Soziodemografische Struktur der Stichprobe: (1) Durchschnittsalter liegt bei 51 Jahren. Mit einem Anteil von 29 % stellen die 56- bis 65-Jährigen die stärkste Altersgruppe. (2) Frauen sind mit einem Anteil von 55 % leicht stärker vertreten als Männer. (3) Mehr als die Hälfte der Befragten lebt zusammen mit dem Partner. (4) Der größte Anteil aller Befragten verfügt über einen Hochschulabschluss (41 %). (5) Knapp die Hälfte aller Befragten ist berufstätig (47 %). (6) Fast ein Viertel aller Befragten gibt ein frei verfügbares monatliches Konsumbudget von bis zu 1.000 DM an. • 46 % der Befragten sind „sehr zufrieden" oder „zufrieden" mit dem Theater der Landeshauptstadt. Der Anteil „sehr unzufriedener" oder „unzufriedener" Befragter liegt bei lediglich 13 %. • Differenziert nach Theaterformen zeigt sich vor allem eine relativ hohe Zufriedenheit mit dem Ballett- und Konzertangebot. • Mehr als die Hälfte aller Befragten kennt das derzeitige Programm des Theaters, nur etwa jedem zehnten Befragten ist es vollkommen unbekannt. • Von über 90 % der Befragten wird das Theater als wichtig für die Stadt angesehen. • Die Gründe für einen Theaterbesuch sind vielfältig, wobei die Suche nach Unterhaltung und Entspannung deutlich die bildungs- und kulturbezogenen Gründe dominieren. • Für die meisten der Befragten ist der Theaterbesuch ein besonderes Ereignis, bei dem auch auf die Kleidung geachtet wird. Theaterbesuche sind mehrheitlich Ausdruck eines gepflegten Lebensstils und gehören zur guten Bildung. Mehr als jeder fünfte Befragte war allerdings schon oft von einem Theaterbesuch enttäuscht. • Als wichtigstes Merkmal des Theaters werden die künstlerischen Leistungen angesehen. Bedeutsam sind aber auch die Atmosphäre des Hauses und „Nebenleistungen" wie freundliches Personal, bequeme Sitzplätze etc. • Die am häufigsten genutzten Informationsquellen über das Theaterangebot sind der Monatsspielplan und Presseveröffentlichungen. • Theaterbesuchen gehen zumeist längere Planungszeiträume voraus. Nur ein Prozent der Befragten trifft normalerweise seine Entscheidung spontan am Abend. • Die Eintrittskarten werden üblicherweise von den Befragten telefonisch bestellt oder an Vorverkaufskassen und dem Besucherservice erworben. • Theaterbesuche erfolgen bei mehr als der Hälfte aller Befragten mit dem Partner. Daneben sind Freunde und Bekannte sowie die Familie von Bedeutung. 16 % der Befragten besuchen vorwiegend alleine eine Theatervorstellung. Fortsetzung auf der nächsten Seite:

---

53 Von Tauchnitz liegen zahlreiche weitere (unveröffentlichte) Besucherbefragungen in Theatern vor (vgl. http://www.marketing-tauchnitz.de sowie entsprechende Hinweise im Literaturverzeichnis).

- 74 % aller Befragten haben im Befragungsjahr mindestens einmal ein Theater besucht. Im Durchschnitt kommt dieser Personenkreis auf fünf Besuche.
- Besucher, die gerne ins Theater gehen, besuchen häufiger als andere Kinos, Museen, klassische Konzerte und Musicals.
- Sonstige Freizeitaktivitäten: Musik hören (72 %), das Kümmern um Haus oder Wohnung (63 %), Zeit mit der Familie verbringen (63 %).
- Assoziationen zum Theater: geistvolle, kulturelle und anspruchsvolle Unterhaltung (15 %), Freude, Spaß, Vergnügen und Genuss (10 %), Entspannung und Erholung (9 %).
- Änderungswünsche: 22 % keine Antwort, Wunsch nach einem attraktiveren Spielplan (15 %), besseres Bühnenbild und einen besseren Service (jeweils 11 %).
- Besuchercluster aufgrund des Freizeitverhaltens: Bildungsbürger mit einer Vorliebe für das Schauspiel (18,6 %), männliche Befragte, die aus Gründen der Bildung und Kultur häufig mit der Familie ins Theater gehen, ansonsten aber keine Affinität zum Theater haben (15,9 %), traditionsorientierte musikinteressierte Senioren mit einem besonderen Interesse an klassischer Musik (18,9 %), der Abwechslung suchende Theatergänger mit einer Vorliebe für leichte Unterhaltungsmusik (19,3 %), der jugendliche Besucher mit Interesse zum Schauspiel, aber nur geringer Affinität zum Theater (8,7 %).
- Besuchercluster nach Wertorientierung: der oberflächlich Kulturinteressierte (20,3 %), der musikinteressierte Theaterbesucher (16,8 %), der mehr oder weniger „zwangsweise" ins Theater gehende Besucher (24,2 %), der den/die Partnerin begleitende Mitläufer (27 %), der kultur- und bildungsorientierte Theaterbesucher (31,7 %).

Tauchnitz 2003a
Inhalte/Fragestellungen/Zielsetzungen
• Besucherumfrage an der Sächsischen Staatsoper Dresden.
Methodik/Stichprobe
• Schriftliche Umfrage im Zeitraum August bis November 2003 • Stichprobengröße: 878 Besucher
Wichtigste Ergebnisse/Untersuchungsschwerpunkte
• Soziodemografische Struktur: (1) Frauen sind mit einem Anteil von 53% leicht stärker vertreten als Männer. (2) Mit 37 % stellen die 60- bis 69-Jährigen die stärkste Altersgruppe. (3) Der größte Anteil aller Befragten verfügt über einen Hochschulabschluss (62 %). (4) Die Mehrzahl der Befragten befindet sich im Ruhestand (46 %) oder ist voll berufstätig (38 %). (5) Fast ein Viertel aller Befragten gibt ein frei verfügbares monatliches Konsumbudget von 1.000 bis 1.500 Euro an. • Häufigste Spartenbesuche: Oper (85 %), Museum und klassische Konzerte (jeweils 75 %). • Durchschnittliche Besuchshäufigkeiten pro Jahr: klassische Konzerte (7,7), Oper (6,2), Museen (5,2), Schauspiel (3,8). • Ein Theaterbesuch erfolgt bei 83 % der Besucher in Begleitung. Anzahl begleitender Personen beim Theaterbesuch: 48 % mit zwei begleitenden Personen, 36 % eine begleitende Person. Begleitende Personen sind bei 80 % Familie/Partner, bei 22 % Freunde/Bekannte • Dem Opernbesuch gehen zumeist längere Planungszeiträume voraus: 32% planen ihren Besuch mehrere Wochen vorher, 24 % noch länger vorher. Nur drei Prozent der Befragten trifft normalerweise ihre Entscheidung spontan am Abend. • Häufigste Assoziationen zur Staatsoper: Gebäude/Architektur, schönes Ambiente/Atmosphäre, Radeberger/Bierwerbung, schöne Aufführungen/künstlerische Leistung. • Häufigste Einstellungen zum Opernbesuch: „Ich gehe gerne in die Oper", „Ein Opernbesuch ist für mich immer ein besonderes Ereignis".
Fortsetzung auf der nächsten Seite:

- Werte (häufigste Nennungen): Ehrlichkeit, kulturelles Leben, Bildung, Verantwortungsbewusstsein, Hilfsbereitschaft.
- Häufigste Bewertung des idealen Spielplans: anspruchsvoll, interessant, vielseitig, engagiert. Faktorenanalyse für wahrgenommenen und idealen Spielplan: Unterhaltung und Neues.
- Positionierung der Spielpläne in einem gemeinsamen Wahrnehmungsraum mit den Ergebnissen der Berliner „Publikum im Rampenlicht"-Befragung aus dem Jahr 2002.
- Besuchertypologie Semperoper (nach Einstellungen und Verhaltensweisen): Gruppenorientierter Aufsteiger (26 %), Gesellig-Unterhaltungsorientierte (22 %), Kritisch-Anspruchsvolle (21 %), Hochkultur-Stammbesucher (18 %), Interessierte Gelegenheitsbesucher (14 %).

Tauchnitz 2004a
Inhalte/Fragestellungen/Zielsetzungen
- Ziele: Gewinnung von Beurteilungsmerkmalen für die Messung der Spielplanwahrnehmung sowie der Werte und Motivstrukturen für Bühnenbesucher.
- Grundlage für eine quantitative Besucherbefragung von 20 Bühnen in Berlin, Potsdam und Cottbus (vgl. Tauchnitz 2004b).

Methodik/Stichprobe
- Zwei qualitative und strukturierte Gruppendiskussionen, orientiert an der Means-End-Analyse.
- Zusammensetzung der Teilnehmer: Berücksichtigung verschiedener Sparten und Streuung hinsichtlich der besuchten Bühnen und Geschlecht.
- Dokumentation der Ergebnisse in einer „hierarchical value map".

Wichtigste Ergebnisse/Untersuchungsschwerpunkte
- Hauptgründe für den Bühnenbesuch: Spaß/Unterhaltung, Abstand vom Alltag, Gemeinschaftserlebnis und Neugier/Lernen.

Tauchnitz 2004b und 2005
Inhalte/Fragestellungen/Zielsetzungen
- Gemeinsame regionale Besucherbefragung mehrerer Theater (theaterspezifische und theaterübergreifende Ergebnisse sowie betriebsvergleichende Datenanalysen).
- Ziele der drei von 2002 bis 2005 in Berlin/Brandenburg und Hamburg durchgeführten Studien „Publikum im Rampenlicht": Detaillierte Informationsgewinnung über Einstellungen, Wahrnehmungen und Verhalten von Theaterbesuchern zur Verbesserung des Marketings, insbesondere der kommunikationspolitischen Maßnahmen.
- Bisher wurden lediglich Zusammenfassungen der wichtigsten Ergebnisse veröffentlicht. Für die erste der drei Studien (vgl. Tauchnitz 2002) liegen bislang keine veröffentlichten Ergebnisse vor.

Methodik/Stichprobe
Studie 2004 (Berlin/Brandenburg):
- Qualitative Vorstudie (Gruppendiskussion) zur Exploration von Beurteilungskriterien für die Spielplanwahrnehmung von Theaterbetrieben sowie den Besuchsmotiven und Einstellungen von Besuchern (vgl. Tauchnitz 2004a).
- Schriftliche Befragung von 14.299 Besuchern an 20 Bühnen in Berlin, Potsdam und Cottbus.
- Faktoren-, Cluster- und Regressionsanalysen.

Studie 2005 (Hamburg):
- Schriftliche Befragung von 9.924 Besuchern an 10 Hamburger Bühnen.
- Faktoren-, Cluster- und Regressionsanalysen.

Wichtigste Ergebnisse/Untersuchungsschwerpunkte (Fortsetzung von Tauchnitz 2004b, 2005)
Ausgewählte Gesamtergebnisse Studie 2004 (Berlin/Brandenburg):
• Soziodemografische Struktur der Stichprobe: (1) Frauen sind mit einem Anteil von 58 % stärker vertreten als Männer. (2) Mit einem Anteil von 25 % stellen die 60- bis 69-Jährigen die stärkste Altersgruppe. (3) Der größte Anteil aller Befragten verfügt über einen Hochschulabschluss (48 %). (4) Die Mehrzahl der Befragten ist voll erwerbstätig (41 %) oder befindet sich im Ruhestand (27 %).
• Ein Theaterbesuch erfolgt für 85 % der Besucher in Begleitung. Begleitende Personen: 58 % Familie/Partner und 35 % Freunde/Bekannte. Anzahl der begleitenden Personen: 52 % eine begleitende Person, 31 % 2 bis 3 Personen, 17 % 4 und mehr Personen.
• Die am häufigsten genutzten Informationsquellen über das Theaterangebot sind persönliche Empfehlungen und der Monatsspielplan.
• Sonstige kulturelle Interessen: Kino (85 %), Museen (85 %), klassische Konzerte (68 %).
• Besuchshäufigkeit: Erstbesuch (30 %), 1 Besuch (16 %), 2 bis 3 Besuche (26 %), 4 bis 6 Besuche (14 %), 7 und mehr Besuche (14 %).
• Bewertung des idealen Spielplans aus Sicht der Besucher (häufigste Nennungen, ungewichtet): interessant, vielfältig, anspruchsvoll, unterhaltsam.
• Besuchsplanung (häufigste Nennungen): unterschiedlich (34 %), mehrere Wochen vorher (26 %), einige Tage vorher (16 %), spontane Entscheidung am Abend (9 %).
• Häufigste Einstellungen zum Theaterbesuch: „Ich gehe gern ins Theater", „Theaterbesuch ist ein besonderes Ereignis". Faktorenanalyse: Lebensstilorientierung, Abwechslung vom Alltag, persönliche Weiterentwicklung, Zielgerichtetheit.
• Informations- und Mediennutzungsverhalten: Tageszeitungen, Zeitschriften, Fernsehen, Radio, Magazine, Beilagen.
• Besuchertypen: Bildungsbürger (28 %), Individualisten (25 %), Aufgeschlossene (21 %), Unterhaltungsorientierte und Unternehmungslustige (jeweils 13 %).
Ausgewählte Gesamtergebnisse Studie 2005 (Hamburg)
• Soziodemografische Struktur der Stichprobe: (1) Frauen sind mit einem Anteil von 64 % deutlich stärker vertreten als Männer. (2) Mit einem Anteil von 26 % stellen die 60- bis 69-Jährigen die stärkste Altersgruppe. (3) Der größte Anteil aller Befragten verfügt über einen Hochschulabschluss (38 %). (4) Die Mehrzahl der Befragten ist voll erwerbstätig (39 %) oder befindet sich im Ruhestand (30 %). (5) 26 % aller Befragten gibt ein frei verfügbares monatliches Konsumbudget von 1.500 bis 2.000 Euro an. (6) 86 % der Besucher stammen aus Hamburg
• Eintrittskartenerwerb (häufigste Nennungen): 28 % Abonnement, 20 % Vorverkauf Bühne, 12 % per Telefon, 12 % als Geschenk erhalten.
• Ein Theaterbesuch erfolgt für 90 % der Besucher in Begleitung. Begleitende Personen: 60 % Familie/Partner und 36 % Freunde/Bekannte. Anzahl der begleitenden Personen: 53 % eine begleitende Person, 32 % 2 bis 3 Personen, 15 % 4 und mehr Personen.
• Die am häufigsten genutzten Informationsquellen über das Theaterangebot sind das Jahresprogramm und persönliche Empfehlungen.
• Sonstige kulturelle Interessen: Kino (83 %), Museen (76 %), Schauspiel (74 %) und Oper/ Musical/Konzert (jeweils 56 %).
• Besuchshäufigkeit: ein Besuch (28 %), 2 bis 3 Besuche (26 %), 4 bis 6 Besuche (23 %), 7 und mehr Besuche (23 %).
• Zufriedenheit: Globalzufriedenheit (90 %) und Teilzufriedenheiten mit einzelnen Bühnenmerkmalen wie künstlerische Leistungen, Qualität der Aufführungen, Spielplangestaltung, Freundlichkeit des Personals wurden erhoben.
Fortsetzung auf der nächsten Seite:

- Bewertung des idealen Spielplans aus Sicht der Besucher: interessant, vielfältig, unterhaltsam, anspruchsvoll.
- Besuchsplanung (häufigste Nennungen): mehrere Wochen vorher, unterschiedlich (jeweils 34 %), einige Tage vorher (10 %), noch länger vorher (9 %).
- Motive/Einstellungen für einen Theaterbesuch (Faktorenanalyse): Abwechslung vom Alltag, Lebensstilorientierung, Auseinandersetzung, Zielgerichtetheit.
- Werte (Faktorenanalyse): Instrumentalität, Hedonismus, soziale Bindungen, Individualität, Beruf und Bildung, Religiosität.
- Informations- und Mediennutzungsverhalten: Tageszeitungen, Zeitschriften, Fernsehen, Radio, Magazine, Beilagen.

Wiesand 1995

Inhalte/Fragestellungen/Zielsetzungen

- Ergebnisse des 5. Kulturbarometers 1995.
- Der Schwerpunkt der Befragung liegt auf (Musik-)Theater und Orchester, da sie (immer noch) die größten Kostenfaktoren in den öffentlichen Kulturetats darstellen.

Methodik/Stichprobe

- Bevölkerungsbefragung von 2.341 Bundesbürgern ab 18 Jahren.
- Teilweise erfolgte ein Rückgriff auf gleiche oder sehr ähnliche Fragestellungen wie in der Opernstudie von 1975 (vgl. Wiesand/Fohrbeck 1975).
- Vergleich mit den Ergebnissen von 1975 und ihre Weiterentwicklung sowie Rückgriff/Auswertung der Theaterstatistik des Deutschen Bühnenvereins.

Wichtigste Ergebnisse/Untersuchungsschwerpunkte

- Reichweite von Konzerten der E-Musik und der Musiktheater in der Bevölkerung: maximale Reichweite hat sich in innerhalb von zehn Jahren von 24 % auf 50 % der erwachsenen Bevölkerung in Westdeutschland vergrößert. Beim Musiktheater war dieser Trend besonders ausgeprägt.
- Lediglich der Anteil gelegentlicher Nutzer hat sich ausgeweitet, dagegen gehören in der „E-Musik" nur noch 9 % statt vorher 13 % zu den ständigen Besuchern/Abonnenten.
- Für die Nutzung spielt auch die räumliche Nähe von (Musik-)Theatern und Orchestern eine Rolle.
- Hohe Bandbreite des Interesses von Musiktheaterbesuchern: Diese gehen deutlich öfter in Rock- und Jazzkonzerte als der Bevölkerungsdurchschnitt.
- Eine eher beiläufige, gelegentlich auch „zufällige" Nutzung von Theatern und Konzerten innerhalb eines vor allem in alltagskulturelle und mediale Dimensionen hinein erweiterten Freizeitangebots scheint mindestens für den mobilen Teil der Bevölkerung im Trend zu liegen, während der Spezialist mindestens unter den tatsächlichen Benutzern an Bedeutung verliert.
- Die Bildungs-, Alters- und Sozialstruktur der Theater- und Konzertbesucher gleicht sich der des „Normalbürgers" immer weiter an.
- Musiktheaterpublikum ist altersmäßig ausgewogen, das weibliche Geschlecht überwiegt leicht.
- Rund 30 Mio. Menschen haben im Jahr 1994 Veranstaltungen der Musiktheater und Konzerte besucht, ein kleiner Teil davon sogar mehrmals. Wichtigster Grund für diese Resonanz ist, dass bestehende Konzert- und Theaterangebote durch Neues ergänzt wurden.
- Durchschnittsalter der Musiktheaterbesucher hat sich im Vergleich zur Opernstudie von 1975 leicht erhöht: waren 1975 noch 48 % der Besucher (und 46 % der Gesamtbevölkerung ab 16 Jahre) unter 40 Jahren, dürften es 1994 rund 43 % der Besucher (Gesamtbevölkerung ab 16 Jahre ca. 40 %) gewesen sein.
- Wandel in den Nutzungspräferenzen in den letzten 15 Jahren: Musiktheater und Konzerte werden zunehmend spontan genutzt oder nach individuellen Präferenzen für bestimmte Stücke und Interpretationen geplant.

Fortsetzung auf der nächsten Seite:

- Kulturelle Infrastruktur und ein entsprechendes Veranstaltungsprogramm bewirken Positives für das Ansehen einer Stadt, den Fremdenverkehr sowie für die wirtschaftliche Entwicklung.
- Bedeutung von Kultureinrichtungen in der eigenen Stadt/Region: Ein eigenes Musiktheater und Konzertangebote liegen an erster Stelle.
- Förderung/Finanzierung von Theatern: Die Befragten lehnen das Ausspielen so genannter Hochkultur gegen so genannte Basiskultur ab. Des Weiteren wird eine aktivere Haltung der Kulturpolitik zum Beispiel bei konkreten Auswahlentscheidungen gefordert. Finanzproblemen von Theatern, Orchestern und anderen Kultureinrichtungen stehen die Befragten nicht gleichgültig gegenüber. So werden verschiedene Reformvorstellungen erwogen. Diese reichen von privater Förderung über effizienteres Management bis hin zu Kulturgroschen auf Eintrittskarten. Nur wenige (5-8 %) halten eine Schließung für sinnvoll.
- Ebenso fordert ein zunehmender Anteil der Befragten mehr Mitbestimmungsrechte bei kulturpolitischen Fragestellungen bzw. Entscheidungen.

Tabelle 2: Tabellarische Übersicht der Auswertungsergebnisse

Literatur- und Quellenverzeichnis

Literatur- und Quellenverzeichnis zur quantitativen und qualitativen Publikumsforschung im Theater- und Opernbereich

Adling, Wilfried/Roland Dreßler/Dieter Wiedemann (1986): Klassikrezeption im Spannungsfeld Theater-Publikum. In: Weimarer Beiträge. 32. Jg. Nr. 12. 1941-1957

Bab, Julius (1974): Das Theater im Lichte der Soziologie. Unveränd. Nachdr. d. Ausg. von 1931. Stuttgart: Enke

Bartnig, Hella (2001): „... läuft mir das Publikum nur noch in Wagner-Opern". Dresden und Richard Wagners „Ring des Nibelungen" – eine Rezeptionsgeschichte. In: Dresdner Neueste Nachrichten. Ges. Bd. 11. 11

Bauer, Hans H./Andreas Herrmann/Frank Huber (1996): Nutzenorientierte Produktgestaltung von Non-Profit-Unternehmen – Das Beispiel eines öffentlichen Theaterbetriebes. In: Zeitschrift für öffentliche und gemeinwirtschaftliche Unternehmen. 19. Jg. Nr. 3. 313-323

Bauer, Hans H./Andreas Herrmann/Frank Huber (1995): Kundenorientierung von Non-Profit-Unternehmen – Das Beispiel eines öffentlichen Theaterbetriebes. In: Zeitschrift für öffentliche und gemeinwirtschaftliche Unternehmen. 18. Jg. Nr. 4. 385-397

Becker, Ulrich/Jörg Ueltzhöffer (1979): Das Theaterpublikum. Leitstudie für eine Breitenuntersuchung kultureller Bedürfnisse neuer Besucherschichten. Heidelberg/Berlin

Bessen, Josef (1993): Theater sehen und verstehen. Bausteine zur Analyse des Theaters als Schauspiel und soziales Ereignis. Arbeitsmaterialien aus dem Bielefelder Oberstufen-Kolleg AMBOS-Unterricht. 34. Bielefeld: AMBOS

Behr, Michael (1980): Pädagogische Wirkungen des Musiktheaters. Dissertation. Universität-Gesamthochschule Essen. Essen

Behr, Michael (1983): Musiktheater – Faszination, Wirkung, Funktion. Wilhelmshaven: Heinrichshofen

Berger, Susanne (1978): Wen interessiert das Theater warum? Zum Stand der Publikumsforschung. In: Theater heute. Heft 3. 60

Berger, Susanne (1977): Das Interesse am Theater: Entwicklung, Durchführung und Auswertung einer Repräsentativerhebung in Fellbach bei Stuttgart, durchgeführt im Oktober 1974. Münchener Beiträge zur Theaterwissenschaft. Band 8. München: Conradi

Beyme, Klaus/Ulrich Becker/Jörg Ueltzhoeffer (1977): Kulturelles Verhalten und Sozialstruktur von Arbeitnehmern im Großraum Stuttgart. Heidelberg

Blancpain, Françoise (2006): Im Rampenlicht. Soziokulturelle Animation an der Schnittstelle zwischen Theater und Publikum. Rubigen/Bern: Edition Soziothek

Boerner, Sabine/Hans Neuhoff/Sabine Renz/Volker Moser (2008): Evaluation in Music Theatre: Empirical results on content and structure of the audience's quality judgement. In: Empirical studies of the arts 26. 15-35

Boerner, Sabine/Johanna Jobst (2009): Unsichtbare Hautrolle. Zur Bedeutung des Opernorchesters aus Sicht der Zuschauer. In: Das Orchester. Heft 1. 34-38

Bontinck, Irmgard (1985): Angebot, Repertoire und Publikum des Musiktheaters in Wien und Graz. Wien: Verlag der Österreichischen Akademie der Wissenschaft

Brauerhoch, Frank-Olaf (2004): Theater, Publikum und Image – eine Studie über die „Theaterlandschaft" in Frankfurt am Main. In: Wagner (2004a): 141-151

Brauerhoch, Frank-Olaf (2005): Was die Besucher im Theater suchen. In: Burmeister (2005): 65-79

Bruford, Walter H. (1951): Theatre, Drama and Public in Goethe's Germany. London: Routledge and Kegan Paul

Bruford, Walter H. (1955): Über das Wesen und Notwendigkeit der Publikumsforschung. In: Maske und Kothurn. Heft I

Burmeister, Hans-Peter (Hrsg.) (2005): Die Zukunft des deutschen Theaters. 48. Loccumer Kulturpolitisches Kolloquium. Rehburg-Loccum: Evangelische Akademie Loccum

Butzer-Strothmann, Kristin/Bernd Günter/Horst Degen (2001): Leitfaden für Besucherbefragungen durch Theater und Orchester. Baden-Baden: Nomos

Calaitzis, Elke (1976): Das Burgtheaterpublikum von Wilbrandt bis zum Dreierkollegium. In: Dietrich (1976a)

Deck, Jan/Angelika Sieburg (2008): Paradoxien des Zuschauens. Die Rolle des Publikums im zeitgenössischen Theater. Bielefeld: transcript

Deutscher Bühnenverein (1975): Befragungen in Ulm und Wuppertal. Durchgeführt vom Forschungsinstitut für Soziologie Köln. Köln

Deutscher Bühnenverein (2002): Auswertung und Analyse der repräsentativen Befragung von Nichtbesuchern deutscher Theater. Eine Studie im Auftrag des deutschen Bühnenvereins. Köln

Dietrich, Margret (Hrsg.) (1976a): Das Burgtheater und sein Publikum. Festgabe zur 200-Jahr-Feier der Erhebung des Burgtheaters zum Nationaltheater. Sitzungsberichte der philosophisch-historischen Klasse, Veröffentlichungen des Instituts für Publikumsforschung. Wien: Verlag der Österreichischen Akademie der Wissenschaften

Dietrich, Margret (1976b): Burgtheater und Öffentlichkeit in der Ersten Republik. In: Dietrich (1976a)

Dollase, Rainer (1998): Das Publikum in Konzerten, Theatervorstellungen und Filmvorführungen. In: Strauß (1998): 139-174

Dollase, Rainer/Michael Rüsenberg/Hans J. Stollenwerk (1986): Demoskopie im Konzertsaal. Mainz: Schott

Dreßler, Roland (1990): Jeder sieht seine eigene Aufführung. Theatersoziologische Befunde zur Rezipientenforschung. In: Rundfunk und Fernsehen. Jg. 38. Heft 4. 523-535

Dreßler, Roland (1993): Von der Schaubühne zur Sittenschule. Das Theaterpublikum vor der vierten Wand. Berlin: Henschel

Eckhardt, Josef/Erik Pawlitza/Thomas Windgasse (2006): Ergebnisse der ARD-E-Musikstudie 2005. Besucherpotenzial von Opernaufführungen und Konzerten der klassischen Musik. In: media perspektiven. Heft 5. 273-282

Fischer, Tilmann (2006): Kulturelle Veranstaltungen und ihr Publikum: eine entscheidungsorientierte Untersuchung des Konsumentenverhaltens bei kulturellen Veranstaltungen. Aachen: Shaker

Fischer-Lichte, Erika (1997): Die Entdeckung des Zuschauers. Paradigmenwechsel auf dem Theater des 20. Jahrhunderts. Tübingen/Basel: Francke

Forschungsinstitut für Musiktheater (Hrsg.) (1978): Strukturprobleme des Musiktheaters in der Bundesrepublik Deutschland. Thurnau: Forschungsinstitut für Musiktheater Universität Bayreuth

Frank, Bernward/Gerhard Maletzke/Karl H. Müller-Sachse (Hrsg.) (1991): Kultur und Medien. Angebot-Interesse-Verhalten. Eine Studie der ARD/ZDF-Medienkommission. Baden-Baden: Nomos

Friedrich, Erhard/Henning Rischbieter (Hrsg.) (1965): Publikumsbefragung der Zeitschrift Theater heute. 2/65. 4-7 und 5/65. 19-21

Fuhrimann, Daniel (2005): „Herzohren für die Tonkunst". Opern- und Konzertpublikum in der deutschen Literatur des langen 19. Jahrhunderts. Freiburg/Berlin: Rombach

Fuchs, Ulrich/Horst Steinkamp (1999): Publikumsumfrage am Bremer Theater: Dokumentation der Ergebnisse. Statistisches Landesamt. Bremen

Fuhrich, Fritz (1976): Burgtheater und Öffentlichkeit: von Laube bis Dingelstedt. In: Dietrich (1976a)

Gaubinger, Bernd (1981): Analyse der Struktur und des Verhaltens der Festspielbesucher. In: Zwink (1981)

Gaubinger, Bernd (1998): Die wirtschaftliche Bedeutung der Salzburger Festspiele. Eine Studie über Besucherstruktur und Umwegrentabilität. Schriftenreihe der Salzburger Wirtschaft. Salzburg: Wirtschaftskammer

Gebhardt, Winfried/Arnold Zingerle (1998): Pilgerfahrt ins Ich. Die Bayreuther Richard Wagner-Festspiele und ihr Publikum. Eine kultursoziologische Studie. Konstanz: UVK Verlagsgesellschaft mbH

Gerdes, Johannes (2000): Analyse des Zuschauerpotentials des Volkstheaters Rostock. Ergebnisse einer Telefonbefragung. Rostock

Gericke, Konrad (1940): Hand auf's Herz!! Ein Merkbuch für solche Theaterbesucher, die sich getroffen fühlen. Leipzig: Max Beck

Germeshausen, Heribert (2001): Publikumsbefragung an der Deutschen Oper Berlin. Nicht veröffentlicht. Berlin

Hackenbroch, Rolf (2000): Determinanten des Opernbesuchs. Auftragsforschung. Universität Leipzig. Leipzig

Hänseroth, Albin (1976): Elemente einer integrierten empirischen Theaterforschung, dargestellt an Entwicklungstendenzen des Theaters in der BRD. Frankfurt am Main: Haag + Herchen
Hampe, Claudia/Rolf Bolwin (2005): Das Theater und sein Publikum. In: Wagner (2005): 127-134
Harth, Hans-Albrecht (1982): Publikum und Finanzen der Theater. Eine Untersuchung zur Steigerung der Publikumswirksamkeit und der ökonomischen Effizienz der öffentlichen Theater. Thun: Harri Deutsch
Heinrichs, Werner/Armin Klein (Hrsg.) (2002): Deutsches Jahrbuch für Kulturmanagement 2001. Baden-Baden: Nomos
Henrichsmeyer, Wilhelm/Wolfgang Britz/Thomas Rau (1989): Kultur als Wirtschaftsfaktor – dargestellt am Beispiel der Bonner Oper. Witterschlick bei Bonn
Herren, Anke (1992): Theaterverhalten der Hamburger Studentenschaft. In: Theaterhochschule „Hans Otto" Leipzig (1992): 5-36
Herrmann, Hayo/Michael Niese/Karin Peschel (1998): Ökonomische Effekte des Schleswig-Holstein Musik Festivals. Beiträge aus dem Institut für Regionalforschung der Universität Kiel. Nr. 25. Kiel
Herzfeld, Friedrich (1930/1931): Das Opernpublikum unserer Zeit. In: Die Musik. Jg. 23. Heft 12. 898-901
Hüttner, Johann (1976): Das Burgtheaterpublikum in der ersten Hälfte des 19. Jahrhunderts. In: Dietrich (1976a)
Institut für angewandte Sozialwissenschaft (1970): Der Theaterbesuch in Berlin. Berlin
Insel, Volker (1992): Befragung Leipziger Studenten zu ihrem Theaterverhalten. In: Theaterhochschule „Hans Otto" Leipzig (1992): 37-106
Institut für Publikumsforschung der ÖAW und Commission Universitaire de Fédération Internationale pour la Recherche Théâtrale (Hrsg.) (1977): Das Theater und sein Publikum. Referate der Internationalen theaterwissenschaftlichen Dozentenkonferenzen in Venedig 1975 und Wien 1976. Sitzungsberichte der philosophisch-historischen Klasse. Veröffentlichungen des Instituts für Publikumsforschung. Wien: Verlag der Österreichischen Akademie der Wissenschaften
Kask, Karin/Lilian Vellerand (1981): Unser Theaterpublikum. Tallinn: Perioodika
Kellner, J. (1984): Frankfurter Oper: Empfehlungen zur Steigerung der Besucherzahlen. Unveröffentlichter Bericht. Frankfurt am Main
Kellner, J. (1986): Was Andreas liebt und Alexandra haßt. In: Die Deutsche Bühne. 57. Jg. Nr. 10. 44-48
Keuchel, Susanne (2005a): 8. Kulturbarometer, Akzeptanz als Chance nutzen für mehr Publikum in Musiktheatern und Konzerten. Ein erster zusammenfassender Bericht zum 8. Kulturbarometer. www.miz.org/artikel/kulturbarometer_zusammenfassung.pdf (Stand: 10. März 2009)
Keuchel, Susanne (2005b): Zum Publikum der Theaterhäuser – Trends und empirische Daten der Kulturforschung. In: Burmeister (2005): 81-91
Keuchel, Susanne (2005c): Das Kulturpublikum zwischen Kontinuität und Wandel – empirische Perspektiven. In: Wagner (2005): 111-125

Keuchel, Susanne (2006): Gibt es 2050 noch ein Opernpublikum? Zu den Ergebnissen des 8. Kulturbarometers. In: kultur kompetenz bildung. Beilage in: politik und kultur. März-April 2006. 7-8

Kindermann, Heinz (1976): Das Publikum und die Schauspielerrepublik. In: Dietrich (1976a)

Kindermann, Heinz (1979): Das Theaterpublikum der Antike. Salzburg: Müller

Kindermann, Heinz (1980): Das Theaterpublikum des Mittelalters. Salzburg: Müller

Kindermann, Heinz (1984): Das Theaterpublikum der Renaissance. Bd. 1. Salzburg: Müller

Kindermann, Heinz (1986): Das Theaterpublikum der Renaissance. Bd. 2. Salzburg: Müller

Kirschner, Jürgen (Hrsg.) (2004): Kinder und Jugendliche als Theaterpublikum. Startinformation zum Wechselspiel zwischen Bühne und Zuschauerraum. Frankfurt am Main: Assitej

Klein, Armin/Thomas Knubben (Hrsg.) (2004): Deutsches Jahrbuch für Kulturmanagement 2003/2004. Band 7. Baden Baden: Nomos

Klotz, Volker (1998): Dramaturgie des Publikums. 2., durchgesehene Aufl. Würzburg: Königshausen & Neumann

Köhler, F.-H. (1986): Theaterpublikum und Spielplan: Ergebnisse einer Umfrage zum Spielplan 1984/85 des Koblenzer Stadttheaters. In: Verband deutscher Städtestatistiker (1986): 7-28

Kyrer, Alfred/Michael A. Populorum (1995): Strukturen einer Festspiellandschaft: das Besucherprofil der Salzburger Festspiele in den Jahren 1992 und 1993. Schriftenreihe des Institutes für Wirtschaftswissenschaften an der Rechtswissenschaftlichen Fakultät der Universität Salzburg. Band 11. Regensburg: Transfer

Lewald, August (1833): Unterhaltungen für das Theater-Publikum. München: Franz

Marinis, Marco De (1989): Den Zuschauer verstehen: Für eine Soziosemiotik der Theaterrezeption. In: Zeitschrift für Semiotik. Heft 11. 51-62

Marplan Forschungsgesellschaft für Markt und Verbrauch mbH (1965): Marktforschung für das Theater. 2. Stufe: Motivforschung. Frankfurt am Main

Martin, Uta (1999): Typologisierung des Theaterpublikums: Das Erkenntnispotential der verhaltensorientierten Marktsegmentierung für das Marketing öffentlich-rechtlicher Theater. Dresden: TU Dresden

Mecklenburgisches Staatstheater Schwerin (2000): Besucherbefragung, Musiktheater. Schwerin

Mewes, Bernhard (1965): Theaterbesucher und Theaterinteressenten: Ergebnisse einer Meinungsumfrage. In: Die Deutsche Bühne. 36. Jg. Nr. 3. 45-49

Ministerium für Kultur, Abteilung Theater u. Informationszentrum beim Ministerium für Kultur (1984): Theaterarbeit und Publikum. Ausgew. theaterwiss. Beitr. u. Auswahlbibliographie für d. Zeitraum 1979 – 1983. Berlin

Nam, Sang Sik (1997): Der Faktor „Publikum" in den Theatertheorien der europäischen Avantgarde zwischen 1890 und 1930. Frankfurt am Main/New York: Peter Lang

Nolte, Frank/Theide Schäfer/Özden Yesilcicek (2001): Opernpublikum – Musicalpublikum. Eine Studie zur Soziologie des Musiktheaters. Bremen: Universität Bremen. http://freenet-homepage.de/Frank.Nolte/Gesamt.PDF (Stand: 28.07.2009)

Nötzel, Rötger (1984): Drei Besuchertypen Marke Stadttheater. Auszüge aus einer Studie zum Publikum der Städtischen Bühnen Osnabrück. In: Die Deutsche Bühne. Heft 9. 7-11
Nötzel, Rötger (1991): Theater unterwegs: Ein Beitrag zum Kulturmarketing. In: planung und analyse. 18. Jg. Nr. 5. 175-179
o. V. (1965): Die Ergebnisse der Umfrage unter deutschen Theaterbesuchern. In: Theater heute. 6. Jg. Nr. 2. 4-7
o. V. (1965): Das deutsche Theater und sein Publikum. In: Theater heute. 6. Jg. Nr. 5. 18-21
Pierwoß, Klaus (2005): Die Stadt, ihr Theater und das Publikum. In: Burmeister (2005): 93-96
Poerschke, Karl (1951a): Das Theaterpublikum als soziologisches und sozialpsychologisches Phänomen. Emsdetten: Lechte
Poerschke, Karl (1951b): Das Theaterpublikum im Lichte der Soziologie und Psychologie. Die Schaubühne. 41. Emsdetten: Lechte
Popp, Helmut (Hrsg.) (1979): Theater und Publikum. 2., berichtigte Auflage. München: Oldenbourg
Reuband, Karl-Heinz (2002): Opernbesuch als Teilhabe an der Hochkultur. Vergleichende Bevölkerungsumfragen in Hamburg, Düsseldorf und Dresden zum Sozialprofil der Besucher und Nichtbesucher. In: Heinrichs/Klein (2002): 42-55
Reuband, Karl-Heinz (2005a): Moderne Opernregie als Ärgernis? Eine Fallstudie über ästhetische Bedürfnisse von Zuschauern und Paradoxien in der Bewertung „moderner" Inszenierungen. In: Wagner (2005): 251-268
Reuband, Karl-Heinz (2005b): Sterben die Opernbesucher aus? Eine Untersuchung zur sozialen Zusammensetzung des Opernpublikums im Zeitvergleich. In: Klein/Knubben (2005): 123-138
Reuband, Karl-Heinz (2007): Partizipation an der Hochkultur und die Überschätzung kultureller Kompetenz. Wie sich das Sozialprofil der Opernbesucher in Bevölkerungs- und Besucherbefragungen (partiell) unterscheidet. In: Österreichische Zeitschrift für Soziologie. Jg. 32. Heft 3. 46-70
Reuband, Karl-Heinz/Angelique Mishkis (2005): Unterhaltung versus Intellektuelles Erleben. Soziale und kulturelle Differenzierungen innerhalb des Theaterpublikums. In: Wagner (2005): 235-250
Richard, Jörg (2002): Netkids und Theater. Studien zum Verhältnis von Jugend, Theater und neuen Medien. Frankfurt am Main: Peter Lang
Rischbieter, Henning (1978): Wer geht warum ins Theater? In: Blätter der Freien Volksbühne Berlin. Hefte 5/6
Robinson, Simon (1986): [Theater ist live.] Theaterbesuch in Essen. Untersuchung zur aktuellen und potentiellen Nutzung des Theaters Essen. Oberstadtdirektor. Amt für Entwicklungsplanung. Essen
Rössel, Jörg/Rolf Hackenbroch/Angela Göllnitz (2002): Die soziale und kulturelle Differenzierung des Hochkulturpublikums. In: Sociologia Internationalis. Internationale Zeitschrift für Soziologie, Kommunikations- und Kulturforschung. 40. Band. Heft 2. 191-212
Rössel, Jörg/Rolf Hackenbroch/Angela Göllnitz (2005): Soziale Differenzierung und Strukturwandel des Hochkulturpublikums. In: Wagner (2005): 225-234

Ruprecht, Hans-George (1976): Theaterpublikum und Textauffassung. Eine textsoziologische Studie zur Aufnahme und Wirkung von Eugène Scribes Theaterstücken im deutschen Sprachraum. Bern: Herbert Lang

Schälzky, Heribert (1977): Empirisch-quantitative Methoden in der Publikumsforschung. In: Das Theater und sein Publikum, Veröffentlichung des Instituts für Publikumsforschung. Nr. 5. Wien. 362-373

Schälzky, Heribert (1980): Empirisch-quantitative Methoden in der Theaterwissenschaft. München: Kommissionsverlag J. Kitzinger

Schellhase, Ralf (2002): Nationaltheater Mannheim: Ergebnisse der Studie zur Zufriedenheit von Abonnenten und Besuchern. Nicht veröffentlichte Vorlage für eine Pressekonferenz. Mannheim

Schindler, Otto G. (1976): Das Publikum des Burgtheaters in der josephinischen Ära. Versuch einer Strukturbestimmung. In: Dietrich (1976a)

Staatliche Pressestelle Hamburg (1977): Mitteilung des Senats an die Bürgerschaft: Erhebung über die soziale Struktur des Theaterpublikums. Drucksache 8/2289 v. 08.02.1977. Hamburg

Staatsoper unter den Linden (Hrsg.) (1993): Künstlerische Leistungen ist Stärke der Staatsoper – und immer mehr Stammpublikum. In: Vivace. Journal der Staatsoper Unter den Linden, o. Jg. (1993). Nr. 3. 33-35

Stadt Leverkusen (2006): Die Ergebnisse einer Befragung der Konzert- und Theaterbesucher in Leverkusen 2000/2001. Leverkusen

Stadtverwaltung Dresden, Kulturamt (Hrsg.) (1993): Auswertung der Bürgerbefragung Kunststadt Dresden. Leipzig

Stobernack, Michael (1997): Besucheranalyse im Brandenburger Theater. FH Brandenburg. Brandenburg an der Havel

Strauß, Bernd (Hrsg.) (1998): Zuschauer. Göttingen u. a. O.: Hogrefe, Verlag für Psychologie

Strobel, Heinrich (1928): Opernpublikum. In: Melos. Jg. 7. 111-113

Stuke, Franz R. (1989): Theater und Öffentlichkeit. Eine Einführung; Referate eines Kommunikationswissenschaftlichen Orientierungsseminars. Münster: Inst. für Publizistik, Fernuniversität Hagen

Tauchnitz, Jürgen (1996a): Besucherbefragung am Staatstheater Cottbus. Unveröffentlicht. Senftenberg

Tauchnitz, Jürgen (1996b): Besucherbefragung am Theater Nordhausen. Unveröffentlicht. Senftenberg

Tauchnitz, Jürgen (1997) Empirische Studie über Einstellungen und Verhalten von Cottbuser Schülern gegenüber Freizeitaktivitäten insbesondere Theaterbesuchen. Ergebnisse. Unveröffentlicht. Senftenberg

Tauchnitz, Jürgen (1998): Besucherbefragung am Staatstheater Cottbus. Unveröffentlicht. Senftenberg

Tauchnitz, Jürgen (1999): Empirische Studie über den Einfluß von Eltern und Lehrern auf Einstellungen und Verhalten von Jugendlichen zum Theaterbesuch. In Zusammenarbeit mit der Neuen Bühne Senftenberg. Unveröffentlicht. Senftenberg

Tauchnitz, Jürgen (2000a): Bevölkerungsbefragung zum Theater der Landeshauptstadt Magdeburg 1999. Zusammenfassung der Studie. Senftenberg (als PDF-Dokument abzurufen unter http://marketing-tauchnitz.de)

Tauchnitz, Jürgen (2000b): Besucherbefragung an der Schaubühne Berlin. Unveröffentlicht. Senftenberg

Tauchnitz, Jürgen (2002): Publikum im Rampenlicht. Erste gemeinsame Studie der Berliner Bühnen. Zusammenfassung der Studie. Senftenberg

Tauchnitz, Jürgen (2003a): Besucherbefragung Semperoper Dresden. Zusammenfassung der Studie. Senftenberg (als PDF-Dokument abzurufen unter http://marketing-tauchnitz.de)

Tauchnitz, Jürgen (2003b): Wahrnehmungsunterschiede bei Spielplänen – Ergebnisse einer Positionierungsstudie im Berliner Kulturmarkt. In: Theatermanagement aktuell. 28. Ausgabe. 8-9

Tauchnitz, Jürgen (2003c): Besucherbefragung an der Neuen Bühne Senftenberg. Unveröffentlicht. Senftenberg

Tauchnitz, Jürgen (2004a): Bühnenbesuche als Ausdruck des Träumens von einer menschlicheren, friedvolleren Welt. Eine Means-End-Analyse. In: TheaterManagement aktuell. 32. Ausgabe. 14-15

Tauchnitz, Jürgen (2004b): Publikum im Rampenlicht. Zweite gemeinsame Studie der Berliner Bühnen. Zusammenfassung der Studie. Senftenberg

Tauchnitz, Jürgen (2005): Publikumsbefragung in Hamburg. Zusammenfassung der Studie. Senftenberg

Theaterhochschule „Hans Otto" Leipzig (Hrsg.) (1992): Wissenschaftliche Beiträge der Theaterhochschule Leipzig: Schwerpunkt Theatermarketing. Heft 1. Leipzig

Verband deutscher Städtestatistiker (Hrsg.) (1986): Niederschrift über die 38. Sitzung des Ausschusses Kultur und Bildung vom 27./28. Februar 1986. Leverkusen

Vilar, Esther (1992): Die Erziehung der Engel. Versuch einer Simulationstherapie für Theaterpublikum. München: Lauke

Wagner, Bernd (Hrsg.) (2004a): Jahrbuch für Kulturpolitik 2004. Thema: Theaterdebatte. Band 4. Essen: Klartext

Wagner, Bernd (Hrsg.) (2005): Jahrbuch für Kulturpolitik 2005. Thema: Kulturpublikum. Band 5. Essen: Klartext

Wiedemann, Dieter (1985): Zur Aneignung von Werken des Erbes durch das Theaterpublikum. Schnellinformation des Zentralinstituts für Jugendforschung (Berlin-Ost) zur Studie. Berlin

Wiesand, Andreas J./Karla Fohrbeck (1975): Musiktheater: Schreckbild oder Notwendigkeit. Ergebnisse der Opernstudie. Teil 1: Bevölkerungsumfrage. In: Monatshefte Musiktheater. 7. Spielzeit 1977/78

Wiesand, Andreas J. (1978): Musiktheater und sein Publikum. In: Forschungsinstitut für Musiktheater (1978): 232-247

Wiesand, Andreas J. (1995): Musiktheater und Konzerte: Mehr Rückhalt in der Bevölkerung. In: Das Orchester. Heft 6. 2-14

Wiesand, Andreas J./Susanne Keuchel (Hrsg.) (2003): Musikleben im Bürgerurteil. Ergebnisse von 12 Bevölkerungs- und Nutzerumfragen des ZfKf 1975–2001. CD-ROM. Bonn

Wihstutz, Benjamin (2007): Theater der Einbildung. Zur Wahrnehmung und Imagination des Zuschauers. Recherchen 43. Berlin: Theater der Zeit

Zwink, Eberhard (Hrsg.) (1981): Auswirkungen der Salzburger Festspiele auf Wirtschaft und Arbeitsmarkt. Salzburger Dokumentationen. Band Nr. 54. Salzburg: Amt der Salzburger Landesregierung

Quellen- und Literaturverzeichnis zur Sekundärliteratur

Allensbach – Institut für Demoskopie Allensbach (Hrsg.) (1984): Kulturverständnis und kulturelles Interesse der deutschen Bevölkerung. Allensbach

Allensbach – Institut für Demoskopie Allensbach (Hrsg.) (1991): Kulturelles Interesse und Kulturpolitik. Eine Repräsentativumfrage über die kulturelle Partizipation, den Kulturbegriff der deutschen Bevölkerung und die Bewertung der Kulturpolitik. Allensbach

Atteslander, Peter (2008): Methoden der empirischen Sozialforschung. 12., durchgesehene Auflage. Berlin: Erich Schmidt

Baumol, William J./William G. Bowen, (1966): Performing Arts: The Economic Dilemma: A Study of Problems common to Theatre, Opera, Music and Dance. New York: Twentieth Century Fund

Blanke, Bernhard (2005): Verwaltungsreform als Aufgabe des Regierens – Einleitung. In: Blanke et al. (2005): XIII-XIX

Blanke, Bernhard/Stephan von Bandemer/Frank Nullmeier/Göttrik Wewer (Hrsg.) (2005): Handbuch zur Verwaltungsreform. 3. völlig überarbeitete und erweiterte Auflage. Wiesbaden: VS

Boerner, Sabine (2004): Artistic Quality in an Opera Company: Toward the Development. In: Nonprofit Management and Leadership. No. 4. 425-436

Butterwegge, Christoph (2006): Krise und Zukunft des Sozialstaates. 3., erweiterte Auflage. Wiesbaden: VS

Deinet, Ulrich (Hrsg.) (2009): Methodenbuch Sozialraum. Wiesbaden: VS

Deutscher Bühnenverein (1997): Theaterstatistik 1995/1996. 31. Heft. Köln

Deutscher Bühnenverein (2007): Theaterstatistik 2005/2006. 41. Heft. Köln

Deutscher Bundestag (2002): Schlussbericht der Enquete-Kommission „Demographischer Wandel. Herausforderungen unserer älter werdenden Gesellschaft an den Einzelnen und die Politik". Drucksache 14/8800. Berlin 2002

Deutscher Bundestag (Hrsg.) (2008): Kultur in Deutschland. Schlussbericht der Enquete-Kommission des Deutschen Bundestages. Regensburg: ConBrio

Diekmann, Andreas (2006): Empirische Sozialforschung. Grundlagen, Methoden und Anwendungen. 16. Aufl. Reinbek bei Hamburg: Rowohlt

Eco, Umberto (1977): Das offene Kunstwerk. 2. Aufl. Frankfurt am Main: Suhrkamp

Fäßler, Peter E. (2007): Globalisierung. Ein historisches Kompendium. Köln/Weimar: UTB

Flick, Uwe (2004): Triangulation. Eine Einführung. Wiesbaden: VS

Föhl, Patrick S. (2008): Kooperationen im öffentlichen Kulturbereich. Mit Zusammenarbeit Synergien ausschöpfen. In: Handbuch Kulturmanagement und Kulturpolitik. Berlin u. a. O. 2006 ff.: Raabe. Kap. D 1.5

Föhl, Patrick S. (2009): Potenziale von Kooperationen als Präventiv- und Anpassungsstrategie zur Gestaltung des demografischen Wandels im Kulturbereich. In: Hausmann/Körner (2009): 203-227

Föhl, Patrick S./Patrick Glogner (2008): Ein Widerspruch der keiner ist? Überlegungen zur Notwendigkeit der Verknüpfung von Theorie und Praxis im Kulturmanagement. In: Keller/Schaffner/Seger (2008): 13-19

Fuchs, Hans Joachim (1998): Theater als Dienstleistungsorganisation. Legitimationsprobleme des bundesdeutschen Sprechtheaters in der Gegenwart. Frankfurt am Main u. a. O.: Peter Lang

Geffroy, Edgar K. (2005): Das Einzige, was stört, ist der Kunde. 16. Auflage. Frankfurt am Main: Redline Wirtschaftsverlag

Giller, Jan (1995): Marketing für Sinfonieorchester. Aachen: Shaker Verlag

Gleich, Uli (2000): Nutzung und Bewertung von Kulturangeboten. ARD-Forschungsdienst. In: media perspektiven. Heft 2. 94-100

Glesner, Julia (2005): Theater und Internet. Zum Verhältnis von Kultur und Technologie im Übergang zum 21. Jahrhundert. Bielefeld: transcript

Glogner, Patrick (2008): Empirische Methoden der Besucherforschung. In: Klein (2008a): 591-614

Glogner, Patrick/Stefanie Rhein (2005): Neue Wege der Publikums- und Rezeptionsforschung? Zum Verhältnis der empirischen Medienpublikums- und Kulturpublikumsforschung. In: Wagner (2005): 431-439

Glogner, Patrick/Armin Klein (2006): Das Kulturprodukt und seine Verwendung – einige Fragen an die empirische Forschung. In: Hausmann/Helm (2006): 51-58

Greve, Malte (2002): Zielorientierte Steuerung öffentlicher Theater. Hamburg: Dr. Kovac

Günter, Bernd (1998): Soll das Theater sich zu Markte tragen? In: Die Deutsche Bühne. Heft 5. 14-20

Günter, Bernd (2000): Was behindert und was eröffnet Wege zu Besucherbindung und Besucherintegration? In: Günter/John (2000): 67-77

Günter, Bernd/Hartmut John (Hrsg.) (2000): Besucher zu Stammgästen machen! Neue und kreative Wege zur Besucherbindung. Bielefeld: Transcript

Hallek, Cäcilia (1991): Das Theater Hof – ökonomische Auswirkungen und regionale Bedeutung. Bayreuth: Universität Bayreuth, Abteilung Raumplanung

Hasitschka, Werner (1977): Marketing für Nonprofit-Unternehmen – Eine empirische Studie über die Barrieren des Kulturverhaltens. Arbeitspapier Nr. 10 der absatzwirtschaftlichen Institute der Wirtschaftsuniversität Wien. Wien

Hausmann, Andrea (2005): Theater-Marketing. Grundlagen, Methoden und Praxisbeispiele. Stuttgart: Lucius & Lucius

Hausmann, Andrea/Sabrina Helm (2006): Kundenorientierung im Kulturbetrieb. Grundlagen – Innovative Konzepte – Praktische Umsetzung. Wiesbaden: VS

Hausmann, Andrea/Jana Körner (Hrsg.) (2009): Demografischer Wandel und Kultur. Veränderungen im Kulturangebot und der Kulturnachfrage. Wiesbaden: VS

Heinrichs, Werner (Hrsg.) (1997): Macht Kultur Gewinn? Kulturbetriebe zwischen Nutzen und Profit. Baden-Baden: Nomos

Hippe, Wolfgang (2004): Welches historische Erbe? Notizen zum deutschen Stadttheatersystem. In: Wagner (2004a): 107-113

Hoffmann, Hilmar (1981): Kultur für alle. Perspektiven und Modelle. Frankfurt am Main: Fischer
Keller, Rolf/Brigitte Schaffner/Bruno Seger (Hrsg.) (2008): spielplan: Schweizer Jahrbuch für Kulturmanagement 2007/2008. Bern/Stuttgart/Wien: Haupt
Klein, Armin (1997): „Macht Theater Gewinn?". In: Heinrichs (1997): 105-121
Klein, Armin (1999): Marketing für öffentliche Kulturbetriebe. In: Handbuch Kultur-Management. Stuttgart 1992 ff.: Raabe. Kap. D 1.3
Klein, Armin (2004): Das Theater und seine Besucher. „Theatermarketing ist Quatsch". In: Wagner (2004a): 125-140
Klein, Armin (2005): Kultur-Marketing. Das Marketingkonzept für Kulturbetriebe. 2., aktualisierte Auflage. München: dtv
Klein, Armin (2007): Der exzellente Kulturbetrieb. Wiesbaden: VS
Klein, Armin (2008a): Besucherbindung im Kulturbetrieb. Ein Handbuch. 2., durchgesehene Auflage. Wiesbaden: VS
Klein, Armin (Hrsg.) (2008b): Kompendium Kulturmanagement. Handbuch für Studium und Praxis. 2., vollständig überarbeitete und erweiterte Auflage. München: Vahlen
Kotler, Philip/Joanne Scheff (1997): Standing Room Only. Strategies for Marketing the Performing Arts. Boston: Harvard
Kotler, Philip/Friedhelm Bliemel (2001): Marketing-Management. Analyse, Planung, Umsetzung und Steuerung. 10. Aufl. Stuttgart: Schäffer-Poeschel
Krebs, Susanne (1996): Öffentliche Theater in Deutschland: eine empirisch-ökonomische Analyse. Berlin: VWF
Kulturpolitische Gesellschaft e. V. (Hrsg.) (2006): publikum.macht.kultur. Kulturpolitik zwischen Angebots- und Nachfrageorientierung. Essen: Klartext
Kulturpolitische Mitteilungen (1995): Schwerpunktthema „Was soll das Theater?". Heft 68/I.
Kulturpolitische Mitteilungen (2005): Schwerpunktthema „Zukunft des Theaters". Heft 105/II.
Mayring, Philipp (2002): Einführung in die qualitative Sozialforschung. 5., überarbeitete und neu ausgestattete Auflage. Weinheim/Basel: Beltz
Meffert, Heribert (2000): Marketing. Grundlagen marktorientierter Unternehmensführung. Konzepte, Instrumente, Praxisbeispiel. 9. Auflage. Wiesbaden: VS
Meyer, Michael/Renate Buber/Ali Al-Roubaie (1996): Cultural Events: Konsumentscheidungsprozesse analysiert mit Protokollen lauten Denkens. In: Medienpsychologie. 8. Jg. Nr. 2. 90-116
Müller-Wesemann, Barbara (1995): Marketing im Theater. 3. Aufl. Hamburg: Zentrum für Theaterforschung
Müller-Wesemann, Barbara/Manfred Brauneck (1987): Öffentlichkeitsarbeit und Marketing am Theater. In: Internationales Theaterinstitut, Zentrum Bundesrepublik Deutschland. Spezialinformation IV-VIII. Berlin
Nieschlag, Robert/Erwin Dichtl/Hans Hörschgen (2002): Marketing. 19., überarbeitete und ergänze Auflage. Berlin: Duncker & Humblot
Platzek, Thomas (2006): Mystery Visitor-Management als Instrument zur Steigerung der Besucherorientierung von Kulturbetrieben. In: Hausmann/Helm (2006): 129-148
Popp, Sebastian/Bernd Wagner (Hrsg.) (1994): Das Theater und sein Preis. Beiträge zur Theaterreform. Frankfurt am Main: Hessische Gesellschaft für Demokratie und Ökologie

Rheinisches Archiv- und Museumsamt, Abteilung Museumsberatung (Hrsg.) (1997): Das besucherorientierte Museum. Tagungsdokumentation. Köln: Rheinland-Verlag

Richter, Reinhard/Norbert Sievers/Hans-Jörg Siewart (Hrsg.) (1995): Unternehmen Kultur. Neue Strukturen und Steuerungsformen in der kommunalen Kulturverwaltung. Essen: Klartext

Röper, Henning (2001): Handbuch Theatermanagement: Betriebsführung, Finanzen, Legitimation und Alternativmodelle. Köln/Weimar/Wien: Böhlau

Rössel, Jörg/Rolf Hackenbroch/Angela Göllnitz (2005): Soziale Differenzierung und Strukturwandel des Hochkulturpublikums. In: Wagner (2005): 225-234

Scharioth, Joachim (1974): Kulturinstitutionen und ihre Besucher. Bochum: Universität

Schlemm, Vera (2003): Database im Kulturbetrieb. Wege einer individualisierten Besucherbindung im Theater. Bielefeld: transcript

Schneider, Roland (2004): Die Deutschen Stadttheater – unverzichtbar oder unbezahlbar?. In: Wagner (2004a): 51-59

Schulze, Gerhard (2005): Die Erlebnisgesellschaft. Kultursoziologie der Gegenwart. 2., aktualisierte Auflage. Frankfurt am Main/New York: Campus

Schwarz, Peter/Robert Purtschert/Charles Giroud (1995): Das Freiburger Management-Modell für Non-profit-Organisationen. Bern u. a. O.: Haupt

Sievers, Norbert (2005): Publikum im Fokus. Begründungen einer nachfrageorientierten Kulturpolitik. In: Wagner (2005): 45-58

Stiftung Niedersachsen (Hrsg.) (2006): „älter – bunter – weniger". Die demografische Herausforderung an die Kultur. Bielefeld: transcript

Treinen, Heiner (1997): Museumsbesuch und Museumsbesucher als Forschungsgegenstand: Ergebnisse und Konsequenzen für die Besucherorientierung. In: Rheinisches Archiv- und Museumsamt, Abteilung Museumsberatung (1997): 44-53

Wagner, Bernd (1994): Theaterreform im Spiegel von Theatergutachten. In: Popp/Wagner (1994): 79-140

Wagner, Bernd (1995): „Effiziente Theater?" Theaterreform als Strukturveränderung und Sparmöglichkeit. In: Richter/Sievers/Siewart (1995): 195-216

Wagner, Bernd/Annette Zimmer (1997a): Krise des Wohlfahrtsstaates – Zukunft der Kulturpolitik. In: Wagner/Zimmer (1997b): 11-24

Wagner, Bernd/Annette Zimmer (Hrsg.) (1997b): Krise des Wohlfahrtsstaates – Zukunft der Kulturpolitik. Bonn/Essen: Klartext

Wagner, Bernd (2004b): Theaterdebatte – Theaterpolitik. Einleitung. In: Wagner (2004a): 11-35

Wiedmann, Klaus-Peter/Nadine Hennigs/Barbara Gaßmann/Christine Hoffmann (2007): Status quo des Kundenmanagements im kulturellen Bereich am Beispiel öffentlicher Theater in Deutschland. Schriftenreihe Marketing Management. Hannover: Universität Hannover

Zentrum für Audience Development (2007): Besucherforschung in öffentlichen deutschen Kulturinstitutionen. Eine Untersuchung des Zentrums für Audience Development (ZAD) am Institut für Kultur- und Medienmanagement der Freien Universität Berlin. Band 1. Berlin: http://www.zad.ikm.fu-berlin.de/besucherforschung_zad.pdf (Stand: 28.07.2009)

Besucherforschung und Evaluation in Museen: Forschungsstand, Befunde und Perspektiven

Nora Wegner

Einleitung

„Die Italiener mit ihrem angeborenen Kunstverstand treten immer auf, als wären sie die von Geburt an Eingeweihten. Die Franzosen gehen eher gelangweilt durch das Museum, die Engländer tun so, als wüßten und kennten sie alles. Die Russen sind voll Bewunderung. Die Polen betrachten alles mit Hochmut. Die Deutschen schauen im (…) Museum die ganze Zeit in den Katalog, während sie durch die Säle gehen, und kaum auf die an den Wänden hängenden Originale, sie folgen dem Katalog und kriechen, während sie durch das Museum gehen, immer tiefer in den Katalog hinein, so lange, bis sie auf der letzten Katalogseite angelangt und wieder aus dem Museum draußen sind. Österreicher, insbesondere Wiener, gehen nur wenige ins Kunsthistorische Museum, wenn ich von den Tausenden von Schulklassen absehe, die jedes Jahr ihren Pflichtbesuch im Kunsthistorischen Museum absolvieren" (Bernhard 1985: 32 f.).

Ist es so einfach mit der Darstellung des Museumspublikums, bestätigen sich solche „Klischees" tatsächlich? Im vorliegenden Beitrag wird erläutert, was aus empirischen Publikumsstudien über die Museumsbesucher[1] – nicht, wie in Thomas Bernhards Komödie, aus Beobachtungen eines Museumsaufsehers – bekannt ist.

Das Institut für Museumsforschung erfasste für 2007 insgesamt 6.197 Museen in Deutschland. Diese meldeten in diesem Jahr 107.303.946 Besuche. Hinzu kamen noch 6.155.155 Besuche in 319 Ausstellungshäusern, insgesamt also *113.459.101 Besuche*. Im Vergleich zu 2006 ist damit die Gesamtbesuchszahl um 4,5 % gestiegen (vgl. Institut für Museumsforschung 2008: 7 f.). Opaschowski (2008: 426) konstatiert: „In Deutschland gibt es mittlerweile mehr Museumsbesucher als Einwohner. (…) Museen sind in den letzten Jahren geradezu ‚die' Gewinner der Kulturszene geworden."[2]

---

1 Aufgrund der besseren Lesbarkeit wird im Folgenden auf die weibliche Form verzichtet.
2 Hierbei ist die Gesamtzahl der Museumsbesuche, nicht der Museumsbesucher gemeint.

Trotz dieses Besuchsanstiegs sind Museen mit zahlreichen aktuellen *Herausforderungen* konfrontiert, wozu an allererster Stelle finanzielle Restriktionen zählen (vgl. Niedersächsisches Ministerium für Wissenschaft und Kultur 2005: 3 ff.). Aus diesem Grund sind Museen auf zusätzliche Finanzierungsmöglichkeiten angewiesen und müssen zumindest Teile ihres Budgets selbst erwirtschaften. Besucherbindung und -neugewinnung sind aufgrund dessen zentral; Sponsoring und Fundraising, Kooperationen sowie das Betreiben von Museumsshops und Cafeterien oder Raumvermietungen sind weitere zu nennende Ansätze (vgl. Loomis 1996: 27 ff.). Dadurch sind Museen einem zunehmendem Konkurrenzdruck ausgesetzt. Sie konkurrieren um die finanzielle Unterstützung durch Besucher und andere Geldgeber, um das Engagement von Personen für das Museum und um Investitionen aus dem Zeitbudget des Publikums. Konkurrenten sind dabei, aufgrund eines immer mobiler werdenden Publikums, nicht nur Museen und Ausstellungshäuser eines weiteren Umkreises, sondern auch andere Kulturinstitutionen und Freizeitangebote. Das sich vergrößernde Zeit- und Finanzbudget der potenziellen Nutzer, die Zunahme kulturtouristischer Angebote sowie abnehmende Bindungen bestimmter Bevölkerungskreise an Kulturangebote verschärfen diese Konkurrenzsituation (vgl. Kotler/Kotler 1998: 39 ff., Klein 1996). Demografische Veränderungen – kurz zusammengefasst in einer älter, bunter und weniger werdenden Gesellschaft (vgl. Hausmann 2009: 135 ff.) – sowie sich wandelnde gesellschaftliche Ansprüche und Rezeptionsarten beeinflussen ebenfalls die Arbeit von Museen. Entwicklungen wie die Erlebnis- und Sinngesellschaft sowie die Medialisierung des Alltags sind in diesem Zusammenhang zu berücksichtigen (vgl. Schulze 1992, Romeiß-Stracke 2005, Graf 1996).

Um derartigen Herausforderungen entsprechend begegnen zu können, ist besucherorientiertes Arbeiten erforderlich (vgl. Hausmann 2001: 20; Koch 2002: 25). Ein wesentliches Augenmerk muss auf den aktuellen und zukünftigen Besuchern liegen, da Museen nur durch sie ihren Aufgaben[3] gerecht werden können: „Die Besucher sind die wertvollsten Stücke eines Museums, da die Aufgabe der Vermittlung kultureller Werte, der Bildungs- und Unterhaltungsauftrag eines Museums nur mit und durch den Besucher erfüllt werden kann. Erst durch die Integration des Besuchers kann ein Museum seine Dienstleistung erbringen" (Baumann 2000: 11). Dies macht die Kenntnis der Besucher, also Besucherforschung und Evaluation, zu wichtigen Aufgaben eines Museums.

Auch Schäfer (2004: 103) verdeutlicht:

---

3   Nach der aktuellen Definition von ICOM-Deutschland ist ein „Museum (...) eine gemeinnützige, ständige, der Öffentlichkeit zugängliche Einrichtung im Dienste der Gesellschaft und ihrer Entwicklung, die zu Studien-, Bildungs- und Unterhaltungszwecken materielle Zeugnisse von Menschen und ihrer Umwelt sammelt, bewahrt, erforscht, bekannt macht und ausstellt" (International Council of Museums 2002: 18).

"Richtig verstanden ist Besucherorientierung permanente Revolution. Institution und Mitarbeiter stellen sich externer Bewertung. Die Anliegen und Wünsche der Besucher – auch der Nicht-Besucher – werden erfragt, gemessen, gewogen, möglichst berücksichtigt – jedenfalls ernst genommen. Erst das Zusammentreffen von institutioneller Bereitschaft zur Veränderung und Veränderungswünschen bei den Nutzern konstituieren eine besucherorientierte Einrichtung."

Im Folgenden wird ein Überblick über den Einsatz von Besucherforschung und Evaluation in Museen im deutschsprachigen Raum gegeben. Zu Beginn wird der diesbezügliche Forschungsstand erörtert, wobei nach einem kurzen geschichtlichen Abriss auf die aktuelle Situation, die Unterscheidung verschiedener Untersuchungsformen, den Methodeneinsatz und die Systematisierung von Fragestellungen in Besucherstudien eingegangen wird. Die Darstellung von Untersuchungserkenntnissen zum Museumspublikum nimmt den Schwerpunkt ein. Aus einer Auswahl von Studien werden Befunde zur Charakterisierung des Museumspublikums vorgestellt. Hierzu gehören die Zusammensetzung der Besucher nach den soziodemografischen Merkmalen Geschlecht, Alter und Bildung sowie Unterschiede des Publikums nach besuchten und bevorzugten Museumsrichtungen. Ebenso wird auf Ergebnisse zu Besuchshäufigkeiten von Museen, zu Begleitungen bei Museumsbesuchen und Einstellungen zu Präsentationsweisen in Ausstellungen eingegangen. Darauf folgt die Thematisierung von Motiven und Barrieren für Museumsbesuche sowie von Möglichkeiten der Segmentierung des Publikums. Abschließend werden Forschungsdesiderata und Perspektiven aufgezeigt.

Zum besseren Verständnis sollen vorab die häufig synonym verwendeten Begriffe *Besucherforschung* und *Evaluation* geklärt werden. „Mit *Besucherforschung* bezeichnet man die spezifische Form der Marktforschung im Bereich der Museen und Ausstellungen. Grundlagen hierfür sind die Besucherstatistik (...), die Erfragung bzw. Erfassung der Besucherstruktur mit Hilfe der soziodemographischen Merkmale (...), die Beobachtung des Verhaltens der Besucher in der Ausstellung bzw. im Museum sowie des Besuchsverlaufs" (Heinrichs/ Klein 2001: 33). *Evaluation* meint die systematische Bewertung und Beurteilung eines Testobjekts. Reaktionen von Testpersonen (das heißt von befragten oder beobachteten Personen) werden als Kriterium für dessen Eignung und Effizienz erhoben (vgl. Klein 1991b: 4). Die Museums- und Ausstellungsevaluation bezieht sich demnach auf Urteile potenzieller und tatsächlicher Besucher zu Aspekten oder Gesamteindrücken des Museumsangebots wie zu Gestaltungselementen, Vermittlungsprogrammen oder gesamten Ausstellungen. Im Unterschied zur Besucherforschung steht bei der Evaluation das Angebot im Mittelpunkt der Untersuchung. Nicht die Besucher sind hier das Erhebungsobjekt, sondern sie sind Schiedsrichter über die untersuchten Angebote.

1 Forschungsstand

Geschichtlicher Abriss

Der Beginn der Besucherforschung im Museumsbereich liegt in den 1920er Jahren. Ausgang nahm diese Entwicklung in den USA, wo Museen aufgrund einer anders gearteten Finanzierungs- und Trägerschaftsstruktur mit weniger öffentlichen Zuwendungen früh auf besucherorientiertes Arbeiten angewiesen waren. Erste nachweisbare empirische Besucherstudien in amerikanischen Museen beschäftigten sich mit der Aufzeichnung von Besucherlaufwegen und der Häufigkeit betrachteter Objekte. Hervorzuheben sind die Beobachtungsstudien von Robinson (1928) und Melton (1935). Diese belegten bei der Begehung von Ausstellungsräumen eine Orientierung der Besucherlaufwege nach rechts, das heißt die Mehrheit des Publikums nahm den Rundgang gegen den Uhrzeigersinn auf, obwohl die Exponate meist im Uhrzeigersinn angeordnet waren. Ein weiterer Befund waren die zunehmend selektiveren und kürzeren Verweilzeiten der Besucher vor Objekten, je länger der Museumsaufenthalt andauerte. Diese Resultate erwiesen sich auch viele Jahrzehnte später bei Besucherbeobachtungen als gültig (vgl. Klein/Bachmayer 1981: 59 ff.). Für Deutschland ist als Vorläufer die bereits um 1910 an der Mannheimer Kunsthalle entstandene Studie „Die Industriestadt als Boden neuer Kunstentwicklung" von Biram-Bodenheimer zum Mannheimer Kulturleben anzuführen, die eine beachtliche Menge empirischen Materials erbrachte (vgl. Biram-Bodenheimer 1919; Klein/Bachmayer 1981: 58 f.).

Die Professionalisierung von Besucherbefragungen an Museen begann in den USA schließlich in den 1950er Jahren. In den darauffolgenden Jahrzehnten entwickelten sich auch Evaluationen zu einem gezielt eingesetzten Planungsinstrument. Zu nennen sind diesbezüglich die Forscher Screven (1976), Shettel (1968) und Loomis (1987), gefolgt von ersten europäischen Adaptionen dieser Ansätze (vgl. unter anderem Miles 1985). In Deutschland liegen die Anfänge systematischer Besucherforschung in den 1980er Jahren, wofür besonders Treinen (1974), Klein/Bachmayer (1981) und Rohmeder (1982) stehen. Vor allem „Der Gläserne Besucher", eine museumsübergreifende Besucherbefragung aus den Jahren 1984 bis 1986 (Klein 1990), und „Neue Methoden der Ausstellungsplanung in Museen", eine Grundlagenstudie Ende der 1980er Jahre zu verschiedenen Evaluationsformen (Almasan et al. 1993), stellten den Anschluss an den internationalen Forschungsstand her. Seit 1979 nimmt das Berliner Institut für Museumskunde (seit 2006: Institut für Museumsforschung) eine bedeutende Stellung als bundesweit tätige Forschungs- und Dokumentationseinrichtung ein. Es erhebt unter anderem (wie bereits eingangs angeführt) jährlich die Besuchszahlen an allen erfassten Museen in Deutschland (vgl. Institut für Museumsforschung 2009).

Aktuelle Situation

Zum gegenwärtigen Einsatz von Besucherforschung und Evaluation im Museum gaben in einer Studie des Zentrums für Audience Development knapp über die Hälfte der einbezogenen Museen[4] an, in den letzten fünf Jahren derartige Projekte durchgeführt zu haben. Am häufigsten waren dies Besucherbefragungen (91 %), seltener Befragungen von bestimmten Teilen des Publikums (27 %) oder Nichtbesuchern (16 %).[5] Mehrheitlich wurden die Untersuchungen in Eigeninitiative von hauseigenem Personal durchgeführt (vgl. Zentrum für Audience Development 2007: 6 ff.). Dadurch wird für den vorliegenden Artikel bereits auf die Problematik einer teils erschwerten Zugänglichkeit und Verfügbarkeit von Besucherstudien hingewiesen. Auch zeigen diese Zahlen die vorherrschende Konzentration auf „klassische Besucherbefragungen" im Gesamtpublikum, meist bezogen auf Individualbesucher[6] zu einem bestimmten Zeitpunkt, beispielsweise während einer Sonderausstellung.

Es gibt aber weit mehr Anwendungsmöglichkeiten von Besucherforschung und Evaluation für Museen. Beispielsweise können bestimmte Zielgruppen in den Blick genommen werden. Zu denken wäre an Kinder und Jugendliche, Schulklassen, andere Gruppenbesucher oder Führungsteilnehmer, wie auch besonders an die Gruppe der Nichtbesucher. Auf diese Möglichkeiten wird gegen Ende des Beitrags noch ausführlicher eingegangen. Ebenso sind der Einsatz verschiedener Evaluationsformen und die Palette empirischer Methoden ausbaufähig, wie im Folgenden dargelegt wird.

Untersuchungsformen

Formen der Museumsevaluation können nach ihrem Einsatzzeitpunkt voneinander abgegrenzt werden. So kann Evaluation während des gesamten Prozesses der Konzeption, Gestaltung und Umsetzung einer Ausstellung oder eines anderen

---

4   Die Ergebnisse beziehen sich auf Angaben von 174 Museen.
5   Mehrfachnennungen waren möglich.
6   Individualbesucher werden von Gruppenbesuchern unterschieden.

Angebots hilfreiche Informationen liefern. Im Idealfall werden bei einer Angebotsplanung und -realisierung alle Evaluationsschritte durchlaufen.[7]

Bei einer *Front-End Evaluation* (auf deutsch: Vorab-Evaluation) können potenzielle Nutzer schon in den Planungsprozess einbezogen werden. Bereits zu diesem Zeitpunkt unterstützt die Vorab-Evaluation die Zielfindung, indem Einstellungen und Erwartungshaltungen der zukünftigen Besucher oder Nutzer in Verbindung mit den Plänen des Museums gebracht werden. Es werden Informationen über vorhandenes Wissen und Interesse eingeholt. Hierbei sollen nicht bereits konkrete Umsetzungsentscheidungen getroffen, sondern ein erster Dialog zwischen Museum und Publikum ermöglicht werden (vgl. Borun 1993). Ein Beispiel einer Vorab-Evaluation, das auch den Umgang des Auftraggebers mit den Ergebnissen dokumentiert, ist die Untersuchung zur Erweiterung der Dauerausstellung des Museums für Kommunikation in Bern (vgl. Wegner 2008d). Ziel dieser Evaluation waren Informationen über den Bezug potenzieller Besucher zum geplanten Ausstellungsthema „Computergeschichte und -kultur", über deren Erwartungen sowie Vorwissen und Interesse. So konnten Themenaspekte erkannt werden, welche die Befragten sehr interessierten, einige trotz großen Vorwissens, einige wegen bisher geringer Kenntnisse hierzu. Aber es zeigten sich auch Themen, die auf den ersten Blick wenig Erfolg versprachen, da weder Interessen noch Vorkenntnisse zu diesen vorhanden waren. Die Ausstellungsmacher hatten damit Planungsdaten zur Hand, wo sie Schwerpunkte bei der Präsentation setzen konnten, aber auch welche Inhalte verstärkter Gestaltungsüberlegungen bedurften. Weitere Beispiele sind Vorab-Evaluationen für das Ausstellungsprojekt „Verflixte Schönheit" (vgl. Dauschek 1996), das Haus der Geschichte der Bundesrepublik Deutschland (vgl. Klein/Lindner 1993), das Schweizerische Landesmuseum (vgl. Klein/Striebel/Trinca 2000) oder das Haus der Geschichte Baden-Württembergs (vgl. van Deth/Schäfer 2002).

Darauf folgend, im Gestaltungsprozess eines Angebots, kommt die *Formative Evaluation* zum Einsatz. Diese früh angesiedelte Kontroll- und Korrekturmöglichkeit entstand, da Evaluationen häufig zu spät erfolgten, um nach einer Eröffnung oder Einrichtung erkannte Schwächen noch beheben zu können. Wenn Unklarheiten darüber bestehen, wie bestimmte Elemente vom Publikum angenommen werden, kann ein Test derselben während des Aufbaus sinnvolle Aufschlüsse geben. Dabei wird beobachtet, wie Auskunftspersonen auf Modelle der vorgesehenen Gestaltungen reagieren. Die Formative Evaluation wird beispielsweise für die Überprüfung von Ausstellungstexten, Inszenierungen, Leitsystemen oder Bedienungsanweisungen angewendet (vgl. Almasan 1991; Miles 1985). Beispiele für Formative Evaluationen zu Themen wie die Wahrnehmung

---

7   Zu Evaluationsformen vgl. unter anderem Klein (1991b: 3 ff.), Almasan et al. (1993: 9 ff.), Wegner (2005: 16 ff.).

des Eingangsbereichs von Museen oder die Beurteilung von Informationsmedien und interaktiven Modellen in Ausstellungen sind unter anderem zu finden in Almasan et al. (1993). Hier wurden auch zielgruppenspezifische Unterschiede der Mediennutzung in den Ausstellungen deutlich.

Der Formativen Evaluation ähnlich ist die *Nachbesserungsevaluation*. Hier finden ebenfalls Tests veränderter Angebotselemente statt, um Schwachstellen zu beseitigen und die Wirksamkeit der Ausstellung oder des Angebots zu verbessern. Im Unterschied zur Formativen Evaluation geschieht dies erst nach der Eröffnung oder Einrichtung, wenn bisher nicht erkannte Planungsfehler auftreten. Beispiele für Objekte einer Nachbesserungsevaluation sind Optimierungen von Orientierungstafeln, Leitsystemen, Erläuterungstexten oder Sitzgelegenheiten. Untersuchungen dieser Art für neu eingerichtete sowie ältere Ausstellungen werden unter anderem aufgeführt in Bitgood (1996).

Die *Status-quo-Evaluation* wird eingesetzt, wenn eine Ausstellung oder ein anderes Angebot seit einiger Zeit besteht und ersatz- oder modernisierungsbedürftig erscheint. Es sollen Schwachstellen erkannt werden, indem man Besucher oder Nutzer zu ihren Erwartungen, ihrem Verständnis sowie etwa zu Verweilzeiten und Laufrouten befragt bzw. beobachtet. Auf diese Weise wird sichergestellt, dass bei einer Überarbeitung tatsächlich Problemstellen behoben werden, welche die Verantwortlichen allein nicht erkannt hätten.

Die *Summative Evaluation* ist der klassische Evaluationstyp. Bei dieser Form handelt es sich um die abschließende Erfolgs- und Wirkungskontrolle einer bestehenden Ausstellung, eines Programms oder einer gesamten Einrichtung. Im Vergleich zu den meisten anderen Formen wird eine Gesamtbetrachtung eines Angebots unternommen und weniger auf spezifische Details eingegangen. Es können Erfahrungen für die Zukunft gewonnen werden, welche helfen, ähnliche Fehler zu vermeiden und Angebote nutzerorientierter zu gestalten (vgl. Grewcock 2002).

Eine weitere zu nennende Variante ist die *Programm-Evaluation*. Diese ist nicht durch den Einsatzzeitpunkt, sondern durch ihr Bezugsobjekt gekennzeichnet. Da Museen neben den Kernangeboten zunehmend verschiedene Programmangebote machen, werden auch diese zu wichtigen Untersuchungsobjekten. Die Programm-Evaluation bezieht sich insbesondere auf Museumsführungen, die inzwischen in unterschiedlichsten Varianten für verschiedene Zielgruppen angeboten werden (vgl. Hein 1994; Klein et al. 2009).[8]

Zudem ist an dieser Stelle die Untersuchungsform der *Nichtbesucheranalysen* anzuführen. Hiermit sind Studien gemeint, die außerhalb des Bezugsobjekts Museum erfolgen, zum Beispiel Befragungen auf öffentlichen Plätzen. Sie wen-

---

8 Kapitel 3 dieses Beitrags geht darauf ausführlich ein.

den sich aber nicht nur an Personen, die nachweislich nie Museen besuchen, sondern auch an (potenzielle) Besucher. Dabei werden unter anderem Informationen eingeholt über Einzugsbereiche der Einrichtung, den Bekanntheitsgrad und das Image des Museums. Außerdem beziehen sich diese Analysen auf mögliche Zugangsbarrieren zum Museum. Nichtbesucherstudien können mittels mündlicher, postalischer, telefonischer oder Internet-basierter Befragungen erfolgen (vgl. Klein 1997).

Methoden

Dieser Abschnitt thematisiert den Methodeneinsatz bei Publikumsstudien in Museen. In der empirischen Sozialforschung werden vier Erhebungsmethoden verwendet: Befragung, Beobachtung, Inhaltsanalyse und Experiment, wobei hauptsächlich die ersten beiden für Studien im Kulturbereich Relevanz haben (vgl. Glogner 2008: 596). Bei der großen Mehrheit der Untersuchungen in Museen kommt die Befragung zum Einsatz. Unterscheiden lässt sich diese in schriftliche Befragungen (ausgeteilte, postalisch versandte oder online gestellte Fragebögen) und mündliche (persönliche oder telefonische) Interviews. Die vom Zentrum für Audience Development befragten Museen, die Besucherforschung betreiben, verwendeten am häufigsten ausgeteilte Fragebögen zum Selbstausfüllen (71 %). An zweiter Stelle wurden persönliche Interviews eingesetzt (61 %). Gruppeninterviews fanden noch in 10 % der Fälle statt, die übrigen abgefragten Methoden (Telefoninterview, postalisch versandter Fragebogen und Homepage-Befragung) nur vereinzelt (vgl. Zentrum für Audience Development 2007: 15).

Jede Erhebungsmethode bringt Vor- und Nachteile mit sich und für jede Studie ist je nach Zielsetzung die beste Methode zu prüfen.[9] Für viele Besucherbefragungen im Museum eignet sich aufgrund der kostengünstigen und zeitsparenden Handhabung besonders der Einsatz eines schriftlichen Fragebogens zum Selbstausfüllen. Wenn Nachfragen zu Begründungen etc. möglich sein sollen, sind mündliche, standardisierte Interviews zu bevorzugen.

Qualitative Methoden, die hier kurz Erwähnung finden sollen, sind das problemzentrierte Interview und die Gruppendiskussion. Problemzentrierte Interviews sind offene, halbstandardisierte Befragungen, denen ein Interview-Leitfaden zugrunde liegt. Durch sie lassen sich tiefergehende Informationen beispielsweise zu Einstellungen der Befragten zu Ausstellungsthemen ermitteln. Gruppendiskussionen werden häufig mit Experten geführt. Sie sind insbesondere hilfreich vor Planungsentscheidungen oder vor einer Summativen Evaluation.

---

9   Auf Vor- und Nachteile verschiedener Erhebungsmethoden kann an dieser Stelle nicht ausführlicher eingegangen werden. Zu verweisen ist beispielsweise auf Atteslander (2003).

Ein weiteres in der Museumsforschung sinnvoll einsetzbares Verfahren ist die Beobachtung. Wie bei der Forschungsgeschichte kurz angesprochen, können unter anderem Laufwege in Ausstellungen oder Verweilzeiten vor Exponaten beobachtet werden. Dies kann zum einen mittels teilnehmender Beobachtung erfolgen, bei welcher der Beobachter eine Rolle im sozialen Feld des untersuchten Geschehens übernimmt, im Museum zum Beispiel als Führungsteilnehmer oder als Aufsichtspersonal. Zum anderen besteht die Möglichkeit einer nichtteilnehmenden Beobachtung, ohne dass für die handelnden Personen/Besucher eine Einwirkung zu erkennen ist. Der Beobachter bleibt dabei außerhalb des Handlungsfelds und ist beispielsweise mit Zählungen und Messungen betraut. Der Einsatz von Beobachtungen hat für Untersuchungen an Museen eine lange Tradition, wird aber in anderen Kultursparten bislang selten bis gar nicht gepflegt. Jedoch sind auch bei aktuelleren Museumsuntersuchungen eher wenige Beobachtungsstudien bekannt. Vermutlich ist dies durch den recht hohen Aufwand der systematischen Erfassung in Beobachtungsprotokollen, die Notwendigkeit geschulter Beobachter und die häufig erforderliche Koppelung mit einer Befragung begründet. Beobachtung kann aber eine sinnvolle Methode sein, um eine geeignete Aufstellung von Exponaten, einfache Wegeführung oder verständliche Handhabung interaktiver Elemente zu erzielen.

Fragestellungen an Besucher

In Publikumsstudien untersuchte Fragestellungen können nach Klein (2007: 27) in sieben Kategorien eingeteilt werden:

- Soziodemografische Merkmale, unter anderem Geschlecht, Alter, Bildungsabschluss, Erwerbsstellung, Familienstand, Haushaltsgröße und geografische Herkunft sowie Verhaltensdaten (wie zum Beispiel Kulturpartizipation);
- Besuchsmodalitäten, unter anderem Besuchszeit, Erst- oder Stammbesucher, Begleitkonfiguration;
- Interesse und Besuchsmotivation;
- Art der Informationsgewinnung/Aufmerksamkeit bezüglich des Angebots;
- Besuchsverhalten, unter anderem Aufenthaltszeit, geplante und tatsächliche Besichtigung, Wegewahl, Nutzung verschiedener Angebote;
- Ansprüche, unter anderem an Vermittlungsangebote, Infrastruktur, Service;
- Bewertungen und Einschätzungen.

2 Fragestellungen und Befunde der empirischen Forschung an Museen

Nach diesem Vorspann zu Definitionen und Forschungsstand werden zentrale Fragestellungen und Befunde der Besucherforschung und Evaluation an Museen vorgestellt. Hierfür werden verschiedene Studien herangezogen, denen unterschiedliche Zielsetzungen und Vorgehensweisen zugrunde liegen. Es handelt sich dabei einerseits um öffentlich publizierte Studien, andererseits um von der Verfasserin oder anderen Wissenschaftlern durchgeführte (interne) Auftragsstudien. Es wird versucht, einen breiten Überblick zu geben. Auf die Problematik der teils schlechten Zugänglichkeit von Besucherstudien wurde aber bereits hingewiesen. Auch unterscheiden sich die Studien in ihrer Aktualität stark. Während die Durchführung der ersten Untersuchung bis 1984 zurückreicht, wurde die jüngste Studie 2009 abgeschlossen. Da umfassende Erhebungen, die mehrere Museen vergleichen, immer noch selten sind, wurde die Untersuchung zum „Gläsernen Besucher" von Klein (1990) trotz ihres „hohen Alters" (die Erhebungen fanden 1984 bis 1986 statt) aufgenommen. Zahlreiche Studien beziehen sich auf ihre Fragestellungen und Befunde, auch wenn einige Merkmale der Publikumsstrukturen sich inzwischen verändert haben, worauf gleich ausführlich eingegangen wird. Trotz dieser zu berücksichtigenden Verschiedenheiten der verwendeten Untersuchungen treten Gemeinsamkeiten im Museumspublikum auf, die nachstehend aufgezeigt werden. Damit einhergehend wird auch auf wünschenswerte Ergänzungen und Weiterführungen des bisherigen Forschungsstands hingewiesen.

Überblick über die verwendeten Studien

Bei vielen Merkmalen der Publikumszusammensetzung sind deutliche Differenzen zwischen Besuchern verschiedener Museumsrichtungen festzustellen. Aufgrund dessen werden in diesem Beitrag neben Vergleichsstudien an mehreren Museen exemplarisch Untersuchungen für verschiedene Museumsrichtungen einbezogen.

Das Institut für Museumsforschung (2008: 17 ff.) differenziert neun Museumsarten:

- Volks- und Heimatkundemuseen,
- Kunstmuseen,
- Schloss- und Burgmuseen mit Inventar,
- Naturkundemuseen,
- Naturwissenschafts-/Technikmuseen,

- Historie-/Archäologiemuseen,
- Sammelmuseen,
- kulturgeschichtliche Spezialmuseen und
- Museumskomplexe.

Der leichteren Vergleichbarkeit der Studien wegen werden die neun Museumsarten zusammengefasst. Diese Unterteilung wird so in vielen Befragungen verwendet.[10] Es wird unterschieden zwischen

- Technik-/Naturwissenschaftsmuseen,
- Naturkundemuseen,
- (Kultur-)Geschichtsmuseen mit dem Sondertypus Freilichtmuseen sowie
- Kunstmuseen.

Wie Abbildung 1 zu entnehmen ist, zeigen die Zahlen des Instituts für Museumsforschung für das Jahr 2007, dass von 6.197 angeschriebenen Museen rund 70 % geschichtlicher oder kulturgeschichtlicher Art waren: Volks- und Heimatkundemuseen (45 % der Grundgesamtheit), Schloss- und Burgmuseen (4 %), kulturgeschichtliche Spezialmuseen (15 %) sowie historische und archäologische Museen (7 %). 52 % der erfassten Besuche entfielen auf diese Museumsarten. Unter dieser Bezeichnung sind demnach verschiedenste Museen in einer komplexen Kategorie vereint. Weiterhin waren 12 % der Museen in der Grundgesamtheit naturwissenschaftliche und technische Museen, ein ähnlich großer Anteil der Besuche (14 %) wurde in diesen Museen unternommen. Kunstmuseen waren zu 10 % vertreten, jeder fünfte Besuch fand in einem Kunstmuseum statt. Schließlich hatten 5 % der Museen naturkundliche Sammlungsinhalte und 7 % der Besuche entfielen hierauf. Museumskomplexe (2 %) und Sammelmuseen (0,4 %) können keiner der Kategorien zugeordnet werden, machen aber auch nur einen kleinen Anteil aus.

---

10 Vgl. auch Fragebogen zum „Gläsernen Besucher" (Klein 1990).

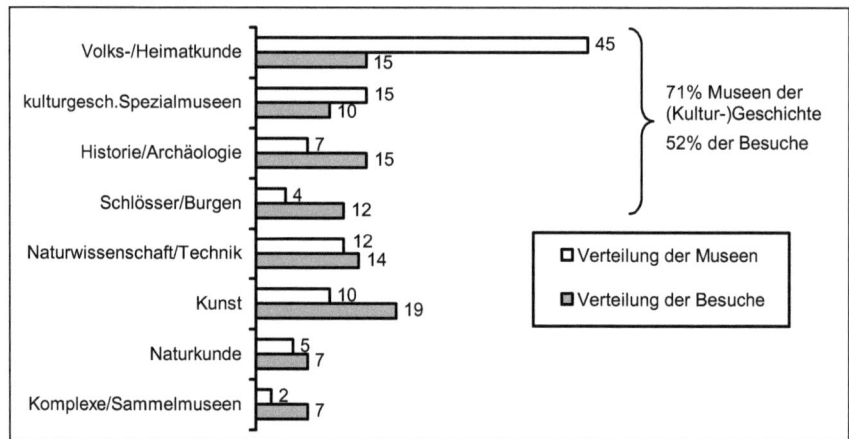

Abbildung 2: Verteilung der Museen und der Besuche 2007 nach Museumsarten (Zahlen des Instituts für Museumsforschung 2008) (Angaben in %)

Im Folgenden werden die schwerpunktmäßig in diesen Beitrag einbezogenen Besucherstudien anhand ihrer Zielsetzung, Methodik und Stichprobe kurz dargestellt.

- Eine Grundlage ist die bereits erwähnte Publikation „Der Gläserne Besucher" aus dem Jahr 1990. Hierfür wurden zum ersten Mal im deutschsprachigen Raum an einer größeren Zahl von Museen komparative Besucherbefragungen durchgeführt. Diese fanden an 33 Museen im Bereich des Landschaftsverbandes Westfalen-Lippe sowie ergänzend an vier Museen in Berlin statt, wobei über 50.000 Besucher befragt wurden. Die Museen deckten dabei unterschiedliche Museumsrichtungen ab. Die Befragungen erfolgten in den Jahren 1984 bis 1986 in drei Erhebungsphasen von mehreren Wochen. An allen Museen wurde derselbe Fragebogen verwendet. Dieser enthielt Fragen zu soziodemografischen Merkmalen, zum Besuch, zum Verhalten und Interesse hinsichtlich Museumsbesuchen generell sowie zum Besuchszeitpunkt. Befragt wurden Einzel- und Gruppenbesucher ab dreizehn Jahren gemäß eines Stichprobenplans (vgl. Klein 1990).
- Eine zweite museumsübergreifende Studie ist eine Untersuchung an 17 deutschen Museen aus den Jahren 1995 und 1996. Befragt wurden 12.227 Besucher an Museen unterschiedlicher Sammlungsschwerpunkte in mehre-

ren Städten (Berlin, Bonn, Dresden, Hamburg, Karlsruhe und Köln)[11]. Primäre Zielsetzung war, Informationen über die mögliche Eintrittspreisgestaltung von Museen und das Ausgabeverhalten der Besucher zu erhalten. Da hierbei auch die Strukturen der Besucher erfasst wurden, kann diese Untersuchung ebenfalls zum Vergleich einbezogen werden (vgl. Hummel 1996).

- Außerdem wird eine Befragung zu Publikumsstrukturen sowie Einstellungen zu Museen unter Besuchern an 96 Schweizer Museen verschiedener Art vorgestellt. 2001 wurden hierfür 2.045 Museumsbesucher mittels eines schriftlichen Fragebogens befragt. Ergänzt wurde die Untersuchung durch Interviews mit den Leitungen der Museen (worauf in diesem Beitrag nicht weiter eingegangen wird) (vgl. Baran 2006).

Verwendete Studien für einzelne Museen sind:

- für die Kategorie der Technikmuseen Besucherbefragungen am Museum für Kommunikation in Bern, dem Deutschen Museum München sowie ergänzend dem Landesmuseum für Technik und Arbeit Mannheim;
- für naturkundliche Museen eine Untersuchung für das Staatliche Museum für Naturkunde Karlsruhe;
- für kulturgeschichtliche Museen Publikumsstudien für das Landesmuseum Württemberg, das Badische Landesmuseum Karlsruhe und das Haus der Geschichte Baden-Württemberg;
- zu Freilichtmuseen Studien an sieben Freilichtmuseen Baden-Württembergs sowie an den oberbayerischen Museen Freilichtmuseum Glentleiten und Bauernhausmuseum Amerang;
- für Kunstmuseen und Ausstellungshäuser schließlich die Kunsthalle Würth in Schwäbisch Hall, das Museum für Kunst und Gewerbe Hamburg sowie der Heidelberger Kunstverein.

Soziodemografische Zusammensetzung des Museumspublikums

In diesem Kapitel werden Befunde zur soziodemografischen Zusammensetzung des Museumspublikums erörtert. Zuerst wird das Geschlechterverhältnis betrachtet, gefolgt von den Alters- und Bildungsstrukturen.

Hinsichtlich des *Geschlechterverhältnisses* zeigen sich teils deutliche Unterschiede zwischen den verschiedenen Museumsrichtungen (siehe Abbildung 2).

---

11 Bei der Befragung wurden Besucher über 14 Jahre nach einer Zufallsstichprobe angesprochen.

Auch ist innerhalb der letzten Jahrzehnte eine Veränderung der Anteile von Besucherinnen und Besuchern in Museen insgesamt zu beobachten.

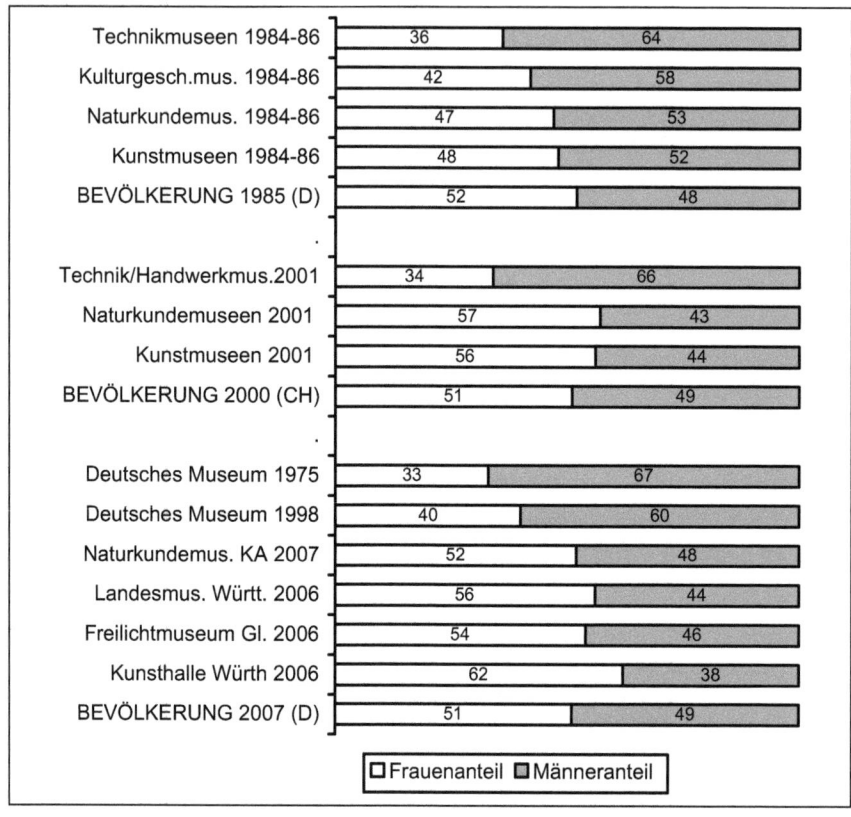

Abbildung 1: Frauen- und Männeranteile im Publikum ausgewählter untersuchter Museen (Angaben in %)

Bei der vergleichenden Erhebung an 37 Museen in Westfalen-Lippe und Berlin in den Jahren 1984 bis 1986 ergab sich gemittelt eine Mehrheit männlicher Besucher im Publikum (vgl. Klein 1990: 143). Vor allem Museen mit technischen Sammlungsinhalten wurden von Männern bevorzugt (64 % männliche Besucher), gefolgt von kulturgeschichtlichen Museen (58 %), Naturkunde- (53 %) und schließlich Kunstmuseen (52 %). Auch Nuissl/Schulze (1991: 27) bestätigten im Jahr 1991 in einer Zusammenfassung empirischer Untersuchungen, dass Männer unter Museumsbesuchern überdurchschnittlich häufig sind.

Gut fünfzehn Jahre später war bei der Befragung an rund hundert Schweizer Museen aber eher ein Frauenüberschuss unter den Besuchern vorhanden (vgl. Baran 2006: 41 ff.). Insgesamt 53 % der Befragten waren weiblich. Kunstmuseen (56 % Besucherinnen) und Museen der Naturkunde (57 %) besuchten sie am häufigsten. Nur in technisch-handwerklichen Museen überwogen männliche Besucher deutlich. Diese Entwicklung bestätigt auch die Untersuchung an siebzehn deutschen Museen von 1995 und 1996 – also zehn Jahre nach dem „Gläsernen Besucher" (vgl. Hummel 1996: 61 ff.). Hier waren 52 % der Besucher weiblich – ein Prozentsatz, der in etwa dem Bevölkerungsdurchschnitt in Deutschland und auch der Schweiz entspricht.

Neben Ergebnissen dieser museumsübergreifenden Besucherbefragungen wird zudem auf museumsspezifische Untersuchungen eingegangen. Seit 2005 werden für das Museum für Kommunikation in Bern regelmäßig Besucherbefragungen in den Dauer- und Wechselausstellungen durchgeführt, wobei sich themenbedingte Unterschiede, aber auch das Publikum charakterisierende Gemeinsamkeiten zeigen.[12] In der Ausstellungspolitik des Museums für Kommunikation steht der Mensch im Zentrum. Das Museum versteht sich somit nicht als „reines" Technikmuseum, sondern hat eine kulturhistorisch-soziologische Ausrichtung (vgl. Museum für Kommunikation 2009). Die dortigen Befragungen ergaben unter Dauerausstellungsbesuchern einen ausgeglichenen Anteil von Frauen und Männern, was vor allem durch eine hohe Anzahl von Familien in den interaktiven Ausstellungen begründbar ist (vgl. Wegner 2005: 38).[13]

Ein „klassischeres" Technikmuseum ist das Deutsche Museum in München, für das (mindestens) seit 1975 Daten zur Publikumszusammensetzung vorliegen. Die höhere Anziehungskraft dieser Museumsart für Männer bestätigte sich hier in allen Untersuchungen (vgl. Blahut/Klein 2003: 39 ff.).[14] Vor mehr als 35 Jah-

---

12 Die bisher untersuchten Wechselausstellungen sind „Stromgitarren. Legenden. Lärm. Leidenschaft." 2005/06, „haarsträubend: Tier-Mensch-Kommunikation" 2006/07 und „Bilder, die lügen" 2007/08 mit insgesamt 5.278 Befragten. Dabei wurde an alle Individualbesucher ab 15 Jahren im Erhebungszeitraum eine vergleichbare Fragekarte zum Selbstausfüllen ausgeteilt. Die Befragungen fanden jeweils in zwei Erhebungswellen gegen Beginn und Ende der Ausstellungslaufzeit statt. Zudem wurden 2005 im Rahmen einer Vorab-Evaluation zu einem neu geplanten Dauerausstellungsteil 1.058 Individualbesucher der Dauerausstellung schriftlich befragt. 2008 erfolgte außerdem eine schriftliche Befragung von Kindern und Erwachsenen sowie Schulklassen und Führungsteilnehmern im Gesamtpublikum, bei welcher insgesamt 2.148 Besucher einbezogen wurden.
13 Bei den untersuchten Wechselausstellungen waren Geschlechterunterschiede themenbedingt: In Ausstellungen zur Manipulation von und mit Bildern sowie zur Kommunikation zwischen Mensch und Tier überwogen Frauen im Publikum, bei einer Ausstellung zu E-Gitarren waren hingegen Männer in der Mehrheit (vgl. Wegner 2008a, Wegner 2007c, Wegner 2006a).
14 1974/75 wurden im Deutschen Museum über 5.000 Besucher befragt, 1994 1.400 Besucher ab 12 Jahren und 1998/99 1.800 Besucher mittels mündlicher und schriftlicher Befragungen.

ren bestand das Publikum zu zwei Dritteln aus Männern, 1994 und 1998 waren dies immer noch 60 %. Auch in späteren Untersuchungen manifestierte sich der Männerüberschuss in dieser Größenordnung, welcher beispielsweise auch am Technischen Museum in Wien oder im Landesmuseum für Technik und Arbeit in Mannheim so ermittelt wurde.

Exemplarisch für ein naturkundliches Museum steht eine schriftliche Befragung aus dem Jahr 2007 am Staatlichen Museum für Naturkunde Karlsruhe.[15] Dort wurde im Publikum eine leichte Mehrheit von Frauen konstatiert. Wie später noch ausführlicher dargelegt wird, waren diese vor allem in Begleitung von Kindern (vgl. Klein/Klumpp 2008: 11). Bei früheren Untersuchungen in diesem Museum in den Jahren 1982/83 und 1986 war im Gegensatz dazu noch ein größerer Anteil männlicher Besucher vertreten (vgl. Almasan et al. 1993: 82 f.).

Kulturgeschichtliche Museen stehen, im Gegensatz zu Technikmuseen, eher in der Gunst von Frauen. Hier wird die Veränderung der Publikumsstrukturen in den letzten Jahrzehnten besonders deutlich, denn noch vor zwanzig Jahren stellten Männer dank starker historischer Interessen mehr Besucher in den meisten Häusern dieser Sammlungsarten. Eine solche Mehrheit von Frauen zeigte sich zum Beispiel bei Besucherbefragungen am Landesmuseum Württemberg (vgl. Wegner 2007b: 8 f.)[16] und am Haus der Geschichte Baden-Württemberg in Stuttgart (vgl. Klein 2006: 15 f.)[17]. Hier machte der Frauenanteil jeweils rund 55 % aus.

Ein besonderer Typus kulturgeschichtlicher Museen sind Freilichtmuseen. Bei einer Untersuchung in sieben Freilichtmuseen in Baden-Württemberg[18] waren unter den Befragten nahezu gleich viele Frauen und Männer (vgl. Klein/Bock 2000: 24 f.). Studien an den oberbayerischen Freilichtmuseen Glentleiten und Amerang aus den Jahren 2006 und 2007 ergaben etwas mehr Besucherinnen als Besucher (vgl. Klein/Kania-Schütz/Wegner 2008: 142).[19]

Schließlich soll noch das Geschlechterverhältnis im Publikum von Kunstmuseen detaillierter beleuchtet werden. Noch häufiger als für Kulturgeschichts-

---

15 Im Naturkundemuseum Karlsruhe wurden 1.098 Individualbesucher ab 15 Jahren befragt. Ziel der Untersuchung war es, Informationen über die Inanspruchnahme und Beurteilung museumspädagogischer Angebote zu erhalten.
16 Im Landesmuseum Württemberg fanden 2006 schriftliche Befragungen von 3.517 Einzelbesuchern ab 15 Jahre in Dauer- und Sonderausstellung statt.
17 2005 erhielt das Haus der Geschichte Baden-Württemberg von 2.126 Besuchern einen ausgefüllten Fragebogen zurück.
18 Insgesamt fanden im Jahr 1999 4.834 mündliche Interviews mit Individualbesuchern in den untersuchten sieben Freilichtmuseen statt (Odenwälder Freilandmuseum Gottersdorf, Hohenloher Freilandmuseum Wackershofen, Freilichtmuseum Beuren, Schwarzwälder Freilichtmuseum Gutach, Freilichtmuseum Neuhausen ob Eck, Oberschwäbisches Museumsdorf Kürnbach und Bauernhaus-Museum Wolfegg).
19 Die Ergebnisse an den oberbayerischen Freilichtmuseen beziehen sich an der Glentleiten auf 3.925 und in Amerang auf 1.651 schriftlich befragte Einzelbesucher ab 15 Jahren.

museen interessieren sich Frauen für diese Gattung, insbesondere bei Ausstellungen moderner und zeitgenössischer Kunst. Bei Untersuchungen an der Kunsthalle Würth wurden mehr als 60 % Besucherinnen angetroffen (vgl. Wintzerith/Müller 2006: 9).[20] Solch ein hoher Prozentsatz weiblicher Befragter ergab sich auch bei Besucheranalysen im Museum für Kunst und Gewerbe Hamburg 2004 (vgl. Rombach 2007: 113)[21] und am Heidelberger Kunstverein 2008 (vgl. Wegner 2008c: 18)[22].

Es ist demnach festzuhalten, dass in den letzten Jahrzehnten Anteile von Frauen im Museumspublikum zugenommen haben. Besonders deutlich ist dies bei Kunst- und auch Kulturgeschichtsmuseen, die mehrheitlich von Frauen besucht werden. Favoriten der Männer sind unverändert technisch ausgerichtete Museen.

Der folgenden Ergebnisdarstellung zu *Altersstrukturen* des Museumspublikums sei vorangestellt, dass es sich bei den verwendeten Studien in der Regel um Befragungen von Individualbesuchern handelt. Daher ist der in vielen Museen große Anteil von Schulklassen nicht berücksichtigt. In nahezu allen Fällen wurden Besucher auch erst ab 12 bis 15 Jahren in die Untersuchungen einbezogen, weil für jüngere altersgerechte Fragebögen eingesetzt werden müssten.

Das Publikum der westfälischen und Berliner Museen war in den Jahren 1984 bis 1986 jünger als der damalige Bevölkerungsdurchschnitt (vgl. Klein 1990: 144 ff.). Ältere Besucher waren stark unterrepräsentiert, wie Abbildung 3 veranschaulicht. Altersunterschiede zeigten sich nach besuchten Museumsrichtungen: An naturkundlichen und technischen Museen dominierten Jugendliche, wohingegen Besucher über 50 Jahre hier am seltensten vertreten waren. „Twens" besuchten am häufigsten Kunst- und Kulturgeschichtsmuseen. Abweichungen bestanden ebenfalls zwischen großstädtischen und ländlichen Museen, welche bis heute Gültigkeit haben: In Städten war oft ein höherer Anteil von Jugendlichen und Twens anzutreffen. Dies ist auch bedingt durch eine größere Anzahl – in der Regel jüngerer – Touristen in Städten und den dortigen Museen. Zwischen Besucherinnen und Besuchern unterschieden, waren Frauen im Publikum häufiger jünger, mit zunehmendem Alter wuchs der Männerüberschuss. Auch in aktuellen Untersuchungen zeigt sich, dass weibliche Besucher oft jüngeren Alters sind als männliche.

---

20 1.869 Individualbesucher der Sonderausstellung „Fernando Botero" ab 15 Jahren wurden 2006 im Rahmen einer schriftlichen Befragung einbezogen.
21 Im Jahr 2004 wurden im Museum für Kunst und Gewerbe Hamburg 207 standardisierte mündliche Interviews durchgeführt.
22 Im Heidelberger Kunstverein wurden im Jahr 2008 165 Individualbesucher ab 15 Jahren mittels einer Fragekarte befragt.

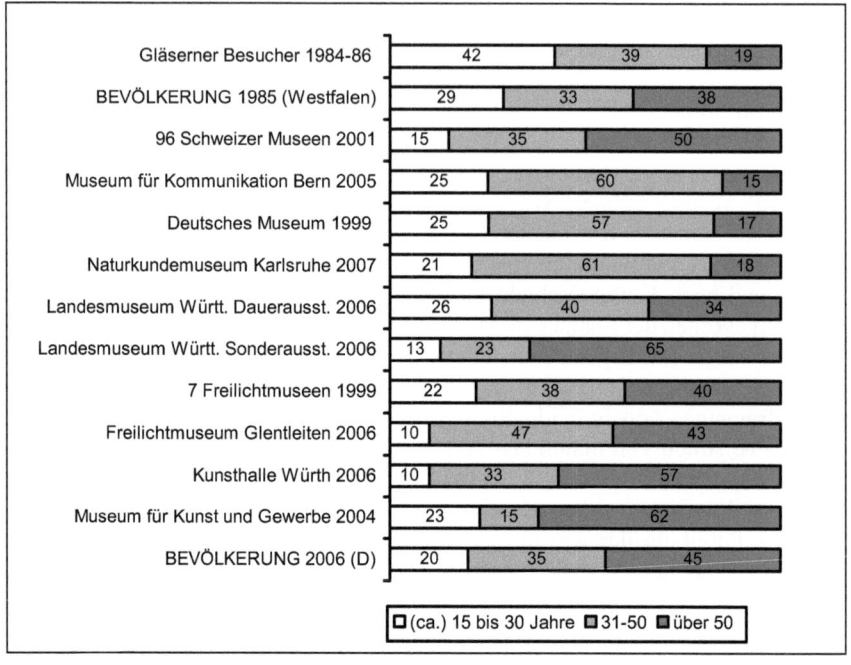

Abbildung 2: Altersgruppen im Publikum ausgewählter untersuchter Museen (Angaben in %)

Dies war ebenso bei der Besucherbefragung in der Schweiz im Jahr 2001 der Fall (vgl. Baran 2006: 46). Unter den Befragten war aber insgesamt ein ausgeprägter Anteil über 50-Jähriger festzustellen; auf jeden Zweiten traf dies zu. Dieses Ergebnis veranschaulicht die deutliche Verschiebung im Museumspublikum hin zu älteren Generationen, die mit der demografischen Entwicklung einer zunehmend älter werdenden Gesellschaft einhergeht. Es bestätigt sich aber weiterhin bei dieser Untersuchung der Befund eines vergleichsweise jüngeren Publikums in Naturkunde- und Technikmuseen im Unterschied zu anderen Museumsarten.[23]

---

23 Die dritte museumsübergreifende Studie von Hummel (1996) weist aufgrund der darin enthaltenen Anteile von Schulklassenbesuchern, welche besonders im Deutschen Hygiene-Museum Dresden und im Haus der Geschichte Bonn häufig auftraten, in ihrer Alterszusammensetzung einen hohen Prozentsatz jugendlicher Besucher aus und ist mit den anderen Studien schlecht zu vergleichen.

Ein Hauptgrund hierfür ist, dass Technik- und Naturkundemuseen hauptsächlich Familien ansprechen (siehe auch den Abschnitt zur Besuchsbegleitung). Das Museum für Kommunikation hat durch seine interaktiv konzipierten Ausstellungen besonders viele Familienbesucher (und Schulklassenbesucher), vor allem in seinem Stammpublikum. Bei Befragungen in den Dauerausstellungen (unter Individualbesuchern ab 15 Jahren) fiel deshalb ein hoher Anteil von Besuchern mittleren Alters, also Eltern, auf (vgl. Wegner 2005: 37 f.).[24] Das Publikum des Deutschen Museums kann ebenfalls als jung charakterisiert werden (vgl. Blahut/Klein 2003: 24 ff.). In den Befragungen war etwa jeder Vierte im Alter bis 30, ältere Jahrgänge waren gegenüber dem Bevölkerungsschnitt unterrepräsentiert. Im Museum für Naturkunde Karlsruhe machte besonders der ausgeprägte Besucheranteil von Eltern zwischen 30 und 40 Jahren, die ihre Kinder in das Naturkundemuseum begleiteten, das junge Publikum aus (vgl. Klein/ Klempp 2008: 11).

Anders sehen die Altersstrukturen in den untersuchten kulturgeschichtlichen Museen aus. Am Landesmuseum Württemberg verteilten sich Dauerausstellungsbesucher noch recht gleichmäßig auf die Altersgruppen, wobei ein hoher Anteil meist jüngerer, touristischer Besucher zu berücksichtigen ist.[25] Das Bild änderte sich bei der Analyse des Wechselausstellungspublikums: Bei der Ausstellung „Das Königreich Württemberg", welche themenbedingt deutlich mehr Besucher aus Württemberg anzog, waren doppelt so viele über 50-Jährige unter den Besuchern als bei den ständigen Sammlungen. Das Durchschnittsalter stieg damit von 44 – in Zeiten ohne Sonderausstellung – auf 55 Jahre (vgl. Wegner 2007b: 7 f.). Verglichen mit früheren Besucherstudien am Landesmuseum Württemberg erfolgte damit in den vergangenen zwanzig Jahren eine Zunahme älterer Besucheranteile (vgl. Almasan et al. 1993: 66), was der Entwicklung am Badischen Landesmuseum Karlsruhe ähnelt. Hier ist sogar ein massiver Trend einer Überalterung des Publikums festzustellen, unter anderem nachweislich durch ein alterndes Stammpublikum bedingt (vgl. Klein 2003: 118 f.).[26]

---

24 60 % waren im Museum für Kommunikation zwischen 30 und 50 Jahren, nur 15 % über 50 Jahre.
25 Im Dauerausstellungspublikum des Landesmuseums Württemberg war ein Viertel bis 30 Jahre, ein Drittel über 50 Jahre alt.
26 Von 1997 bis 2002 wurden in den Sonderausstellungen des Badischen Landesmuseums Befragungen von Individualbesuchern ab 15 Jahren durchgeführt. Themen der Ausstellungen waren: Italiensehnsucht der Deutschen, Badische Revolution, Jahrhundertwenden, Kreta und Spätmittelalter am Oberrhein. Innerhalb von fünf Jahren hat der Anteil über 50-Jähriger Sonderausstellungsbesucher von rund einem Viertel auf zwei Drittel zugenommen, während die Jugendquote (bis 30 Jahre) auf 10 % abgenommen hat.

Bei den untersuchten Freilichtmuseen kann ebenso von einer gewissen Alterslastigkeit des Publikums gesprochen werden.[27] Zu erinnern ist daran, dass die meisten dieser Ergebnisse über einen längeren Untersuchungszeitraum gemittelte Durchschnittswerte sind. Insbesondere bei Freilichtmuseen gibt es Unterschiede nach verschiedenen Erhebungsphasen: Beispielsweise bevorzugten Auskunftspersonen mittleren Alters Besuche in den Sommerferien (Urlaube von Familien), während Aufenthalte im Herbst häufig von älteren Personen unternommen wurden (Ausflügler aus der näheren Umgebung).

Das Publikum von Kunstmuseen weist durchschnittlich ein noch höheres Alter auf. So war die Hälfte der Besucher in der Kunsthalle Würth 2001 über 50 Jahre alt (vgl. Klein/Bock/Trinca 2002: 18 f.)[28], fünf Jahre später waren es sogar rund 60 % (vgl. Wintzerith/Müller 2006: 9 f.). Unter Befragten im Museum für Kunst und Gewerbe waren mit zwei Dritteln noch etwas mehr ältere Jahrgänge vertreten (vgl. Rombach 2007: 113).

Der Trend einer zunehmenden Alterung der (Individual-)Besucher von Museen ist folglich insbesondere für die Museumsrichtungen Kulturgeschichte und Kunst festzustellen. Technik- und Naturkundemuseen ziehen viele Eltern mit Kindern an und verjüngen dadurch den Altersdurchschnitt.

Ein weiterer das Museumspublikum kennzeichnender Aspekt ist dessen *Bildungsniveau*.[29] Die Besucherbefragungen in den Jahren 1984 bis 1986 ergaben, dass knapp die Hälfte der Museumsbesucher Absolventen der Haupt- oder Realschule waren, ein Viertel Abiturienten und annähernd ein weiteres Viertel Akademiker. Studienabschlüsse eines geistes- und sozialwissenschaftlichen Fachs waren dabei häufiger als die natur- und ingenieurwissenschaftlicher Richtungen. Diese frühe Untersuchung belegt einen überdurchschnittlich ausgeprägten Anteil höherer Bildungsabschlüsse im Museumspublikum, welcher sich auch in allen aktuellen Studien bestätigt. Hierbei sind die Ergebnisse natürlich im Vergleich zum Durchschnitt der Bevölkerung zu sehen, in der vor 25 Jahren höhere Bildungsabschlüsse deutlich seltener waren als gegenwärtig.

Unterschiede sind auch diesbezüglich zwischen Besuchern verschiedener Museumsrichtungen vorhanden: „Der Gläserne Besucher" zeigte, dass in Kunstmuseen deutlich die meisten Akademiker angetroffen wurden (rund 45 %),

---

27 40 % der Besucher der sieben baden-württembergischen Museen waren über 50 Jahre alt (vgl. Klein/Bock 2000: 25 ff.), in den beiden oberbayerischen Museen war dies ein noch etwas höherer Anteil. Nur 10 % der Befragten waren dort jünger als 30 Jahre (vgl. Klein/Kania-Schütz/ Wegner 2008: 142).

28 2001 erfolgte eine schriftliche Befragung in der Kunsthalle Würth mit 762 Individualbesuchern über 15 Jahre.

29 Das Bildungsniveau wurde in den Besucherstudien in der Regel erhoben durch die höchsten Bildungsabschlüsse der Besucher, bei Schülern und Studierenden durch die angestrebten Abschlüsse.

verglichen mit Anteilen von rund 25 % in den anderen Museen (vgl. Klein 1990: 179 ff.).

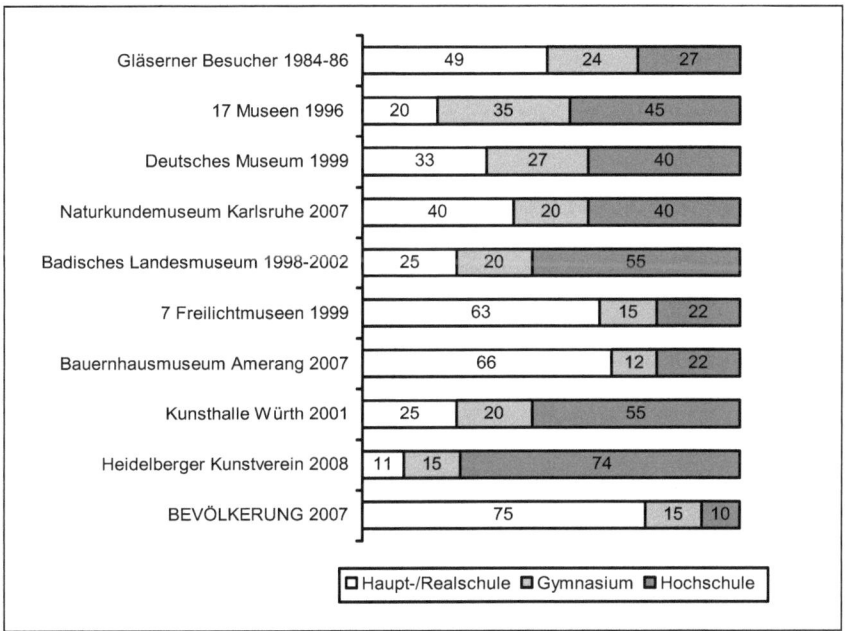

Abbildung 3: Bildungsabschlüsse im Publikum ausgewählter untersuchter Museen (Angaben in %)

Dass mit wachsendem Bildungsstand die Besuche an Museen zunehmen, belegt auch die Besucherbefragung an siebzehn Museen von 1996. 80 % verfügten über einen Abschluss des Gymnasiums oder einer Hochschule. Der Akademikeranteil betrug 45 % – im Vergleich zu einem Anteil von etwa 10 % in der Bevölkerung. Auch bei dieser Untersuchung waren dies doppelt so oft Geistes- und Sozialwissenschaftler als Naturwissenschaftler und Ingenieure. Es bestätigte sich weiterhin, dass vor allem in Kunstmuseen ein geringer Besucheranteil mit Hauptschulabschluss und dafür besonders viele mit Universitätsabschlüssen anzutreffen waren (vgl. Hummel 1996: 69 ff.).

Die Ergebnisse der museumsspezifischen Besucherstudien sind der Abbildung 4 zu entnehmen. Auffällig ist, dass die Resultate zum Freilichtmuseumspublikum sich hinsichtlich der Bildungsstrukturen von denen anderer Museumsrichtungen unterscheiden. Freilichtmuseen ziehen eher breit gemischte

Interessenkreise aus der Bevölkerung an und weisen aufgrund dessen ein Publikum mit weniger ausgeprägten Akademikeranteilen auf.[30]

Außerdem sei noch die bereits dargestellte akademische Prägung des Kunstmuseumspublikums durch Untersuchungsergebnisse untermauert. In der Kunsthalle Würth befanden sich 2001 55 % Studierte unter den Besuchern – vergleichbar mit den Resultaten in kulturgeschichtlichen Museen (vgl. Klein/Bock/Trinca 2002: 20 ff.). Im Heidelberger Kunstverein mit Ausstellungen zeitgenössischer, weniger bekannter Kunst wurden sogar drei Viertel Hochschulabsolventen angetroffen, jeder zweite hatte ein geistes- oder sozialwissenschaftliches Fach studiert (vgl. Wegner 2008c: 18).

Demzufolge ist für Museumsbesucher von einem überdurchschnittlich hohen Bildungsniveau im Vergleich zum Bevölkerungsdurchschnitt auszugehen. Vor allem Akademiker geistes- und sozialwissenschaftlicher Richtungen sind im Museumspublikum überrepräsentiert. Kunstmuseumsbesucher weisen dabei in der Regel den höchsten Akademikeranteil auf. Freilichtmuseen den geringsten, da diese das „gemischteste" Publikum ansprechen.

Angaben der befragten Besucher zu von ihnen *bevorzugten Museumsrichtungen* entsprechen den dargestellten Unterschieden nach Geschlecht, Alter und Bildung im Publikum verschiedener Museen. Dies ist auch dadurch begründet, dass bei dieser Frage die meisten Auskunftspersonen den besuchten Museumstyp als den beliebtesten nennen. Vor allem auf Kunstmuseumsbesucher trifft dies zu: Zwei Drittel von ihnen gaben bei der Untersuchung von Klein (1990: 309 ff.) eine erste Präferenz für Kunstmuseen an. Im Publikum der anderen Museumstypen führten jeweils rund 40 % den besuchten Typ als Lieblingsrichtung an. Am ehesten bildeten dabei Naturkunde- und Technikmuseen sowie Kunst- und Kulturgeschichtsmuseen gegenseitig Besuchsalternativen für die Befragten. Freilichtmuseen waren selbst bei den meisten ihrer Besucher nicht die erste Wahl. Da Freilichtmuseen manchmal verschiedenen Museumskategorien zuzuordnen sind, sind deren Besucher nicht zwangsläufig Museumsgänger im klassischen Sinn. Die Befragung im Freilichtmuseum Glentleiten beispielsweise ergab, dass die Hälfte des dortigen Publikums bei der Frage nach bevorzugten Museumsarten keine Lieblingsrichtung angeben konnte (vgl. Klein/Kania-Schütz/ Wegner 2008: 146).

Geschlechterunterschiede der Museumspräferenzen drücken sich durch eine Nachrangigkeit weiblichen Interesses für Technikmuseen aus. Diese ist noch ausgeprägter als das Desinteresse vieler Männer für Kunstmuseen. Selbst Besu-

---

30 In den sieben untersuchten Museen in Baden-Württemberg wie auch im Bauernhausmuseum Amerang waren je 22 % Hochschulabsolventen anzutreffen (immer noch doppelt so viele wie in der gesamten Bevölkerung). Rund zwei Drittel gaben einen Haupt- oder Realschulabschluss an (vgl. Klein/Bock 2000: 30 ff., Klein/Kania-Schütz/Wegner 2008: 143).

cherinnen in Technikmuseen gaben diese immer noch selten als bevorzugte Museumsgattung an. Beispielsweise machten 41 % der männlichen Besucher des Deutschen Museums diese Angabe, aber nur 8 % der Frauen (vgl. Blahut/Klein 2003: 34 f.). Bei anderen Befragungen an Technikmuseen lagen bei Besucherinnen Technikmuseen ebenso auf dem letzten Platz ihrer Gunst. Im Kunstmuseumspublikum dominieren dafür Frauen mit einer Vorliebe für diese Museen: 73 % der Besucherinnen in der Kunsthalle Würth sagten dies aus, bei männlichen Kunstmuseumsbesuchern waren dies („nur") 57 %. Männer bevorzugten auch andere Museumstypen bzw. hatten keine Lieblingsrichtung (vgl. Wintzerith/Müller 2006: 16).

Bisher bezogen sich die dargestellten Befunde ausschließlich auf Ergebnisse von Besucherbefragungen in Museen. An dieser Stelle werden Resultate aus zwei *Nicht*besucherstudien zu bevorzugten Museumsrichtungen vorgestellt.[31] Nichtbesucherbefragungen werden nicht in Museen, sondern außerhalb der Bezugseinrichtung durchgeführt. Zu erinnern ist daran, dass dies nicht heißt, dass die Befragten nie in Museen gehen. In den beiden Untersuchungen wurden nur Auskunftspersonen ausgewählt, die sich (in gewissem Maß) als kulturinteressiert einschätzten. Die in Stuttgart Befragten gaben am häufigsten Kunstmuseen als ihre erste Lieblingsrichtung an (36 %). Ein weiteres Viertel bevorzugte Naturkundemuseen[32], je rund ein Fünftel technische oder kulturgeschichtliche Museen. Auch unter diesen „Nichtbesuchern" zeigten sich die üblichen Differenzen nach Geschlecht: Frauen präferierten fast doppelt so häufig wie Männer Kunstmuseen. Männer sprachen sich zahlreicher für Technikmuseen aus. Außerdem zählten Befragte, die regelmäßige Besuche in Museen angaben, noch öfter zu Kunstmuseums-Liebhabern als seltenere Besucher von Ausstellungen. Für diese waren Technik- und Naturkundemuseen die bevorzugten Museumsgattungen (vgl. Wegner 2007a: 27 f.). Eine ähnliche Reihenfolge der Beliebtheit resultierte aus einer Befragung kulturinteressierter Mannheimer[33]: 37 % nannten Kunstmuseen als Lieblingsrichtung, gefolgt von je rund einem Fünftel für technisch-naturwissenschaftliche, naturkundliche sowie (Kultur-) Geschichtsmuseen (vgl. ZEB 2004: 23 ff.).

---

31 2007 wurden für das Landesmuseum Württemberg 1.000 standardisierte mündliche Interviews mit Kulturinteressierten aus der Stuttgarter Bevölkerung durchgeführt, ergänzt durch 400 Interviews mit Bewohnern der Umgebung und 400 Stuttgart-Touristen. Diese wurden an öffentlichen Plätzen nach Quotenvorgaben für Geschlecht und Alter angesprochen (vgl. Wegner 2007a).

32 Hier hatte unter Umständen auf die Popularität von Naturkundemuseen Einfluss, dass zum Erhebungszeitpunkt die erfolgreiche Landesausstellung „Saurier – Erfolgsmodelle der Evolution" im Staatlichen Museum für Naturkunde Stuttgart gezeigt wurde.

33 Im Jahr 2004 fand für das Landesmuseum für Technik und Arbeit in Mannheim und Umgebung eine mündliche Befragung mit rund 2.230 kulturinteressierten Personen statt (vgl. ZEB 2004).

Zusammenfassend kann festgehalten werden, dass die meisten Museumsgänger den besuchten Museumstyp auch als den beliebtesten angeben. Am häufigsten trifft dies auf das Publikum von Kunstmuseen zu. Die ausgeprägte männliche Präferenz für technisch ausgerichtete Museen bestätigt sich, denn sogar unter Besucherinnen von Technikmuseen ist dieser Museumstyp nicht erste Wahl. Frauen bevorzugen deutlich am häufigsten Kunstmuseen. Museumsbesucher, die aber nicht in einem Museum befragt wurden, sprachen sich an erster Stelle für Kunstmuseen als Lieblingsrichtung aus, gefolgt von ähnlich großen Anteilen für die anderen Museumstypen.

Museumsrezeption

Nach der Darstellung von Unterschieden bei den bevorzugten Museumsrichtungen sollen nun die Besuchshäufigkeiten in Museen und Ausstellungen näher betrachtet werden. Außerdem wird in diesem Abschnitt auf Anteile von Erst- und Stammbesuchern in Museen und Begleitungen bei Besuchen eingegangen.

Bei den Angaben zu *Besuchshäufigkeiten* ist zu beachten, dass diese wieder hauptsächlich von in Museen befragten Besuchern stammen. Die Museumsbesuche der Bevölkerung unterscheiden sich hiervon stark. Dies belegen Ergebnisse einer Bevölkerungsbefragung mit 2.000 Personen ab 14 Jahren aus dem Jahr 2004: 35 % der Befragten gingen nie in Museen, 46 % maximal einmal im Jahr. Nur ein Fünftel der Bevölkerung gab demnach mehr als einen Aufenthalt pro Jahr in Museen an (vgl. Rombach 2007: 117).[34] Unter Befragten der Stuttgarter Nichtbesucherstudie, die sich selbst als kulturinteressiert einschätzten, waren ein Viertel seltene Besucher mit maximal einem jährlichen Aufenthalt. Die Hälfte besuchte Museen gelegentlich, hier definiert als zwei- bis viermal im Jahr. Immerhin ein weiteres Viertel sah sich mindestens fünfmal im Jahr Museen an (vgl. Wegner 2007a: 24 f.).

Bei der Befragung unter den Besuchern siebzehn deutscher Museen gingen nur 7 % höchstens einmal jährlich in ein Museum. 54 % gaben gelegentliche, das heißt zwei bis fünf Museumsbesuche im Jahr an und rund 40 % zählten zu regelmäßigen Museumsgängern (vgl. Hummel 1996: 88 f.). In nahezu allen Studien wurde festgestellt, dass mit dem Alter der Auskunftspersonen auch die Häufigkeit von Museumsbesuchen zunimmt. Weiterhin überrascht nicht, dass geistes- und sozialwissenschaftliche Akademiker am häufigsten zu Museumsbesuchern zählen. Der Faktor Bildung bestimmt die Museumsbesuchshäufigkeit am stärksten.

---

34 Nuissl/Schulze (1991: 29) sprechen von einem Viertel der Bevölkerung, das Museen besucht.

Schon beim „Gläsernen Besucher" wurde deutlich, dass Kunstmuseen mit Abstand die meisten regelmäßigen Besucher aufweisen: Auf 60 % der dort Befragten traf dies zu. In Kulturgeschichtsmuseen war dies noch ein Anteil von 40 %, in Naturkundemuseen von 30 % und in Freilicht- und Technikmuseen jeweils ein Anteil von rund 20 % (vgl. Klein 1990: 299 ff.).

In den vorliegenden Untersuchungen an Technikmuseen, beispielhaft hier am (auch kulturhistorisch ausgerichteten) Museum für Kommunikation in Bern, betrug die jährliche Museumsbesuchshäufigkeit bei 14 % nur einen Besuch im Jahr. Die Hälfte gab gelegentliche und 37 % häufige Museumsaufenthalte an. Trotz aller Unterschiede im Publikum der verschiedenen Wechselausstellungen des Museums verteilten sich diese Angaben stets ähnlich (vgl. Wegner 2008b: 18). Unter den Befragten waren demnach mehr häufige Besucher als an Technikmuseen bei der übergreifenden Untersuchung von 1984-1986, was unter anderem auf die regelmäßigen Wechselausstellungen des Museums für Kommunikation zurückzuführen ist.

Im untersuchten Naturkundemuseum weichen die Angaben zu Museumsbesuchen von denen anderer Untersuchungen am deutlichsten ab: Fast die Hälfte des dortigen Publikums besucht selten Museen. Gerade hier handelt es sich um ein spezielles Publikum, das sonst wenig Bezug zu Museen hat und in welchem Eltern als Begleitung ihrer Kinder vorherrschen (vgl. Klein/Klumpp 2008: 14 f.).

Das Publikum kulturgeschichtlicher Häuser weist generell eine höhere Museumsaffinität auf als das Publikum technischer und naturkundlicher Museen. Dies bestätigen die Ergebnisse an den baden-württembergischen Landesmuseen. Freilichtmuseumsbesucher wiederum unterscheiden sich hiervon deutlich. Bei den untersuchten sieben Freilichtmuseen in Baden-Württemberg wurde ein weniger ausgeprägtes Museumsinteresse festgestellt: Rund ein Fünftel waren allgemein seltene Besucher (vgl. Klein/Bock 2000: 36 f.). Ähnliche Ergebnisse sind auch in den oberbayerischen Einrichtungen zu verzeichnen.

In Kunstmuseen sind die meisten Besucher mit ausgeprägtem Museumsbezug anzutreffen: In den hier verwendeten Studien ergab sich meist ein Anteil von über der Hälfte regelmäßiger Museumsbesucher mit mindestens fünf jährlichen Besuchen (vgl. Klein/Bock/Trinca 2002: 25). Dies ist unter anderem durch eine häufigere Anzahl populärer Wechselausstellungen in Kunstmuseen und Ausstellungshäusern bedingt.

Anteile von *Erst- und Stammbesuchern* im Museumspublikum gehören zu den in ihrer Wertigkeit besonders ambivalent einzuschätzenden Besuchermerkmalen. Sowohl die Erschließung neuer Zielgruppen als auch die Bindung von Besuchern sind museale Hauptziele. Beim „Gläsernen Besucher" war über die Museen gemittelt die Hälfte der Befragten Erstbesucher, jeweils rund ein Viertel war schon ein- bis dreimal bzw. öfter in dem besuchten Museum. Kunstmuseen wiesen dabei die höchsten Stammbesucheranteile auf – 58 % der Auskunftspersonen tätigten dort schon mindestens vier Vorbesuche. Dies traf noch auf ein Drittel des Publikums der kulturgeschichtlichen Museen zu, in Naturkundemuseen auf ein Viertel und bei Freilicht- und Technikmuseen auf rund 10 % (vgl. Klein 1990: 224 ff.). Eine nahezu identische Verteilung von Erst- und Stammbesucheranteilen ergab sich zehn Jahre später bei der Besucherbefragung an siebzehn Museen, wobei ebenfalls große Unterschiede zwischen den verschiedenen Einrichtungen vorhanden waren (vgl. Hummel 1996: 83 f.).

Damit kann festgehalten werden, dass sich die Häufigkeit von Aufenthalten in Museen zwischen ausgewiesen kulturinteressierten Personen und dem Bevölkerungsdurchschnitt stark unterscheidet. Bei einer Bevölkerungsbefragung ergab sich ein Anteil von 80 % mit maximal einem Museumsbesuch im Jahr, bei einer Befragung Kulturinteressierter waren dies nur noch 25 %, die übrigen 75 % besuchten öfter als einmal jährlich Museen. Besucher von Kunst- und Kulturgeschichtsmuseen sehen sich mehrheitlich noch häufiger als das Publikum anderer Museumsrichtungen weitere Museen an.

Ein weiterer wichtiger Aspekt hinsichtlich der Museumsrezeption ist die *Begleitung* der Besucher. Alle vorliegenden Studien belegen, dass Geselligkeit ein Grundzug der meisten Museumsbesuche ist und die Mehrheit des Publikums in Begleitung im Museum war. Bei der Untersuchung zum „Gläsernen Besucher" waren dies rund 80 % der Befragten, darunter mehr Frauen als Männer.[35] Unbegleitete Besucher wurden am ehesten an Kunst- und Kulturgeschichtsmuseen angetroffen (40 % in Kunstmuseen, 30 % in kulturgeschichtlichen Museen). Bei den Besuchern dieser Museen mit Begleitung wurden am häufigsten Partner oder Freunde mit vermutlich korrespondierenden Motiven gezählt. Besucher gemeinsam mit ihren Kindern waren hingegen am seltensten (7 %). Naturkundemuseen besuchte noch ein Fünftel der Befragten alleine, 40 % waren mit Kindern oder anderen Angehörigen dort. An Technikmuseen waren rund die Hälfte der Besucher Familien, nur 9 % besuchten diese ohne Begleitung (vgl. Klein 1990: 231 ff.).

In aktuelleren Studien bestätigte sich der Museumsbesuch mehrheitlich als ein gemeinsames Erlebnis. 77 % der Auskunftspersonen an den rund 100 untersuchten Schweizer Museen waren in Begleitung, 80 % an den siebzehn deutschen Museen. In der Regel war der Partner die häufigste Begleitung, gefolgt von Familienangehörigen und Freunden/Bekannten/Kollegen. Auch hier wurden jeweils die höchsten Anteile alleinkommender Besucher an Kunstmuseen festgestellt (vgl. Baran 2006: 95 ff.; Hummel 1996: 73 ff.).

---

35 60 % der „Einzelgänger" waren männlich.

Dass Technik- und Naturkundemuseen Einrichtungen für Familien sind, ergaben auch die vorliegenden Befragungen für einzelne Museen. Im Museum für Kommunikation in Bern wurde bei verschiedenen Besucherstudien eine große Mehrheit – rund 90 % – in Begleitung angetroffen. Die Hälfte der Dauerausstellungsbesucher war mit Kindern oder anderen Familienangehörigen vor Ort, im Wechselausstellungspublikum war die Begleitung durch Partner und Freunde ähnlich häufig. Aus allen Untersuchungen resultierte, dass die Bereitschaft alleine ins Museum zu gehen mit zunehmendem Alter stieg, während der Aufenthalt mit Kollegen oder Freunden mit dem Alter der Befragten abnahm (vgl. Wegner 2008b: 39 ff.). Im Naturkundemuseum Karlsruhe gab ein noch größerer Anteil der Auskunftspersonen einen Besuch in Begleitung an (93 %). Hier waren sogar 61 % Familienbesucher, besonders häufig in der Gruppe der Stammbesucher (vgl. Klein/Klumpp 2008: 23 f.).

Kunst- und kulturgeschichtliche Museen gehören im Allgemeinen zu weniger von Familien bevorzugten Museumsarten. Im Landesmuseum Württemberg fanden insgesamt 85 % der Besuche in Begleitung statt, Besuche mit dem Partner waren am häufigsten (vgl. Wegner 2007b: 40 ff.). Diese Ergebnisse waren ähnlich auch für das Badische Landesmuseum festzustellen (vgl. Klein 2003: 126 f.), womit bei diesen Museen der Anteil unbegleiteter Besucher noch „steigerungsfähig" ist. Wie die Untersuchung zum „Gläsernen Besucher" dokumentierte, wurden kulturgeschichtliche Museen nach Kunstmuseen am häufigsten alleine und mit „intrinsischer Motivation" aufgesucht.

Freilichtmuseen weichen auch hier von den Resultaten anderer kulturgeschichtlicher Häuser deutlich ab. Gründe dafür sind, dass Besuche in Freilichtmuseen häufig mit einer längeren Anreise verbunden sind und im Rahmen eines Ausflugs, oft in Verbindung mit weiteren Freizeitaktivitäten, unternommen werden. Außerdem bietet sich dieser Museumstyp dazu an, in einer ungezwungenen Atmosphäre einen Besuch mit Kindern zu unternehmen. In den „7 im Süden" war entsprechend auch der Anteil unbegleiteter Besucher mit 6 % gering. 40 % sahen sich die Museen gemeinsam mit Kindern oder anderen Familienmitgliedern an (vgl. Klein/Bock 2000: 43 f.). In den untersuchten oberbayerischen Freilichtmuseen war ein noch größerer Anteil von 97 % Besuchern in Begleitung, darunter 44 % Familienbesucher (vgl. Klein/Kania-Schütz/Wegner 2008: 146).

In Kunstmuseen ist der Anteil unbegleiteter Besucher relativ am höchsten, unter anderem weil diese häufig in städtischen Gebieten mit guter Infrastruktur und einem ausgebauten öffentlichen Personennahverkehr angesiedelt sind. Im Museum für Kunst und Gewerbe Hamburg befand sich ein Viertel der Befragten ohne Begleitung, darunter viele Stammbesucher aus der Umgebung, die den Besuch wegen einer Sonderausstellung tätigten (vgl. Rombach 2007: 118 f.). Im Heidelberger Kunstverein wurde ein ebenso großer Anteil von „Einzelgängern" im Publikum festgestellt (vgl. Wegner 2008c: 21).

Damit lässt sich konstatieren: In allen Museumstypen findet die deutliche Mehrheit der Besuche in Begleitung statt. Partner sind meist die häufigste Begleitung in Kunst- und Kulturgeschichtsmuseen, Familienmitglieder gehen oft gemeinsam in Naturkunde- und Technikmuseen. Alleine sehen sich Besucher am ehesten kulturgeschichtliche Häuser oder Kunstausstellungen an. Durchschnittlich kommen Männer eher als Frauen ohne Begleitung ins Museum, außerdem steigt die Häufigkeit von unbegleiteten Besuchen mit zunehmendem Alter.

Bevorzugte Formen der Ausstellungspräsentation

Weiterhin werden in diesem Beitrag Ergebnisse zu bevorzugten Formen der Ausstellungspräsentation vorgestellt. Die angeführten Studien sind dabei als erster Eindruck von Besuchermeinungen zu diesem umfassenden Themenkomplex zu verstehen. Sie sollen aber aufzeigen, welche wichtigen Informationen Untersuchungen für die Ausstellungsplanung liefern können.

Zur Neugestaltung der Sammlungspräsentation des Landesmuseums Mainz sollten verschiedene geplante Aspekte wie die chronologische Sammlungsgliederung mit lebensnahen Inszenierungen, der besucherorientierte Medieneinsatz sowie ein regelmäßig wechselnder Teilbereich der Dauerausstellung einer Evaluation unterzogen werden (vgl. Wegner 2006b). Bevor eine Formative Evaluation mit Tests bestimmter Gestaltungselemente zum Einsatz kam, wurden Informationen für die Konkretisierung des weiteren Vorgehens benötigt. Die zu diesem Zweck durchgeführte Erhebung, die hier vorgestellt wird, erfolgte mittels mündlicher und schriftlicher Interviews und bezog verschiedene Zielgruppen des Museums (einheimische und auswärtige Nichtbesucher, Besucher und Schulklassen) mit ein.[36]

Ein für die weitere Arbeit des Museums wichtiges Ergebnis dieser Studie ist die Unterstützung des geplanten chronologischen Besuchsverlaufs durch die Befragten. Besonders für Personen, die das Haus noch nicht kannten, war diese Gliederung interessant. Befragte, die bereits zu Besuchern zählten, wollten auch gezielt favorisierte Abteilungen aufsuchen, weswegen für diese ein verständliches Leitsystem wichtig war. In der bereits angeführten Untersuchung an 96 Schweizer Museen wurde ebenfalls erhoben, dass die Befragten mehrheitlich den vorgegebenen Rundgang durch die Ausstellung bevorzugten. Vor allem bei

---

36 Im Jahr 2005 wurden rund 250 mündliche Befragungen mit Mainzern sowie Touristen außerhalb des Landesmuseums durchgeführt, die nach einem Quotenplan zu Alter und Geschlecht angesprochen wurden. Weiterhin wurden an rund 130 Besucher des Landesmuseums bei Museumsveranstaltungen standardisierte, schriftliche Fragebögen zum Selbstausfüllen ausgeteilt und es erfolgten schriftliche Befragungen von Mainzer Schulklassen verschiedener Schularten.

Besuchen in Dauerausstellungen war dies der Fall. Hier zeigte sich zudem, dass Objektbeschriftungen die am häufigsten genutzten Informationsmittel beim Besuch waren, gefolgt von Ausstellungstexten.[37] Führungen und Kataloge wurden deutlich seltener angegeben (vgl. Baran 2006: 107 ff.). Zu berücksichtigen sind aber in diesem Zusammenhang auch die Untersuchungsergebnisse aus mehreren Studien, dass „(...) ein Großteil der Besucher/-innen nicht linear und umfassend, sondern eher unsystematisch und selektiv durch eine Ausstellung geht. (...) Außerdem entspricht die Reihenfolge, in der Elemente einer Ausstellung besucht werden, oft nicht der impliziten Ausstellungsstruktur" (Schwan et al. 2008: 120 f.). Beobachtungen des tatsächlichen Besucherverhaltens in Ausstellungen erscheinen aufgrund dessen zur Überprüfung angebracht.

Bei der Befragung für das Landesmuseum Mainz sprach sich die Mehrheit der Befragten weiterhin für Inszenierungen in der Ausstellung aus. Dieser Aspekt wurde bei den Interviews unter anderem durch den Einsatz von Fotos abgefragt. Differenzen bestanden bezüglich der gewünschten Bestandteile solcher Inszenierungen: Nichtbesucher bevorzugten am ehesten visuelle Möglichkeiten wie Originale und Filmsequenzen, die schon gewonnenen Besucher hingegen wünschten sich eher schriftliche Informationen über Texte sowie Zitate und Dokumente. In diesen beiden Gruppen bestand kaum Interesse für Nachbildungen zum Anfassen, die aber den jungen Befragten gefielen. Bei einer zielgruppenorientierten Gestaltung ist dies folglich eine zu berücksichtigende Herausforderung. Diesen altersspezifischen Unterschied bestätigt auch die Vorab-Evaluation für das Haus der Geschichte Baden-Württembergs (vgl. van Deth/ Schäfer 2002: 103 ff.). Den Einsatz von Filmen in der Ausstellung befürworteten wiederum mehrheitlich alle Auskunftspersonen.

Audioguide-Führungen fanden besonders bisherige Nichtbesucher des Museums und allgemein seltenere Museumsbesucher sinnvoll. Bei deren Preisgestaltung war es der Mehrheit lieber, wenn der Preis für den Audioguide nicht in den Eintrittspreis eingerechnet wird. Schließlich stimmten die meisten Befragten dem Konzept der „wechselnden Dauerausstellung" mit neuen Themen und Exponaten aus dem Depot zu. Sie gaben hierdurch verstärkt Anregungen zu Wiederholungsbesuchen an. Es erscheint demnach besonders aussichtsreich, dieses Konzept öffentlichkeitswirksam zu nutzen.

Studien am Haus der Geschichte der Bundesrepublik Deutschland ergaben hinsichtlich einer besucherorientierten Ausstellungspräsentation, dass besonders die Exponate, die eine Verbindung zur alltäglichen Lebenswelt der Besucher aufwiesen und emotionale Bezüge herstellten, den Besuchern Gesprächsanlässe boten und sie verstärkt ansprachen. Zudem bevorzugten die Besucher einen nar-

---

37 Vgl. zur Überprüfung und Verbesserung von Ausstellungstexten auch Borzyskowski (1991).

rativen Einstieg in die Ausstellungsthematik ebenso wie Präsentationsformen, die nicht nur mit Text- und Bildtafeln arbeiteten. Ihnen erschloss sich das Dargestellte durch die Einordnung in einen größeren Zusammenhang oft besser (vgl. Schäfer 2004: 106 ff.). Der Museumsgestalter Steiner plädiert aufgrund dessen für „emotionale, berührende und lebendige Ausstellungen", welche es vermögen „(...) die Begeisterung der Konservatoren über Objekte so zu übersetzen, dass das nichtkundige Publikum diese Begeisterung spürt" (Museumsverband Baden-Württemberg 2000: 22).[38]

Auch Schuck-Wersig und Wersig (1996: 160 f.) verdeutlichen die Wichtigkeit der Orientierung am Besucheralltag und des Aufgreifens der Besucherperspektiven bei der Ausstellungsgestaltung in der heutigen Museumsarbeit:

> „Museen können es sich heute weniger denn je leisten, ausschließlich retrospektiv zu arbeiten. Wenn sie wettbewerbsfähig bleiben bzw. werden sollen, müssen sie ihren Elfenbeinturm verlassen bzw. – als Kompromißlösung – zumindest Verbindungen zwischen Elfenbeinturm und dem profanen Leben herstellen. (...) Ich kann die Menschen am ehesten in meinen Elfenbeinturm locken, wenn ich Bezüge zwischen meiner und ihrer Welt herstelle. Der Besucher muß sich in dem, was ihm geboten wird, wieder finden. (...) Konsequente Besucherorientierung heißt für die Kompromißlösung dann in jedem Fall, ein (‚perforiertes' oder) ‚permeables' Museum zulassen, ein Museum, das den Alltag einläßt, ein Museum, das sich auf Menschen einläßt, auf ihre Bedürfnisse, ihre Sorgen und Nöte, aber natürlich auch auf ihre Freuden."

Demnach ist auch von großer Bedeutung, Besuchermeinungen zu Ausstellungspräsentationen mittels Evaluationen zu erheben. Beispielsweise ergaben mehrere Studien zielgruppenspezifische Unterschiede hinsichtlich der präferierten Gestaltung von Inszenierungen: Vor allem jüngere Befragte schätzten haptische Möglichkeiten im Museum besonders. Weiterhin ist als bedeutendes Untersuchungsresultat die Bedeutung der emotionalen Ansprache von Besuchern in Ausstellungen und die Verbindung zu ihrer alltäglichen Lebenswelt festzuhalten.

---

38 Weitere Untersuchungen zum Thema Präsentation: Studien zum Einsatz von Computern in Ausstellungen finden sich in Klein (1995): zum Beispiel Hilke (1995), Meighörner (1995), Kehle/Rymarcewicz (1995). Wirkungen von Hands-on-Objekten wurden untersucht von Borun/Massey/Lutter (1993). Wirkungen von Computerinstallationen sind Gegenstand bei Flagg (1991). Digitale Medien in Ausstellungen sind Thema unter anderem in Schwan et al. (2008).

Besuchsmotive und -barrieren

„Die Leute gehen ja nur in das Museum, weil ihnen gesagt worden ist, daß es ein Kulturmensch aufzusuchen hat, nicht aus Interesse, die Leute haben kein Interesse an der Kunst, jedenfalls neunundneunzig Prozent der Menschheit hat keinerlei Interesse an Kunst" (Bernhard 1985: 10).

Im Folgenden wird auf Erkenntnisse zu Besuchsmotivationen des Museumspublikums eingegangen. Hierfür werden die Ergebnisse mehrerer Studien zu allgemeinen Museumsbesuchsgründen gegenübergestellt. In der folgenden Tabelle ist jeweils die Reihenfolge der von den Befragten angegebenen Motive aufgelistet. Trotz aller zu berücksichtigender Unterschiede der Untersuchungen und der abweichenden Formulierungen dieser Fragestellung und Antwortkategorien, ist eine einheitliche Tendenz vorhanden: Das Besuchsmotiv ‚Bildung/ Lernen im Museum' steht in allen Studien an erster Stelle – neben der teilweise vorhandenen Antwortkategorie ‚Interesse am Ausstellungsthema oder an bestimmten Objekten'. Dies trifft interessanterweise auf Besucher aller Museumsrichtungen zu. ‚Unterhaltung' als bestimmendes Motiv wird deutlich seltener von den Museumsbesuchern als ausschlaggebend genannt. Auch ‚Geselligkeit' ist – trotz der dargestellten Dominanz gemeinsamer Museumsbesuche – nicht der primäre Besuchsgrund.

In einigen Studien wurden außerdem Anstöße wie das ‚Streben nach einem Orientierungsrahmen', das ‚Genießen eines ästhetischen Erlebnisses', ‚überraschende neue Eindrücke', ‚Kontemplation' oder die ‚Erfahrung des Berühmten und Spektakulären' angeführt. Eine museumsübergreifende Studie zu Besuchsmotivationen mit vergleichbaren Resultaten ist aufgrund dessen ein an dieser Stelle weiteres anzuführendes Forschungsdesiderat.

Studie	Besuchsgründe	
Klein (1990): Besucherbefragung an 37 Museen (Nennung von 1 aus 3 Gründen)	1. 2. 3.	56 % vorhandene Kenntnisse vertiefen/ Allgemeinwissen verbessern und anregende Unterhaltung/etwas Interessantes oder Schönes sehen 27 % vorhandene Kenntnisse vertiefen/ Allgemeinwissen verbessern 17 % anregende Unterhaltung/etwas Interessantes oder Schönes sehen
Baran (2006): Besucherbefragung an 96 Schweizer Museen (3 Nennungen aus 26 Gründen)[39]	1. 2. 3. 4. 5. 5.	92 % Interesse (56 % für behandeltes Thema, 23 % für Museumsfach, 13 % Neugierde) 53 % Bildung (31 % Neues entdecken, 22 % Wunsch sich zu bilden) 50 % Streben nach einem Orientierungsrahmen (13 % Objekte aus der Vergangenheit betrachten, 13 % Objekte aus dem Erbe anderer Kulturen betrachten, 11 % Objekte ihres Kulturerbes betrachten, 7 % Objekte als Zeugen der Tradition einer anderen Region betrachten, 6 % Objekte als Zeugen der Tradition ihrer Region betrachten) 31 % ästhetisches Empfinden (17 % Meisterwerke bewundern, 14 % Liebe zu allem was schön ist) 20 % Unterhaltung (17 % zum Vergnügen, 3 % sich entspannen) 20 % Geselligkeit (9 % etwas mit der Familie unternehmen, 5 % Ausstellung jemand anderem zeigen, 3 % Zeit mit Freunden verbringen, 2 % Nahestehende begleiten, 1 % unter Leute kommen)
Hummel (1996): Besucherbefragung an 17 Museen (Mehrfachnennungen aus 9 Gründen)[40]	1. 2. 3. 4.	68 % Interesse (26 % Schaulust/Neugier, 16 % Interesse für Sammelschwerpunkte des Museums, 16 % berufliches oder schulisches Interesse, 10 % Interesse für einzelne Museumsobjekte) 38 % Wissensbestätigung und -erweiterung 30 % gemeinsames Kulturerlebnis 22 % Erbauung und Entspannung
Wegner (2005): Besucherbefragung in der Dauerausstellung des Museums für Kommunikation, Bern (1 oder 2 Nennungen aus 6 Gründen)	1. 2. 3. 4. 5. 6.	66 % etwas lernen 38 % gemeinsam etwas unternehmen 28 % Spaß haben 24 % überrascht werden 20 % schöne Objekte sehen 14 % selbst aktiv sein

---

39 Weitere Gründe: 14 % Freizeit sinnvoll nutzen, 7 % Renommee der Objekte, 4 % Ausstellung sehen, die in aller Munde ist, 3 % Freizeit ausfüllen, 3 % wetterbedingt, 3 % Ausstellung nochmals ansehen, 1 % zufällig
40 Weitere Gründe: 5 % zufälliger Besuch, 6 % Sonstiges

Wegner (2008b): Befragung 6- bis 16- jähriger Besucher am Museum für Kommunikation, Bern (1 oder 2 Nennungen aus 6 Gründen)[41]	1. 2. 3. 4.	47 % *etwas lernen* 45 % Spaß haben 39 % gemeinsame Unternehmung (33 % Unternehmung mit der Familie, 6 % Unternehmung mit Freunden) 23 % selbst etwas ausprobieren
Rombach (2007): Befragung am Museum für Kunst und Gewerbe Hamburg (Mehrfachnennungen aus 9 Gründen)	1. 2. 2. 3. 4. 5.	82 % *sich bilden* 75 % *Neues lernen* 75 % Interesse am Thema 49 % Kontemplation (30 % besondere Atmosphäre, 19 % Ruhe und Muße) 46 % soziale Gründe (38 % mit Freunden etwas unter-nehmen, 8 % Geselligkeit/mit Gleichgesinnten zusammen-kommen) 42 % Unterhaltung und Ablenkung (34 % Unterhaltung/ Vergnügen/Spaß, 8 % Ablenkung/auf andere Gedanken kommen)
McManus (1996) (Nennung von 1 aus 6 Gründen)[42]	1. 2. 3.	39 % Interesse (21 % generelles Interesse, 18 % spezifischer Aspekt des Museums) 26 % *Lernen* 22 % Spaß
Kirchberg (2005): Nichtbesucherbefragung mit 1.080 Personen[43] (Reihenfolge der Zustim- mung zu 10 Motiven/ positiven Handlungsfolgen)	1. 2. 3. 4. 5. 6. 7. 8. 9. 10.	*Allgemeinbildung erweitern* Erfahrung des Berühmten und Spektakulären Erfahrung von Überraschungen/überraschende neue Ein-drücke Erleben von Muße und Erbauung Respekt und Ehrfurcht spezielles Wissen für die Arbeit etc. Erfreuen an der Architektur interessante Zusatzangebote Spaß und gute Unterhaltung Geselligkeit mit Freunden

Abbildung 4: Allgemeine Gründe der Befragten für Museumsbesuche aus verschiedenen Besucherstudien

Soziodemografische Unterschiede hinsichtlich der Besuchsgründe sowie Unterschiede nach Museumsrichtungen bestanden bei der vergleichenden Untersuchung zum „Gläsernen Besucher" wie folgt: Männliche Befragte nannten etwas häufiger als Frauen den alleinigen Besuchsgrund ‚Wissenserweiterung', Frauen strebten dafür häufiger eine ‚anregende Unterhaltung/etwas Schönes

---

41 3 % Sonstiges
42 Weitere Gründe: kein besonderer Plan 7 %, nicht definiert 6 %
43 1995 gab es eine Vorstudie mittels schriftlicher Befragung mit 16.862 Teilnehmern. Für die Hauptstudie wurde eine Stichprobe aus der Vorstudie gezogen, es erfolgte eine schriftliche Befragung mit 1.080 Teilnehmern.

sehen' an. Das Bildungsmotiv wurde von Besuchern an Technik- und Freilichtmuseen am häufigsten angegeben. Wie leicht nachzuvollziehen ist, war das ästhetische Erlebnis für das Kunstmuseumspublikum häufig wichtiger (vgl. Klein 1990: 279 ff.). Bei der Schweizer Studie wurde deutlich, dass Bildungsmotive für jüngere Befragte wichtiger waren als für ältere. Außerdem bestätigte sich die Bedeutung des ästhetischen Erlebnisses für Kunstmuseumsbesucher. ‚Vergnügen' und ‚Entspannung' als Ziel wurden vergleichsweise am häufigsten von Besuchern in Technikmuseen genannt (vgl. Baran 2006: 76 ff.).

Die Befragungen am Museum für Kommunikation in Bern ergaben durchgängige Altersunterschiede bei den genannten Gründen: Während der Hauptbesuchsgrund ‚Lernen' in allen Altersklassen dominant war, wurde ‚Spaß' besonders häufig von jüngeren Befragten, ‚gemeinsame Aktivitäten' von Personen jüngeren und mittleren Alters angegeben. ‚Schöne Objekte zu sehen' war für ältere Besucher über 50 Jahre wichtiger (vgl. Wegner 2008b: 19 f.). Bei der Besucherbefragung am Museum für Kunst und Gewerbe ergab sich auch eher für ältere Besucher ‚Kontemplation' als Motivation, ‚soziale Gründe' sowie ‚Unterhaltung' und ‚Ablenkung' wurden häufiger von jüngeren genannt (vgl. Rombach 2007: 123 ff.).

In der Untersuchung von Kirchberg (2005: 292) zu zehn Besuchsmotiven konnte schließlich festgestellt werden, dass die dort wichtigsten Motive ‚Allgemeinbildung', ‚Erfahrung des Berühmten und Spektakulären' sowie ‚überraschende neue Eindrücke' in allen Museumsgattungen am häufigsten genannt wurden. Dabei war für Besucher von Geschichtsmuseen Bildung noch etwas wichtiger als für die übrigen. ‚Berühmtes und Spektakuläres erfahren' wollten Technik- und Kunstmuseumsbesucher häufiger und ‚Überraschungen' suchte das Publikum von Technikmuseen öfter als die anderen Auskunftspersonen.

Treinen (1991: 42) stellt in seinem Artikel zu „Motivation zum Museumsbesuch" resümierend fest: „daß ein Museumsbesuch keine einzelne Motivation als Grund oder Ursache besitzt, sondern daß sehr unterschiedliche Grunderfahrungen und Verhaltensgewohnheiten zusammenfallen müssen, um derartige kulturelle Angebote auch zu realisieren."

Es lässt sich festhalten, dass aktuelle museumsübergreifende Vergleichsstudien zu Motiven von Museumsbesuchen eher selten sind. In den vorliegenden Untersuchungen kristallisierte sich heraus, dass der Aspekt Bildung/Lernen im Museum bzw. Interesse an der Ausstellung für das Museumspublikum der wichtigste Besuchsgrund ist. Dies trifft auf Besucher aller Museumstypen zu. Feststellbare Unterschiede sind primär altersspezifisch: Für jüngere Besucher hat eher als für ältere Unterhaltung und Geselligkeit im Museum einen hohen Stellenwert, ältere suchen häufiger Kontemplation oder wollen sich an schönen Objekten erfreuen.

Nach der Darstellung der Ergebnisse zu Besuchs*motiven* sollen auch mögliche Besuchs*barrieren* erörtert werden. Vorausgeschickt sei die Bemerkung, dass wenige Studien bekannt sind, die sich speziell mit dieser Fragestellung beschäftigen.

Klein führt zum Thema Besuchsbarrieren eine Untersuchung von Hood aus dem Jahr 1983 an, die sich auf populäre Begründungen für Freizeitaktivitäten und diesbezügliche Unterschiede zwischen häufigen und seltenen Museumsbesuchern bezieht (vgl. Klein 1997: 41 ff.).[44] Danach sind in der Freizeit wichtige Motive:

- „das Zusammensein mit anderen Menschen,
- etwas Sinnvolles unternehmen,
- sich in einer vertrauten Umgebung wohlfühlen,
- die Herausforderung neuer Erfahrungen (...),
- die eigene Allgemeinbildung verbessern und
- aktiv an etwas teilnehmen" (Klein 1997: 41).

Die Untersuchung ergab, dass für häufigere Museumsbesucher (mit mindestens drei jährlichen Besuchen) alle aufgeführten Gründe bei der Entscheidung, sich ein Museum anzusehen, eine Rolle spielen. „Sie verstehen den ‚Museumscode', fühlen sich wohl beim Umgang damit, genießen die Kommunikation sowohl mit Objekten und Botschaften wie mit Begleitern" (Klein 1997: 41). Für seltenere Museumsgänger und diejenigen, die nie in Museen gehen, traf dies weit weniger zu. Für Mehrheiten in diesen Gruppen waren bei Museumsbesuchen die ‚Geselligkeit mit Anderen', der ‚Wohlfühl-Faktor' und die ‚Möglichkeit selbst aktiv zu sein' nicht gegeben. Aufgrund dessen gehen diese lieber anderen Freizeitaktivitäten nach. „Museen sind demgegenüber nach Vorstellung dieser Personenkreise Orte, die ernst, langweilig, ermüdend, anstrengend, unpraktisch und unverständlich sind, die von blasierten Personen einer anderen Welt bevölkert werden und deren Besuch im Vergleich zu anderen Freizeitangewohnheiten weniger lohnend (!) und attraktiv anmutet" (Klein 1997: 42).

In noch weiter zurückliegenden Studien wurden Hindernisse des Zugangs zu Museen untersucht (vgl. Klein/Bachmayer 1981: 196 ff.). Ermittelt wurden hier Barrieren

- des Verständnisses und der Beanspruchung,
- der mangelnden Unterhaltsamkeit,
- der Unsicherheit,
- des geringen Nutzens sowie
- des mangelnden Sensationsgehalts.

---

44 Telefonische Umfrage in Toledo, Ohio (Zufallsstichprobe mit über 500 Befragten).

Die Studien ergaben, dass nahezu alle Barrieren besonders für Personen mit nicht-akademischer Vorbildung und für seltene Museumsgänger vorhanden waren. Nach Alter unterschieden empfanden Befragte mittleren und höheren Alters Museumsbesuche am häufigsten als anstrengend. Ebenso ältere, aber auch die jüngsten Auskunftspersonen gaben öfter als Befragte zwischen 30 und 60 Jahren an, sich im Museum unsicher zu fühlen, da ein Museumsbesuch ein für sie ungewohntes Ereignis ist. Im Gegensatz zu den anderen Barrieren waren bei der Begründung des mangelnden Sensationsgehalts (Mangel an Aktualität und Attraktivität) nur geringe Unterschiede nach Alter und Bildung festzustellen. Diese Barriere ist unter anderem auf die Dauerhaftigkeit von Museumsangeboten (ausgenommen Wechselausstellungen) zurückzuführen. Während folglich Personen mit niedrigeren Bildungsabschlüssen häufiger als Abiturienten und Akademiker Museen als schwer verständlich, anstrengend, wenig unterhaltsam, ungewohnt und nicht lohnend empfanden, war diese Barriere des mangelnden Sensationsgehalts für Befragte aus allen Gruppen vorhanden.

Ferner untersuchte Kirchberg (2005: 290 ff.) in der Studie „Gesellschaftliche Funktionen von Museen" elf mögliche Barrieren (negative Handlungsfolgen) für Museumsbesuche.[45] Das größte Hindernis war hier für befragte Besucher wie Nichtbesucher ‚andere Freizeitpräferenzen' („habe was Besseres in der Freizeit zu tun"). An zweiter Stelle stand, dass die ‚Eintrittspreise' als zu teuer empfunden wurden. Auf Kunstmuseen bezogen wurden zusätzlich ‚Ermüdungs- und Anstrengungseffekte' als abschreckend angegeben. Am wenigsten oft stimmten die Auskunftspersonen den Erklärungen zu, dass sie in Museen mit der Familie ungern gesehen sind, sich nicht erwünscht fühlen oder nicht verstehen, um was es dort geht.[46]

Resümierend ergeben sich aus den Studien viele verschiedene mögliche Barrieren für Museumsbesuche. In mehreren Untersuchungen gab es folgende Begründungen:

- mangelnde Unterhaltsamkeit und Geselligkeit,
- Unsicherheit in der ungewohnten Museumsumgebung,
- ein fehlender „Wohlfühl-Faktor" sowie
- ein anstrengender Besuch.

---

45 Schriftliche Bevölkerungsbefragung mit 1.080 Teilnehmern.
46 Andere Gründe: zu weit von meiner Wohnung entfernt, weiß nicht genug von Museen/es gibt nicht genügend Informationen, ungünstige Öffnungszeiten, stellen ihre Sammlungen langweilig dar/haben kein Interesse am Besucher, mein Beruf macht es kaum möglich, es gibt niemanden mit dem ich dort hingehen kann. Weitere Publikationen zu Nichtbesuchern von Museen sind unter anderem Kirchberg (1996) und Kirchberg (1998).

Außerdem wurde angeführt, dass

- man in Museen nicht selbst aktiv sein kann,
- Museen schwer verständlich sind,
- geringen Nutzen für den Besucher versprechen,
- nicht genügend Sensationsgehalt aufweisen oder
- von den Befragten andere Freizeitunternehmungen bevorzugt werden.

Ergänzend sollen Befunde aus den vorliegenden Nichtbesucheranalysen für das Landesmuseum Württemberg in Stuttgart und das Landesmuseum für Technik und Arbeit in Mannheim vorgestellt werden (vgl. Wegner 2007a; ZEB 2004). Die befragten Stuttgarter, die das Landesmuseum Württemberg noch nicht besucht hatten, wurden um Begründungen hierfür gebeten. Ihre Motive waren am häufigsten, dass sie noch ‚keine Zeit' hatten oder sich ‚ein Besuch noch nicht ergeben' hat. Beide Aussagen wurden von je rund einem Drittel getätigt. Für die Mehrheit ist ein Besuch im Landesmuseum also durchaus vorstellbar – bei einigen waren diese Antworten vermutlich aber eher Ausreden. Rund 15 % war das Museum bisher gänzlich ‚unbekannt', weswegen natürlich auch nicht an einen Besuch gedacht wurde. Die wohl „problematischste" Gruppe waren die Befragten, deren Nichtbesuchsgrund ‚mangelndes Interesse' war. Dies traf auf 12 % der Antworten, den immerhin kleinsten Anteil, zu. Jüngere Befragte nannten dies am häufigsten, ältere Befragte waren leichter zu einem Besuch anzuregen (vgl. Wegner 2007a: 61 ff.).

Bei der Untersuchung zum Landesmuseum für Technik und Arbeit wurden die tatsächlichen Nichtbesucher[47] nach Bedingungen eines möglichen Besuchs gefragt. An erster Stelle würden diese einen Besuch nachholen, wenn es eine ‚interessante Sonderausstellung' gibt (50 %). Folglich liegt im Bereich von Sonderausstellungen erwiesenermaßen ein erhebliches Potenzial der Erstbesuchergewinnung. Ein Fünftel der Befragten würde ‚gemeinsam mit Gästen' ins Landesmuseum gehen, fast ebenso viele konnten sich einen ‚Ausflug mit der Familie' in das Technikmuseum vorstellen. 14 % wollten einen Besuch am ehesten unternehmen, wenn ihre ‚Kinder oder Enkel älter' sind. Insgesamt entfielen demnach etwa 50 % der Nennungen auf Besuche gemeinsam mit anderen bzw. darauf, dass gegenwärtig keine passende Begleitung vorhanden war. Nur 7 % schlossen einen Besuch ganz aus (vgl. ZEB 2004: 68 ff.).[48]

---

47 Als Nichtbesucher wurden hier auch diejenigen definiert, die bisher nur aus dem Anlass der populären Sonderausstellung „Körperwelten" im Landesmuseum für Technik und Arbeit waren.
48 Mehrfachnennungen waren möglich.

Diese beiden Nichtbesucherbefragungen ergaben für die untersuchten Museen Einschätzungen ihres Bekanntheitsgrads sowie der Besucherpotenziale in verschiedenen Einzugsgebieten. Die Informationen zu Besuchsbarrieren waren nur bedingt zielführend (zum Beispiel wegen einiger Antworten, die eher als Ausreden zu werten waren) und sollten idealerweise durch qualitative Untersuchungen ergänzt werden. In Tiefeninterviews oder Gruppendiskussionen könnten beispielsweise weitergehende Erklärungen für den Nichtbesuch gefunden werden.

Segmentierung des Museumspublikums

Die bisher dargestellten Ergebnisse zur Zusammensetzung des Museumspublikums bezogen sich weitestgehend auf soziodemografische Strukturmerkmale. Zur Ergänzung finden hier weitere Segmentierungsmöglichkeiten des Publikums Erwähnung. Eine Möglichkeit ist die Differenzierung in Form von *Lebensstilmodellen*. Eine ausführliche Darstellung der verschiedenen Typologien ist in diesem Rahmen nicht möglich und wurde bereits in zahlreichen Publikationen vorgenommen.[49] Auch sind Einwände gegen diese Modelle zu berücksichtigen:

„(…) an Bildung und Erwerbsstatus festgemachte Unterscheidungen werden in ihrer gesellschaftlichen Relevanz und Aussagefähigkeit für verschiedenste Fragestellungen angezweifelt. Stattdessen seien mit Konzepten wie Lebensstil oder Milieu verbundene kategoriale Aufschlüsselungen geeigneter, durchgreifend in bestimmten Teilmengen der Bevölkerung anzutreffende Wertorientierungen, Präferenzen und Verhaltensmuster zu erklären. Leider bestehen derzeit noch erhebliche empirische Defizite zu einer übereinstimmend anerkannten und griffigen Identifikation der neuen Zurechnungskategorien" (Blahut/Klein 2003: 27).

Aufgeführt werden sollen zwei empirische Studien zum Zusammenhang von Lebensstilen und Museumsbesuchen. Kirchberg (2005) untersuchte in seiner bereits angeführten Bevölkerungsbefragung den Bezug von Museumsbesuchen zu Gluchowskis Lebensstiltypen und den Erlebnismilieus Schulzes.[50] Dabei ergaben sich vor allem deutliche Korrelationen zwischen den Erlebnismilieus und dem Besuch von Museen: Angehörige des Niveaumilieus besuchten häufiger

---

49 Zu Lebensstiltypologien ist unter anderem zu verweisen auf Schulze (1992), Kirchberg (2005), Kohl (2006) und Bröckers (2007).
50 Gluchowskis Lebensstiltypen wurden im Fragebogen durch eine Skala mit politisch-moralischen Wertäußerungen definiert. Schulzes Erlebnismilieus wurden abgegrenzt mittels der Bewertung einer Auswahl alltäglicher Präferenzen, bei denen die größten Lebensstil-Unterschiede zwischen den Milieus auszumachen waren (Fernsehsendungen, Musikgenres, Zeitungsrubriken).

als der Durchschnitt Kunst- und Geschichtsmuseen, am seltensten traf dies auf das (weniger gebildete) Harmoniemilieu zu. Diese Gruppe ging am ehesten noch in Technikmuseen. Insbesondere bei diesen Präferenzen für Museumstypen zeigt sich demnach, dass das Merkmal Bildung Einfluss hat, womit sich die Darstellung soziodemografischer Strukturunterschiede bestätigt.

Terlutter (2000) führte für seine Studie zu „lebensstilorientiertem Kulturmarketing" 323 mündliche Interviews, darunter drei Viertel mit Besuchern von Museen. Um deren Lebensstil zu erfassen, wurden ihr Freizeitverhalten und Kulturstil erhoben.[51] Aus den Ergebnissen wurden die drei Cluster „Erlebnisorientierte", „Bildungs-/Prestigeorientierte" und „Kulturmuffel" gebildet (vgl. Terlutter 2000: 124-143). „Erlebnisorientierte" haben nach Terlutter ein aktives und geselliges Freizeitverhalten, bei welchem Unterhaltung und Erlebnisse wichtig sind. Ihr Kulturverhalten ist unterdurchschnittlich bildungsorientiert ausgeprägt. Von Museen erwarten sie aktive Erlebnisse, die verschiedene Sinne ansprechen. Mit einer „Erlebnisstrategie", die auf den hohen Freizeit- und Unterhaltungswert eines Museumsbesuchs abzielt sowie Aktivität und Abwechslung bietet, können diese Personen am ehesten zu Besuchen angeregt werden. Angeführte Handlungsempfehlungen für Museen sind aufgrund dessen unter anderem Angebote wie Aktiv- und Kommunikationszonen, Inszenierungen und Events (vgl. Terlutter 2000: 275 ff.). „Bildungs- und Prestigeorientierte", die durchschnittlich älteste Gruppe, haben ein starkes Bildungsinteresse, aber ein vergleichsweise geringes Bildungsniveau. Dies ist dadurch begründet, dass bei älteren Jahrgängen höhere Bildungsabschlüsse weniger verbreitet sind. Angehörige dieses Clusters interessieren sich im Museumsbereich besonders für Naturkunde-, Heimat- und Technikmuseen. Erwartungen an Museen sind ein hoher Informationsgehalt, Live-Darbietungen sowie eine physische Nähe zu den Objekten. Ein symbolträchtiges Museum mit einem gehobenen Angebot zieht besonders ihr Interesse auf sich. Die „Prestigestrategie" stellt daher den guten Ruf des Hauses, seine Exklusivität und Hochwertigkeit in den Vordergrund. Hierzu gehört auch, dass Wert auf die Kommunizierbarkeit des Besuchs, das Ambiente und Angebote im Bereich Gastronomie und Merchandising gelegt wird (vgl. Terlutter 2000: 278 f.). „Kulturmuffel" werden als gesellig und aktiv charakterisiert. Sie stellen das durchschnittlich jüngste Segment dar. „Kulturmuffel" besuchen Museen höchstens um aktuell zu sein, sie versprechen sich weder Unterhaltung noch Bildung von Museumsbesuchen. Museen sind ihnen nicht ungezwungen und unterhaltsam

---

51 Die Ermittlung des Freizeitverhaltens erfolgte über die Zustimmung zu Aussagen wie: in meiner Freizeit verbringe ich möglichst viel Zeit mit Freunden und Bekannten, bummle ich gern einfach mal so durch die Stadt, unternehme ich gern etwas Exklusives, etc. Der Kulturstil wurde ermittelt über die Zustimmung zu Aussagen wie: ich unterhalte mich häufig mit Freunden über kulturelle Angebote, ich besuche kulturelle Veranstaltungen um Spaß zu haben, der Besuch einer kulturellen Veranstaltung ist für mich Luxus, etc.

genug, weswegen eine entsprechende Strategie auf eine Änderung dieses Images abzielen müsste. Aktuelle Sonderausstellungen und Events könnten hierfür ein Mittel sein, insgesamt ist es aber schwierig, diese Gruppe für Museumsbesuche zu gewinnen (vgl. Terlutter 2000: 279 ff.).

Neben der voranstehend skizzierten Möglichkeit der Besucherdifferenzierung und Strategienbildung erscheint auch eine Unterteilung in die Segmente *Häufig-, Gelegenheits- und Seltenbesucher* von Museen sinnvoll, um Zielgruppen über spezifische Angebote anzusprechen. Es gilt bereits interessierte häufige Besucher von Museen über ein attraktives Angebot dauerhaft an das Museum zu binden. Bei der Gruppe der Gelegenheitsbesucher ist wichtig, diese zuerst auf das Museum aufmerksam zu machen und zu einem Besuch anzuregen. Erst darauf folgend können die Ziele Besucherzufriedenheit und -bindung angestrebt werden. Seltene Museumsgänger oder gar Nichtbesucher zu Museumsbesuchen zu motivieren stellt eine große Herausforderung dar. Hier geht es nicht nur darum, die Aufmerksamkeit für das Museumsangebot zu wecken, sondern das Museum überhaupt erst als Freizeitmöglichkeit zu verankern (vgl. Klein 2003).

Damit hängt auch eine Differenzierung in Erst-, Folge- und Stammbesucher von Museen zusammen. Diese Abgrenzung kann ebenso für die Wahl der Ansprachestrategie wichtig sein. Dies bestätigte sich auch in einigen der dargestellten Besucherstudien, die Informationen zur Aufmerksamkeit der Befragten auf das Museum ergaben. Hierbei wurde die hohe Bedeutung informeller Anregungen, vor allem durch Tipps aus dem Familien- und Bekanntenkreis, deutlich. Bei den Besucherbefragungen am Museum für Kommunikation in Bern beispielsweise gab die Hälfte der Auskunftspersonen an, über Hinweise von Freunden und Bekannten, Kindern oder anderen Familienangehörigen auf das Museum und seine Ausstellungen aufmerksam geworden zu sein (vgl. Wegner 2008b: 36 f.). Gerade für Erstbesucher nimmt solche Mundpropaganda deutlich den höchsten Stellenwert ein. Zufriedene Besucher zu gewinnen und an das Museum zu binden, die dann ihre positiven Erfahrungen weitergeben, ist demnach unabdingbar. Für bereits erworbene Stammbesucher der Museen sind hingegen meist Informationen aus den Medien (Presse, Radio oder TV) wichtiger, gerade zur Bewerbung von Sonderausstellungen. Eigene Medien des Museums wie Plakate, Prospekte oder Internetseiten stehen in der Regel an zweiter Stelle.

Es zeigt sich, dass neben der Beschreibung des Museumspublikums mittels soziodemografischer Strukturmerkmale auch Lebensstilmodelle zielführend sein können. Hierdurch ist eine differenziertere Segmentierung des Museumspublikums möglich. Terlutter bildete so beispielsweise die Cluster Erlebnisorientierte, Bildungs-/Prestigeorientierte sowie Kulturmuffel und entwickelte für diese unterschiedliche Ansprachestrategien. Weiterhin ist eine Diversifizierung in Häufig-, Gelegenheits- und Seltenbesucher bzw. Erst-, Folge- und Stammbesucher für eine zielgruppenorientierte Ansprache wichtig.

3 Forschungsperspektiven

Abschließend sollen Perspektiven hinsichtlich Forschungszielen, Untersuchungsformen und -methoden aufgezeigt werden. Im vorliegenden Beitrag wurde dargestellt, welchen Erkenntnisgewinn vergleichende Besucherbefragungen an mehreren Museen bringen können. Studien dieser Art sollten weiterverfolgt werden, auch um die bisherigen Resultate zu überprüfen. Wichtig ist dabei, Museen eines vergleichbaren regionalen Gebiets sowie verschiedener Museumstypen einzubeziehen, um Unterschiede der Publikumsstrukturen ermitteln zu können. Die Erhebungen sollten innerhalb mehrerer Zeiträume erfolgen, da so Differenzen nach Jahreszeit, Ferienzeiten oder Ausstellungslaufzeiten erfasst werden können. Wesentliche zu untersuchende Fragestellungen neben der Besucherzusammensetzung sind Besuchsmotive und -barrieren.

Ebenso ist der Themenaspekt der „Wirkungen" von Museumsbesuchen bisher kaum erforscht. Insbesondere im Bereich der Vermittlung aber kann Museumsforschung eine bedeutende Rolle einnehmen, indem Vermittlungsprozesse analysiert werden und durch die Ergebnisse zu ihrer Optimierung beigetragen wird. Das Erreichen musealer Zielsetzungen kann so unterstützt und überprüft werden (vgl. unter anderem Durbin 2006; Black 2005; Hooper-Greenhill 1994). Beispiele hierfür sind Programmevaluationen museumspädagogischer Angebote oder Untersuchungen zu Lernprozessen im Museum (vgl. Schwan/Trischler/Prenzel 2006; Schwan et al. 2008). Graf und Treinen (1983) untersuchten mittels verdeckter Beobachtung und mündlicher Befragungen im Deutschen Museum früh Wirkungen von Exponaten und Darstellungselementen sowie Voraussetzungen für das Zustandekommen von Bildungserlebnissen im Museum. Sie analysierten unter anderem Zusammenhänge zwischen der Verweildauer der Besucher vor Objekten, ihrem Raumverhalten und Beurteilungen der gesehenen Ausstellungen. In diesem Bereich liegt enormes Potenzial für weiterführende Untersuchungen. Gerade durch die Kombination von quantitativen und qualitativen Befragungen sowie Beobachtungen können zielführende Ergebnisse erhalten werden.

Weitere spezifische Zielsetzungen für Museumsstudien könnten Events im Museum sowie die besonderen Museumsformen Literaturmuseen, Science Center, Kindermuseen und virtuelle Museen sein, zu welchen ebenfalls wenige Untersuchungsergebnisse vorhanden sind.[52]

Daneben werden Untersuchungsformen wie die aufgezeigten Nichtbesucheranalysen und Programmevaluationen zunehmend wichtiger. Nichtbesucheranalysen können Hinweise auf aussichtsreich zu erschließende Besucherpotenziale liefern und vorhandene Besuchsbarrieren untersuchen. Diese Befragungsarten

---

52 Vgl. zum Beispiel zu Events: Bröckers (2007), Commandeur/Dennert (2004); zu Science Centern: Bellanger (2002); zu Kindermuseen: Koehler (2004); zu virtuellen Museen: Wersig/Graf (2000).

sind relativ aufwändig, da ein ausreichendes Einzugsgebiet abgedeckt werden muss. Es müssen zahlreiche mündliche Interviews geführt werden oder im Fall eines postalisch versandten Fragebogens muss, aufgrund einer nicht allzu hohen Rücklaufquote, ein Vielfaches der angestrebten Fragebogenzahl verschickt werden. Vermutlich haben sich Nichtbesucherstudien deswegen noch nicht als Standard durchsetzen können. Allerdings ist es durch diese Studien möglich, hilfreiche und wertvolle Hinweise zu erhalten, die keine andere Untersuchungsform erzielen kann. Insbesondere wenn Museen neue Zielgruppen erschließen wollen, ist der Einsatz demnach dringend nahezulegen.

Die Programmevaluation wird gleichermaßen an Bedeutung gewinnen. Aufgrund einer großen Zahl von Vermittlungsangeboten in Museen ist es wichtig, diese auf ihre Besuchergerechtheit hin zu überprüfen. Ein Ansatz für eine umfassende Analyse von Vermittlungsangeboten ist das Modell der „Kooperativen Evaluation zur Museumspädagogik (KEMP)" (vgl. Klein et al. 2009: 169 ff.), bei dem das gesamte Angebotsspektrum der Museumspädagogik begutachtet wird. Dazu zählen mediale und personale Vermittlungsformen wie auch unterschiedliche Angebote zu Zeiten ohne und mit großen Sonderausstellungen. Eine komparative Pilotstudie wurde an vier baden-württembergischen Landesmuseen mit unterschiedlicher Sammlungsart durchgeführt.[53] Die Untersuchung erfolgte mittels eines zweistufigen Vorgehens: Begonnen wurde mit einer Totalerhebung der angebotenen und wahrgenommenen Offerten über die gesamte Jahresbilanz. Diese bediente sich vorhandener, im Betriebsverlauf anfallender Daten (über Buchungslisten und andere) und ergab umfassende gruppenbezogene Stückzahlen. Für das Badische Landesmuseum zeigte sich hier beispielsweise, dass – besonders weiterbildende – Schulen eher verhalten auf Sonderausstellungen reagierten, während nicht-schulische Organisationen (wie Vereine, Firmen und andere Bildungseinrichtungen) häufiger von den Sonderausstellungsprogrammen angezogen wurden. Auf diesem Fundament konnten in einem zweiten Schritt Stichproben gezogen und zum Vermittlungsangebot befragt werden. Dabei wurden neben Schulklassen auch andere interessierende Besuchergruppen einbezogen. Die Pilotstudie ergab, dass Schulklassen in allen Museumsarten quantitativ dominierten. Vor allem von Schülern der siebten bis neunten Klasse wurde bei der Befragung auffallend viel Kritik zum Museumsbesuch geäußert. Dieses Ergebnis hat sicherlich mit altersbedingten Veränderungen der Einstellung zu Schule und „Zwangsbesuchen" in Museen zu tun, dient den Museen aber auch als Anstoß für eine Schwachstellenanalyse und Verbesserungsansätze.

Ergänzend soll auf die breite Palette weiterer Evaluationsformen hingewiesen werden. Gerade Vorab-, Formative und Nachbesserungsevaluationen sind

---

53 Vgl. auch Klein/Klumpp (2008): Untersuchung des Vermittlungsprogramms am Naturkundemuseum in Karlsruhe.

hilfreiche Planungsinstrumente, deren Einsatz weiter ausbaufähig ist. Wenn potenzielle Besucher schon in Planungsüberlegungen einbezogen werden, scheint zwar erst einmal mehr Aufwand auf die Museumsverantwortlichen zuzukommen. So kann aber sichergestellt werden, dass Ausstellungsbotschaften beim Besucher wirklich „ankommen". Für das Haus der Geschichte der Bundesrepublik Deutschland lautet das Resümee zu eingesetzten Besucherstudien:

> „Deren Ergebnisse sind nicht immer bequem, und sie sind beileibe nicht so teuer, wie gelegentlich unterstellt wird. Was wir an ‚Lehrgeld' in die Evaluationsarbeit investierten, hat sich gelohnt, der Gesamtaufwand dürfte sich bei 1-2 % des für Gestaltungsarbeiten eingesetzten Budgets bewegen. (…) Die rechtzeitige und gezielte Investition von Geldern erspart – da bin ich sicher – nicht nur ansonsten fällige frühe Nachbesserungen im großen Stil, sondern vergrößert auch die Wahrscheinlichkeit, dass eine Ausstellung ‚ihre' angestrebten Besucher erreicht" (Schäfer 2004: 116).

Weiterhin macht die Fülle der Evaluationsformen die Kontrolle der Untersuchungsergebnisse möglich. Es ist empfehlenswert beispielsweise Resultate aus einer Vorab-Evaluation anschließend auch zu überprüfen und die Untersuchungen weiterzuführen.

Zum Methodeneinsatz ist anzumerken, dass qualitative Erhebungsmethoden wie Tiefeninterviews oder Gruppendiskussionen verstärkt sinnvoll in Museumsstudien eingesetzt werden können. Besonders um Informationen zu Besuchsmotiven und -barrieren sowie Lernprozessen zu erhalten, sind diese wichtig. Die Methode der Beobachtung ist vermutlich etwas in Vergessenheit geraten. Sie gibt jedoch Aufschluss über eine geeignete Objektanordnung, Wegeführung oder Bedienbarkeit in Ausstellungen. Auch in Kombination mit Befragungen kann sie eingesetzt werden, um zum Beispiel Angaben zu „Wirkungen" von Museumsbesuchen zu ergänzen.

Schließlich bieten auch neue Medien Einsatzmöglichkeiten für die Besucherforschung. Zu denken ist beispielsweise an Onlinebefragungen, Befragungen über Touchscreens direkt in der Ausstellung oder Beobachtungen mit PDAs (Personal Digital Assistants).[54] Bei deren Einsatz ist zu beachten, dass bestimmte Zielgruppen (zu denken ist vor allem an ältere Personen) Vorbehalte haben können, die es zu berücksichtigen und abzubauen gilt. Personen, die sicher im Umgang mit neuen Medien sind, könnten hierdurch aber wiederum verstärkt zur Teilnahme an Untersuchungen bewegt werden. Aufgrund von Vorteilen wie einer vereinfachten und schnellen Erfassung einer großen Datenmenge werden

---

54 Befragungen über Touchscreens und Beobachtungen mit PDAs wurden beispielsweise im Rahmen von Forschungsprojekten am Deutschen Museum in München durchgeführt (vgl. Klein et al. 2009: 172 ff.).

diese Methoden zunehmend eingesetzt. Ein Beispiel sind die Untersuchungen zum Thema ‚Lernen im Museum' des Instituts für Wissensmedien in Tübingen, des Deutschen Museums und des Leibniz-Instituts für die Pädagogik der Naturwissenschaften in Kiel. Hier werden „User-tracking-Methoden" zum Beispiel mit PDAs verwendet, geplant sind außerdem Audio- und Videoaufnahmen, Blickbewegungsmessungen und „Bio-Feedback-Daten", zum Beispiel Hautwiderstands- und Pulsfrequenzmessungen (vgl. Schmitz 2007: 16 f.). Ein weiteres Beispiel ist das 2009 vom Institut für Design- und Kunstforschung der Hochschule für Gestaltung und Kunst Basel FHNW durchgeführte Forschungsprojekt eMotion (vgl. Tröndle et al. 2008). Dessen Ziel ist die Vermessung der „Wirkung des Museums und seiner Objekte" (Tröndle et al. 2008: 33). Während des Museumsbesuchs werden hier unter anderem Wege der Testpersonen durch die Ausstellung wie auch körperliche Reaktionen (Veränderungen von Herzfrequenz und Hautleitwert) über eine Art Handschuh erfasst.

Da, wie erörtert, bei der großen Mehrheit der vorhandenen Besucherstudien eine Konzentration auf Individualbesucher ab etwa 15 Jahren vorliegt, verweist dies auf weitere zu untersuchende Zielgruppen. Dies können Kinder und Jugendliche sein (wie bei der angeführten Evaluation der Museumspädagogik) oder auch Besucher im Gruppenverbund. Die Besuchsstatistik des Instituts für Museumsforschung für das Jahr 2006 erfasste 30 % der Besuche (9.757.946 Besuche) als solche von Gruppen (vgl. Institut für Museumsforschung 2007: 9).[55]

In den oberbayerischen Freilichtmuseen Glentleiten und Amerang wurde 2008 eine Befragung speziell von Gruppenbesuchern durchgeführt. Da kaum Studien zu diesem Publikumssegment bekannt sind, soll diese hier kurz vorgestellt werden. Neben Schulklassen wurden Besucher über 15 Jahre im Gruppenverbund befragt. Die Erhebungen erfolgten in mehreren Erhebungsphasen mit schriftlichen Fragebögen.[56] Dabei wurden Besuchergruppen aller Art einbezogen, darunter waren am häufigsten Vereine, gefolgt von Betriebsausflügen und organisierten Busreisen. Da ein bzw. zwei Jahre zuvor an den beiden Häusern schon Befragungen von Individualbesuchern stattfanden (vgl. Klein/Kania-Schütz/Wegner 2008), konnten die Ergebnisse gegenübergestellt werden: Gruppenbesucher wiesen in beiden Museen ein durchschnittlich höheres Alter als Einzelbesucher auf, besonders signifikant war dies bei der Altersgruppe der über 70-Jährigen. Im Publikum von Freilichtmuseen überwiegen bekanntermaßen die weiblichen Besucher, was unter Gruppenbesuchern deutlich war. Das im Schnitt niedrige Bildungsniveau von Besuchern in Freilichtmuseen im Vergleich zu anderen Museumstypen war bei den befragten Gruppen noch ausgeprägter als bei

---

55 Die Statistik enthält keine Informationen darüber, wie Gruppen jeweils definiert wurden.
56 Es wurden 1.108 gültige Fragebögen für das Freilichtmuseum Glentleiten und 363 für das Bauernhausmuseum Amerang zurückerhalten.

Individualbesuchern: Rund zwei Drittel der Auskunftspersonen gaben einen Abschluss der Haupt- oder Realschule an. Zurückzuführen ist dies unter anderem auf das höhere Alter der Gruppen, in welchem Abitur oder Hochschulabschlüsse noch weniger verbreitet sind. Weiterhin war für diesen Besucherteil charakteristisch, dass bei der Frage nach allgemeinen Gründen für Museumsbesuche ein geselliges Erlebnis deutlich an erster Stelle stand (vgl. Wegner 2009).

Eine weitere Museumszielgruppe, über die nur wenige Erkenntnisse vorliegen, ist die der Touristen im Museumspublikum. Es sind kaum empirische Untersuchungen bekannt, die sich primär dem Thema Tourismus im Museum widmen.[57] Bei vielen Befragungen des Gesamtpublikums, wie auch in den hier verwendeten Studien, werden Fernbesucher zwar mit einbezogen, ob sie den Museumsbesuch jedoch im Rahmen einer Urlaubsreise, eines Tagesausflugs, einer Geschäftsreise oder aus sonstigen Anlässen tätigen, wurde nicht erhoben. Ob in diesen Fällen also tatsächlich von „Touristen" zu sprechen ist, kann nicht überprüft werden. Zu diesem Themenkomplex wird auf eine Veröffentlichung von Klein/Wegner (2009) über empirische Untersuchungsergebnisse zu Fernbesuchern in Museen und auf den Beitrag von Pröbstle in diesem Sammelband verwiesen.

Abschließend wird auf den Einwand eingegangen, ob Museen durch die Anwendung von Besucherforschung und Evaluation nur noch rein nachfrageorientiert denken und arbeiten. Führt Besucherorientierung zu einer plebiszitären Ausstellungsplanung und -gestaltung? Besonders Museumswissenschaftler haben Bedenken, dass durch die Einwirkung der Besucher ihre Arbeit eingeschränkt und ein zu großer Einfluss auf die inhaltliche Ausrichtung des Museums ausgeübt wird. Sie sind besorgt, dass die konzeptionelle und gestalterische Arbeit, die eigentlich Aufgabe der Fachleute ist, an die befragten Personen delegiert wird und es schlussendlich nur noch darum geht, bestehende Besuchererwartungen zu befriedigen. Das Ziel besucherorientierten Arbeitens ist aber nicht, alle Entscheidungen dem Besucher zu übertragen. Es ist auch gar nicht davon auszugehen, dass das Interesse der Besucher darin liegt, selbst über alle Museumsangebote zu bestimmen, sondern sie erwarten fachlich fundierte und auch neue, überraschende Sichtweisen aufgezeigt zu bekommen. Zudem ist zu berücksichtigen, dass immer die im Voraus definierten Ziele des Museums grundlegend sind. Evaluation dient dazu zwischen Museen und Besuchern zu vermitteln und die Museumsziele umzusetzen – nicht sie zu untergraben (vgl. unter anderem Klein 2003).

---

57 Beispiele für empirische Untersuchungen zu Touristen finden sich unter anderem in Heinze (1999), Bremer Institut für Tourismusforschung und Freizeitforschung (2003), Haus der Bayerischen Geschichte (2003), Bandi (2007).

Auch Graf (2003: 75) legt dar, dass die Inhaltsauswahl und -umsetzung Aufgabe der Fachleute bleibt:

„Besucherorientierung bedeutet Differenzierung des Profils eines Museums nach seinen eigenen Stärken und seiner Angebote nach Interessensschwerpunkten der Adressaten, aber nicht das Plebiszit durch die Besucher. Häufigstes Missverständnis beim Begriff der Besucherorientierung: Ausstellungsplaner erwarten von Besuchern die Antwort darauf, was sie sehen wollen. Doch besucherorientierte Konzeptionsarbeit bedeutet kein Plebiszit bei der Inhaltsauswahl. Ausstellungsplaner müssen interessante Themen ausarbeiten und dürfen nicht vom Besucher erwarten, dass er ihnen die Konzeptionsarbeit abnimmt, sondern es kann nur überprüft werden, ob das verständlich und interessant ist, was man selbst entworfen hat."

Und Schreider (2004: 64) bestätigt:

„Does this mean that we let our audience tell us how to do our work? Absolutely not! It means simply that we have more information on what makes exhibits and programs more successful in our audience's eyes. How we use that information is part of our professional judgement. Knowing about our audience broadens our perspective, so that we are not just listening to people like ourselves."

Der vorliegende Beitrag hat zum einen gezeigt, welchen Erkenntnisgewinn empirische Studien über das Museumspublikum erzielen können, zum anderen aber auch dargelegt, in welchen Bereichen weiter zu verfolgende Fragestellungen, auszubauende Untersuchungsmethoden und Forschungsdesiderata bestehen. Trotz der dargestellten Gemeinsamkeiten der Museumsbesucher bleibt zu berücksichtigen, dass jedes Museum aufgrund seiner spezifischen Gegebenheiten eine individuelle Besucher- und Nichtbesucherstruktur hat und für exakte Erkenntnisse speziell für das Haus konzipierte Untersuchungen durchzuführen sind. Schon systematische Auswertungen der vorhandenen Kassen- und Buchungsstatistiken können hierzu erste Ansatzpunkte liefern. Außerdem ist es nicht mit einer einmaligen Besucherstudie getan, sondern die Untersuchungen sind im Idealfall in regelmäßigen Abständen durchzuführen. Dies ist nicht nur wichtig, um die von Museumsseite angestrebten Verbesserungen überprüfen zu können, sondern auch um dem demografischen und gesellschaftlichen Wandel Rechnung zu tragen. Schließlich ist die Perspektive eines verstärkten Austauschs unter den verschiedenen Kultursparten im Bereich der Publikumsforschung zu betonen, durch welche neue Anregungen, Zugänge und Erkenntnisse gewonnen werden können.

Literatur

Almasan, Anneliese (1991): Modelle als Testinstrumente bei der Ausstellungsplanung. In: Klein (1991a): 25-48
Almasan, Anneliese/Ellen von Borzyskowski/Sigrid Schambach/Hans Joachim Klein (1993): Neue Methoden der Ausstellungsplanung in Museen. Abschlußbericht. Karlsruhe: Institut für Soziologie
Atteslander, Peter (2003): Methoden der empirischen Sozialforschung. Berlin/New York: Erich Schmidt
Bandi, Monika (2007): Kunstmuseen und Tourismus. Eine Marktsegmentierung der Museumstouristen. Berner Studien zu Freizeit und Tourismus. Band 47. Bern: FIF
Baran, Arlette Moraz (2006): Publikum und Museen in der Schweiz. Emblematische Vorstellungen und soziales Ritual. Bern: Peter Lang
Baumann, Barbara (2000): Besucherforschung von Museen – Eine empirische Analyse. München: FGM
Bellanger, Silke (2002): Wissenschaft goes Disneyland. Science Centers als Orte der Wissenskonstruktion. Dissertation. Freiburg: Universität Freiburg
Bernhard, Thomas (1985): Alte Meister. Komödie. Frankfurt am Main: Suhrkamp
Biram-Bodenheimer, Else (1919): Die Industriestadt als Boden neuer Kunstentwicklung. Schriften zur Soziologie der Kultur. Band 4. Jena
Bitgood, Stephen (1996): Nachbesserungsevaluation und der Prozeß der Ausstellungsevaluation. In: Haus der Geschichte der Bundesrepublik Deutschland (1996): 49-59
Black, Graham (2005): The Engaging Museum. Developing museums for visitor involvement. New York: Routledge Chapman & Hall
Blahut, Martina/Hans Joachim Klein (2003): Im Banne eines großen Museums. Publikumsstrukturen am Deutschen Museum in München. In: Noschka-Roos (2003): 16-44
Borun, Minda (1993): Vorab-Evaluation. Ein Instrument für die Ausstellungs- und Programmplanung. In: Klein (1993): 21-31
Borun, Minda/Christine Massey/Tiiu Lutter (1993): Naive knowledge and the design of science museum exhibits. In: Curator The Museum Journal 1993
Borun, Minda/Randi Korn (Hrsg.) (1999): Introduction to Museum Evaluation. Washington DC: American Association of Museums
Borzyskowski, Ellen von (1991): Verführung zum Lesen. Überprüfung und Verbesserung von Ausstellungstexten. In: Klein (1991a): 49-74
Bourdieu, Pierre/Alain Darbel/Dominique Schnapper/Stephan Egger (2006): Die Liebe zur Kunst. Europäische Kunstmuseen und ihre Besucher. Konstanz: UVK
Bremer Institut für Tourismusforschung und Freizeitforschung (2003): Besucherbefragung im Überseemuseum und im Neuen Museum Weserburg. Bremen: Bremer Institut für Tourismusforschung und Freizeitforschung
Bröckers, Hannah (2007): Der Museumsbesuch als Event: Museen in der Erlebnisgesellschaft. Mitteilungen und Berichte aus dem Institut für Museumsforschung. Nr. 37. Berlin: Institut für Museumsforschung
Commandeur, Beatrix/Dorothee Dennert (Hrsg.) (2004): Event zieht – Inhalt bindet. Besucherorientierung von Museen auf neuen Wegen. Bielefeld: transcript

Compania Media (Hrsg.) (2000): Handbuch Museumsberatung. Akteure – Kompetenzen – Leistungen. Bielefeld: transcript

Danielzyk, Rainer (2005): Auswirkungen des demographischen Wandels auf die kulturelle Infrastruktur. In: Institut für Kulturpolitik der Kulturpolitischen Gesellschaft (2005): 191-202

Dauschek, Anja (Hrsg.) (1996): „Toll, aber wir haben uns nicht geküßt..." Ein Forschungsbericht zur Evaluation der Ausstellung ‚Verflixte Schönheit'. München: Anstiftung

Dauschek, Anja/Annett Rymarcewicz (1998): Zwei Ausstellungen, zwei Orte und drei Befragungen. Ergebnisse und Fragen zur Vergleichbarkeit von Evaluation. In: Klein (1998): 35-50

Dauschek, Anja (2004): Zielgruppen erkennen, Zielgruppen definieren. Marktanalysen für Museen in Theorie und Praxis. In: Dreyer/Wiese (2004a): 21-38

Deutsche Forschungsgemeinschaft (Hrsg.) (1974): Denkschrift Museen. Zur Lage der Museen in der Bundesrepublik Deutschland und Berlin (West). Boppard: Harald Bold

Diamond, Judy (1999): Practical Evaluation Guide. Tools For Museums & Other Informal Settings. Walnut Creek CA: AltaMira Press

Dierking, Lynn D./Wendy Pollock (1998): Questioning Assumptions. An Introduction to Front-End Studies in Museums. Washington DC: Association of Science Technology Centers

Dreyer, Matthias/Rolf Wiese (Hrsg.) (2004a): Zielgruppen von Museen: Mit Erfolg erkennen, ansprechen und binden. Schriften des Freilichtmuseums am Kiekeberg. Band 47. Ehestorf: Stiftung Freilichtmuseum am Kiekeberg

Dreyer, Matthias/Rolf Wiese (2004b): Demographischer Wandel und die Folgen für Museen. In: Dreyer/Wiese (2004a): 163-180

Durbin, Gail (Hrsg.) (2006): Developing Museum Exhibitions for Lifelong Learning. London: The Stationery Office

Eisenbeis, Manfred (1980): Museum und Publikum. Über einige Bedingungen des Museumsbesuchs – ein Bericht über eine soziologische Erhebung in der Bundesrepublik Deutschland. In: Museumskunde. Band 45. 16-26

Falk, John/Lynn Dierking (2000): Learning from Museums. Visitor experiences and the making of meaning. Walnut Creek CA: AltaMira Press

Faulenbach, Bernd/Franz-Josef Jelich (Hrsg.) (1991): Besucherinteressen und Besucherverhalten in historischen Museen und Ausstellungen. Dokumentation einer Tagung, Recklinghausen: Forschungsinstitut für Arbeiterbildung

Flagg, Barbara N. (1991): What research says...: Visitors in front of the small screen. In: ASTC Newsletter. Vol. 19. Nr. 9. 9 f.

Glogner, Patrick (2008): Empirische Methoden der Besucherforschung. In: Klein (2008): 591-614

Graf, Bernhard/Heiner Treinen (1983): Besucher im Technischen Museum: zum Besucherverhalten im Deutschen Museum München. Berliner Schriften zur Museumskunde. Band 4. Berlin: Gebrüder Mann

Graf, Bernhard/Günter Knerr (Hrsg.) (1985): Museumsausstellungen. Planung. Design. Evaluation. München: Deutsches Museum

Graf, Bernhard (1996): Auf dem Weg ins 21. Jahrhundert: Veränderungen der Besuchsstrukturen. In: Haus der Geschichte der Bundesrepublik Deutschland (1996): 216-232

Graf, Bernhard (2003): Ausstellungen als Instrument der Wissensvermittlung? Grundlagen und Bedingungen. In: Museumskunde. Band 68. Nr. 1. 73-81

Grewcock, Duncan (2002): Before, During and After: Front-end, Formative and Summative Evaluation. In: Lord/Lord (2002): 44-53

Günter, Bernd/Hartmut John (Hrsg.) (2000): Besucher zu Stammgästen machen! Neue und kreative Wege der Besucherbindung. Bielefeld: transcript

Haus der Bayerischen Geschichte (Hrsg.) (2003): Expertentagung Ausstellung und Tourismus 26. bis 27. Februar 2003 in Kloster Banz. Augsburg: Haus der Bayerischen Geschichte

Haus der Geschichte der Bundesrepublik Deutschland (Hrsg.) (1996): Museen und ihre Besucher. Herausforderungen in der Zukunft. Berlin: Argon

Hausmann, Andrea (2001): Besucherorientierung von Museen unter Einsatz des Benchmarking. Bielefeld: transcript

Hausmann, Andrea/Jana Körner (Hrsg.) (2009): Demografischer Wandel und Kultur. Veränderungen im Kulturangebot und der Kulturnachfrage. Wiesbaden: VS

Hausmann, Andrea (2009): Implikationen des demografischen Wandels für das Marketing von Kultureinrichtungen. In: Hausmann/Körner (2009): 133-147

Heinrichs, Werner/Armin Klein (2001): Kulturmanagement von A-Z. 600 Begriffe für Studium und Praxis, Beck-Wirtschaftsberater. München: DTV

Hein, George E. (1994): Evaluation of museum programmes and exhibits. In: Hooper-Greenhill (1994): 306-312

Heinze, Sigrid/Andreas Ludwig (1992): Geschichtsvermittlung und Ausstellungsplanung in Heimatmuseen. Eine empirische Studie in Berlin. Materialien aus dem Institut für Museumskunde. Heft 35. Berlin: Institut für Museumskunde

Heinze, Thomas (Hrsg.) (1999): Kulturtourismus. Grundlagen, Trends und Fallstudien. München/Wien: Oldenbourg

Helm, Sabrina/Susanne Klar (1997): Besucherforschung und Museumspraxis. Schriften des Rheinischen Freilichtmuseums. Nr. 57. München: Müller-Straten

Hilke, D. D. (1995): Der Einfluß von interaktiven Computerprogrammen auf die Erlebnisse der Besucher. Eine Fallstudie. In: Klein (1995): 33-46

Hood, Marilyn (1983): Staying away. Why people choose not to visit museums. In: Museum News. Vol. 61. 50-57

Hooper-Greenhill, Ellean (Hrsg.) (1994): The Education Role of the Museum. London: Routledge

Hummel, Marlies (1996): Eintrittspreise von Museen und Ausgabeverhalten der Museumsbesucher. Ein Gemeinschaftsgutachten des ifo Instituts für Wirtschaftsforschung und des Instituts für Museumskunde. Heft 46. Berlin: Institut für Museumskunde

Institut für Kulturpolitik der Kulturpolitischen Gesellschaft (Hrsg.) (2005): Jahrbuch für Kulturpolitik 2005. Band 5. Thema: Kulturpublikum. Bonn/Essen: Klartext

Institut für Museumsforschung (2007): Statistische Gesamterhebung an den Museen der Bundesrepublik Deutschland für das Jahr 2006. Heft 61. Berlin: Institut für Museumsforschung

Institut für Museumsforschung (2008): Statistische Gesamterhebung an den Museen der Bundesrepublik Deutschland für das Jahr 2007. Heft 62. Berlin: Institut für Museumsforschung

Institut für Museumsforschung (2009): Internetseite des Instituts für Museumsforschung. In: www.smb.museum/ifm/ (Stand: 10.08.2009)

International Council of Museums (2002): ICOM Ethische Richtlinien für Museen (Code of Ethics for Museums). In: www.icom-deutschland.de/client/media/6/dicom.pdf (Stand: 10.08.2009)

John, Hartmut/Hans-Helmut Schild/Katrin Hieke (Hrsg.) (2009): Museen und Tourismus. Wie man Tourismusmarketing wirkungsvoll in die Museumsarbeit integriert. Ein Handbuch. Bielefeld: transcript

Kania-Schütz, Monika (Hrsg.) (2008): Jahrbuch für die oberbayerischen Freilichtmuseen Glentleiten und Amerang. Jg. 3. Münster/New York/München: Waxmann

Kania-Schütz, Monika (Hrsg.) (2009): Jahrbuch für die oberbayerischen Freilichtmuseen Glentleiten und Amerang. Jg. 4. Münster/New York/München: Waxmann

Kehle, Matthias/Annett Rymarcewicz (1995): Eine kurze Geschichte der Evaluation interaktiver Bildschirmsysteme. In: Klein (1995): 81-104

Keller, Rolf/Brigitte Schaffner/Bruno Seger (Hrsg.) (2008): spiel plan. Schweizer Jahrbuch für Kulturmanagement 2007/2008. Bern: Haupt

Kirchberg, Volker (1996): Besucher und Nichtbesucher von Museen in Deutschland. In: Museumskunde. Band 61. Heft 2. 151-162

Kirchberg, Volker (1998): Der Eintrittspreis als subjektive Barriere des Museumsbesuchs – eine empirische Untersuchung in Deutschland. In: Wiese/Wiese (1998): 141-156

Kirchberg, Volker (2005): Gesellschaftliche Funktionen von Museen. Makro-, meso- und mikrosoziologische Perspektiven. Berliner Schriften zur Museumskunde. Wiesbaden: VS

Klein, Armin (2003): Besucherbindung im Kulturbetrieb. Wiesbaden: Westdeutscher Verlag

Klein, Armin (Hrsg.) (2008): Kompendium Kulturmanagement. Handbuch für Studium und Praxis. München: Vahlen

Klein, Hans Joachim (1990): Der gläserne Besucher. Publikumsstrukturen einer Museumslandschaft, Berliner Schriften zur Museumskunde. Band 8. Berlin: Gebrüder Mann

Klein, Hans Joachim (Hrsg.) (1991a): Evaluation als Instrument der Ausstellungsplanung. Karlsruher Schriften zur Besucherforschung. Heft 1. Karlsruhe: Institut für Soziologie

Klein, Hans Joachim (1991b): Evaluation für Museen. Grundfragen – Ansätze – Aussagemöglichkeiten. In: Klein (1991a): 3-24

Klein, Hans Joachim (Hrsg.) (1992): Kunst-Rezeption. Kühle Annäherung an ein heißes Thema, Karlsruher Schriften zur Besucherforschung. Heft 3. Karlsruhe: Institut für Soziologie

Klein, Hans Joachim (Hrsg.) (1993): Front-End Evaluation. Ein nichtssagender Name für eine vielsagende Methode, Karlsruher Schriften zur Besucherforschung. Heft 4. Karlsruhe: Institut für Soziologie

Klein, Hans Joachim (Hrsg.) (1994): Vom Präsentieren zum Vermitteln. Fachtagung am Grassi-Museum in Leipzig im Mai 1993, Karlsruher Schriften zur Besucherforschung. Heft 5. Karlsruhe: Institut für Soziologie
Klein, Hans Joachim (Hrsg.) (1995): Mediendämmerung. Die unaufhaltsame Computerisierung der Museen. Karlsruher Schriften zur Besucherforschung. Heft 6. Karlsruhe: Institut für Soziologie
Klein, Hans Joachim (1996): Besucherforschung als Antwort auf neue Herausforderungen. In: Haus der Geschichte der Bundesrepublik Deutschland (1996): 72-84
Klein, Hans Joachim (1997): Nichtbesucher und museumsferne Milieus: „lohnende" Gruppen des Museumsmarketing? In: Landschaftsverband Rheinland. Rheinisches Archiv- und Museumsamt (1997): 28-43
Klein, Hans Joachim (Hrsg.) (1998): Doppelpack. Zum Lobe der vergleichenden Forschung. Karlsruher Schriften zur Besucherforschung. Heft 7. Karlsruhe: Institut für Soziologie
Klein, Hans Joachim (2003): Publikums-Barometer. Vom Nutzen kontinuierlicher Besucheranalysen. In: Noschka-Roos (2003): 110-143
Klein, Hans Joachim (2006): Besucher im Haus der Geschichte Baden-Württemberg. Eine analytische Bestandsaufnahme. Karlsruhe: unveröffentlicht
Klein, Hans Joachim (2007): Besucherorientierung, Wirkungsanalysen und Evaluation an Kultureinrichtungen. Schwerpunkt: Museen, Ausstellungen, Besichtigungsorte. Skript zu einer Kompaktveranstaltung im SS 2007 am Institut für Soziologie der Universität Dresden. Studiengang Kultur und Management. Karlsruhe
Klein, Hans Joachim/Monika Bachmayer (1981): Museum und Öffentlichkeit. Fakten und Daten. Motive und Barrieren. Berlin: Gebrüder Mann
Klein, Hans Joachim/Bernd Lindner (1993): Ost-West-Perspektiven zur Deutschen Zeitgeschichte. Eine vergleichende Vorab-Evaluation für das Haus der Geschichte der Bundesrepublik Deutschland in Bonn. Karlsruhe/Leipzig: Institut für Soziologie
Klein, Hans Joachim/Julia Bock (2000): Die Sieben im Süden. Das Publikum der Freilichtmuseen in Baden-Württemberg, Besuchsanlässe und -verläufe, Besuchererwartungen und Urteile. Karlsruhe: Institut für Soziologie
Klein, Hans Joachim/Jennifer Striebel/Monica Trinca (2000): Im Meinungsspiegel. Wie das Schweizer Landesmuseum von Bevölkerung und Touristen wahrgenommen wird. Dokumentation einer Markterkundung im Auftrag des Schweizer Landesmuseums. Karlsruhe: Institut für Soziologie
Klein, Hans Joachim/Julia Bock/Monica Trinca (2002): Aus Sicht der Besucher. Die Kunsthalle Würth. Künzelsau: Swiridoff
Klein, Hans Joachim/Verena Klumpp (2007): Zu Gast in der Vergangenheit. Besucherbefragung am Bauernhausmuseum Amerang. Karlsruhe: unveröffentlicht
Klein, Hans Joachim/Stéphanie Wintzerith (2007): Freilichtmuseum an der Glentleiten. Erkundungen zu Besuchern und Publikumspotenzial. Karlsruhe: unveröffentlicht
Klein, Hans Joachim/Monika Kania-Schütz/Nora Wegner (2008): Das nicht mehr ganz unbekannte Publikum der oberbayerischen Freilichtmuseen. In: Kania-Schütz (2008): 141-158

Klein, Hans Joachim/Verena Klumpp (2008): Steine, Tiere, Wald – und Menschen. Eine Evaluation des Vermittlungsangebots im Naturkundemuseum Karlsruhe. Karlsruhe: unveröffentlicht
Klein, Hans Joachim/Nora Wegner (2009): Touristen im Museumspublikum. Befunde empirischer Untersuchungen aus Museumsperspektive. In: John/Schild/Hieke (2009) (im Druck)
Klein, Hans Joachim/Alexandra Donecker/Martina Hänle/Nadine Herrmann (2009): Besucherfeedback – ein Planungskriterium? In: Kunz-Ott/Kudorfer/Weber (2009): 169-178
Koch, Anne (2002): Museumsmarketing. Ziele – Strategien – Maßnahmen. Mit einer Analyse der Hamburger Kunsthalle. Bielefeld: transcript
Koch, Anne (2003): Marktforschung an Museen – Basis für innovative Dienstleistungen. Besucherzufriedenheit als Maßstab. In: Handbuch KulturManagement, April 2003, Handmarke D 2.10. Berlin: Raabe
Koehler, Melanie (2004): Museumsbesucher der Zukunft in der Gegenwart. Die Zielgruppe der Kinder von drei bis acht Jahren am Beispiel der Dauerausstellung im Deutschen Museum: Das Kinderreich. In: Dreyer/Wiese (2004a): 129-136
Kohl, Manuela (2006): Kunstmuseen und ihre Besucher. Eine lebensstilvergleichende Studie. Wiesbaden: VS
Kommunale Gemeinschaftsstelle für Verwaltungsvereinfachung (1989): Die Museen. Besucherorientierung und Wirtschaftlichkeit. Köln: KGSt
Kotler, Neil/Philip Kotler (1998): Museum Strategy and Marketing. Designing missions, Building audiences, Generating revenue and resources. San Francisco: Wiley & Sons
Kunz-Ott, Hannelore/Susanne Kudorfer/Traudel Weber (Hrsg.) (2009): Kulturelle Bildung im Museum. Aneignungsprozesse – Vermittlungsformen – Praxisbeispiele. Bielefeld: transcript
Landschaftsverband Rheinland (Hrsg.) (1996): Vom Elfenbeinturm zur Fußgängerzone: Drei Jahrzehnte deutsche Museumsentwicklung. Versuch einer Bilanz und Standortbestimmung. Opladen: Leske+Budrich
Landschaftsverband Rheinland. Rheinisches Archiv- und Museumsamt (Hrsg.) (1997): Das besucherorientierte Museum. Köln: Rheinland
Loomis, Ross J. (1987): Museum visitor evaluation. New tool for management. Nashville Ten.
Loomis, Ross J. (1996): Museen und Besucherforschung. In: Haus der Geschichte der Bundesrepublik Deutschland (1996): 26-37
Lord, Barry/Gail Dexter Lord (Hrsg.) (2002): The manual of museum exhibitions. Walnut Creek CA: AltaMira Press
McManus, Paulette M. (1996): Visitors: Their Expectations and Social Behavior. In: Durbin (2006): 59-63
Meighörner, Wolfgang (1995): Computer in der Ausstellung. Erfahrung im Rahmen einer Großausstellung. In: Klein (1995): 65-80
Melton, Arthur W. (1935): Problems of installation in museums of art. Washington DC
Michelsen, Gerd/Jasmin Godemann (Hrsg.) (2005): Handbuch Nachhaltigkeitskommunikation. Grundlagen und Praxis. München: Oekom

Miles, Roger (1985): Formative Evaluation und der Entwicklungsprozeß von Ausstellungselementen im British Museum (Natural History). In: Graf/Knerr (1985): 25-44

Munro, Patricia S./Polygon (1993): Ausblick zum Ausstellungsprojekt ‚Verflixte Schönheit'. In: Klein (1993): 105-113

Munro, Patricia S. (2000): Brückenschlag zwischen Museen und ihren Besuchern mittels Vorab-Evaluation. In: Günter/John (2000): 79-94

Museum für Kommunikation (2009): Das Museum. In: www.mfk.ch/wirueberuns.html (Stand: 10.08.2009)

Museumsverband Baden-Württemberg (2000): Die Zukunft der Museen – Eine Podiumsdiskussion im Badischen Landesmuseum, Karlsruhe am 9. Februar 2000. In: Museumsblatt. Mitteilungen aus dem Museumswesen Baden-Württembergs. Heft 28. 21-28

Niedersächsisches Ministerium für Wissenschaft und Kultur (Hrsg.) (2005): Management und Marketing. Niedersachsens Museen im Spannungsfeld zwischen betrieblichen Anforderungen und externen Wünschen. Hannover: Niedersächsisches Ministerium für Wissenschaft und Kultur

Noschka-Roos, Annette (1993): Wegweiser der Front-End Evaluation für die Ausstellungsplanung. In: Klein (1993): 57-103

Noschka-Roos, Annette (1994): Besucherforschung und Didaktik. Ein museumspädagogisches Plädoyer. Berliner Schriften zur Museumskunde. Opladen: Leske+Budrich

Noschka-Roos, Annette (1996): Referierende Bibliographie zur Besucherforschung. Materialien aus dem Institut für Museumskunde. Heft 44. Berlin: Institut für Museumskunde

Noschka-Roos, Annette (Hrsg.) (2003): Besucherforschung in Museen. Instrumentarien zur Verbesserung der Ausstellungskommunikation. München: Deutsches Museum

Nuissl, Ekkehard/Christa Schulze (1991): Besucherinteressen und Besucherverhalten im Museum. Neuere empirische Untersuchungen. In: Faulenbach/Jelich (1991): 24-26

Opaschowski, Horst W. (2008): Deutschland 2030. Wie wir in Zukunft leben. Gütersloh: Gütersloher Verlagshaus

Robinson, Edward Stevens (1928): The behavior of the museum visitor. Washington DC

Rohmeder, Jürgen (1982): Methoden und Medien der Museumsarbeit. Pädagogische Betreuung der Einzelbesucher im Museum. Ostfildern: DuMont

Rombach, Julia (2007): Trendsetter oder Traditionshüter? Die Zukunft der Museen. Hamburg: Lit

Romeiß-Stracke, Felizitas (2005): Was kommt nach der Spaßgesellschaft? In: Dokumentation des 3. Kulturpolitischen Bundeskongresses unter www.kupoge.de/kongress/2005/dokumentation/romeiss-stracke.pdf (Stand: 10.08.2009)

Schäfer, Hermann (2004): Besucherforschung als Basis für neue Wege der Besucherorientierung. In: Commandeur/Dennert (2004): 103-122

Scher, Marita Anna (Hrsg.) (1998): Umwelt-Ausstellungen und ihre Wirkung. Schriftenreihe des Staatlichen Museums für Naturkunde und Vorgeschichte Oldenburg. Oldenburg: Isensee

Schmitz, Ulrich (2007): Wissbegier befriedigen – Lernen im Museum. In: Leibniz – Journal der Leibniz-Gemeinschaft. Nr. 2. 16-17

Schreider, Carol (2004): The audience-centered museum. In: Commandeur/Dennert (2004): 61-69

Schuck-Wersig, Petra/Martina Schneider/Gernot Wersig (1988): Wirksamkeit öffentlichkeitsbezogener Maßnahmen für Museen und kulturelle Ausstellungen. Materialien aus dem Institut für Museumskunde. Heft 21. Berlin: Institut für Museumskunde

Schuck-Wersig, Petra/Gernot Wersig (1996): Marketing und konsequente Besucherorientierung – neue Schubkraft für die Museumskultur? In: Landschaftsverband Rheinland (1996): 151-164

Schulze, Gerhard (1992): Die Erlebnisgesellschaft: Kultursoziologie der Gegenwart. Frankfurt/New York: Campus

Schwan, Stephan/Helmuth Trischler/Manfred Prenzel (2006): Lernen im Museum. Die Rolle von Medien. Mitteilungen und Berichte aus dem Institut für Museumsforschung. Band 38. Berlin: Institut für Museumsforschung

Schwan, Stephan/Carmen Zahn/Daniel Wessel/Markus Huff/Nadine Herrmann/Eva Reussner (2008): Lernen in Museen und Ausstellungen – die Rolle digitaler Medien. In: Unterrichtswissenschaft. Zeitschrift für Lernforschung. Thema: Lernen im Museum. Jg. 36. Heft 2. 117-135

Screven, Chandler (1976): Exhibit-evaluation. A goal-referenced approach. In: Curator The Museum Journal 1976

Shettel, Harris (1968): An evaluation of existing criteria for judging the quality of science exhibits. In: Curator The Museum Journal 1968

Shettel, Harris (1996): Aktueller Stand der Besucherforschung. In: Haus der Geschichte der Bundesrepublik Deutschland (1996): 11-24

Siebertz-Reckzeh, Karin Maria (2000): Soziale Wahrnehmung und Museumsnutzung. Bedingungsvariablen kultureller Partizipation. Münster/New York/München: Waxmann

Stockmann, Reinhard (2002): Was ist eine gute Evaluation. Ceval-Arbeitspapiere. Heft 9. Saarbrücken: Centrum für Evaluation

Terlutter, Ralf (2000): Lebensstilorientiertes Kulturmarketing. Besucherorientierung bei Ausstellungen und Museen. Wiesbaden: DUV

Treinen, Heiner (1974): Museum und Öffentlichkeit. In: Deutsche Forschungsgemeinschaft (1974): 21-38

Treinen, Heiner (1991): Motivation zum Museumsbesuch. Museumstypen und Besucherprofil. In: Faulenbach/Jelich (1991): 37-45

Treinen, Heiner (1997): Museumsbesuch und Museumsbesucher als Forschungsgegenstand. Ergebnisse und Konsequenzen für die Besucherorientierung. In: Landschaftsverband Rheinland. Rheinisches Archiv- und Museumsamt (1997): 44-53

Treinen, Heiner (2000): Evaluation von Museumsausstellungen. Konturen eines Beratungsprogramms. In: Compania Media (2000): 149-161

Tröndle, Martin/Volker Kirchberg/Stéphanie Wintzerith/Karen van den Berg/Steven Greenwood (2008): Innovative Museums- und Besucherforschung am Beispiel des Schweizerischen Nationalforschungsprojektes eMotion. In: Kultur und Management im Dialog. Nr. 26. Dezember 2008. 33-36

Van Deth, Jan/Julia Schäfer (2002): Ein Haus für alle. Landesgeschichte, Landesbewusstsein. Haus der Geschichte Baden-Württemberg – eine Umfrage. Filderstadt: Markstein

Wegner, Nora (2005): Front-End Evaluation – Eine Antwort auf neue Herausforderungen an Museen? Beispielhaft dargestellt an einer Untersuchung am Museum für Kommunikation Bern. Wissenschaftliche Arbeit für die Magisterprüfung im Fach Kulturwissenschaft im Magister-Aufbaustudiengang Kulturmanagement an der Pädagogischen Hochschule Ludwigsburg

Wegner, Nora (2006a): Evaluation der Ausstellung ‚Stromgitarren. Legenden. Lärm. Leidenschaft.' im Museum für Kommunikation Bern. Karlsruhe: unveröffentlicht

Wegner, Nora (2006b): Grundlagenerhebung für die formative Evaluation am Landesmuseum Mainz. Karlsruhe: unveröffentlicht

Wegner, Nora (2007a): Besucherpotenzial des Landesmuseums Württemberg und des Museums für Volkskultur Schloss Waldenbuch. Teilerhebungen in der Stuttgarter Bevölkerung, im Einzugsbereich des Museums für Volkskultur und unter Stuttgart-Touristen. Karlsruhe: unveröffentlicht

Wegner, Nora (2007b): Der große Spagat. Besucher in der Schausammlung des Landesmuseums Württemberg und in der „Großen Landesausstellung ‚Das Königreich Württemberg 1806 – 1918 Monarchie und Moderne'". Karlsruhe: unveröffentlicht

Wegner, Nora (2007c): „haarsträubend. Tier – Mensch – Kommunikation". Evaluation der Sonderausstellung im Museum für Kommunikation Bern und Naturhistorischen Museum der Burgergemeinde Bern. Karlsruhe: unveröffentlicht

Wegner, Nora (2008a): „Bilder, die lügen". Evaluation der Wechselausstellung im Museum für Kommunikation Bern. Karlsruhe: unveröffentlicht

Wegner, Nora (2008b): Das Publikum im Museum für Kommunikation Bern. Befragung von jungen und erwachsenen Einzelbesuchern, Führungsteilnehmern sowie Schulklassen. Fellbach: unveröffentlicht

Wegner, Nora (2008c): Ergebnispräsentation. Befragung von Mitgliedern und Besuchern des Heidelberger Kunstvereins. Fellbach: unveröffentlicht

Wegner, Nora (2008d): Vorab-Evaluation als Antwort auf aktuelle Herausforderungen an Museen. In: Keller/Schaffner/Seger (2008): 131-136

Wegner, Nora (2009): Die nun auch nicht mehr ganz unbekannten Gruppenbesucher in den oberbayerischen Freilichtmuseen. In: Kania-Schütz (2009): 153-159

Wersig, Gernot/Bernhard Graf (2000): Virtuelle Museumsbesucher – Empirische Studien zur technischen Außenrepräsentanz von Museen. Berlin: Freie Universität

Wiese, Rolf/Gisela Wiese (Hrsg.) (1998): Ziele des Museums. Ehestorf: Stiftung Freilichtmuseum am Kiekeberg

Wintzerith, Stéphanie/Patrizia Müller (2006): Fernando Botero zu Gast in der Kunsthalle Würth. Karlsruhe: unveröffentlicht

ZEB – Zentrum für Evaluation und Besucherforschung am Badischen Landesmuseum Karlsruhe (Hrsg.) (2004): Das Besucherpotential des Landesmuseums für Technik und Arbeit in Mannheim. Eine empirische Studie. Karlsruhe: unveröffentlicht

Zentrum für Audience Development (2007): Besucherforschung in öffentlichen deutschen Kulturinstitutionen. Eine Untersuchung des Zentrums für Audience Development (ZAD) am Institut für Kultur- und Medienmanagement der Freien Universität Berlin. Band 1. Berlin: ZAD

Musikpublikum und Musikpublikumsforschung

Stefanie Rhein

1 Musik – viel genutzt und trotzdem kein „Selbstläufer"

Bereits die bloßen Nutzungshäufigkeiten und Beliebtheitsbekundungen im Hinblick auf musikbezogene Angebote lassen vermuten, dass Musik im Leben vieler Menschen einen festen Platz hat. Musik wird häufig und gerne gehört:

- 90,5 % der über 14-Jährigen in Deutschland hören gemäß der online verfügbaren bevölkerungsrepräsentativen Daten (N=30.429) der Herausgebergemeinschaft Verbraucheranalyse[1] gerne oder sogar sehr gerne Musik.
- In der Shell-Jugendstudie 2006 geben 63 % der rund 2500 befragten 12-25-jährigen Jugendlichen an, Musik hören sei ihre häufigste Freizeitbeschäftigung (Shell 2006: 78).
  Die JIM-Studie 2008 zeigt, dass zum Beispiel 86 % der Jugendlichen zwischen 12 und 19 Jahren (N=1208) einen eigenen MP3-Player besitzen (8 ff.) und 60 % diesen auch täglich nutzen (Medienpädagogischer Forschungsverbund Südwest [mpfs] 2008: 12). Nach eigenen Einschätzungen verfügen die MP3-Nutzer unter den Befragten mit im Durchschnitt 1475 Musiktitel (mpfs 2008: 20 f.) über ein beträchtliches Musikarchiv, wobei die Anzahl der Titel im Vergleich zum Vorjahr um 17 % gestiegen ist.
- Musikveranstaltungen gehören – neben dem Film – zu den beliebtesten und am meisten wahrgenommenen kulturellen Angeboten, wie das 8. Kulturbarometer des Zentrums für Kulturforschung (N=2035; ab 14 Jahren) zeigt (zum Beispiel Keuchel o. J.: 1). So ist der Anteil derer, die in den letzten 12 Monaten mindestens einmal ein Musikkonzert besucht haben, in den vergangenen Jahren deutlich angestiegen: Etwa zwei Drittel der Kulturbarometer-Befragten im Erhebungszeitraum 2004/2005 gehören zu dieser Gruppe der Konzertbesucher, während eine frühere Studie des Zentrums für Kulturforschung für 1984/1985 zum Beispiel „nur" einen Anteil von ca. 50 % ausweist.

---

1 http://www.verbraucheranalyse.de/de/home (Stand: 15.6.2009)

Für die Anbieter und Vermittler von Musik – sei es in Form von Konzerten oder anderen Musikveranstaltungen, sei es in Form von Tonträgern, Musikmedien oder Musikplattformen im Internet – kann das bloße Wissen um eine allgemein hohe Bedeutung und Nutzungshäufigkeit von Musik allerdings kein Ruhekissen sein. Vielmehr sind Musikanbieter mehr denn je auf eine möglichst genaue Kenntnis ihres Publikums bzw. ihres potenziellen Publikums angewiesen.

Durch die zunehmende Globalisierung und Medialisierung wird das Angebot, aus dem die Nutzer wählen können, immer vielfältiger und weniger überschaubar: Zum einen werden ursprünglich lokale Musikkulturen durch Medien wie das Internet und durch die globalisierten bzw. transnationalen Märkte quasi weltweit zugänglich (Gebesmair 2008). Zum anderen vervielfältigen sich die medialen Möglichkeiten zur Musiknutzung in rasantem Tempo: zum Beispiel Schallplatte, CD, Kassette, Radio, Musikfernsehen, MP3. Allein für das Internet nennt Münch (2007) zahlreiche Orte, an denen Musik eine wesentliche Rolle spielt bzw. genutzt oder bezogen werden kann: originäre Internet-Radios und etablierte Radiosender, die auch über Internet senden, musikbezogene Podcasts (zum Beispiel http://www.podcast.de/kategorie/39/Musik), Internet-Fernsehen (zum Beispiel Musiksender), musikindustrielle Plattformen, auf denen sich Firmen, Labels oder Künstler präsentieren, kommerzielle Musikdownload-Plattformen, Musiktauschbörsen, auf denen anonyme Teilnehmer kostenlos tagtäglich eine große Anzahl von Musiktiteln zum Beispiel über Peer-to-Peer-Netzwerke tauschen, Homepages von Musikfans, Community-Seiten und Videoportale (zum Beispiel myspace.com oder youtube.com). Kurzum: Das Musikpublikum kann (und muss) aus immer mehr Musik und aus immer mehr Musikmedien und -formaten eine Auswahl treffen und dabei versuchen, im Dschungel der Möglichkeiten nicht die Orientierung zu verlieren. Gleichzeitig konkurriert Musik auf dem Erlebnismarkt (Schulze 1997) nicht nur mit anderen Musikangeboten, sondern mit dem gesamten Spektrum unterschiedlicher Erlebnisangebote (zum Beispiel aus den Bereichen Sport, Theater, Literatur) um die Aufmerksamkeit, das Ansehen, die Zeit und das Geld der potenziellen Nutzer.

Die genannten Entwicklungen führen zu einer immer stärkeren Ausdifferenzierung des Angebots und einem immer stärkeren Konkurrenzdruck auf Anbieterseite. Das bekamen beispielsweise in den 1980er Jahren die öffentlich-rechtlichen Sender zu spüren, die sich mit dem Aufkommen der privaten bzw. kommerziellen Anbieter nun einem sehr ernstzunehmendem Mitbewerber um „ihr" Publikum gegenüber sahen. Zugleich gerieten sie unter Legitimationszwang im Hinblick auf die Rundfunkgebührenfinanzierung, die an die Erfüllung des öffentlich-rechtlichen (Kultur-)Auftrags gebunden ist. Nicht zuletzt aus der Notwendigkeit, diesen Auftrag zu evaluieren und auch damit die Finanzierung aus den Rundfunkgebühren zu legitimieren, resultierte eine verstärkte Markt-

und Publikumsforschung der Sender insbesondere seit den 1980er Jahren. Dokumentiert sind diese Arbeiten zum Beispiel in der Zeitschrift Media Perspektiven (www.media-perspektiven.de).

Um auf dem hart umkämpften Erlebnismarkt bestehen zu können, muss man sein musikalisches Angebot so gestalten, ‚verkaufen' und kommunizieren, dass es die Aufmerksamkeit der potenziellen Hörer gewinnt und ihnen attraktiv erscheint. Hierfür ist es unerlässlich, sein Publikum, dessen Erwartungen und Motive, Präferenzen und etwaige Rezeptionsbarrieren, die jeweiligen Nutzungsweisen und die Art des Musik-Erlebens zu kennen, so dass man auf der Basis dieses Wissens sein Handeln nutzer- und zielgruppenorientiert ausrichten kann (Klein 2003: 15ff.).

In diesem Zusammenhang scheint gerade der hochkulturelle Musikbetrieb vor besonderen Herausforderungen zu stehen – nicht zuletzt aufgrund seines tradierten Selbstverständnisses als anspruchsvolle Kultur, als selbstverständlicher Bestandteil des Bildungskanons, als in erster Linie der Ästhetik und dem Anspruch verpflichtet: Zum einen muss im Klassikbereich wie in allen anderen Musiksparten auch mit vielfältigen anderen Freizeitangeboten um das Publikum ‚gebuhlt' werden, wobei die Hochkultur in den letzten Jahren in nahezu allen Bereichen massive Zuschauerverluste hinnehmen musste (Cooper 2008: 9). Beispielsweise zeigt das 8. Kulturbarometer für 2004/2005 im Vergleich zum Erhebungszeitraum des 5. Kulturbarometers 1993/1994 einen deutlichen Besucherschwund für klassische Musikkonzerte in der Altersgruppe der 18- bis 49-Jährigen (Keuchel 2009: 86). Gembris (2009: 65 f.) stellt auf der Basis der Statistiken des Deutschen Musikrats darüber hinaus fest, dass sich das Verhältnis von Musikveranstaltungsangebot und Besucherzahl insgesamt scherenartig auseinander entwickelt – relativ gesehen steht ein kleineres Publikum einer größeren Anzahl an Konzerten gegenüber. Mit dem Konkurrenzdruck und seinen Folgen geht bei den E-Musik-Sparten und -Einrichtungen aufgrund ihrer Subventionierung durch die öffentliche Hand ein massiver Legitimationsdruck einher, der auch Ausdruck einer grundsätzlichen Infragestellung der kulturellen Dominanz und gesellschaftlichen Vormachtstellung der Hochkultur in einer kulturell stark pluralisierten Gesellschaft ist (Glogner/Rhein 2005: 432). Zum anderen begegnen aufgrund ihres Selbstverständnisses gerade die hochkulturellen Musikanbieter und -einrichtungen der Publikumsforschung häufig mit besonderem Misstrauen:

„Das Dilemma der hochkulturellen Einrichtungen ist (…) oftmals, dass das Mitdenken der Größe Publikum verwechselt wird mit der Anpassung der kulturellen Inhalte an einen Massengeschmack und damit einhergehend einer Verflachung des Programms." (Cooper 2008: 1)

Solche Vorbehalte scheinen im Übrigen allerdings auch im Bereich des Jazz zu bestehen, der ebenfalls als ‚anspruchsvolle Musik' gilt; so betont Schmücker (1993) in seiner Jazzpublikums-Studie, dass zwar angesichts des publikumsbezogenen Nachwuchsproblems in dieser Sparte der Zugewinn neuer Hörer angestrebt werden müsse, dass damit aber nicht etwa „einer verstärkten Kommerzialität des Jazz das Wort geredet werden [solle; S. R.] im Sinne einer Anpassung an einen vermeintlichen Massengeschmack" (Schmücker 1993: 261). Nichtsdestotrotz ist es gerade der Bereich der klassischen Musik, für den mittlerweile die meisten Konzertpublikumsstudien vorliegen (vgl. Kapitel 2.3.1).

Im Folgenden sollen zunächst allgemeine Überlegungen zur Musikpublikumsforschung, ihren Fragestellungen und Methoden sowie ihrer theoretischen Verortung angestellt werden. Anschließend werden ausgewählte Fragestellungen anhand verschiedener Studien und ihrer Befunde genauer vorgestellt. Am Ende werden Impulse für die weitere Forschung formuliert.

2 Musikpublikum und Musikpublikumsforschung

2.1 Das Musikpublikum

Musikpublikum meint erstens Konzertpublika bzw. die Besucher von musikbezogenen Veranstaltungen, zweitens geht es auch um die Nutzer medialer Musikangebote. Drittens sind auch Publikumsformen inbegriffen, die sich nicht an der Teilnehmerschaft an einer konkreten Rezeptionssituation festmachen lassen wie zum Beispiel musikbezogene Geschmackspublika (vgl. Gans 1985). Diese Form des Publikums setzt sich zusammen aus denjenigen, die ähnliche musikalische Präferenzen haben: die Klassik-Liebhaber, Wagnerianer, Techno-Freaks usw.

Für alle drei Bereiche gibt es Forschungslinien[2], die stark miteinander verschränkt und aufeinander bezogen sind. Als gemeinsame Theoriebezüge seien hier Rezeptions-, Wirkungs- und/oder Nutzungstheorien zu Musik und Medien genannt sowie Theorien zum sozialen Gebrauch von Musik, Lebensstil- oder Szenekonzepte. Überlappungen gibt es auch im Hinblick auf das Publikum selbst: So ist es zumindest wahrscheinlich, dass ein regelmäßiger Konzertbesucher auch medial vermittelte Musik nutzt, und ein Teil derer, die Musik via Medien konsumieren, wird vermutlich auch gelegentlich ein Konzert oder eine Musikveranstaltung besuchen. Zugleich können Personen, die in Umfragen an-

---

2 Vgl. für das Konzertpublikum aus soziologischer Sicht Neuhoff (2007), für das Musikpublikum insgesamt Dollase (2006), für soziologische Überlegungen zu Musikgeschmackspublika Gebesmair (2001).

geben, bestimmte Arten von Musik zu mögen, zumindest als Besucher- und Nutzerpotenzial dieser Musik gelten.

Eine systematische Differenzierung von Publikumsformen, die den genannten Unterschieden Rechnung trägt, findet sich bei Dollase (1997, 2006): Mit dem *realen Publikum* sind die Besucher eines Konzerts, eines Musikclubs oder einer anderen musikalischen Darbietung an einem bestimmten Ort und zu einer bestimmten Zeit gemeint. Aus handlungstheoretischer Perspektive kann das reale Publikum als Kreis derer beschrieben werden, die aktuell dieselbe Entscheidung getroffen haben, nämlich die Entscheidung zum Besuch des Konzerts oder der Veranstaltung, und die daher das entsprechende Publikum bilden (Neuhoff 2007: 476). Der Begriff des *statistischen Publikums* bezieht sich hingegen auf diejenigen, die zum Beispiel bei einer Umfrage angekreuzt haben, dass sie regelmäßig Konzerte besuchen, gerne bestimmte Musikmedien konsumieren oder eine Präferenz für bestimmte Arten von Musik oder Musikdarbietungen haben. Diese Publikumsform wird von Dollase auch als „hypothetisches" oder „virtuelles Publikum" bezeichnet (2006: 118). Dass das statistische Publikum nicht mit dem realen Publikum übereinstimmen muss, zeigt sich in Befunden wie diesem: Das reale Publikum der Richard-Wagner-Festspiele in Bayreuth besteht nur zu ca. einem Drittel aus dem statistischen Publikum der so genannten „Wagnerianer" (Gebhardt/Zingerle 1998: 229 ff.).

Für das (Musik-)Medienpublikum führt Dollase (1997: 206) zwei weitere Publikumsformen ein:

- das *massenmediale Publikum*, das der Übertragung und Sendung von Musik (zum Beispiel im Radio, im Fernsehen oder als Livestream im Internet) zur selben Zeit, aber an unterschiedlichen Orten beiwohnt, und
- die jeweiligen *Medienschaften*, das heißt die Rezipienten einer auf einem Bild- oder Tonträger festgehaltenen Aufnahme, die diese zu verschiedenen Zeiten und an verschiedenen Orten konsumieren.

Dabei können sich jeweils so genannte Minipublika vor Ort bilden (Dollase 2006: 117), beispielsweise wenn man eine Live-Übertragung eines Konzerts im Kreise der Familie verfolgt oder sich eine Musik-CD gemeinsam mit der Clique anhört. Dass allerdings erstens der Begriff des Minipublikums irreführend sein kann und dass zweitens die Grenzen zum Beispiel zwischen realem und massenmedialem Publikum offenkundig nicht immer genau bestimmbar sind, kann am Beispiel des so genannten Public Viewing verdeutlicht werden: Im Jahr 2007 gab es in zahlreichen deutschen Städten die Möglichkeit, die TV-Übertragung der weltweit stattfindenden Live Earth-Konzertserie in großen Hallen oder als Openair-Veranstaltung gemeinsam mit anderen mitzuverfolgen. Das Publikum war damit zur gleichen Zeit Teil des massenmedialen Publikums der Konzerte und Teil des realen Publikums der Public Viewing-Veranstaltung vor Ort. Ähnliches gilt für eine Tanzveranstaltung mit DJ, bei der die Besucher einerseits das reale Publikum der Veranstaltung bilden, andererseits zur Medienschaft der abgespielten Musik zählen.

Darüber hinaus können mit der Entwicklung neuer Medientechnologien (Massenmedien, Web 2.0 usw.) immer wieder auch neue Formen des Publikums entstehen, so dass eine solche Auflistung von Publikumsformen stets nur eine Momentaufnahme sein kann: Beispielsweise tritt im Web 2.0 mehr denn je die Produktivität des individuellen Nutzers hervor, der in Interaktionen mit anderen Nutzern tritt, sich an netzbasierten Kommunikationskulturen beteiligt und selbst Medienproduktionen herstellt und als so genannten ‚user generated content' im Netz veröffentlicht (Androutsopoulos 2003a: 59). Die mit dem Publikumsbegriff generell assoziierte rezeptive Haltung der Konsumenten oder Besucher wird durch solche Entwicklungen stärker denn je herausgefordert.[3]

Eine Differenzierung zwischen den unterschiedlichen Arten von Publika ist grundsätzlich notwendig, da die Situation, in der Musik gehört wird, die Motive der Zuhörer, ihre Wahrnehmung der Musik sowie auch die Zusammensetzung des Publikums mitbestimmen kann (vgl. Dollase 2006: 117). So finden sich beispielsweise im realen Konzertpublikum auch Personen, für die eher der festliche Rahmen oder das gesellschaftliche Ereignis – und nicht in erster Linie die Musik – der ausschlaggebende Grund für den Publikumsbeitritt ist. Schulze (1997) führt noch einen weiteren Differenzierungsaspekt ein: So unterscheiden sich Publika auch danach, ob für das Publikumsmitglied die Zugehörigkeit unmittelbar erfahrbar ist oder nicht. Er differenziert entsprechend zwischen dem lokalen Publikum und dem individualisierten Publikum. Ersteres meint das reale Publikum, das heißt das Publikum vor Ort. Mit dem Begriff des individualisierten Publikums bezieht er sich auf Publikumsformen, die im Zuge der zunehmenden Individualisierung, der damit einhergehenden Medialisierung und Globalisierung, immer stärker in den Vordergrund treten:

Für das individualisierte Publikum ist der zeitgleiche Konsum eines musikalischen Angebots am selben Ort kein notwendiges Merkmal – der kollektive Charakter des Publikumseins ist „nur noch durch punktuelle Wahrnehmung erfahrbar" (Schulze 1997: 461). Während sich die Besucher und Besucherinnen eines Konzerts unmittelbar als Teil eines Publikums wahrnehmen – zum Beispiel wenn sie vom Interpreten als Publikum angesprochen werden, wenn sie vor der Bühne dicht an dicht stehen, wenn sie mit den anderen Anwesenden den Refrain

---

3 Insbesondere im Umfeld der *Cultural Studies* entstanden bereits in den 1990er Jahren Arbeiten, in denen die Produktivität des Publikums im Rahmen der Medienrezeption herausgearbeitet wurde: „Texts are made by their readers" (vgl. Brown/Schulze 1990, Fiske 1992, Winter 1997).

des Hits mitsingen und das Gefühl teilen, gemeinsam mit allen anderen im Publikum einen einzigartigen Abend zu erleben –, erschließt sich dem Hörer einer Radioübertragung oder demjenigen, der ein Musikvideo auf einer Onlineplattform ansieht, seine Zugehörigkeit zum jeweiligen Publikum nur punktuell, oft nur mittelbar und häufig erst im Nachhinein: zum Beispiel im Gespräch mit der besten Freundin über das neue Musikvideo der Lieblingsband, durch die Kommentare anderer User, die auf der Onlineplattform unter dem Musikvideo zu finden sind, oder indem die Gesamtzahl der Klicks auf dieses Video angegeben ist. Gerade vor dem Hintergrund des sozialen Gebrauchs von Musik (vgl. Kapitel 3.1.2) – das heißt, dass Musik unter anderem als Distinktionsmittel und als Signal für Zugehörigkeiten genutzt wird – ergibt sich ein weiteres potenzielles Motiv für den Beitritt zu lokalen Publika: Hier werden musikalische Wahlnachbarschaften, Szenezugehörigkeiten und die Nähe zu einer ‚taste culture' (Gans 1985) für den Einzelnen erfahrbar.

2.2 Das Themenspektrum der Musikpublikumsforschung

Es erscheint als ein äußerst schwieriges, wenn nicht gar unmögliches Unterfangen, einen Überblick über das Feld der Musikpublikumsforschung zu geben, da das Umgehen mit Musik durch eine Vielzahl an Theorien, Studien und Befunden aus unterschiedlichsten Disziplinen (Musikpsychologie, Musiksoziologie, Jugendsoziologie, Kulturwissenschaft, Medienwissenschaft, Musikwissenschaft, Marketing/Kulturmanagement, Musikpädagogik usw.) in den Blick genommen wird. Diese befassen sich mit Fragenstellungen, die die präkommunikative, die kommunikative und die postkommunikative Phase betreffen (Dollase 1997), das heißt mit Aspekten, die vor der Musikrezeption, während bzw. bei oder nach der Musikrezeption eine Rolle spielen. Beispielhaft seien hier zunächst einige Forschungsbereiche genannt:

- Musikgeschmack und musikalische Präferenzen (vgl. Behne 1993; Peterson/ Kern 1996; Bryson 1996; Gebesmair 2001; Neuhoff 2001; Gembris 2005; Schönauer 2004)
- Rezeption und Nutzung von Musik in unterschiedlichen Lebensphasen (vgl. Müller et al. 2002; Dollase 1998; Muthesius 2002; Mende 1991; Bersch-Buruael 2004), unter unterschiedlichen situativen, sozialen und persönlichen Bedingungen und/oder mit bestimmten Medien, zum Beispiel Musikvideo (vgl. Brown/Schulze 1990; Quandt 1997; Müller/Behne 1996; Schmidbauer/ Löhr 1999; Bechdolf 1999; Kurp/Hauschild/Wiese 2002), zum Beispiel Mood Management mit Musik (Schramm 2005)

- Beurteilung und Wirkungen von Musik (vgl. Gembris 2002; Behne 1999a, 2001; Schramm 2008) – inklusive so genannter Transfereffekte (vgl. Gembris/Kraemer/Maas 2006) – unter verschiedenen situativen, sozialen, individuellen Bedingungen und/oder mit bestimmten Medien
- Musikalische Sozialisation als Voraussetzung oder Barriere für bestimmte musikalische Umgehensweisen (vgl. Müller 1995; Bailer/Huber 2006; Auhagen/Bullerjahn/Höge 2007)
- (musikalische) Jugend- und Fankulturen bzw. -szenen (vgl. Ferchhoff/Sander/ Vollbrecht 1995; Kommer 1998; Ferchhoff 1998; Baacke 1998a; Nolte-ernsting 1998; Hitzler/Bucher/Niederbacher 2005; Müller-Bachmann 2002; Otte 2007), zum Beispiel HipHop (vgl. Androutsopoulos 2003b; Klein/ Friedrich 2004), zum Beispiel Hardcore (vgl. Calmbach 2007; Calmbach/Rhein 2007; Rhein/Calmbach 2009), zum Beispiel Techno (vgl. Klein 1999; Hitzler/Pfadenhauer 2001), zum Beispiel Musik-Fans (vgl. Fiske 1992; Winter 1997; Weyrauch 1997; Rhein 2000; Fritzsche 2004)

In der Musikpublikumsforschung im engeren Sinne erhalten in der Regel diejenigen Aspekte besondere Aufmerksamkeit, welche die präkommunikative Phase betreffen. Untersuchungen widmen sich denjenigen Faktoren, die im Hinblick auf die Entscheidung zum Publikumsbeitritt eine Rolle spielen, sowie der Struktur des Publikums, die aus diesen Entscheidungen resultiert (vgl. Dollase 1997: 144):

- Funktions- und Wirkungsattributionen an die Musik und/oder das Konzert, die als Zuwendungsmotive wirksam werden (können),
- den Publikumsbeitritt begünstigende Voraussetzungen und Barrieren, wie sie zum Beispiel aus infrastrukturellen Gegebenheiten (hohe Eintrittskosten, Abonnement, hervorragende Anbindung der Einrichtung an das öffentliche Verkehrsnetz u. ä.) oder aus der jeweiligen musikalischen Sozialisation (zum Beispiel Vorwissen im Hinblick auf bestimmte Musik, Beherrschung oder Nichtbeherrschung des jeweiligen „kulturellen Codes") resultieren können,
- konkurrierende Rezeptions- und Freizeitalternativen, die eine Auswahl notwendig machen; zugleich kann allein das Vorhandensein von Alternativen (zum Beispiel eine zeitgleiche Sportveranstaltung, die Premiere eines Kinofilms) Einfluss darauf haben, wie attraktiv dem potenziellen Besucher die zur Auswahl stehende Konzertveranstaltung im Vergleich erscheint.

Erkenntnisse zur präkommunikativen Phase geben Aufschluss darüber, warum sich Menschen bestimmter Musik zuwenden, bestimmte Veranstaltungen und Einrichtungen besuchen – und warum nicht. Solche Erkenntnisse sind nicht nur im Rahmen der wissenschaftlichen Beschäftigung mit Musik interessant und dienen der Überprüfung und Entwicklung von Theorien und Konzepten zum Umgehen mit Musik; sie liefern zugleich wichtige Informationen und Impulse für Musikanbieter, Musikvermittler wie Kulturmanager und -politiker sowie für Musikpädagogen. Musikpublikumsforschung legt – oft auch im Auftrag der Anbieter – den Finger auf bestimmte Probleme, wie zum Beispiel auf die „Veralterung" des Klassikpublikums, und gibt Anregungen für die Anbieterseite. So zeigt eine Konzertpublikumsstudie von Kreutz et al. unter anderem, dass in jungen Jahren gemachte, positive Konzerterfahrungen mit klassischer Musik eine zentrale Voraussetzung dafür sind, auch später klassische Konzerte zu besuchen (2003: 17):

> „Gefragt sind [daher] Formen des Miteinbeziehens durch spezielle Konzertangebote an das Publikum unter zehn Jahren, das von Seite der Veranstalter in breiterem Maße als bisher ermöglicht und von (musik-)pädagogischer Seite entsprechend unterstützt werden sollte. Entsprechende musikdidaktisch und -pädagogisch aufbereitete Angebotsstrukturen sind zu entwickeln und zu evaluieren" (Kreutz et al. 2003: 19).

Forschung zur kommunikativen Phase beinhaltet erstens Fragen zur Gestaltung der Situation (zum Beispiel Besuchs-/Nutzungshäufigkeit, Art der Nutzung, Interaktionen zwischen den Beteiligten, das heißt zwischen Publikum und Interpret oder Publikum und Publikum) und zweitens zum Erleben der Situation, insbesondere zum Musik-Erleben unter jeweils unterschiedlichen sozialen, kulturellen, musikalischen, sozialen, psychischen Bedingungen. Fragestellungen im Rahmen der postkommunikativen Phase beziehen sich auf die Nachwirkungen der Rezeption – zum Beispiel die Funktionen von Anschlusskommunikation, dem Gewinn sozialer Anerkennung durch den Konzertbesuch bzw. musikbezogene Erlebnisschilderungen: Ein „Ich war dabei!" oder „Ich habe es selbst erlebt!" kann in der peergroup Prestige verschaffen und erhebliche Distinktions- und Authentizitätsgewinne erbringen.

Da angesichts der Vielfalt der Musikpublikumsforschung Eingrenzungen notwendig sind, soll im Folgenden vor allem die Forschung im Zusammenhang mit präkommunikativ relevanten Fragestellungen in den Blick genommen werden. Diese Eingrenzung trägt zum einen dem Gedanken Rechnung, dass in diesem Bereich die dringlichsten Fragestellungen der Anbieterseite verortet sind: Wer ist mein Publikum, wie kann ich es am besten erreichen, welche Faktoren behindern oder befördern den (zukünftigen) Publikumsbeitritt? Zum anderen ist davon auszugehen, dass Aspekte aus der kommunikativen und der postkommunikativen Phase – zum Beispiel das jeweilige Musikerleben oder die Nachwirkungen der Musikrezeption – wiederum in die Wirkungs- und Funktionsattributionen an Musik oder die entsprechenden Veranstaltungen einfließen. Als solche sind sie präkommunikativ für darauf folgende Entscheidungen zum Publikumsbeitritt relevant – hier einige Beispiele:

Mitterlehner (1996) interviewt im Rahmen einer qualitativen Studie 21 regelmäßige Besucher/innen von Techno-Partys im Hinblick auf das Erleben veränderter Bewusstseinszustände („Trance") während der Events bzw. beim Tanzen auf diesen Partys. Etwas über die Hälfte der interviewten Jugendlichen berichtet von Tranceerlebnissen (Mitterlehner 1996: 27) – für knapp die Hälfte der Stichprobe sind diese Erlebnisse ein wichtiges Motiv dafür, Techno-Partys überhaupt zu besuchen (Mitterlehner 1996: 30). Auch die Erfahrung, im Rahmen der Anschlusskommunikation zu einem Konzertbesuch oder zur Rezeption bestimmter Musik soziale Anerkennung zu gewinnen, kann für weitere Publikumsbeitrittsentscheidungen relevant werden: So benennen immerhin 35 % der 2.236 E-Musikkonzertgänger in der E-Musikstudie 2005 (Eckhardt/Pawlitza/Windgasse 2006: 5) das auf die Zeit nach dem Besuch gerichtete Motiv „bei bestimmten Themen mitreden können" als einen wichtigen oder sogar sehr wichtigen Beweggrund für den Konzertbesuch. Auch die 164 Teenie-Fans in der Studie von Rhein (2000) schreiben dem Mitredenkönnen im Hinblick auf ihr Musikfan-Sein eine hohe Bedeutung zu: Unter zwölf unterschiedlichen Bedeutungsaspekten erreicht das Mitredenkönnen auf der Skala von 1 (stimmt absolut) bis 5 (stimmt überhaupt nicht) mit M=2,37 die im Mittel dritthöchste Zustimmung.

2.3 Konzertpublikumsforschung als Teil der Musikpublikumsforschung

2.3.1 Konzertpublikumsforschung nach Sparten

Gut abgrenzbar im Feld der Musikpublikumsforschung ist der Bereich der Konzertpublikumsforschung (vgl. Neuhoff 2007). Hier gibt es nur relativ wenige Untersuchungen, die sich mehrheitlich mit der Struktur des Publikums befassen sowie mit den jeweiligen Besuchsmotiven und -voraussetzungen. Abgesehen von den Studien (Dollase/Rüsenberg/Stollenwerk 1986; Neuhoff 2001), die sich mit den realen Publika verschiedener Musiksparten im Vergleich beschäftigen, gibt es weitere Studien zu den Publika einzelner Sparten bzw. ausgewählter Veranstaltungen.

Dass der Bereich der E-Musik dabei verhältnismäßig stark vertreten ist, ist sicherlich zum einen auf den zunehmenden Publikumsschwund in den entsprechenden Sparten und den steigenden Legitimationsdruck im Hinblick auf öffentliche Förderung zurückführen. Zum anderen eignet sich gerade die E-Musik, die als Musik der Gebildeten und der höheren Schichten gilt, zur Untersuchung kultursoziologischer Fragestellungen (vgl. Kapitel 3.1.3).

- Jauk untersucht in seiner „Erkundungsstudie" (Jauk 1987: 2) mittels eines standardisierten Fragebogens das Publikum der Veranstaltungsreihe Styriarte Graz, bei der so genannte Alte Musik dargeboten wird, im Hinblick auf dessen soziodemografische Zusammensetzung, musikalische Präferenzen und Motive kulturellen und insbesondere musikalischen Verhaltens (N=450). In einer Vergleichsuntersuchung zu den Besuchern von Matinee-Veranstaltungen der „Mozartgemeinde" (N=174) geht er unter anderem der Frage nach, ob es ein typisches Verhalten des Publikums ernster Musik – zu der beide Veranstaltungsreihen gerechnet werden können – gibt bzw. wo gegebenfalls die Unterschiede zwischen den beiden Publika liegen.
- Gebhardt/Zingerle (1998) befassen sich vor dem Hintergrund kultursoziologischer Überlegungen und anhand eines komplexen Untersuchungsdesigns, das sowohl quantitative wie qualitative Methoden beinhaltet, mit den Besuchern der Richard-Wagner-Festspiele in Bayreuth (unter anderem: $N_{[standardisierte\ Befragung]}$ =846; $N_{[qualitative\ Leitfadeninterviews]}$ =28). Dabei geht es den Autoren neben der Struktur des Publikums sowie den Motiven und Erwartungen der Besucher auch um deren Werthaltungen und Inszenierungsformen. Anknüpfend an soziologische Lebensstilkonzepte werden die Befunde am Ende im Rahmen einer Typologisierung zusammengeführt.
- Kreutz et al. (2003) beschäftigen sich mit dem Publikum klassischer Konzerte am Beispiel der Besucher eines Sinfoniekonzerts und der Besucher des Forums Neue Musik in Frankfurt am Main (N=804). Im Zentrum des standardisierten Fragebogens stehen neben der soziodemografischen Segmentierung des Publikums Fragen zu den Motiven und Erwartungen sowie zur individuellen musikalischen Sozialisation und Bildung.
- Zehme (2005) führt eine soziologische Untersuchung des Publikums der Dresdner Tage der zeitgenössischen Musik 1999 durch und fragt dabei nach den sozialdemografischen Merkmalen, dem Veranstaltungsbesuch (zum Beispiel Häufigkeit, Information, Motivation), den musikalischen, kulturellen und freizeitbezogenen Präferenzen sowie der musikalischen Vorbildung. Die Erkenntnisse werden auf die Milieutypologie von Schulze (1997) bezogen.
- Cooper (2008) untersucht das Publikum der Konzertreihe „15. Orgellandschaft zwischen Elbe und Weser" in Stade (N=1.058) aus kultursoziologischer Perspektive. Verfolgt wird das Ziel der Bildung einer Typologie des (klassischen) Konzertpublikums auf der Basis der erhobenen Daten (Soziodemografie, politische Grundeinstellung, Konzertbesuch, Motive).

Des Weiteren untersuchen Eckhardt/Pawlitza/Windgasse (2006) im Rahmen der ARD-E-Musikstudie 2005 das statistische Publikum (Besucherpotenzial) von Opern und klassischen Konzerten. Befragt wurden über 6.000 Personen ab 14

Jahren per repräsentativer Telefonbefragung, in der die Nähe zur klassischen Musik unter anderem über die Bewertung von 21 eingespielten klassischen Musikstücken erhoben wurde. Im Zentrum dieses Teils der E-Musikstudie steht erstens die Beschreibung und Segmentierung des Besucherpotenzials (statistisches Publikum) sowohl auf der Basis soziodemografischer Angaben als auch auf der Basis der MedienNutzerTypologie (Hartmann/Neuwöhner 1999). Zweitens werden die Konzertbesuchsmotive wie auch hinderliche Faktoren erhoben.

Sparten, über die zumindest mehrere Konzertpublikumsstudien vorliegen, sind das Jazzpublikum, das zunächst von Dollase/Rüsenberg/Stollenwerk (1978) untersucht wurde und im Rahmen einer Replikationsstudie nochmals im Jahr (Schmücker 1993). Zum Rockmusik-Livepublikum seien hier die Studien von Hafen (1987, 1998) zur Rezeption von Live-Rockmusik sowie die Studie von Dollase/Rüsenberg/Stollenwerk (1974) zur Rockszene genannt. Darüber hinaus existieren Studien zu musikbezogenen Jugendszenen wie zum Beispiel die Untersuchung der Hamburger Live-Musik-Szene (Schneider/Dammann/Kleist 2008) oder die Forschungsarbeit zur Hardcore-Szene (Calmbach 2007): Calmbach untersucht die Hardcore-Szene und -Kultur, indem er die bei den Szene-Events (Konzerte, Festivals) anwesenden Publika befragt.

2.3.2 Die „Mütter aller Konzertpublikums-Studien"

Die bis heute für den deutschsprachigen Bereich wohl wichtigsten Konzertpublikums-Studien stammen von der Forschergruppe Dollase, Rüsenberg und Stollenwerk. Ihre sozialpsychologisch ausgerichtete „Trilogie (…) zur Zuschauer- und Zuhörerforschung" (1986: 9) umfasst Untersuchungen zum Rockpublikum (1974), zum Jazzpublikum (1978) und – als vorerst abschließendes Werk – zu den Publika unterschiedlicher Musikveranstaltungen im Vergleich (1986). Im Zentrum der Studien stehen jeweils die Befragungen der Besucher vor Ort.

Die ersten beiden Untersuchungen wurden jeweils bei mehreren Konzerten oder Festivals des im Zentrum stehenden Genres (Rock bzw. Jazz) durchgeführt, da es den Forschern jeweils um die Darstellung einer ganzen Szene bzw. des jeweiligen genrespezifischen Konzertpublikums in seiner Bandbreite ging – und nicht um die Besucher/innen eines ganz bestimmten Konzerts. Besonders deutlich wird dieser Fokus bei der Rock People-Studie, bei der – anders als in den nachfolgenden Untersuchungen der Autoren – noch keine konzertspezifischen Auswertungen durchgeführt wurden. Diese beiden Studien befassen sich jeweils mit Musikkulturen, über die es bis dato wenig gesicherte Erkenntnisse, aber – wie beim Jazz – viele Legenden und Spekulationen gab (Dollase/Rüsenberg/ Stollenwerk 1978: 9) bzw. deren Anhänger – wie bei der Rockmusik – mit

Ideologisierungen, Vorurteilen und Stereotypen über sich und ihre Musik zu kämpfen hatten (Dollase/Rüsenberg/Stollenwerk 1974: 13 f.). Die dritte Studie hingegen untersucht, ausgehend von den Erkenntnissen und den bewährten Untersuchungskomplexen aus den beiden vorangegangenen Arbeiten, Unterschiede und Gemeinsamkeiten zwischen ganz verschiedenen Publika.

Rock People oder Die befragte Szene (1974)	Das Jazzpublikum (1978)	Demoskopie im Konzertsaal (1986)
Erhebungszeitraum: 1972/1973	Erhebungszeitraum: 1976/1977	Erhebungszeitraum: 1979-1983
Stichprobe: Rockkonzertbesucher (Konzerte: Nektar, Ekseption, Santana, Deep Purple, Franz K.) im Großraum Köln (N=1.846) Rockmusiker (N=92), Schüler- und Studenten (N=695)	Stichprobe: Besucher ausgewählter Jazzkonzerte und -Festivals (N=1.496) – z.T. „Mainstream"-Jazz, z.T. zeitgenössischer Jazz – in Nordrhein-Westfalen (Konzerte: New Jazz-Festival Moers, Yamashita/Düren, Jazz Life '76/Dortmund, Buddy Rich Big Band/Köln, Pablo Jazz Festival/Köln)	Stichprobe: Besucher verschiedener Konzerte in Köln (N=2.011) Konzerte unterschiedlicher Genres: Jazzhaus-Festival, Boney M., Klaus Hoffmann, Peter Alexander, Musik der Zeit II, London Symphonic Orchestra, Fidelio, Jethro Tull, Wolf Biermann, Orlando Quartett, Fidelio Abonnement, Gürzenich-Orchester, „Die Musik kommt" Vergleichsstichproben aus den beiden früheren Untersuchungen sowie aus Untersuchungen von Hans Stollenwerk zu Publika anderer Veranstaltungen (v.a. Sport)
Methode: Schriftliche Befragung mit standardisiertem Fragebogen Erhebung vor Ort (Konzertbesucher) und postalische Befragung (alle anderen)	Methode: Schriftliche Befragung mit standardisiertem Fragebogen Erhebung vor Ort	Methode: Schriftliche Befragung mit standardisiertem Fragebogen Erhebung vor Ort

Abbildung 1: Publikumsuntersuchungen von Dollase, Rüsenberg und Stollenwerk im Überblick

Anhand eines standardisierten Fragebogens werden in allen drei Studien zum einen die demografischen Merkmale bzw. die soziale Struktur dieser lokalen bzw. realen Publika erhoben. Zum anderen stehen die Motive für den Konzertbesuch, ihre (vor allem musikbezogenen) Einstellungen und Orientierungen sowie ihr Musik-Erleben und ihr ästhetisches Urteilsverhalten im Zentrum. Die Erhebungen werden jeweils ergänzt durch zusätzliches Datenmaterial – zum Beispiel durch die Befragung von Musikern sowie von (nicht das Konzert besuchenden) Studierenden und Schülern als Vergleichsgruppe zu den Konzertgängern bei der Rock People-Studie von 1974.

Besondere Aufmerksamkeit wird in allen Studien der musikbezogenen bzw. soziokulturellen Selbstpositionierung durch das jeweilige ästhetische Urteilsverhalten geschenkt sowie alters- und schichtbezogene Differenzierungen. Damit bieten die Untersuchungen Anschlussmöglichkeiten an soziologische und sozialpsychologische Konzepte und Theorien zum Musikgeschmack (zum Beispiel Gebesmair 2001; Behne 1983) bzw. zum sozialen Gebrauch von Musik (Bourdieu 1987).

Dollase, Rüsenberg und Stollenwerk können zeigen, dass die besuchte Konzertgattung mit dem Alter, Geschlecht und Bildungsniveau der Befragten in Zusammenhang steht, wobei auch Kombinationen aus diesen Merkmalen relevant sind (Dollase/Rüsenberg/Stollenwerk 1986: 218). So besteht zum Beispiel die typische Konfiguration des Kölner Jazzhaus-Festivals aus der Kombination jung, gebildet, überwiegend männlich. Hingegen ist das Publikum bei den Klassikkonzerten jeweils älter und gebildet, setzt sich aber im Hinblick auf das Geschlecht unterschiedlich zusammen: Das London Symphonic Orchestra- und das „Fidelio"-Publikum sind überwiegend weiblich; die Orlando Quartett- und Gürzenich Orchester-Besucher zeigen demgegenüber ein ausgeglichenes Geschlechterverhältnis.

Indem die Struktur des Publikums nicht nur im Hinblick auf soziodemografische Merkmale wie Alter, Geschlecht, Bildung/Beruf, sondern auch in Bezug auf kulturelle und politische Orientierungen erhoben wurde, schaffen die Autoren Anschlussmöglichkeiten zum Beispiel an die kultursoziologische Diskussion darüber, wie Sozialstruktur und Lebensstil zusammenhängen (vgl. Kapitel 3.1.2). Ihre Daten zeigen einerseits „eine Reihe von eindeutig zu bewertenden Zusammenhängen, die auf eine enge Beziehung von Schicht und Geschmack hindeuten" (Dollase/Rüsenberg/Stollenwerk 1986: 160) – zum Beispiel zeigen sie einen deutlichen Zusammenhang zwischen dem formalen Bildungsniveau und der besuchten Konzertgattung: So verfügt jeweils ein hoher Anteil des Klassik-, Jazz- und Liedermacherpublikums über eine hohe formale Bildung, während bei Pop-, Schlager- und Volksmusikkonzerten eher von einem Publikum mit relativ niedriger formaler Bildung gesprochen werden kann (Dollase/Rüsenberg/

Stollenwerk 1986: 44). Andererseits deuten bestimmte Befunde aber auch auf eine „Lösung dieses Schichtzusammenhangs der Geschmackskultur" (Dollase/ Rüsenberg/Stollenwerk 1986: 160) hin: So stehen das Alter und das Geschlecht der Befragten teilweise in einem engeren Zusammenhang mit dem Geschmack als die Bildung. „Rockmusik ist was für junge Männer – gleich welcher Schulausbildung" (Dollase/Rüsenberg/Stollenwerk 1986: 160). Diese Studien sind aufgrund ihrer theoretischen Vielschichtigkeit sowie ihres breiten empirischen Zugangs bis heute wegweisend für die Publikumsforschung im Bereich Musik.

Die Replikationsstudie[4] für das Jazz-Publikum (Schmücker 1993) zeigt ein im Zeitvergleich – das heißt unter veränderten gesellschaftlichen und kulturellen Bedingungen – relativ homogenes und beständiges Bild des Jazz-Publikums. Dieses Publikum zeichnet sich zum Beispiel aus durch ein höheres Ausbildungsniveau und hohen sozialen Status, einen wählerischen Kulturgeschmack jenseits dessen, was als populäre, massentaugliche Unterhaltung wahrgenommen wird, durch Ablehnung von Spießbürgertum. Als ganz entscheidenden Unterschied zwischen den Befunden beider Studien betont und problematisiert Schmücker das im Vergleich signifikant gestiegene Durchschnittsalter des Jazzpublikums (Schmücker 1993: 260 f.). Insbesondere mit dem Blick auf die Entwicklung der Altersstruktur von Konzertpublika führte überdies Neuhoff (2001, 2007) eine Publikumsstudie durch, die ähnlich angelegt ist wie die Studie „Demoskopie im Konzertsaal" von Dollase/Rüsenberg/Stollenwerk (1986) und somit längsschnittartige Vergleiche zulässt (vgl. Kapitel 3.1.1). Des Weiteren wird in der Publikumsforschung immer wieder auf Fragebatterien bzw. Untersuchungsgegenstände aus den Studien zurückgegriffen – beispielsweise wird in einer Untersuchung des Hardcore-Konzertpublikums (Rhein/Calmbach 2009) die Itembatterie zum ästhetischen Urteilsverhalten des Publikums übernommen.

2.4 Methoden der Musikpublikumsforschung

Je nach Fragestellung – und diese können im weiten Feld der Musikpublikumsforschung sehr vielfältig sein – können ganz unterschiedliche Methoden zum Einsatz kommen: standardisierte Befragungen zum Beispiel zur Erfassung von Präferenzen, Einstellungen, Bewertungen, soziodemografischen oder lebensstilbezogenen Merkmalen (vgl. Kreutz et al. 2003; Zehme 2005; Cooper 2008; Calmbach 2007; Mende 1991) oder zur Bewertung eingespielter Musik sowie von Musikvideos (vgl. Eckhardt/Pawlitza/Windgasse 2006; Müller/Rhein/Calmbach 2006), qualitative Interviews zum Beispiel zur Erfassung des Musik-

---

4   Unter einer Replikationsstudie wird eine Untersuchung verstanden, welche die Ergebnisse früherer Studien überprüft.

Erlebens bei Konzerten (vgl. Hafen 1998) oder zur Bedeutung von Musikclips im Alltag Jugendlicher (vgl. Quandt 1997), Inhaltsanalysen zum Beispiel zur Untersuchung von Programmzeitschriften oder Zeitschriftenartikeln (vgl. Gebhardt/Zingerle 1998), Experimente zum Beispiel zur Erfassung der Wirkungen von Musik (vgl. Gembris 2002), Beobachtungen zum Beispiel zur Erforschung des Verhaltens bei Konzerten (vgl. Gebhardt/Zingerle 1998). Auch wenn bestimmte Methoden zur Untersuchung bestimmter Fragestellungen und zur Erfassung bestimmter Merkmale besser geeignet sein können als andere – zum Beispiel kann konkretes musikalisches Wahlverhalten durch Beobachtung erfasst werden, die ästhetischen Einstellungen, die den Wahlentscheidungen zugrunde liegen, können hingegen nicht beobachtet werden –, sind in der Regel verschiedene methodische Zugänge denkbar und Methodenkombinationen häufig sinnvoll.

Um eine sinnvolle Methodenauswahl treffen zu können, muss man die Vor- und Nachteile bzw. Eigenheiten bestimmter Methoden kennen. Beispielsweise zeigen Untersuchungen von Müller (2000) und Behne (1986), dass es einen Unterschied macht, ob man musikalische Präferenzen als verbale Präferenzen (das heißt anhand einer Genreliste) oder als klingende Präferenzen (das heißt anhand von eingespielten Musikbeispielen) erhebt. Thematisiert werden bei Müller beispielsweise einerseits die Problematik der fehlenden Trennschärfe von Genrebegriffen, die im Fragebogen bewertet werden sollen, sowie andererseits die Problematik einer genrerepräsentativen Auswahl von Musikstücken für klingende Fragebögen.

In der Konzertpublikumsforschung, die vor Ort durchgeführt wird, dominieren standardisierte Selbstausfüller-Fragebögen, insbesondere wenn es um die Erfassung der Struktur des Publikums geht. Neben inhaltlichen Überlegungen bzw. den zu untersuchenden Fragestellungen, die den Einsatz dieser Methode nahe legen, spielen hier sicherlich auch forschungspraktische Gründe eine Rolle: Schließlich sollen in der Regel möglichst viele Menschen in möglichst kurzer Zeit befragt werden (zum Beispiel vor dem Konzert oder in einer Pause). Dies ist mit einem Selbstausfüller-Fragebogen in den meisten Fällen am ehesten zu bewerkstelligen. Ein Mix aus verschiedenen – quantitativen und qualitativen – Methoden bietet sich an, wenn es wie bei der Studie zum Publikum der Bayreuther Richard-Wagner-Festspiele (Gebhardt/Zingerle 1998) um eine möglichst vielschichtige und umfassende Analyse des Publikums sowie seiner Wahrnehmung und Nutzung eines Events geht: Neben Dokumentenanalysen – zum Beispiel von Programmheften und Zeitungsartikeln – und Experteninterviews mit Mitgliedern des Organisationsteams oder Journalisten fand zum einen eine quantitative Publikumsbefragung statt. Zum anderen wurden Leitfadeninterviews mit ausgewählten Festspielgästen und Beobachtungen des Verhaltens und der Gespräche der Gäste auf dem Gelände durchgeführt (30 ff.).

2.5 Weitere Daten- und Informationslieferanten zum Musikpublikum

Auch in Verbraucherstudien oder Bevölkerungsumfragen wird regelmäßig der Musikgeschmack oder der Besuch kultureller Einrichtungen erfasst; aus diesen Daten können zumindest einfache Häufigkeitsverteilungen entnommen werden: zum Beispiel aus den Daten der Allgemeinen Bevölkerungsumfrage Sozialwissenschaften ALLBUS oder der Verbraucheranalyse der Axel Springer AG und der Bauer Media Group. Informationen zur Musikmediennutzung finden sich auch in folgenden repräsentativen Langzeitstudien: So wird in der ARD/ZDF-Langzeitstudie Massenkommunikation seit 1964 ca. alle 5 Jahre die aktuelle Mediennutzung und -bewertung im Hinblick auf Fernsehen, Tageszeitung, Hörfunk und Internet (ab 2000) erhoben, seit 1997 untersucht darüber hinaus die ARD/ZDF-Online-Studie jährlich die aktuelle Internetnutzung, darunter auch Aktivitäten wie Audiodateien anhören oder live im Internet Radio hören. Die JIM- und KIM-Studien des Medienpädagogischen Forschungsverbundes Südwest sammeln seit 1998 bzw. 1999 jährlich Daten zum Medienumgang von Jugendlichen bzw. Kindern – unter anderem auch zur Musikmediennutzung.

Strukturdaten zum Musikleben und Informationen zu Entwicklungen und Trends auf dem Musikmarkt können aus verschiedenen regelmäßig erscheinenden Publikationen der Musikindustrie oder verschiedener Verbände entnommen werden. Hier seien beispielhaft nur einige dieser Quellen genannt:

- Die Jahrbücher des Bundesverbands Deutsche Musikindustrie (vormals: Bundesverband der Phonographischen Wirtschaft) geben insbesondere Auskunft über Zahlen zum Tonträgerverkauf sowie zum digitalen Musikmarkt.
- Die regelmäßig erscheinenden repräsentativen so genannten „Brenner-Studien" desselben Verbands liefern Informationen zur Ausbreitung und den Motiven der (zum Teil illegalen und für die Musikindustrie problematischen) Praktiken des „CD-Brennens" und des Musikdownloads.
- Die GfK-Studien zum Konsumverhalten der Veranstaltungsbesucher, die regelmäßig vom Bundesverband für Veranstaltungswirtschaft und dem Branchenmagazin „Musikmarkt & Musikmarkt LIVE!" herausgegeben werden, informieren auf der Basis veranstaltungs- und spartenübergreifender Daten über allgemeine Entwicklungen auf dem Live-Markt und im Besucherverhalten (zum Beispiel beliebteste Genres in unterschiedlichen Altersgruppen, Ausgaben der Konzertbesucher für Gastronomie und Merchandising, Umsatzanteile von Veranstaltungsformen).
- Das Zentrum für Kulturforschung liefert mit dem Kulturbarometer seit 1990 Meinungsbilder zu ausgewählten Themen der Kulturpolitik und -bildung. Im 8. Kulturbarometer (2004/2005) und im 5. Kulturbarometer (1993/94)

standen die Bereiche Orchester und Musiktheater im Mittelpunkt, so dass hier Vergleichsdaten vorliegen.

3 Theorien und Befunde zu ausgewählten Bereichen der Musikpublikumsforschung

Im Folgenden werden zwei inhaltliche Schwerpunkte gesetzt, da sie – wie oben dargestellt – für den musikanbietenden und -vermittelnden Bereich besonders wichtig sind:

1. Publikumsstruktur: Wer ist mein (potenzielles) Publikum?
2. Motive, die beim Publikumsbeitritt eine Rolle spielen: Warum nutzt mein Publikum mein Angebot bzw. welche Aspekte könnten mein (potenzielles) Publikum ansprechen?

3.1 Wer ist mein Publikum? Überlegungen zur Struktur und zur Strukturierung des Publikums

Hörer- und Besuchersegmentierungen wurden lange Zeit allein auf der Basis soziodemografischer Angaben wie Alter, Geschlecht oder Bildung, Einkommen, Beruf vorgenommen. Mittlerweile wird (vor allem in größeren Musikpublikumsstudien) vermehrt auf kultursoziologische Lebensstilkonzepte und entsprechende Typologien zurückgegriffen, da die soziologische Forschung wie auch die Markt- und Konsumforschung zeigten, dass „das Schichtenmodell, eng gebunden an die soziodemografischen Faktoren, (...) immer weniger zur Vorhersage tatsächlichen Verhaltens" taugt (Klein 2003: 59). Außerdem wird das Publikum häufig nach publikumsbezogenen Merkmalen differenziert: zum Beispiel Abonnementpublikum, Stammpublikum, Erstbesucher oder -nutzer. Beispielsweise vergleicht die Publikumsstudie „nachgefragt"[5] der Münchner Philharmoniker (2001) das Abonnementpublikum mit dem Publikum ohne Abonnement – unter anderem im Hinblick auf deren Besuchs- bzw. Kaufmotive und im Hinblick auf ihre soziodemografischen Merkmale; auf diese Weise ist es den Philharmonikern möglich, zukünftig gezielte Angebote für die „Noch-Nicht-Abonnement-Besitzer" zu machen bzw. unterschiedliche Zielgruppenansprachen zu entwickeln, die auch die unterschiedlichen Motivlagen beider Gruppen berücksichtigen.

---

5 http://www.mphil.de/online/download/Umfrageergebnisse.pdf (Stand: 15.6.2009)

Bevor in Kapitel 3.1.2 und Kapitel 3.1.3 lebensstiltheoretische Überlegungen zum Musikpublikum vorgestellt werden, soll zunächst noch einmal der Blick die soziodemografische Struktur von Musikpublika gelenkt werden: Verschiedene Studien (vgl. Dollase/Rüsenberg/Stollenwerk 1986; Kreutz et al. 2003) zeigen deutliche Zusammenhänge zwischen verschiedenen Musiksparten und soziodemografischen Merkmalen wie Alter, Geschlecht und Bildung. Beispielhaft sollen im Folgenden für den Zusammenhang von Alter und dem Umgehen mit Musik theoretische Überlegungen und empirische Befunde vorgestellt werden; der Altersaspekt ist nicht zuletzt deshalb von besonderem Interesse, weil sowohl für den Bereich der E-Musik als auch für den des Jazz (Schmücker 1993) wiederholt eine „Veralterung" des Publikums festgestellt und als das zentrale Problem der Anbieter dieser Sparten identifiziert wurde.

3.1.1 Soziodemografische Befunde zur Publikumssegmentierung – am Beispiel Alter

Das Alter hat sich zum Beispiel in der vergleichenden Konzertpublikastudie von Dollase/Rüsenberg/Stollenwerk (1986) als eine wichtige Differenzierung zwischen den Publika unterschiedlicher Sparten herausgestellt. Das mit rund 20 Jahren jüngste Publikum findet sich beim Rockkonzert der Gruppe Jethro Tull. Hingegen weisen zum Beispiel die klassischen Konzerte (Londoner Sinfoniker, Orlando Quartett, Fidelio Premiere/Abo, Gürzenich Orchester) sowie das Volksmusikkonzert mit Maria Hellwig die im Vergleich höchsten Altersmittelwerte auf. Die über 40-Jährigen stellen dabei jeweils den größten Anteil an den Besuchern. Recht altershomogen präsentiert sich die Publikumsstruktur beim Jazz- und den Liedermacher-Konzerten (Mittelwerte zwischen 20 und 30 Jahren), die Besucher zwischen 18 und 30 Jahren stellen hier die überwältigende Mehrheit des Publikums.

Arbeiten wie die von Dollase/Rüsenberg/Stollenwerk (1986), Schmücker (1993), Neuhoff (2001), Bersch-Burauel (2004), Rhein (2007) und Hamann (2008) befassen sich theoretisch wie empirisch mit Erklärungsmöglichkeiten für entsprechende Zusammenhänge von Musikpublikumszugehörigkeit und Alter. Drei Thesen stehen dabei im Mittelpunkt:

- Alters- oder Lebenszyklus-These: Unterschiedliche Altersstrukturen von Publika unterschiedlicher Sparten werden darüber erklärt, dass sich Personen in bestimmten Lebensphasen typischerweise bestimmten Arten von Musik zuwenden, weil ihnen bestimmte alterstypische Bedürfnisse mit einer anderen Musik besser erfüllbar erscheinen als mit einer bisher präferierten.

- Kohorten-These: Wenn in einem Publikum zum Beispiel ältere Kohorten (= Gruppen von Jahrgängen wie beispielsweise die 1950- bis 1960-Geborenen) besonders stark vertreten sind, wird dies darauf zurückgeführt, dass die jeweilige Musik für diese Alterskohorten die Musik ihrer Jugendzeit war. Da die Jugend als zentrale Lebensphase für die musikalische Sozialisation betrachtet wird (vgl. Müller 1995, Dollase 1998), so die Kohorten-These, ist diese Musik auch im weiteren Leben von hoher Bedeutung.
- Zeit- oder Perioden-Effekte: Zum Zeitpunkt der Erhebung sind bestimmte Faktoren aktuell wirksam; zum Beispiel stand die Neue Deutsche Welle in einer Befragung aus dem Jahr 1984 bei 11-Jährigen eindeutig an der Spitze der Beliebtheit, während sie nur 7 Jahre später den meisten 11- bis 12-Jährigen gänzlich unbekannt war (Behne 1999b: 95).

Auch wenn bislang Längsschnittuntersuchungen fehlen[6], die eine eindeutige Trennung und Zuordnung dieser Effekte ermöglichen würden, gibt es einige aufschlussreiche Studien, die sich mit der Untersuchung dieser Thesen befassen (zum Beispiel Hamann 2008, Neuhoff 2001). Die Konzertpublikumsstudie von Neuhoff (2001) ermöglicht aufgrund ihrer Untersuchungsanlage einen längsschnittartigen Vergleich mit der spartenübergreifenden Publikumsstudie von Dollase/Rüsenberg/Stollenwerk (1986). Befragt wurden insgesamt über 6.400 Besucher von 20 verschiedenen Konzerten in Berlin aus den wichtigsten Musikarten des zeitgenössischen Musiklebens: volkstümliche Musik, Schlager, Pop, Rock, Musical, Jazz, Blues, Liedermacher, Techno, House, verschiedene Richtungen klassischer Musik und Folklore. Die Erhebungen fanden in den Jahren 1998/1999 und damit knapp 20 Jahre nach denen von Dollase/Rüsenberg/ Stollenwerk statt. Im Vergleich der Befunde beider Studien ist es möglich, auf empirischer Grundlage zu differenzierten Erkenntnissen über die beiden maßgeblichen Thesen (Alters- und Kohorteneffekt) zu gelangen: Alterseffekte äußern sich bei dieser Untersuchungsanlage darin, dass die Altersstruktur der Konzertbesucher eines bestimmten Konzerts bzw. einer bestimmten Musikrichtung zu beiden Messzeitpunkten weitgehend übereinstimmt. Ein eindeutiger Hinweis auf einen Kohorteneffekt liegt hingegen dann vor, wenn der einzige Unterschied zwischen der Altersstruktur des Publikums zum Zeitpunkt 1 und dem Publikum zum Zeitpunkt 2 darin liegt, dass das Publikum im Durchschnitt um ungefähr so viele Jahre „gealtert" ist wie zwischen den beiden Zeitpunkten liegen.

Alters- oder Lebenszykluseffekte zeigen sich nach Neuhoff (2001) für Rock- und Popkonzerte, die in beiden Studien ein (sehr) junges Publikum haben.

---

6   Die Veröffentlichung einer Längsschnittuntersuchung von Klaus-Ernst Behne zum Musik-Erleben von Kindern und Jugendlichen steht noch aus, erste Ergebnisse sind allerdings bereits publiziert (1999b, 2001).

Insbesondere im Bereich des Mainstream-Pop werden die ausscheidenden Jahrgänge augenscheinlich unmittelbar „durch die Zufuhr neuer junger Besucher aus der nachrückenden Kohorte ersetzt" (Neuhoff 2001: 82). Auch für das Klassik-Publikum, das in der Berliner Studie nur geringfügig älter ist als in der Kölner Untersuchung, vermutet Neuhoff einen Alterseffekt. Eindeutige Kohorteneffekte ergeben sich nach Neuhoff für das reale Publikum des Liedermachers Klaus Hoffmann, für das unmittelbare Vergleichsdaten vorliegen, die zeigen, dass seine Hörerschaft sozusagen „mit ihm gealtert ist" (Neuhoff 2001: 77). Weitere Kohorteneffekte zeigen sich beim Jazzpublikum sowie für die Bereiche (älterer) Schlager und Volksmusik. Auch beim realen Publikum der Neuen Musik mit einer Differenz von +13,7 Jahren ist ein solcher Effekt zu vermuten.

Ein zentraler Befund ist damit, dass der Konzertbesuch in unterschiedlichen Musiksparten offenbar unterschiedlich starke Kohortenbindung besitzt (Neuhoff 2001: 81). Bestimmte Musikrichtungen wie zum Beispiel Schlager, volkstümliche Musik oder Liedermacher scheinen demnach stärker als andere für eine ganz bestimmte Zeit bzw. ein ganz bestimmtes Lebensgefühl zu stehen. Dies lässt sie zur favorisierten Musik genau der Kohorte werden, die mit ihr musikalisch sozialisiert wurde und für deren (damaliges) Lebensgefühl sie steht. Andere Musikrichtungen scheinen hingegen nicht so eng mit bestimmten zeitlich-historischen Umständen verbunden zu werden, so dass zum Beispiel Popmusik seit ihrem Aufkommen in unterschiedlichen Generationen als typische Jugendmusik fungieren kann. Zu bedenken ist allerdings, dass sich hinter den genannten Musikrichtungen (zum Beispiel Pop) ganz unterschiedliche Teilströmungen (zum Beispiel Techno, Eurodance, New Wave, NDW, HipHop) verbergen, die vermutlich wiederum sehr viel stärker zeitgebunden erlebt werden.

Wenn von einer „Veralterung" eines Publikums die Rede ist, dann trifft dies streng genommen lediglich auf die Publika zu, für die ein Kohorteneffekt festgestellt werden kann: Dies wäre zum Beispiel für die Sparte Jazz der Fall. Für das Klassikpublikum hingegen scheint eher ein Alterseffekt vorzuliegen: Das Klassikpublikum wird also nach Neuhoffs Befunden nicht „immer älter", sondern es bleibt sozusagen (fast) „gleich alt". Bersch-Burauel vermutet, dass Interesse an dieser Musik regelmäßig erst zu einem späteren Zeitpunkt im Leben – mit ca. 30- bis 40 Jahren – erwacht (Bersch-Burauel 2004: 80 f.). Möglich wäre ihres Erachtens ein Zusammenhang mit dem Zeitpunkt der endgültigen Abkehr von jugendkulturellen Kontexten, die mit einer Entstereotypisierung der bis dahin überwiegend negativ besetzten – und als „erwachsen" wahrgenommenen – klassischen Musik einhergeht. Weitere Forschung ist hier allerdings unabdingbar – insbesondere, da Neuhoffs Klassik-Befunde nicht ganz eindeutig ausfallen und da zum Beispiel Hamann in einer neueren Studie zum statistischen Klassikpublikum in den Niederlanden (2008) eher Hinweise auf einen Kohorteneffekt findet. Zudem könnte eine zusätzliche Differenzierung nach Lebensstilgruppen tiefergehende Einblicke erbringen, da die angenommene negative Stereotypisierung von klassischer Musik vielleicht nicht in allen jugendkulturellen Kontexten gang und gäbe ist oder weil ein Interesse für klassische Musik womöglich nur in einzelnen Milieus zum „guten Ton" gehört.

3.1.2 Kultursoziologische Lebensstilkonzepte – und die Rolle der Musik

Im Folgenden soll – als Grundlage für das darauf folgende Kapitel zu lebensstilbezogenen Publikumssegmentierungen – der Umgang mit Musik aus lebensstiltheoretischer Sicht betrachtet werden.

Neuere soziologische Lebensstilansätze gehen davon aus, dass mit dem relativen Wohlstand, der zunehmenden Mobilität, der Bildungsexpansion, der Globalisierung und der Entfaltung des Kommunikationssystems die Wahlfreiheiten und -möglichkeiten in der aktuellen Gesellschaft stark zugenommen haben (vgl. Schulze 1997; Beck/Beck-Gernsheim 1994a). Parallel dazu verlieren traditionelle soziale Zugehörigkeitsgaranten und gesellschaftliche Strukturierungsprinzipien wie Klasse oder Schicht sowie die damit verbundenen kulturellen und sozialen Zwänge und Grenzen („Das schickt sich nicht für eine Person deines Ranges.") an Bedeutung. Der Mensch kann also nicht nur in zunehmendem Maße wählen und gestalten, er muss es auch tun – und zwar umfassend: zum Beispiel im Hinblick auf Beruf, Arbeit, Mitgliedschaften in Parteien, Vereinen, Religionen, in Bezug auf Partner und Familienkonstellationen, auf Biographien und Identitäten.

Mit dem Wegfall der verbindlichen, aber auch Sicherheit gebenden klassen- und schichtbasierten Orientierungs- und Gestaltungsvorgaben stehen hierfür jedoch oft keine anderen Kriterien zur Verfügung als die jeweils eigenen Präferenzen (Habermas 1992a: 238). Ästhetische Kriterien rücken bei der Lebensgestaltung in den Vordergrund. Schulze spricht in diesem Zusammenhang von einer zunehmenden Erlebnisorientierung bzw. Ästhetisierung des Alltags (Schulze 1997), das heißt von einer zunehmenden Tendenz der Menschen, ihr Handeln an dem Ziel auszurichten, bei sich selbst „schöne Erlebnisse" herbeizuführen (Schulze 1997: 736). Dabei orientieren sie sich an kollektiv geteilten ästhetischen Mustern wie zum Beispiel dem Hochkultur-, dem Trivial- und dem Spannungsschema (Schulze 1997).

Es entstehen neue Formen der Vergemeinschaftung wie zum Beispiel Szenen, Milieus, Subkulturen, die auf den Prinzipien der Wähl- und Gestaltbarkeit der jeweiligen Mitgliedschaften basieren: Angehörige eines Milieus oder einer Szene teilen dieselben alltagsästhetischen Vorstellungen und versprechen sich von denselben Dingen ein „schönes Erlebnis" – zum Beispiel von derselben Art Musik bzw. Musikveranstaltungen. Über den von den Mitgliedern geteilten

Lebensstil – das heißt ihre ähnlichen Muster der Lebensgestaltung – signalisieren sie Identifikation und Zugehörigkeit und erkennen sie sich als sozial ähnlich. Gleichzeitig wird über den Lebensstil Abgrenzung und Distanz zu denen zum Ausdruck gebracht, die nicht zur selben „Geschmacksklasse" (Gans 1985, Gebesmair 2001) gehören. Hierzu muss der jeweilige „kulturelle Code" (Bourdieu 1987) beherrscht werden, der es ermöglicht, die „richtigen" Dinge auf die „richtige" Weise zu tun, und sich über bestimmte Symbole (zum Beispiel Musik, Kleidung, Aktivitäten, Sprechstil) zuverlässig und eindeutig als zugehörig, kompetent und „stilsicher" zu präsentieren.

Auch wenn Lebensstile an die Stelle traditioneller Gemeinschaften treten, werden sie nicht als vollkommen losgelöst von Merkmalen wie Bildung, Alter oder Geschlecht betrachtet. So sieht auch der Individualisierungstheoretiker Schulze neben dem Stil Merkmale wie Alter und Bildung als milieukonstituierend an (1997: 188 ff.), Neuhoff bezieht zusätzlich das Geschlecht mit ein und formuliert einen noch deutlicheren Zusammenhang:

> „Alter, Bildung und Geschlecht haben sich in der Lebensstilforschung als die wichtigsten Bestimmungsgrößen für viele Verhaltensweisen, Geschmacksmuster und Orientierungen der deutschen Bevölkerung erwiesen" (Neuhoff 2007: 480).

Unabhängig davon, wie eng in einzelnen kultursoziologischen Lebensstilkonzepten die Bindung des Lebensstils an traditionellen Merkmalen sozialer Ungleichheit wie Klasse oder Schicht gesehen wird, werden gerade dem Musikgeschmack und den Umgehensweisen mit Musik übereinstimmend eine hohe soziale Bedeutung und starke Distinktionskraft zugeschrieben: Musik wird sozial gebraucht (Bourdieu 1987).

Zum einen gilt aus klassentheoretischer Perspektive gerade die so genannte E-Musik als besonders ‚wertvoll' und entsprechend klassifikationswirksam, weil sie „die am meisten vergeistigte aller Geisteskünste" und die Liebe zu dieser Musik damit „sicherer Bürge für ‚Vergeistigung'" sei (Bourdieu 1987: 41 f.); insofern helfe nichts „eindrucksvoller die eigene ‚Klasse' in Geltung zu setzen" oder dokumentiere „unfehlbarer auch die eigene ‚Klassenzugehörigkeit'" als der eigene – erlesene – musikalische Geschmack (Bourdieu 1987: 41). Zum anderen stehen – aus individualisierungstheoretischer Perspektive – Musikgenres wie zum Beispiel HipHop, Hardcore, Punk, Klassik, Techno, Heavy Metal oder Blues und die dazugehörigen Kulturen jeweils „für ein – mehr oder weniger klar definiertes – ‚Lebensgefühl'" (Knobloch/Vorderer/Zillmann 2000: 19) sowie für den dazugehörigen Lebensstil und entsprechende Identitätsentwürfe; darüber hinaus kommt die besonders schnell fortschreitende Segmentierung des Angebotes (zum Beispiel das Entstehen immer neuer musikalischer [Sub-]Genres) „dem Distinktionsbedürfnis des Musikpublikums sehr entgegen bzw. entspringt diesem" (2000:19).

Für die Publikumsforschung sind Lebensstilkonzepte und darauf basierende Typologisierungen (zum Beispiel Schulzes Milieutypologie) erstens im Hinblick auf die „realitätsnahe" Segmentierung von Publika relevant. Zweitens können vor ihrem Hintergrund Publikumsbeitrittsentscheidungen nachvollziehbar gemacht werden – zum Beispiel weil sie dem Identifikations- oder Distinktionsbestreben der jeweiligen *taste culture* Rechnung tragen oder weil sie deren typischen ästhetischen Vorlieben, Genuss- und Konsummustern entsprechen. Drittens können über die Theorie des sozialen Gebrauchs von Musik (Bourdieu 1987) – insbesondere über die Anwendung unterschiedlicher kultureller Codes – Unterschiede in der Nutzung von Musik erklärt werden. Im Folgenden soll anhand von Beispielen gezeigt werden, wie sich die Musikpublikumsforschung bei der Publikumssegmentierung auf die Lebensstilforschung bezieht.

3.1.3 Lebensstile und Publikumssegmentierung

Erstens werden in der anbieterseitigen Forschung bzw. der Kulturmarketingforschung Segmentierungen des Publikums anhand vorhandener Lebensstiltypologien – zum Beispiel der Erlebnis-Milieus (Schulze 1997) oder der so genannten SINUS-Milieus des sozialwissenschaftlichen Forschungsinstituts SINUS Sociovision (zum Beispiel Bund der Deutschen Katholischen Jugend 2007: 9 f.) – vorgenommen. Da solche ‚fertigen', aber ständig weiterentwickelten Typologien übliche Segmentierungsinstrumente im Marketing und der Marktforschung sind, ist über ihre Verwendung die Anschlussfähigkeit an die Konsumentensegmentierungen anderer Märkte gewährleistet. Dies ist zum Beispiel dann von Bedeutung, wenn man als Musiksender im Radio Werbekunden oder als Veranstalter eines regelmäßig stattfindenden Festivals Sponsoren gewinnen möchte.

Vor diesem Hintergrund wurde die ARD/ZDF-Mediennutzertypologie zur Publikumsegmentierung in Hörfunk und Fernsehen entwickelt (Hartmann/ Neuwöhner 1999)[7]. In diese sind vorhersagekräftige Variablen aus so genannten

---

7 Angesichts der voranschreitenden Veränderungen auf dem Medienmarkt (zum Beispiel Internet, Web 2.0) wurde die Mediennutzertypologie mittlerweile weiterentwickelt bzw. aktualisiert. Sie umfasst nun zehn statt vormals neun Typen. Bei den meisten Typen haben sich teilweise deutliche strukturelle Veränderungen ergeben. (Zur so genannten Mediennutzertypologie 2.0 vgl. die Veröffentlichungen von Oehmichen 2007 und Hartmann/Höhne 2007). Da sich die E-Musik-Studie 2005, anhand derer im Folgenden vor allem argumentiert wird, noch auf die erste Typologie bezieht, wird diese hier vorgestellt (zum Beispiel Abbildung 2). Aufgrund der bisher vorliegenden Publikationen zur Mediennutzertypologie 2.0 kann davon ausgegangen werden, dass die im Text skizzierten Befunde zum Zusammenhang von Milieuzugehörigkeit, soziodemografischen Merkmalen und Musikinteressen durch die neue Typologie zumindest im Grundsatz nicht in Frage gestellt sind.

Universaltypologien (zum Beispiel SINUS-Milieus) integriert, um an die gesellschaftlich bedeutsamen und märktebezogenen Unterteilungen anzuknüpfen. Zugleich werden aber auch inhaltliche Themeninteressen und der Musikgeschmack als wesentliche Determinanten für die unterschiedliche Nutzung von Hörfunk- und Fernsehangeboten besonders stark berücksichtigt (Hartmann/ Neuwöhner 1999: 531 f.). Die Typologie weist einen hohen statistischen Zusammenhang mit Alter und Schulbildung auf, sie ist nur in relativ geringem Maße geschlechtstypisch (Oehmichen 1999: 533). Die identifizierten Typen unterscheiden sich trennscharf im Hinblick auf ihre jeweilige Mediennutzung (Oehmichen 1999: 549):

Typ	Kurzprofil	Soziodemografie
Junge Wilde	Wichtigstes unmittelbares Lebensziel: „fun & action"	50 % sind zwischen 16 und 23 Jahre alt, hohe Schulbildung, überwiegend männlich
Erlebnisorientierte	bereits gesellschaftlich etabliert, suchen aber weiterhin Spaß und Abenteuer	Durchschnittsalter 27 Jahre, berufstätig/eigenes Einkommen oder Studierende, eher höhere Schulbildung
Leistungsorientierte	hohe berufliche Motivation und Risikobereitschaft	Durchschnittsalter knapp 36 Jahre, sehr hohe formale Bildung, mehrheitlich Männer
Neue Kulturorientierte	kulturell interessierte, weltoffene Menschen mit eher musischer Ausrichtung	Durchschnittsalter 35 Jahre, hohe formale Bildung, voll berufstätig oder studierend
Unauffällige	Rückzug ins Private	Durchschnittsalter 38 Jahre, eher unterdurchschnittliche Schulbildung, Frauen leicht überrepräsentiert, überproportionale Anzahl an Kindern
Aufgeschlossene	praktisch orientiert, gesellig, aktiv	Durchschnittsalter 46 Jahre, Schulbildung leicht unterdurchschnittlich, Männer leicht überrepräsentiert

Typ	Kurzprofil	Soziodemografie
Häusliche	sparsam, bescheiden, pflichterfüllt, heimatverbunden	Durchschnittsalter 59 Jahre, stark unterdurchschnittliche Bildung, etwas mehr Frauen
Klassisch Kulturorientierte	hohes Interesse am etablierten hochkulturellen Geschehen	Hauptaltersspanne zwischen 54 und 70 Jahren, hohe formale Bildung, mehr Frauen
Zurückgezogene	häusliche, eher passive Mediennutzer mit stark traditioneller Wertorientierung	Durchschnittsalter 65 Jahre, unterdurchschnittliche Schulbildung, 2/3 Frauen

Abbildung 2: MedienNutzerTypologie von ARD und ZDF (Hartmann/Neuwöhner 1999)

Die Typologie wird von ARD und ZDF als Segmentierungs- und Beratungsinstrument (Oehmichen 1999) angeboten und genutzt – zum Beispiel im Rahmen der ARD-E-Musik-Studie 2005. Ein zentrales Ergebnis dieser Studie zu den Nutzerpotenzialen von E-Musik, das heißt zum statistischen Publikum, unterstreicht den zusätzlichen Erklärungswert, den solche Typologien über die Differenzierung nach soziodemografischen Merkmalen hinaus für die Strukturierung des E-Musikpublikums haben: „Für den Zugang zur klassischen Musik sind offenbar das Alter und die soziokulturellen Milieus die entscheidenden Faktoren. Geschlecht und formale Bildung scheinen eher nachgeordnet" (Mende/Neuwöhner 2006: 247). So rekrutieren sich die E-Musik-Offenen vor allem aus dem Milieu der klassisch Kulturorientierten, in dem 95 % zu den E-Musik-Affinen gehören, dem Milieu der Neuen Kulturorientierten (über 70 %) und dem der Leistungsorientierten (über 70 %) (siehe Abbildung 2).

Zweitens kann der Bezug der Musikpublikumsforschung zur Lebensstiltheorie und -forschung dergestalt sein, dass nicht – wie im vorangegangenen Beispiel – eine „fertige" Typologie zur Publikumssegmentierung eingesetzt wird, sondern auf der Basis der gewonnenen Daten und vor dem Hintergrund kultursoziologischer Überlegungen eine eigene Typologie entwickelt und dann in Bezug auf bestehende Typologien interpretiert wird. So unterscheiden Gebhardt/Zingerle (1998: 219 ff.) auf der Basis der standardisierten Publikumsbefragung elf Besuchertypen: Auf einer ersten Ebene differenzieren sie zwischen den Wagner-fixierten (34 %) und den nicht-Wagner-fixierten Besuchern (66 %). Wagner-fixiert sind die Besucher dann, wenn sich ihre Beziehung zur Person und zum Werk Richard Wagners „in den Dimensionen einer – im Grad freilich stark variierenden – charismatischen Beziehung beschreiben" lässt (1998: 229). In einem nächsten Schritt werden diese beiden großen Gruppen nochmals anhand von soziodemografischen und Lebensstilvariablen und ihren Erlebnisparadigmen im Hinblick auf Kultur im Allgemeinen und Wagner im Besonderen genauer unterteilt. Bei den Wagner-Fixierten ergeben sich drei Untergruppen: Alt-Wagnerianer, Neu-Wagnerianer und die Wagner-Avantgarde. Unter den Nicht-Wagner-Fixierten können acht Milieus ausgemacht werden: Fun-Kids, arrivierte Alt-68er, New Age-Alternative, Yuppies, Kultursnobs, großbürgerliche und kleinbürgerliche Musikliebhaber und Kulturkonservative. Diese Typen bieten Anschluss an vorhandene Milieutypologien, gleichzeitig sind sie jedoch spezifisch für genau dieses Festspielpublikum.

Drittens kann die Musikpublikumsforschung zur Untersuchung kultursoziologischer Fragestellungen eingesetzt werden, wie sie sich aus der Diskussion Klassengeschmack (zum Beispiel Bourdieu 1987) versus Geschmacksklassen (zum Beispiel Schulze 1997) ergeben. Entsprechend formulieren zum Beispiel Gebhardt/Zingerle (1998: 30) als eine der Fragestellungen ihrer Studie zum Publikum der Bayreuther Richard-Wagner-Festspiele: „Lassen sich die Erkenntnisse der soziologischen Individualisierungstheorie und der neueren kultursoziologischen Forschung auf die Bayreuther Festspiele als ‚sozialem Ereignis' übertragen?" Auch Cooper (2008: 34 f.) stellt explizit den Bezug zu den kultursoziologischen Theorien her: „Treffen die Aussagen Bourdieus für das Publikum der *15. Orgellandschaft zwischen Elbe und Weser* zu oder hat sich die Gesellschaft und damit das kulturelle Handeln ihrer Mitglieder hin zu einer „Erlebnisgesellschaft" nach Schulze entwickelt?" Otte (2007) befasst sich in seiner Publikumsstudie zur Leipziger Clubszene damit, ob sich die Jugend- und Musikszenen, die sich in den zwölf ausgewählten Clubs und Diskotheken unterschiedlicher Musiksparten treffen, noch in nennenswerter Weise klassen- und herkunftstheoretisch konstituieren oder ob sich die Segmentierungen gemäß der Individualisierungsthese entlang freier Geschmackswahlen vollziehen. Cooper (2008) und Otte (2007) kommen in der Reflexion ihrer Ergebnisse zu dem Schluss, dass es kein eindeutiges Entweder/Oder gibt, sondern dass Hinweise auf beide Theorien gefunden werden können. Im Gegensatz dazu hinterfragen Gebhardt/Zingerle (1998) die individualisierungstheoretische Position nicht, sondern zeigen mit ihren Befunden die Fruchtbarkeit dieser Perspektive auf, die eine genauere Differenzierung des auf den ersten Blick (soziale Herkunft, äußeres Erscheinungsbild) sehr homogen erscheinenden Publikums zulässt (219).

Einerseits nutzt also die Musikpublikumsforschung die Erkenntnisse der Kultur- und Musiksoziologie, um zu aussagekräftigen Publikumssegmentierungen zu gelangen, die Anschlussmöglichkeiten zum Beispiel für andere Märkte bzw. an die gesellschaftliche ‚Realität' bieten. Andererseits ist die Musikpublikumsforschung aufgrund der hohen sozialen Bedeutung von Musik ein besonders geeignetes Feld, um entsprechende kultursoziologische Fragestellungen zu untersuchen. Insgesamt bestätigen die Befunde, dass auch angesichts der Entwicklung hin zu Lebensstiltypologien insbesondere Bildung/Beruf, Alter und Geschlecht auch weiterhin nicht zu vernachlässigende Größen sind.

3.2 Warum nutzen Menschen ein Musikangebot? Funktionszuschreibungen an Musik und Motive zum Musikpublikumsbeitritt[8]

Indem der Bezug zur Lebensstilforschung und zum sozialen Gebrauch von Musik hergestellt wurde, sind zumindest zwei Gruppen von Funktionszuschreibungen an Musik bereits angesprochen: Zum einen soziale Motive wie Distinktions- und Identifikationswünsche, zum anderen musik- und veranstaltungsbezogene Erlebniserwartungen. So werden Publikumsbeitrittsentscheidungen getroffen, weil die jeweilige Veranstaltung oder Musik ein Erlebnis erwarten lässt, das dem jeweiligen Genussschema entspricht – bei Schulze wären das zum Beispiel Genussmuster wie Action, Gemütlichkeit oder Kontemplation (1997: 163) –, oder den jeweiligen Abgrenzungs- und Zugehörigkeitswünschen entgegenkommt. In der Entscheidungssituation wirksam werdende Nutzungsmotive müssen sich nicht unbedingt auf die Musik an sich beziehen, sondern zum Beispiel auch auf das Medium, das genutzt wird, sowie auf die Situation und den Kontext, in der die Musik rezipiert wird. Entsprechend finden Eckhardt/Pawlitza/ Windgasse (2006) als Motive zum E-Musik-Konzertbesuch unter anderem:

- Motive, die sich auf das musikalische Angebot an sich beziehen: die Musik genießen (95 % finden dies wichtig oder sehr wichtig), bestimmte Solisten, Orchester, Dirigenten hören wollen (59 %), aber auch
- Motive, welche die Konzertsituation als gesellschaftliches und kulturelles Ereignis betreffen: die festliche Atmosphäre genießen (79 %), sich in bestimmten Kreisen bewegen, dazugehören (21 %), interessante Menschen kennen lernen (41 %), ein besonderes Erlebnis haben (86 %).

---

8   Im Folgenden wird sowohl von „Funktionszuschreibungen" als auch von „Motiven" die Rede sein. Auch wenn beide Begriff keinesfalls als Synonyme verstanden werden sollen, stehen sie im hier behandelten Kontext in einem engen Zusammenhang. Dem liegt die Überlegung zugrunde, dass die einer bestimmten Musik bzw. ihrer Nutzung zugeschriebenen Funktionen in der präkommunikativen Phase als Zuwendungsmotive wirksam werden (können).

Insgesamt ist davon auszugehen, dass „die Motive für die Zuwendung zu Musik (...) sehr variantenreich sein dürften" und bisher noch unzureichend erforscht sind (Schramm 2005: 66). Dollase/Rüsenberg/Stollenwerk (1986) können auf der Basis ihrer Daten zwar drei grundsätzliche Funktionszuschreibungen an Musik unterscheiden, diese basieren jedoch auf relativ wenigen Items und fassen zum Teil sehr unterschiedliche Funktionen (zum Beispiel Bildung und Protest) zusammen:

- die Hintergrundfunktion, bei der Musik vor allem zur Unterhaltung und als Hintergrunduntermalung gehört wird und kaum besondere Bedeutung hat,
- die Entspannungsfunktion, bei der Musik als Ablenkung von Stress betrachtet wird und Trost bei Problemen spendet, erfreut und entspannt,
- die Symbolfunktion, bei der Musik als „Symbol eines anderen" (1986: 73) verstanden und genutzt wird, zum Beispiel als Symbol des Protests, als Mittel zur Gewinnung von Bildung, als Lebensstil usw.

Die Autoren finden Hinweise darauf, dass verschiedene Musiksparten unterschiedlich funktionalisiert werden: Während die Entspannungsfunktion gemäß der gewonnenen Daten eine spartenübergreifende Rezeptionshaltung ist, ergeben sich deutliche Unterschiede für die Symbolfunktion: „Sie ist dort am stärksten ausgeprägt, wo die intellektuelle Beschäftigung mit Musik im Sinne einer Diskussionskultur am größten ist: bei der Neuen Musik. Symbol- bzw. Kunstfunktion sind dort am wenigsten anzutreffen, wo die Funktionszuweisung an Musik ganz klar von Entspannungs- und Unterhaltungserwartungen dominiert wird, also bei den Besuchern der Schlager- und Volksmusikkonzerte" (1986: 75). Nicht Rechnung getragen wird dabei allerdings dem Gedanken, dass ein und dieselbe Musik von verschiedenen Menschen allerdings auch ganz unterschiedlich wahrgenommen und genutzt werden kann – hierfür müssten zum Beispiel zusätzlich noch die unterschiedlichen Funktionszuweisungen an Musik innerhalb ein und desselben Publikums untersucht werden.

Eine weitere, auf der Basis vorhandener musik- und medienpsychologischer Arbeiten induktiv entwickelte Motivsynopse wird von Schramm (2008) vorgestellt; er unterscheidet fünf Motivgruppen, wobei insbesondere die Funktionszuschreibungen, die Dollase/Rüsenberg/Stollenwerk als Entspannungs- oder Hintergrundfunktion bezeichneten, weiter ausdifferenziert sind (1.-4.). Unter der Kategorie der sozialen Motive (5.) sind alle Aspekte zusammengefasst, die den sozialen Gebrauch von Musik betreffen.

1. Regulierung des eigenen Energie- und Gefühlshaushaltes: zum Beispiel die Beeinflussung der eigenen Stimmung durch bestimmte Musik als Mood

Management (Schramm 2005) oder Musik als Mittel zur Aktivierung – zum Beispiel bei Rockkonzerten (Hafen 1998)
2. Motive im Hinblick auf die subjektive Funktionalisierung von Musik für andere Aktivitäten: zum Beispiel Ablenkung von der Monotonie der Hausarbeit; Steigerung der Konzentration bei den Hausaufgaben
3. Kompensationsmotive: zum Beispiel Ablenkung von Problemen, Tagträume, Eskapismus
4. Musikalisches Involvement (Musikrezeption um der Musik willen): Reizsuche, Unterhaltung
5. soziale Motive: zum Beispiel Identitätsentwicklung, soziale Zugehörigkeit, soziale Distinktion, sozialer Vergleich, Sammlung sozialer Informationen, die zum Selbstbild in Beziehung gesetzt werden, Selbstdarstellung über den Musikgeschmack oder Gespräche über Musik usw.

Die Motive für die Zuwendung zu Musik bzw. für den Konzert- oder Veranstaltungsbesuch sind oft vielschichtig und betreffen mehrere der oben genannten Motivgruppen. Zudem sind die Bedeutungs- und Funktionszuschreibungen an Musik bzw. an einen Veranstaltungsbesuch vom sozialen Kontext (zum Beispiel der Szene- oder Milieuzugehörigkeit einer Person) abhängig und können somit zwischen einzelnen Besuchergruppen oder Hörergruppen ganz unterschiedlich ausfallen. So kann Keuchel (2009) für Kulturbesuche zeigen, dass beispielsweise mehr Jüngere als Ältere die Erwartung eines authentischen Live-Erlebnisses mit einem Kulturbesuch verbinden; sie erklärt diesen hohen Stellenwert des Live-Erlebnisses in der jüngeren Altersgruppe insbesondere über deren zunehmend medialisierte Lebenswelt: „In einer zunehmend virtuellen Welt, in der die Kommunikation in weiten Teilen elektronisch verläuft, gewinnt die reale Begegnung mit Personen und Werken an Bedeutung" (Keuchel 2009: 90).

Für eine spezifische Ansprache der Zielgruppen ist es daher in der Regel sinnvoll, Publikumssegmentierungen mit Erhebungen zu Erwartungen und Motiven im Hinblick auf den Publikumsbeitritt zu verknüpfen, um so zum Beispiel lebensstiltypenspezifische Unterschiede in den Beweggründen erfassen zu können. Entsprechend kann Cooper (2008) auf der Basis ihrer Daten für das Publikum der Orgelkonzertreihe in Stade vier Publikumscluster differenzieren, für die unterschiedliche Motivschwerpunkte (Erlebnisorientierung, Prestige, Musikaffinität, Genuss, Sozialisation) entscheidend für den Konzertbesuch waren. Auf der Basis entsprechender Erkenntnisse können dann zielgruppenspezifische Maßnahmen zur Besuchergewinnung und -bindung abgeleitet werden.

Wie dargelegt wurde, kann auch das zur Rezeption verwendete Medium Zuwendungs- bzw. Publikumsbeitrittsentscheidungen beeinflussen; dem liegt die Annahme zugrunde, dass unterschiedliche Medien oder Medienformate unterschiedliche Funktionen erfüllen bzw. mit unterschiedlichen Bedeutungszuschreibungen versehen werden. Dieser Gedanke soll im Folgenden anhand der aktuellen Entwicklungen und Konstellationen auf dem Musik(medien)markt näher beleuchtet werden.

4 Entwicklungen und Perspektiven auf dem Musikmarkt: Konvergenzen und Konkurrenzen

Prinzipiell ist festzuhalten, dass neue Medien oder neue Medienformate für Bewegung sowohl auf dem Musikmarkt als auch für Veränderungen auf Seiten der Nutzung sorgen – dies lässt sich zum Beispiel für das Aufkommen des Musikfernsehens, die Einführung der CD oder die Erfindung des so genannten Walkmans zeigen. Dabei werden die „alten" Medien nicht unbedingt durch die neuen abgelöst, vielmehr kann es auch dazu kommen, dass die Medien zumindest zum Teil gemeinsam oder dass sich medienbezogene Nutzungsweisen etablieren – das heißt beide Medien werden genutzt, aber jeweils in unterschiedlichen Situationen oder zu unterschiedlichen Zwecken.

Zudem führen neue Medien und Medientechnologien immer wieder zu vollkommen neuen Angeboten und Nutzungsweisen. Die Möglichkeit, sich Sounddateien als Klingeltöne auf das Handy zu laden, hat beispielsweise ein ganz neues Produkt der Musikindustrie hervorgebracht: Musiktitel als Klingeltonversion – samt Klingeltonmarkt und -Charts. Das neue Format ersetzt in diesem Fall kein altes Format, sondern ergänzt das Medienensemble. Zugleich entsteht mit den vorhandenen technischen Möglichkeiten auch verstärkt der Wunsch nach den Klingeltönen der Lieblings-Hits und -Stars der Nutzer. Neue Medien und Medientechnologien wirken also nicht nur bedarfsdeckend, sondern können auch bedarfsweckend sein (Oehmichen/Schröter 2000: 359). Zudem können von ihnen starke, die Musikkulturen verändernde Impulse ausgehen (Münch 2007: 381): Beispielsweise haben sich im Internet zahllose Portale und andere Angebote etabliert (zum Beispiel myspace, lastfm.de), die auch (noch) unbekannten Bands und Interpreten bzw. Musikern ohne Plattenvertrag die Möglichkeit geben, sich und ihre Musik zu präsentieren.

Mit den medialen Neuentwicklungen entstehen in der Regel zunächst Konkurrenzsituationen zu bisher genutzten Medien und Formaten. Dies kann dazu führen, dass das neue Medium das alte ersetzt (Substitutionseffekt), oder aber dazu, dass beide Formate komplementär oder konvergent genutzt werden, das heißt sich ergänzen oder annähern. In den letzten Jahren war die Konkurrenz zwischen MP3 und CD (bzw. traditionellen Tonträgern) das beherrschende Thema für die Musikindustrie – eine weitgehende Substitution sowie damit einhergehende gravierende finanzielle Einbußen wurden und werden befürchtet (insbesondere durch die immer noch kaum kontrollierbaren Möglichkeiten des illegalen Downloads). Schramm/Hägler (2007) untersuchten unter anderem, wie CD und MP3 genutzt werden und welche Auswirkungen die Einführung von MP3 auf das Musiknutzungsverhalten hat. Mittels eines standardisierten Onlinefragebogens wurden 1.160 Personen (Verhältnis männlich/weiblich: 2:1; Durchschnittsalter: 24,7 Jahre; Anteil Studierende: 60 %) zu verschiedenen Aspekten befragt, die das Musikhören im MP3-Zeitalter betreffen, wobei insbesondere der Vergleich von MP3 und CD im Vordergrund stand; für beide Medien wurden unter anderem Motive und Einstellungen zu deren Beschaffung und Nutzung erhoben. Die Befunde zeigen:

1. Beide Medien ergänzen sich funktional (Komplementäreffekt), das heißt sie erfüllen jeweils unterschiedliche Nutzerwartungen der Rezipienten. CDs schneiden beispielsweise bei solchen Kriterien signifikant besser ab, welche die Ästhetik betreffen (Ansehen und Wert der Sammlung, Klangqualität, Medium „ist stilvoll") oder auf den Künstler bezogen sind (Interesse an Informationen über Künstler, Unterstützung von Künstlern). MP3 hingegen dominieren zum Beispiel im Bereich der Musikbeschaffung (Kosten, Entdecken neuer Musik, Probehören).
2. MP3 macht der CD Konkurrenz (Substitutionseffekt). So kaufen 46,8 % der Befragten nach ihrer eigenen Einschätzung weniger CDs und 58,2 % weniger Maxi-CDs, seitdem sie MP3 nutzen.
3. Es findet sich zusätzlich ein so genannter More and More-Effekt. Die MP3-Nutzung belebt demnach offensichtlich auch ganz allgemein den Umgang mit Musik, „indem sie nicht nur zu einer verstärkten Musiknutzung insgesamt, sondern zu einer bewussteren Zuwendung zu Musik sowie zu vermehrtem Musikwissen und höheren Ansprüchen an Musik beiträgt" (Schramm, Hägler 2007: 134).

Zu vergleichbaren Ergebnissen wie Schramm/Hägler (2007) für MP3 und CD kommen Oemichen/Schröter (2003) für die Nutzung von Informations- und Bildungsangeboten via der traditionellen Medien Radio, TV, Tageszeitung, Zeitschriften/Magazinen und via Internet: Neue Nutzungsmuster entstehen, die – zumindest zunächst – eher komplementär als substitutiv sind.

Dass es – auch längerfristig – nicht unbedingt zu einer vollständigen Verdrängung eines „alten" durch ein neues Medium kommen muss, zeigt das Beispiel der Schallplatte: So spricht beispielsweise der Jahresbericht 2008 des Deutschen Musikindustrie-Verbandes im Hinblick auf die eigentlich längst totgesagte Schallplatte vom „Comeback des Jahres" (Deutscher Musikindustrie-Verband

2008: 20): 700.000 verkauften Exemplaren in 2007 stehen immerhin 900.000 in 2008 gegenüber, wobei die tatsächliche Zahl gemäß des Berichts noch höher sein dürfte, weil ein hoher Anteil von LPs in Spezialgeschäften verkauft wird, deren Verkäufe in der Statistik nicht erfasst sind. Zum einen spielt die Schallplatte in der Club-, DJ- und HipHop-Kultur eine ganz wesentliche Rolle: Beispielsweise gelingt „Scratchen" nur mit Vinyl. Zum anderen ist sie in solchen Jugendkulturen ein zentrales Medium, in denen es – wie in der Hardcore-Kultur (Calmbach 2007, Calmbach/Rhein 2007) – um die Abgrenzung von der kommerziellen Musikindustrie geht. Mit dem Aufkommen der CD mehr oder weniger aufgegebene Formate wie die 45er-Single, die 33er-Schallplatte sowie das Musiktape werden von den Mitgliedern solcher Jugendkulturen bewusst gegenüber der CD favorisiert und innerhalb ihrer kulturellen Praxis mit neuen, kulturspezifischen Bedeutungen aufgeladen: So wird die Schallplatte beispielsweise in der Hardcore-Kultur zu einem Abgrenzungsmittel gegen die Feindbilder des Kommerzes und der Massenproduktion, für die aus der Perspektive der Hardcores wiederum das Medium CD steht.

5 Zusammenfassung und Impulse

In diesem Beitrag wurden anhand verschiedener Schwerpunkte Einblicke in das Feld der Musikpublikumsforschung gegeben. Fokussiert wurden die Bereiche der Publikumssegmentierung und der Nutzungsmotive, da diese für die Anbieterseite von besonderer Bedeutung sind: Sie versprechen Antworten auf einige der dringlichsten Fragen: Wer ist mein (potenzielles) Publikum und warum nutzt es mein Angebot bzw. warum nicht? Hierbei wurde für die Publikumssegmentierung deutlich, dass der Bezug auf Lebensstiltypologien fruchtbar ist, da sich so ein differenzierteres und anschlussfähigeres Bild ergibt als auf der Basis soziodemografischer Merkmale alleine.

Eine systematische theoretische wie empirische Aufarbeitung explizit musikbezogener Nutzungsmotive steht bislang noch aus, allerdings können vorliegende Arbeiten sowie Befunde und Theorien aus der Mediennutzungsforschung hier wichtige Impulse geben. Insbesondere erscheint es darüber hinaus notwendig, die mit dem Aufkommen interaktiver Medien bzw. des Web 2.0 noch deutlicher hervortretende Verschränkung von Produktion und Rezeption im Rahmen der Publikums- und der Musiknutzungsforschung stärker als bisher theoretisch und empirisch zu integrieren.

Angeregt werden soll abschließend eine stärkere Anknüpfung der Musikpublikumsforschung insbesondere an die Szenetheorie und -forschung (Schulze 1997; Hitzler 2008), um unterschiedliche lokale Publika in ihrer sozialen und kulturellen Vernetzung fassbar zu machen. Dieser Aspekt wurde bislang in der Musikpublikumsforschung noch zu wenig berücksichtigt. Szenen können nach Hitzler (2008) bzw. Hitzler/Bucher/Niederbacher (2005) als lockere, thematisch fokussierte soziale Netzwerke beschrieben werden. Um sowohl für Außenstehende als auch für die Szenemitglieder selbst wahrnehmbar zu sein, müssen Szenen ‚inszeniert' werden. Hierfür sind verlässliche Szenetreffpunkte und gemeinsame Events notwendig, an denen Kommunikation und Interaktion stattfinden: „Dort manifestiert und reproduziert sich nicht nur die Kultur der Szene, sondern eben auch das subjektive Zugehörigkeitsgefühl des ‚Mitglieds'" (Hitzler/Bucher/Niederbacher 2005: 24). Bestimmte Events und Einrichtungen sind daher über ihre lokalen Publika bzw. über diejenigen Teile des Publikums, die zur jeweiligen Szene gehören, miteinander sowohl sozial als auch kulturell vernetzt (Schulze 1997: 469). Für die Konzert- und Musikveranstaltungspublikumsforschung ist die Bezugnahme auf die Szenetheorie und -forschung aufschlussreich, da so erstens einrichtungsübergreifende Publikumsverschränkungen nachvollziehbar und sichtbar gemacht werden können. Zweitens kann das Publikumsverhalten auch im Hinblick darauf genauer in den Blick genommen werden, inwiefern es sich dabei auch um bestimmte Inszenierungs- und kulturelle Praktiken einer bestimmten Szene handelt.

Literatur

Androutsopoulus, Jannis (2003a): Musikszenen im Netz: Felder, Nutzer, Codes. In: Merkens/Zinnecker (2003): 57-82
Androutsopoulos, Jannis (Hrsg.) (2003b): HipHop. Globale Kultur – lokale Praktiken. Bielefeld: transcript
Auhagen, Wolfgang/Claudia Bullerjahn/Holger Höge (Hrsg.) (2007): Musikpsychologie – Musikalische Sozialisation im Kindes- und Jugendalter. Jahrbuch der Deutschen Gesellschaft für Musikpsychologie 19. Göttingen: Hogrefe
Baacke, Dieter (1998a): Punk und Pop. Die siebziger und achtziger Jahre. In: Baacke (1998b): 253-274
Baacke, Dieter (Hrsg.) (1998b): Handbuch Jugend und Musik. Opladen: Leske+Budrich
Bailer, Noraldine/Michael Huber (Hrsg.) (2006): Youth – Music – Socialisation. Empirische Befunden und ihre Bedeutung für die Musikerziehung. Wien: extempore
Bechdolf, Ute (1999): Puzzling Gender: Re- und Dekonstruktionen von Geschlechterverhältnissen im und beim Musikfernsehen. Weinheim: Beltz
Beck, Ulrich/Elisabeth Beck-Gernsheim (1994a): Individualisierung in modernen Gesellschaften – Perspektiven und Kontroversen einer subjektorientierten Soziologie. In: Beck/Beck-Gernsheim (1994b): 10-39
Beck, Ulrich/Elisabeth Beck-Gernsheim (Hrsg.) (1994b): Riskante Freiheiten. Individualisierung in modernen Gesellschaften. Frankfurt am Main: Suhrkamp

Behne, Klaus-Ernst (1983): Der musikalisch Andersdenkende. Zur Sozialpsychologie musikalischer Teilkulturen. In: Klüppelholz (1983): 11-34
Behne, Klaus-Ernst (1986): Hörertypologien. Zur Psychologie des jugendlichen Musikgeschmacks. Regensburg: Bosse
Behne, Klaus-Ernst (1993): Musikpräferenzen und Musikgeschmack. In: Bruhn/Oerter/Rösing (1993): 339-353
Behne, Klaus-Ernst (1999a): Zu einer Theorie der Wirkungslosigkeit von (Hintergrund-) Musik. In: Behne/Kleinen/de la Motte-Haber (1999): 7-23
Behne, Klaus-Ernst (1999b): Musikgeschmack in den 90er Jahren. In: Bullerjahn/Erwe/Weber (1999): 83-106
Behne, Klaus-Ernst (2001): Musik-Erleben: Abnutzung durch Überangebot? Eine Analyse empirischer Studien zum Musikhören Jugendlicher. In: Media Perspektiven. Heft 3. 142-148
Behne, Klaus-Ernst/Günter Kleinen/Helga de la Motte-Haber (Hrsg.) (1995): Musikpsychologie. Empirische Forschungen – Ästhetische Experimente. Jahrbuch der Deutschen Gesellschaft für Musikpsychologie 11. Wilhemshaven: Noetzel
Behne, Klaus-Ernst/Günter Kleinen/Helga de la Motte-Haber (Hrsg.) (1999): Musikpsychologie. Jahrbuch der Deutschen Gesellschaft für Musikpsychologie. Band 14: Wahrnehmung und Rezeption. Göttingen: Hogrefe
Behne, Klaus-Ernst/Günter Kleinen/Helga de la Motte-Haber (Hrsg.) (2000): Die Musikerpersönlichkeit. Jahrbuch der Deutschen Gesellschaft für Musikpsychologie 15. Göttingen: Hogrefe
Bersch-Burauel (2004): Entwicklung von Musikpräferenzen im Erwachsenenalter. Dissertation. Paderborn: Universität. http://deposit.ddb.de/cgi-bin/dokserv?idn=975812629
Bourdieu, Pierre (1987): Die feinen Unterschiede. Kritik der gesellschaftlichen Urteilskraft. Frankfurt am Main: Suhrkamp
Brown, Jane D./Laurie Schulze (1990): The Effects of Race, Gender, and Fandom on Audience Interpretations of Madonna's Music Videos. In: Journal of Communication Vol. 40. No. 2. 88-102
Bruhn, Herbert/Rolf Oerter/Helmut Rösing (Hrsg.) (1993): Musikpsychologie. Reinbek: Rowohlt
Bryson, Bethany (1996): "Anything but Heavy Metal": Symbolic Exclusion and Musical Dislikes. In: American Sociological Review. Vol. 61. No. 5. 884-899
Bund der Deutschen Katholischen Jugend (Hrsg.) (2007): Wie ticken Jugendliche? SINUS-Milieustudie U27. Düsseldorf: Haus Altenberg
Bullerjahn, Claudia/Hans-Joachim Erwe/Rudolf Weber (1999) (Hrsg.): Kinder – Kultur. Ästhetische Erfahrungen, ästhetische Bedürfnisse. Opladen: Leske+Budrich
Calmbach, Marc (2007): More than Music. Einblicke in die Jugendkultur Hardcore. Bielefeld: transcript
Calmbach, Marc/Stefanie Rhein (2007): DIY or DIE! Überlegungen zur Vermittlung und Aneignung von Do-it-yourself-Kompetenzen in der Jugendkultur Hardcore. In: Göttlich et al. (2007): 69-86
Cooper, Ann Katrin (2008): Das Konzertpublikum. Eine Typologisierung. Saarbrücken: VDM

Bundesverband Musikindustrie (2009): Musikindustrie in Zahlen 2008. http://www, musikindustrie.de/uploads/media/ms_branchendaten_jahreswirtschaftsbericht_2008. pdf (Stand: 15.6.2009)

de la Motte-Haber, Helga/Hans Neuhoff (Hrsg.) (2007): Musiksoziologie. Laaber: Laaber

Dollase, Rainer (1997): Das Publikum in Konzerten, Theatervorstellungen und Filmvorführungen. In: Strauß (1997): 139-174

Dollase, Rainer (1998): Musikpräferenzen und Musikgeschmack Jugendlicher. In: Baacke (1998b): 341-368

Dollase, Rainer (2006): Wer sind die Musikkonsumenten? In: Jacobshagen/Reininghaus, (2006): 115-142

Dollase, Rainer/Michael Rüsenberg/Hans J. Stollenwerk (1974): Rock People oder: Die befragte Szene. Frankfurt am Main: Fischer Taschenbuch

Dollase, Rainer/Michael Rüsenberg/Hans J. Stollenwerk (1978): Das Jazzpublikum. Mainz: Schott

Dollase, Rainer/Michael Rüsenberg/Hans J. Stollenwerk (1986): Demoskopie im Konzertsaal. Mainz: Schott

Eckhardt, Josef/Erik Pawlitza/Thomas Windgasse (2006): Besucherpotenzial von Opernaufführungen und Konzerten der klassischen Musik. Ergebnisse der ARD-E-Musikstudie 2005. In: Media Perspektiven. Heft 5. 273-282

Ferchhoff, Wilfried (1998): Musik- und Jugendkulturen in den 50er und 60er Jahren. Vom Rock'n'Roll der „Halbstarken" über den Beat zum Rock und Pop. In: Baacke (1998b): 217-251

Ferchhoff, Wilfried/Uwe Sander/Ralf Vollbrecht (Hrsg.) (1995): Jugendkulturen – Faszination und Ambivalenz. Einblicke in jugendliche Lebenswelten. Weinheim/München: Juventa

Fiske, John (1992): The Cultural Economy of Fandom. In: Lewis (1992): 37-42

Fritzsche, Bettina (2004): Dahinschmelzen und realistisch bleiben. Auseinandersetzungen von Pop-Fans mit den Anforderungen einer Schwellenphase. In: Medien+Erziehung. Heft 2. 16-23

Gans, Herbert J. (1985): Popular Culture and High Culture. New York: Basic Books

Gebesmair, Andreas (2001): Grundzüge einer Soziologie des Musikgeschmacks. Wiesbaden: Westdeutscher Verlag

Gebesmair, Andreas (2008): Die Fabrikation globaler Vielfalt. Struktur und Logik der transnationalen Popmusikindustrie. Bielefeld: transcript

Gebhardt, Winfried/Arnold Zingerle (1998): Pilgerfahrt ins Ich. Die Bayreuther Richard Wagner-Festspiele und ihr Publikum. Eine kultursoziologische Studie. Konstanz: UVK

Gembris, Heiner (2002): Wirkungen von Musik – Musikpsychologische Forschungsergebnisse. In: Hofmann/Trübsbach (2002): 9-27

Gembris, Heiner (2005): Musikalische Präferenzen. In: Enzyklopädie der Psychologie, Spezielle Musikpsychologie. Göttingen: Hogrefe. 279-342

Gembris, Heiner (2008) (Hrsg.): Musik im Alter. Soziokulturelle Rahmenbedingungen und individuelle Möglichkeiten. Frankfurt am Main: Lang

Gembris, Heiner (2009): Entwicklungsperspektiven zwischen Publikumsschwund und Publikumsentwicklung. Empirische Daten zur Musikausbildung, dem Musikerberuf und den Konzertbesuchern. In: Tröndle (2009): 61-82

Gembris, Heiner/Rudolf-Dieter Kraemer/Georg Maas (Hrsg.) (2006): Macht Musik wirklich klüger? Musikalisches Lernen und Transfereffekte. (Musikpädagogische Forschungsberichte, Bd. 8). Augsburg: Wißner

Glogner, Patrick/Stefanie Rhein (2005): Neue Wege in der Publikums- und Rezeptionsforschung? Zum Verhältnis der empirischen Medienpublikums- und Kulturpublikumsforschung. In: Institut für Kulturpolitik der kulturpolitischen Gesellschaft (2005): 431-439

Göttlich, Udo/Renate Müller/Stefanie Rhein/Marc Calmbach (2007) (Hrsg.): Arbeit, Politik und Religion in Jugendkulturen. Engagement und Vergnügen. Weinheim/ München: Juventa

Habermas, Jürgen (1992a): Individuierung durch Vergesellschaftung. Zu G. H. Meads Theorie der Subjektivität. In: Habermas (1992b): 187-241

Habermas, Jürgen (1992b): Nachmetaphysisches Denken: Philosophische Aufsätze. Frankfurt am Main: Suhrkamp

Hafen, Roland (1987): Zur Eskapismus-Funktion in der Rockmusik-Rezeption. Ergebnisse einer Befragung jugendlicher Rockkonzertbesucher. In: Beiträge zur Popularmusikforschung 1987. Bd. 2. 30-46

Hafen, Roland (1998): Rockmusik-Rezeption in Live-Konzerten. In: Baacke (1998b): 369-380

Hamann, Thomas K. (2008): Musikkultur – Einfluss der Bevölkerungsentwicklung auf Publikum und Konzertwesen. In: Gembris (2008): 195-211

Hartmann, Peter H./Inga Höhne (2007): MNT 2.0. Zur Weiterentwicklung der MedienNutzerTypologie. In: Media Perspektiven. Heft 5. 235-241

Hartmann, Peter/Ulrich Neuwöhner (1999): Lebensstilforschung und Publikumssegmentierung. Eine Darstellung der MedienNutzerTypologie (MNT). In: Media Perspektiven. Heft 10. 531-539

Heinrichs, Werner/Armin Klein (Hrsg.) (2000): Deutsches Jahrbuch für Kulturmanagement 1999. Baden-Baden: Nomos

Hitzler, Ronald (2008): Brutstätten posttraditionaler Vergemeinschaftung. Über Jugendzenen. In: Hitzler/Honer/Pfadenhauer (2008): 55-72

Hitzler, Ronald/Thomas Bucher/Arne Niederbacher (2005): Leben in Szenen. Formen jugendlicher Vergemeinschaftung heute. 2., aktualisierte Auflage. Opladen.

Hitzler, Ronald/Anne Honer/Michaela Pfadenhauer (2008) (Hrsg.): Posttraditionale Gemeinschaften. Theoretische und ethnographische Erkundungen. Wiesbaden: VS

Hitzler, Ronald/Michaela Pfadenhauer (2001): Techno-Soziologie. Erkundungen einer Jugendkultur. Opladen: Leske+Budrich

Hofmann, Gabriele (Hrsg.) (2007): Identität & Kreativität – Beiträge aus Musikwissenschaft und Musikpädagogik. Augsburg: Wißner

Hofmann, Gabriele/Claudia Trübsbach (Hrsg.) (2002): Mensch & Musik. Diskussionsbeiträge im Schnittpunkt von Musik, Medizin, Physiologie und Psychologie. Augsburg: Wißner

Imort, Peter/Renate Müller/Horst Niesyto (Hrsg.) (2009): Medienästhetik in Bildungskontexten. München: Kopaed

Institut für Kulturpolitik der kulturpolitischen Gesellschaft (Hrsg.) (2005): Jahrbuch für Kulturpolitik 2005. Thema: Kulturpublikum. Band 5. Essen

Jacobshagen, Arnold/Frieder Reininghaus (Hrsg.) (2006): Musik und Kulturbetrieb. Medien, Märkte, Institutionen. Laaber: Laaber

Jauk, Werner (1987): Das Styriarte-Publikum. Eine empirische Erhebung über seine Musikpräferenzen und Motive musikalischen Verhaltens. Graz: Adeva

Keuchel, Susanne (o. J.): 8. Kulturbarometer. Akzeptanz als Chance nutzen für mehr Publikum in Musiktheatern und Konzerten! Ein erster, zusammenfassender Bericht zum 8. Kulturbarometer. http://www.miz.org/artikel/kulturbarometer_zusammenfassung.pdf (Stand: 15.6.2009)

Keuchel, Susanne (2009): Vom „High Tech" zum „Live Event". Empirische Daten zum aktuellen Konzertleben und den Einstellungen der Bundesbürger. In: Tröndle (2009): 83-99

Klein, Armin (2003): Besucherbindung im Kulturbetrieb. Ein Handbuch. Wiesbaden: Westdeutscher Verlag

Klein, Gabriele (1999): electronic vibration. Pop Kultur Theorie. Hamburg: Rogner u. Bernhard

Klein, Gabriele/Malte Friedrich (2004): Is this real? Die Kultur des HipHop. Frankfurt am Main: Suhrkamp

Klüppelholz, Werner (Hrsg.) (1983): Musikalische Teilkulturen. Musikpädagogische Forschung 4. Laaber: Laaber

Knobloch, Silvia/Peter Vorderer/Dolf Zillmann (2000): Der Einfluss des Musikgeschmacks auf die Wahrnehmung möglicher Freunde im Jugendalter. In: Zeitschrift für Sozialpsychologie. Jg. 31. Heft 1. 18-30

Kommer, Sven (1998): Musik in der Jugendbewegung. In: Baacke (1998b): 195-216

Kreutz, Gunter et al. (2003): Konzertpublikum: quo vadis? Eine Untersuchung des heutigen Konzertpublikums. In: Das Orchester. Heft 12. 8-19

Kurp, Matthias/Claudia Hauschild/Klemens Wiese (2002): Musikfernsehen in Deutschland. Politische, soziologische und medienökonomische Aspekte. Wiesbaden: Westdeutscher Verlag

Lewis, Lisa A. (Hrsg.) (1992): The Adoring Audience: Fan Culture and Popular Media. New York: Routledge

Medienpädagogischer Forschungsverbund Südwest (2008): JIM-Studie 2008. Jugend, Information, (Multi-)Media. Basisuntersuchung 12-19-Jähriger. http://www.mpfs.de/fileadmin/JIM-pdf08/JIM-Studie_2008.pdf

Mende, Annette (1991): Musik und Alter. Ergebnisse zum Stellenwert von Musik im biographischen Lebensverlauf. In: Rundfunk und Fernsehen. 39. Jg. Heft 3. 381-392

Mende, Annette/Ulrich Neuwöhner (2006): Wer hört heute klassische Musik? ARD-E-Musikstudie 2005: Musiksozialisation, E-Musiknutzung und E-Musikkompetenz. In: Media Perspektiven. Heft 5. 246-258

Merkens, Hans/Jürgen Zinnecker (Hrsg.) (2003): Jahrbuch Jugendforschung. 3. Ausgabe 2003. Opladen: Leske+Budrich

Mitterlehner, Ferdinand (1996): Let's fly together! Zur Untersuchung veränderter Bewusstseinszustände während einer Techno-Party. In: Rösing (1996): 23-35

Müller, Renate (1995): Selbstsozialisation. Eine Theorie lebenslangen musikalischen Lernens. In: Behne/Kleinen/de la Motte-Haber (1995): 63-75

Müller, Renate (2000): Die feinen Unterschiede zwischen verbalen und klingenden Musikpräferenzen Jugendlicher. Eine computerunterstützte Befragung mit dem Fragebogen-Autorensystem-MultiMedia. In: Behne/Kleinen/de la Motte Haber (2000): 87-98
Müller, Renate/Klaus-Ernst Behne (1996): Wahrnehmung und Nutzung von Videoclips. Eine vergleichende Pilotstudie zur musikalischen Sozialisation. Hannover: Institut für musikpädagogische Forschung
Müller, Renate/Patrick Glogner/Stefanie Rhein/Jens Heim (Hrsg.) (2002): Wozu Jugendliche Musik und Medien gebrauchen. Jugendliche Identität und musikalische und mediale Geschmacksbildung. Weinheim/München: Juventa
Müller, Renate/Stefanie Rhein/Marc Calmbach (2006): What difference does it make? Die empirische Ästhetik von The Smiths: Eine audiovisuelle Studie zur sozialen Bedeutung des Musikgeschmacks. In: Ludwigsburger Beiträge zur Medienpädagogik. Nr. 9 (13.01.2007). http://www.ph-ludwigsburg.de/2081.html
Müller-Bachmann, Eckart (2002): Neues im jugendkulturellen Raum? Kulturelle Positionen Jugendlicher. In: Müller et al. (2002): 126-139
Münch, Thomas (2007): Musik im Radio, Fernsehen und Internet. Inhalte, Nutzung und Funktionen. In: de la Motte-Haber/Neuhoff (2007): 369-388
Münchner Philharmoniker (Hrsg.) (2001): nachgefragt. Eine Studie der Münchner Philharmoniker. http://www.mphil.de/online/download/Umfrageergebnisse.pdf (Stand: 15.6.2009)
Muthesius, Dorothea (2002): Musikerfahrungen im Lebenslauf alter Menschen: eine Metaphorik sozialer Selbstverortung. Münster: Lit
Neuhoff, Hans (2001): Die Altersstruktur von Konzertpublika. Querschnitte und Längsschnitte von Klassik bis Pop in kultursoziologischer Analyse. In: Musikforum. Heft 95. 64-83
Neuhoff, Hans (2007): Die Konzertpublika der deutschen Gegenwartskultur. Empirische Publikumsforschung in der Musiksoziologie. In: de la Motte-Haber/Neuhoff (2007): 473-509
Neumann-Braun, Klaus (1999) (Hrsg.): VIVA MTV! Popmusik im Fernsehen. Frankfurt am Main: Suhrkamp
Nolteernsting, Elke (1998): Die neue Musikszene: Von Techno bis Crossover. In: Baacke (1998b): 275-292
Oehmichen, Ekkehardt (1999): Die MedienNutzerTypologie als Beratungsinstrument im Hörfunk. Zur Umsetzung der Publikumstypologie von ARD und ZDF für Planungsprozesse. In: Media Perspektiven. Heft 10. 549-556
Oehmichen, Ekkehardt (2007): Die neue MedienNutzerTypologie MNT 2.0. Veränderungen und Charakteristika der Nutzertypen. In: Media Perspektiven. Heft 5. 226-234
Oehmichen, Ekkehardt/Christian Schröter (2000): Fernsehen, Hörfunk, Internet: Konkurrenz, Konvergenz oder Komplement? In: Media Perspektiven. Heft 8. 359-368
Oehmichen, Ekkehardt/Christian Schröter (2003): Funktionswandel der Massenmedien durch das Internet? Veränderungen des Mediennutzungsverhaltens bei Onlinenutzern. In: Media Perspektiven. Heft 8. 374-384
Otte, Gunnar (2007): Jugendkulturen zwischen Klassenästhetik und freier Geschmackswahl – das Beispiel der Leipziger Clubszene. In: Göttlich et al. (2007): 161-177

Parzer, Michael (Hrsg.) (2004): Musiksoziologie remixed. Impulse aus dem aktuellen kulturwissenschaftlichen Diskurs. Wien: extempore

Peterson, Richard A./Roger M. Kern (1996): Changing Highbrow Taste: From Snob to Omnivore. In: American Sociological Review. Vol. 61. No. 5. 900-907

Quandt, Thorsten (1997): Musikvideos im Alltag Jugendlicher. Wiesbaden: DUV

Rhein, Stefanie (2000): Teenie-Fans: Stiefkinder der Populärmusikforschung. Eine Befragung Jugendlicher am MultiMediaComputer über ihre Nutzung fankultureller Angebote. In: Heinrichs/Klein (2000): 165-194

Rhein, Stefanie (2007): Einmal Schlager, immer Schlager!? Theoretische Überlegungen und empirische Befunde zur Bedeutung des Lebensalters für das Umgehen mit Musik. In: Hofmann (2007): 37-54

Rhein, Stefanie/Marc Calmbach (erscheint 2009): Musikgeschmack und ästhetisches Urteilsverhalten der Besucher von Hardcore-Konzerten. Erscheint in: Imort/Müller/ Niesyto (2009)

Rösing, Helmut (Hrsg.) (1996): Mainstream – Underground – Avantgarde. Rockmusik und Publikumsverhalten. Beiträge zur Popularmusikforschung 18. Karben: Coda

Schmidbauer, Michael/Paul Löhr (1999): See me, feel me, touch me! Das Publikum von MTV Europe und VIVA. In: Neumann-Braun (1999): 325-349

Schmücker, Fritz (1993): Das Jazzkonzertpublikum. Das Profil einer kulturellen Minderheit im Zeitvergleich. Münster: Lit

Schneider, Albrecht/Lars Dammann/Florian Kleist (2008): Live-Musik-Publikum in Hamburg. Empirische Studien zu einer urbanen Musik-Szene im digitalen Zeitalter. Münster: Lit

Schönauer, Annika (2004): Musik, Lebensstil und Distinktion: Pierre Bourdieu und Gerhard Schulze im Kontext der deutschsprachigen Lebensstilforschung. In: Parzer (2004): 17-38

Schramm, Holger (2005): Mood Management durch Musik. Die alltägliche Nutzung von Musik zur Regulierung von Stimmungen. Köln: von Halem

Schramm, Holger (2008): Rezeption und Wirkung von Musik in den Medien. In: Weinacht/Scherer (2008): 135-153

Schramm, Holger/Thomas Hägler (2007): Musikhören im MP3-Zeitalter. Substitutions-, Komplementaritäts- oder „more and more"-Effekte? In: Medien und Kommunikationswissenschaft. Sonderband 1: Musik und Medien. 120-137

Schulze, Gerhard (1997): Die Erlebnisgesellschaft. Kultursoziologie der Gegenwart. 7. Auflage. Frankfurt am Main: Campus

Shell Deutschland Holding (Hrsg.) (2006): Jugend 2006. Eine pragmatische Generation unter Druck. 15. Shell Jugendstudie. Frankfurt am Main: Fischer

SPoKK (Hrsg.) (1997): Kursbuch JugendKultur. Stile, Szenen und Identitäten vor der Jahrtausendwende. Mannheim: Bollmann

Strauß, Bernd (Hrsg.) (1997): Zuschauer. Göttingen: Hogrefe

Tröndle, Martin (Hrsg.) (2009): Das Konzert. Neue Aufführungskonzepte für eine klassische Form. Bielefeld: transcript

Weinacht, Stefan/Helmut Scherer (Hrsg.) (2008): Wissenschaftliche Perspektiven auf Musik und Medien. Wiesbaden: VS

Weyrauch, Jan (1997): Boygroups. Das Teenie-FANomen der 90er. Berlin: Extent

Winter, Rainer (1997): Medien und Fans. In: SPoKK (1997): 40-53
Zehme, Henriette (2005): Zeitgenössische Musik und ihr Publikum. Eine soziologische Untersuchung im Rahmen der Dresdner Tage der zeitgenössischen Musik. Regensburg: ConBrio

Studien und Datenquellen für den Bereich Musik/Medien:

ARD/ZDF-Medienkommission: ARD/ZDF-Online-Studie. http://www.ard-zdf-onlinestudie.de und Veröffentlichungen unter: http://www.media-perspektiven.de/ (Stand: 15.6.2009)
ARD/ZDF-Projektgruppe Massenkommunikation: ARD/ZDF Langzeitstudie Massenkommunikation. Veröffentlichungen unter: http://www.media-perspektiven.de/ (Stand: 15.6.2009)
Axel Springer-Verlag/Bauer Media AG: www.verbraucheranalyse.de/ (Stand: 15.6.2009)
Bundesverband der Veranstaltungswirtschaft in Kooperation mit dem Branchemagazin „Der Musikmarkt": GfK-Studien zum Konsumverhalten der Konzert- und Veranstaltungsbesucher in Deutschland (Branchenanalysen). Informationen unter: http://idkv.de/gfk (Stand: 15.6.2009)
Bundesverband Musikindustrie: Brenner-Studien. http://www.musikindustrie.de/statistik-publikationen.html (Stand: 15.6.2009)
Bundesverband Musikindustrie: Musikindustrie in Zahlen (Jahreswirtschaftsberichte). http://www.musikindustrie.de/statistik-publikationen.html (Stand: 15.6.2009)
GESIS - Leibniz-Institut für Sozialwissenschaften: Allgemeine Bevölkerungsumfrage der Sozialwissenschaften.
http://www.gesis.org/dienstleistungen/daten/umfragedaten/allbus/
Media Perspektiven: http://www.media-perspektiven.de/ (Stand: 15.6.2009)
Medienpädagogischer Forschungsverbund Südwest: JIM. Jugend – Information – (Multi-) Media. http://www.mpfs.de/index.php?id=11 (Stand: 15.6.2009)
Medienpädagogischer Forschungsverbund Südwest: KIM. Kinder und Medien. http://www.mpfs.de/index.php?id=10 (Stand: 15.6.2009)
Zentrum für Kulturforschung: Kulturbarometer. Informationen unter:
http://www.kulturforschung.de/ (Stand: 15.6.2009)

Das Kinopublikum im Wandel: Forschungsstand, historischer Rückblick und Ausblick

Elizabeth Prommer

1 Einleitung

Kaum ein Kulturpublikum wurde in den letzten Jahren so umfassend erforscht wie das Kinopublikum. Wir wissen, wer wann ins Kino geht, aus welchen Gründen und mit wem – dies dokumentieren die jährlichen Analysen der Filmförderungsanstalt (FFA). Trotz genauer Kenntnisse über das Kinopublikum bleibt es widerspenstig und unkalkulierbar – welche Filme ein Hit werden und welche nicht, ist nach wie vor unvorhersehbar. Geht es um Wirkungen bestimmter Filme, dann besteht weiteres Unbehagen über die Unberechenbarkeit vonseiten besorgter Eltern, Politiker und Journalisten. So alt wie das Medium Film, so alt ist auch die Debatte um jugendverderbende und gewaltverherrlichende Filme, die sich neuerdings mehr mit Computerspielen beschäftigt (Rehbein/Kleimann/ Mößle 2009). Zwar wissen wir, dass es lineare und direkte Medienwirkungen nicht gibt, dennoch erscheint es vielen der oben genannten fraglich, ob Horrorfilme oder besonders gewalthaltige Actionfilme nicht doch das Aggressionspotenzial erhöhen. Auf diese Debatte wird hier nicht näher eingegangen.

Die folgenden Betrachtungen widmen sich dem Kinopublikum als Rezipient kultureller Güter, also als Kulturpublikum. Film ist nicht nur ein Kulturgut, sondern auch ein Wirtschaftsgut. Über diesen amphibischen Wesenszug – und damit ist nicht der auch fürs Fernsehen produzierte Kinofilm (Fuhr/Rodek 2009) gemeint – ist sich zumindest die deutsche Politik einig. Filmförderung wird in Deutschland einerseits als notwendig gesehen, da Film als kulturelles Gut förderungswürdig ist. Andererseits ist die Medienindustrie – als Kulturindustrie – förderungswürdig, da eine große Anzahl von Arbeitsplätzen gefördert werden kann. Allein im Großraum Berlin-Brandenburg sind über 10.000 Personen in der Filmwirtschaft beschäftigt (IHK 2003: 7). Deshalb spielen bei der Filmförderung auch wirtschaftliche Aspekte wie Besucherpotenziale eine Rolle. Von der Filmförderung profitierte die Kinobranche mit 767 Mio. Euro Umsatz im Jahr 2007; aber auch der Video/DVD-Verleih und DVD-Kaufmarkt mit 1.591 Mio. Euro

Umsatz; dies macht einen Gesamtumsatz der Filmindustrie in Deutschland von 2,3 Mrd. Euro (SPIO 2008).

Kann man einen Unterschied machen zwischen Besuchern der Filme, die Wirtschaftsgüter sind, und der Filme, die Kulturgüter sind? Ist der Besucher von Hollywood-Blockbustern wie *Spiderman* auch Rezipient eines Kulturgutes? Oder ist nur der Besucher der jeweiligen Gewinner der Goldenen Palme in Cannes wie *Das weiße Band* im Jahr 2009 Teil des Kulturpublikums? Gibt es überhaupt Unterschiede zwischen dem Mainstream- und dem Arthaus-Publikum? Eine Möglichkeit, dieses Definitionsproblem zu umgehen, ist eine Definition von Kultur im Sinne der Cultural Studies (Hepp/Winter 1997). Forscher, die diesem Ansatz folgen, gehen von einem erweiterten Kulturbegriff aus. Dieser Kulturbegriff umfasst nicht lediglich Popkultur und Hochkultur, sondern bezieht sich auf unseren gesamten Alltag (Williams 1958). Dies würde bedeuten, dass es letztlich keiner Unterscheidung zwischen den Rezipienten des deutschen Arthaus-Films und eines amerikanischen Blockbusters bedürfte, da jeder Kinobesuch in unserem Alltag stattfindet und damit eine kulturelle Tätigkeit ist.

Eines ist jedoch sicher: Unabhängig von einer möglichen Definition von Film als Wirtschafts- oder Kulturgut – das *eine* Kinopublikum gibt es nicht. Vielmehr gibt es viele „Publika" bzw. viele Zielgruppen, die in unterschiedliche Filme gehen (vgl. Glogner 2002a/b/c). So zeigen uns die regelmäßigen Untersuchungen der Filmförderungsanstalt, wie unterschiedlich die Zuschauer verschiedener Filme sind. Wir wissen, dass über 50-Jährige einen anderen Filmgeschmack haben als unter 25-Jährige und wir wissen auch, dass die Motive der älteren Generation, ins Kino zu gehen, sich von denen der jüngeren Generation unterscheiden.[1]

Die Kinolandschaft steht außerdem vor einer nachhaltigen Veränderung. „Demografischer Wandel" ist das zentrale Schlagwort, das die Diskussion um die Zukunft des Kinos prägt. Wie die jährlichen Berichte der Filmförderungsanstalt zum Kinopublikum zeigen, altert das Kinopublikum seit 1993 kontinuierlich. Der Anteil der unter 29-Jährigen, der vormals einen Anteil von ca. 70 % (im Jahr 1993) am Kinopublikum ausmachte, sank im Jahr 2006 auf lediglich 50 % der Kinobesucher (FFA 2007: 14). Die ehemals sehr jungen Kinozuschauer werden also immer älter. Dies ist nicht nur ein deutsches Phänomen, sondern auch in anderen europäischen Ländern wie Frankreich und England (Stafford 2007), aber auch in Australien zu beobachten.

Der folgende Beitrag befasst sich mit dem Kinopublikum, den Motiven, ins Kino zu gehen, und den Filmvorlieben. Begonnen wird mit einer Geschichte des Kinos aus Sicht des Publikums, von den Anfängen um 1895 bis zum Nach-

---

1 Siehe dazu die Untersuchungen von Prommer (1999), Prommer/Mikos (2007) und Keil et al. (2007).

kriegskino. Analysiert werden die soziodemografische Zusammensetzung des Publikums und die Beweggründe für den Kinobesuch. Um dem Spannungsfeld zwischen einem Kinopublikum als Kulturpublikum und dem Kinopublikum des Mainstreams bzw. der Blockbuster gerecht zu werden, werden die Ergebnisse einer aktuellen Befragung von Kinobesuchern verschiedener Kinoformen wie Programmkinos/Filmkunstkinos und den Multiplex-Kinos vorgestellt. Diskutiert werden die Begriffe Arthaus- vs. Mainstream-Publikum und statistisches Publikum vs. reales Publikum im Sinne Dollases (1998: 141). Im Ausblick wird auf den anstehenden dramatischen Strukturwandel des Kinopublikums verwiesen.

2 Das Kinopublikum in der Forschung

Den Forschungsstand im Hinblick auf das Kinopublikum zusammenzufassen ist einerseits leicht, da es eine unendliche Anzahl von Studien über Kinobesucher gibt; andererseits ist es schwer, Aspekte wie die soziodemografische Struktur, Motive für den Kinobesuch oder Filmgeschmack aus der Fülle der Studien, die sich hauptsächlich mit Filmwirkung (meist auf Kinder und Jugendliche) beschäftigen, herauszufiltern. Die Anzahl kinopublikumsorientierter Studien ist international besonders bis in die 1950er-Jahre hinein unüberschaubar. In einer Bibliografie zum Kinopublikum stellte der Publikumsforscher Austin 1.233 Titel zusammen (Austin 1983a), wobei ausschließlich Aufsätze berücksichtigt wurden. Wiedemann und Stiehler zählten im Jahre 1984 über 80 empirische Studien, die sich mit Filmkommunikation allein in der DDR befassten (Wiedemann/ Stiehler 1986: 11).

Diese Fülle an Material täuscht jedoch ein wenig, denn die wenigsten dieser Studien beschäftigen sich mit der Publikumsstruktur oder den Motiven und Gründen für den Kinobesuch (ausführlicher dazu Prommer 1999a). Im Vordergrund stehen meist die möglichen Filmwirkungen. Auftraggeber dieser einseitigen Untersuchungen waren die „Kinoreformer" oder die so genannten Bewahrpädagogen, die von der Annahme ausgingen, dass alles Übel der Gesellschaft vom Kino komme. Heute beschäftigen sich die Kulturkritiker und Kulturpessimisten – ausgehend von den gleichen Prämissen – eher mit Computerspielen (zum Beispiel Rehbein/Kleimann/Mößle 2009). Fürchtete man also zu Beginn des 20. Jahrhunderts, dass Kino eine ‚Schule des Verbrechens' sein könnte, so schreibt man diese Eigenschaft heute eher den neuen Medien zu.

In der Film- und Kinoforschung hat sich auch in Deutschland eine stark wirtschaftlich orientierte Forschung etabliert, die versucht, der Unberechenbarkeit des Kinopublikums Herr zu werden und Publikumserfolge besser planbar zu machen. Dies geschieht beispielsweise durch Test-Screenings von fast fertigen

Kinofilmen. Inzwischen hat sich diese Forschung in Deutschland so weit durchgesetzt, dass kaum ein Film ohne vorherige Tests im Kino gezeigt wird. Eine Übersicht über die Möglichkeiten und Einschränkungen dieser Forschung findet sich bei Prommer (1997, 2004b). Betriebswirtschaftlich orientiert gehen Hennig-Thurau und Wruck (2000) vor, die wie Clement (2004) oder Elberse und Eliashberg (2002) Fakten wie Stars, Regisseur und Produktionsbudget vergleichen und Ergebnisse prognostizieren wollen.

Aus filmwissenschaftlicher Sicht versuchen die theoretischen Konzepte des Event-Movies (Jöckel 2005), des Blockbusters (Blanchet 2003, Bordwell/ Staiger/Thompson 1985, Staiger 1990) und des High-Concept-Films (Wyatt 1994) zu zeigen, warum bestimmte Filme zu Erfolgen werden und warum andere an der Kinokasse floppen.

Gesichert sind in der Filmbranche nur die absoluten Besucherzahlen der jeweiligen Filme, die von dem Münchner Ableger der globalen Firma Nielsen EDI GmbH erhoben werden und wöchentlich in Branchenblättern wie *Blickpunkt: Film* oder *Filmecho/Filmwoche* veröffentlicht werden. Seit den 1970er-Jahren erhebt die Media Analyse jährlich die soziodemografischen Daten der Kinogänger. Daraus lässt sich beispielsweise die Entwicklung der Altersstruktur ablesen. Vor den 1970er-Jahren gibt es keine institutionalisierten Untersuchungen zu Kinobesuchern. Fallweise geben Untersuchungen wie die Allensbacher-Werbeträgeranalyse oder Freizeit-Studien von Emnid Auskunft über das Kinopublikum; die einzelnen Daten können der Auflistung der Studien in IMARC (1972) entnommen werden.

Seit 1991 geben die regelmäßigen Untersuchungen der Filmförderungsanstalt genau Aufschluss über soziodemografische Strukturdaten von Kinogängern wie Geschlecht, Alter, Beruf, Wohnortgröße, Filmbesuch und Filmgeschmack (Neckermann 1994, 1997; FFA 2000 ff.). Interessant sind hier die Ergebnisse aus der Verknüpfung von Besucherstruktur und einzelner Filmtitel. Daraus lässt sich genau ablesen, wie beispielsweise die Altersstruktur der Zuschauer im Hinblick auf einen spezifischen Film zusammengesetzt ist.

Um die Masse der Literatur einzuschränken, wird bei dieser Übersicht zur Kinopublikumsforschung das Augenmerk auf empirische Untersuchungen gelegt: Im Zentrum stehen die Motive und Gründe für den Kinobesuch sowie die soziodemografische Einordnung des Kinopublikums. Studien zu Wirkungen von Filmen werden nicht berücksichtigt. Ebenso wird nicht näher auf die Fülle der filmanalytischen, filmsemiotischen oder tiefenpsychologischen Studien eingegangen, die sich mit möglichen Auswirkungen der Filmrezeption beschäftigen, aber keinen Bezug zu einem real existierenden Publikum haben (zum Beispiel Brütsch 2005). Häufig haben solche Studien in ihrem Titel einen vermeintlichen Bezug zum Publikum – zum Beispiel Mais und Winters *Das Kino der Gesell-*

schaft – *die Gesellschaft des Kinos* (2006) –, beziehen sich jedoch nicht auf empirische Untersuchungen und werden deshalb hier nicht referiert.

Auch der Markt der „grauen" Publikationen wie Haus- und Diplomarbeiten oder unveröffentlichter Dissertationen ist praktisch unüberschaubar geworden. Die meisten Arbeiten sind inzwischen sogar online (Kaschura 2008) oder via Book-On-Demand verfügbar. Auf diese Arbeiten wird hier ebenfalls nicht näher eingegangen, da die meisten solcher Arbeiten kleine lokale Stichproben als Grundlage haben.

3 Das Kinopublikum im Wandel der Geschichte

3.1 Das frühe Kinopublikum

Zum Allgemeinwissen über die Kinogeschichte gehört die Aussage, dass das frühe Kino ein Unterschicht- und Proletariermedium gewesen war und hauptsächlich von Frauen besucht wurde (Kinter 1992: 126). Literarische Beschreibungen wie Döblins *Kleine Leute* (1909) und Kracauers *Ladenmädchen* (1929) nährten diesen Mythos. In fast jeder Abhandlung zur Film- und Kinogeschichte werden diese Aussagen meist unbelegt wiedergegeben (zum Beispiel Toeplitz 1972: 36, Kaes 1986: 266). Erst seit den 1990er-Jahren gibt es Wissenschaftler wie Loiperdinger (1993), Fischli (1990) und Müller (1994), die davon ausgehen, dass diese Annahmen revidiert werden müssen. In der folgenden Beschreibung der historischen Entwicklung des Kinos und des Kinopublikums werden diese Aspekte besonders berücksichtigt.

Von der ersten Kinoaufführung bis zu einer prosperierenden Unterhaltungsindustrie vergingen nur wenige Jahre. Die Filmgeschichtsschreibung ist übereingekommen, die Aufführung der Gebrüder Lumière vom 28. Dezember 1895 in Paris als Geburtsstunde des Films zu bezeichnen.[2] Die ersten Aufführungen nach dem Lumière-System sind für Deutschland am 20. April 1896 in Köln, gesponsert durch den Süßwarenhersteller Stollwerck, verbürgt (Hoffmann/ Loiperdinger 1995: 28). Nur wenige Jahre später, ab 1900, etablierten sich die ersten ortsfesten Abspielstätten, nachdem Filmvorführungen bis dahin auf Varieté-Theater, Jahrmärkte und das fahrende Gewerbe, das sogenannte ambulante Kinogewerbe, beschränkt waren. Ab ca. 1906 gehörten ortsfeste Kinos zum Standard (Zglinicki 1956: 296). Über das Publikum dieser frühen Filmvorführungen gibt es keine empirischen Untersuchungen.

---

2   Zwar zeigten die Gebrüder Skladanowsky mit ihrem Wintergartenprogramm in Berlin schon einige Wochen vorher ‚laufende Bilder', doch ihr System setzte sich nicht durch.

Überliefert ist, dass zumindest anfangs auch die Oberschicht Frankreichs Filmvorstellungen besuchte. So kamen 200 Bürger am 6. Mai 1897 durch die Explosion einer Ätherlampe und dem anschließenden Brand eines Wohltätigkeitsbasars in Paris ums Leben (Birett 1994: 71). Die Legende behauptet, dass dieser Vorfall, der die mögliche Lebensgefahr bei Filmvorführungen zeigte, bei der Oberschicht zur Abneigung gegen Kinovorstellungen führte.

Ansonsten ist über das Publikum wenig bekannt. Aufgrund der Vorführorte wie Jahrmärkte und Kirmes sowie den schlecht ausgestatteten Ladenkinos gehen die meisten Filmwissenschaftler wie Zglinicki (1956: 296) von einem Unterschicht- und Arbeiterpublikum aus.

Eine der wenigen zuverlässigen frühen Quellen ist die Altenloh-Studie. Durchgeführt wurde sie 1912 von der Soziologin Emilie Altenloh. Durch eine mehrschichtige Auswahl befragte sie 2.400 Mannheimer Bürger schriftlich per Fragebogen zu ihren Kinobesuchen. Zusätzlich beobachteten vier Kinobesitzer über zwei Sommer- und zwei Wintermonate das Publikum ihrer Kinos und führten eine Statistik. Zur Zeit der Befragung gab es zwölf Kinos in Mannheim; das erste ortsfeste wurde 1908 gegründet (Altenloh 1914: 48). Bereits vier Jahre später führte Altenloh ihre Studie durch. Im Jahre 1912 fanden jährlich sechs bis acht Kinobesuche pro Einwohner in Mannheim statt (Altenloh 1914: 52).

Zentrales Ergebnis der Altenloh-Studie ist die Heterogenität des frühen Kinopublikums. Altenloh konnte zeigen, dass bereits 1912 der Kinobesuch für alle Schichten und Berufe selbstverständlich war. Der größte Anteil der Kinobesucher kam aus dem kleinbürgerlichen Milieu, speziell dem der Kaufmannsgehilfen. Dieses Ergebnis ist umso beachtlicher, da Mannheim eine ausgeprägte Industriestadt mit hohem Arbeiteranteil war (Loiperdinger 1993: 29).

Trotz der schichtspezifischen Heterogenität war das Kinopublikum insgesamt ein junges Publikum. Zwar machte Altenloh keine Altersangaben, wen sie beispielsweise zu den Kindern zählte, wen zu den Jugendlichen, und ab wann das Erwachsenenalter angesetzt wurde; dennoch wies sie immer wieder darauf hin, dass die Jüngeren jeder Schicht die häufigeren Kinogänger waren und mit zunehmendem Alter die Zahl der Kinobesuche abnahm. Nach der Altenloh-Studie waren die jungen Männer die häufigsten Kinobesucher.

Um die Legenden Arbeiterkino, Frauenkino und Allgenerationenkino in das Reich der Mythen zu verweisen, gibt es weitere Quellen. Müller konnte mithilfe der Eintrittspreise zeigen, dass schon ab 1896 verschiedene Zielgruppen durch Varieté- oder Jahrmarktsvorstellungen zu kinematografischen Vorführungen gelockt werden sollten (Müller 1994: 26).

Weitere Indizien für das breit gefächerte Publikum finden sich in der Kinogeschichte einzelner Orte. Nicht erst mit dem ersten so genannten Autorenfilm *Der Andere* (1913) – der nebenbei bemerkt bei der breiten Masse der Kinogänger durchfiel – fand die bürgerliche Oberschicht Gefallen am Kino (Jacobsen/ Kaes/Prinzler 1993: 521). Kinos für die besseren Bürger waren 1913 längst in Betrieb. In Köln nahm bereits 1907 mit dem *Kosmos* ein schickes Kino seinen Betrieb auf, 1909 eröffnete dann das *Scala* (Fischli 1990: 18). In Berlin entstand beispielsweise 1910 am Nollendorfplatz der elegante *Mozartsaal* mit 1.000 Sitzplätzen (Jacobsen/Kaes/Prinzler 1993: 20). Die Auflistung von vornehmen und eleganten Kinos, die schon vor 1912 eröffnet wurden, könnte noch weitergeführt werden. Der erste Kinopalast in München, die *Sendlingertor-Lichtspiele*, öffnete 1913 die Portale in Anwesenheit von König Ludwig III. und seines gesamten Hofstaates (Wolf/Kurowski 1988: 5). Dies ist ein Indiz dafür, dass die Kinematografie zumindest beim bayerischen Adel nicht verpönt gewesen sein konnte. Das Entstehen der luxuriöseren Kinos muss als Antwort auf die Nachfrage unter wirtschaftlichen Gesichtspunkten gesehen werden.

An den Namen der Kinos konnten auch die Adressaten abgelesen werden. Für ein einfacheres Publikum hatten die Kinos fremdsprachige, volltönende Namen: *Vitaskop, Bioskop, Biophon;* für das bessere Publikum deutsche Namen wie: *Lichtspiele* und *Bewegungsbilder.*

Die ersten Kinos, von der Literatur irrtümlicherweise in den Arbeitervierteln der Städte angesiedelt (Prokop 1970: 33, Zglinicki 1956: 319), befanden sich vielmehr in belebten Einkaufsstraßen, Bahnhöfen, Verkehrsknotenpunkten oder Vergnügungsvierteln. Diese Lage zielte nicht auf den Industriearbeiter oder eine diffuse Unterschicht, sondern auf ein städtisches, (klein-)bürgerliches Publikum ab. Ein Großteil des Publikums rekrutierte sich offensichtlich nicht aus der dort wohnenden Bevölkerung, sondern aus der Laufkundschaft; tagsüber Hausfrauen, die ihren Einkaufsbummel mit einem Kinobesuch verbanden, Kindern und Jugendlichen und abends aus den Büros und Geschäftshäusern strömenden Angestellten (Fischli 1990: 30).

Die Beobachtungen von zeitgenössischen Schriftstellern dienten ebenfalls häufig als Quellenmaterial für die Zusammensetzung des Kinopublikums. Hier werden die Stellen von Alfred Döblin, die er 1909 in dem Essay *Das Theater der kleinen Leute* verfasste, wiedergegeben.

„Gegeben sind die Anatomietheater, Panoptika, Kinematographen. Sie pflegen das höchst Verwunderliche und durchaus Gräßliche. [...] In den Ecken drücken sich Pärchen und lassen entrückt mit den unzüchtigen Fingern von einander. Phthisische Kinder atmen flach und schütteln sich leise in ihrem Abendfieber; den übelriechenden Arbeitern treten die Augen fast aus den Höhlen; die Frauen mit den muffigen Kleidern, die bemalten Straßendirnen beugen sich vornüber und vergessen ihr Kopftuch hochzuziehen. *Panem et circenses* sieht man erfüllt: [...]
Der Höhergebildete aber verläßt das Lokal vor allem froh, dass das Kinema – schweigt." (Döblin 1909: 153 ff.).

Diese recht anschaulichen Passagen wurden häufig wiedergegeben und als Abbilder der Realität interpretiert. *Das Theater der kleinen Leute* ist eine Redensart, die nicht dadurch richtiger wurde, dass man sie häufig zu hören bekam. So wertvoll persönliche Ansichten berühmter Männer für die Literaturwissenschaft sein mögen, als Abbild der Realität taugen sie wenig.

Zählt man Kracauers *Ladenmädchen* und Döblins *Kleine Leute* (1909) zu den Kleinbürgern, dann stimmen die Gemeinplätze über das Publikum. Die meisten Autoren machten jedoch aus den ‚Kleinen Leuten' und den ‚Ladenmädchen' Mitglieder der proletarischen Unterschicht.

Fasst man die Befunde zum frühen Kinopublikum zusammen, so lässt sich feststellen, dass zum einen alle Schichten der Bevölkerung ins Kino gingen. Zum anderen waren es wohl mehrheitlich junge Menschen, die ins Kino gingen, und eher die Männer.

3.2 Die Goldenen Jahre: Vom Kinopalast zum Pflichtbesuch.
Das Kinopublikum der Weimarer Republik und des Dritten Reichs

Für die Kinoindustrie waren die 1920er-Jahre die Goldenen Jahre. Als der Erste Weltkrieg verloren war, erholte sich die Kinoindustrie langsam. Hatte es zwischen 1914 und 1918 kriegsbedingt Einbußen bei den Besucherzahlen und der Anzahl der Kinos gegeben, so stiegen die Publikumszahlen langsam wieder an (Fischli 1990: 36). In den 1920er-Jahren etablierten sich vor allem die riesigen Kinopaläste, von Kracauer als „Paläste der Zerstreuung" bezeichnet (Kracauer 1926: 230 ff.). Errichtet von Stararchitekten und mit Platzkapazitäten von ca. 2.000 Sitzen waren diese Kinos vornehm ausgestattet. Beispiele sind die Berliner Paläste *Capitol* (1925/26), der *Ufa-Palast* am Zoo (1925) sowie der 1926/27 errichtete *Titania-Palast* (Arns 1988: 14). Die Lage der Paläste, deren Ausstattung, die Eintrittspreise und gesellschaftlichen Ereignisse, die beispielsweise mit Filmpremieren verbunden waren, lassen auf ein besseres Publikum schließen.

Zusätzlich zu den Kinopalästen gab es auch ‚Kinos für Jedermann', die diese Publikumsbeschreibung häufig auch in ihren Namen trugen wie beispielsweise der Kölner *Kristall-Palast*, der einige Jahre auch als ‚Kino für Jedermann' bekannt war (Post 1990a: 53). In diesen großen Filmtheatern war das Rauchen, Essen, Trinken, Flanieren und Kommentieren während der Filmvorführung erlaubt. Diese Kinos waren vornehmlich in den Arbeitergegenden angesiedelt und gehörten wohl zu denen, die im Visier der Kinoreformer standen. Hier waren die Jugendlichen eher zu Hause als in den großen Palästen.

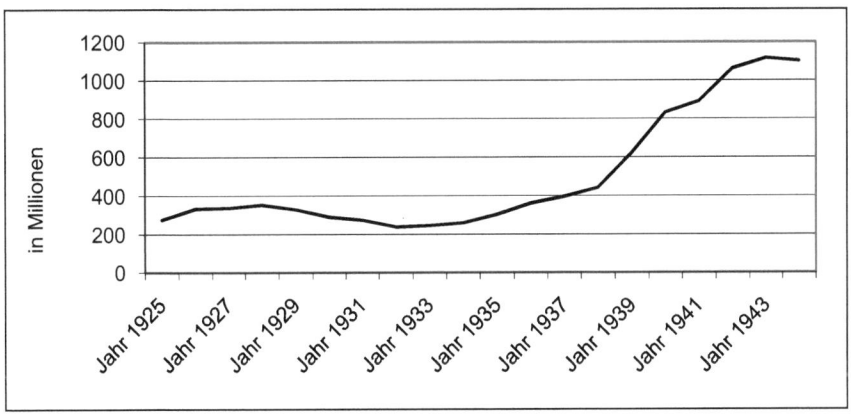

Abbildung 1: Kinobesuche zwischen 1925 und 1943 (Jason 1935 und SPIO 1962)

Während der Weimarer Republik schritt auch die Professionalisierung der Filmindustrie fort. Gab es vor 1925 noch keine offiziellen Statistiken über Kinobesuch, Theateranzahl und Besucher pro Film, begann nun die Zeit der statistischen Dokumentation. Vielfach dafür benutzte Quellen sind die Filmjahrbücher von Alexander Jason (1925, 1930a/b). Die Besucherzahlen für die Jahre 1926 und 1927 in Deutschland lagen bei ca. 330 Mio., der Höchststand mit 352 Mio. Zuschauern (siehe Abbildung 1) wurde 1928 erreicht. Die Einführung des Tonfilms erfolgte etwa zeitgleich mit dem Beginn der Weltwirtschaftskrise und erstmalig sanken die Kinobesucherzahlen. Die Besucherzahlen fielen 1929 auf 328 Mio. und bis 1932 auf 238 Mio., was einem Verlust von 90 Mio. Zuschauern entspricht. Erst ab 1933 stiegen die Besucherzahlen wieder an, wobei die Anzahl der Kinos weitgehend stabil blieb. Am Ende des Krieges gab es etwa 2.500 Kinos, im Jahr 1929 ca. 5.000 Abspielstätten.

Studien über Publikumszusammensetzung, Motive, Wünsche und Gründe für den Kinobesuch scheint es nicht gegeben zu haben. Wenn Publikumsuntersuchungen durchgeführt wurden, dann bezogen sie sich auf Kinder und Filmwirkungen (Unesco 1961). Die meisten filmwissenschaftlichen Veröffentlichungen der 1920er-Jahre befassten sich entweder mit der ökonomischen Situation der Filmindustrie (Ackerknecht 1918, Guttmann 1928) oder entwickelten Filmtheorien, Filmanalysen und beschrieben das Phänomen Film. So ist die Anzahl der Leinwände, der importierten und exportierten Filmmeter usw. bekannt. Ebenso wurden die heute noch rezipierten Analysen zur Filmtheorie zum Beispiel von Arnheim (1932), Balázs (1924) oder Kracauer (1929) in diesen Jahren verfasst.

Im Zuge der gesellschaftlichen Gleichschaltungspolitik der Nationalsozialisten wurde auch die Filmindustrie der staatlichen Kontrolle unterstellt. Dazu gehörten Produktion, Einfuhr ausländischer Filme, Programmablauf, Kritik, Reklame usw. Darüber hinaus wurden Propagandaveranstaltungen für Schüler organisiert. Die nationalsozialistische Politik stellte Film und Kino in den Mittelpunkt ihrer Propaganda. In Köln gab es beispielsweise Pflichtvorführungen des Films *Triumph des Willens* von Leni Riefenstahl, den ca. 60.000 Schülerinnen und Schüler ansehen mussten (Post 1990b: 62).

Innerhalb von zehn Jahren vervierfachte sich die Zahl der jährlichen Kinobesuche. Wurden 1933 245 Mio. Kinokarten verkauft, so gab es am Ende des Zweiten Weltkrieges über 1 Mrd. Kinobesuche (vgl. Abbildung 1). Inwieweit die organisierten Veranstaltungen wie die Pflichtveranstaltungen für Schüler, die Jugendfilmstunden für die Hitler-Jugend/Bund Deutscher Mädchen und Sammelvorstellungen für Angehörige der Wehrmacht in diese Berechnungen eingingen, lässt sich aus den vorliegenden Untersuchungen zum Dritten Reich nicht klären. In die Statistik der Kinobesucher gingen nur die versteuerten, also verkauften Kinokarten ein. Deshalb schätzt Drewniak (1987: 629) die tatsächliche Anzahl der Kinobesuche noch höher ein. Welche Kinoveranstaltungen besteuert wurden, wird jedoch aus seiner Darstellung nicht ersichtlich.

Da zu jener Zeit, als die Kinobesucherzahlen ihren Höhepunkt erreichten, der Zweite Weltkrieg in vollem Gange war, lässt sich annehmen, dass das Kinopublikum in Deutschland vornehmlich aus Kindern, Jugendlichen, Frauen und alten Menschen bestanden haben muss, da die Männer mit ca. 18 Jahren in den Krieg gezogen waren.

3.3 Die Blütezeit des Kinobesuchs in der BRD 1945–1959

Nachdem während des Zweiten Weltkriegs ein Großteil der Kinos zerstört worden war, erholte sich die Kinoindustrie rasch. Waren 1945 nur noch 1.150 Filmtheater von den ca. 7.000 Kinos des Dritten Reiches übrig geblieben, gab es zehn Jahre später bereits 6.239 Kinos und 1959, im Zenit der Hochkonjunktur des Kinos, 7.085 (Kübler 1982: 49).

In der Literatur über das Kinopublikum wird immer wieder auf die ‚guten' 1950er-Jahre hingewiesen, in denen das Kino alle Bevölkerungsschichten und Altersgruppen anzog (Henseler 1987). Doch auf Grundlage der empirischen Daten zum Kinopublikum dieser Zeit muss diese Aussage relativiert werden. Sicherlich erreichte das Kino breitere Publikumschichten als heute, aber auch in den 1950er-Jahren waren die Kinobesucher hauptsächlich Kinder, Jugendliche und junge Erwachsene. Die meisten unter pädagogischen Gesichtspunkten durchgeführten Studien zur Filmwirkung befassten sich unter anderen mit Kindern und Jugendlichen, da sie den größten Teil des Kinopublikums ausmachten (Zöchbauer 1960: 21).

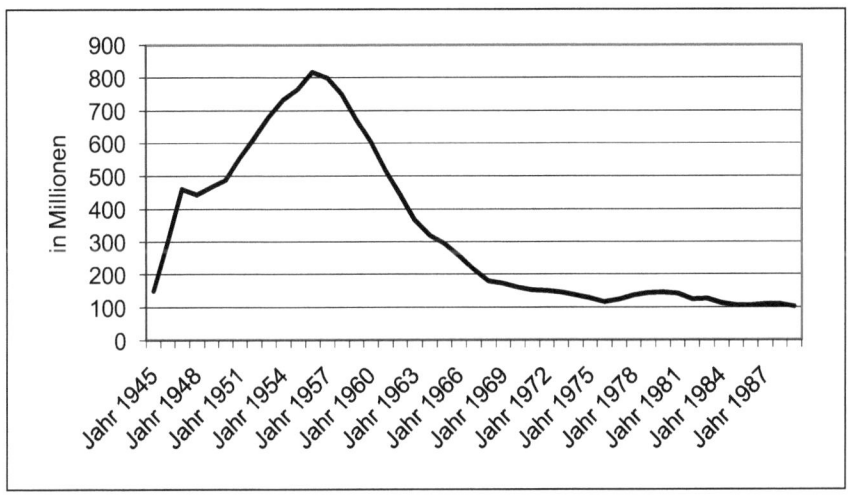

Abbildung 2: Kinobesuche in der BRD von 1945 bis 1989 (SPIO 1957 ff.)

Die Gesellschaft für Marktforschung (1961: 2) in Hamburg befragte im Jahr 1961 (im Auftrag des Fachverbandes der Kinowerbung) 6.000 repräsentativ ausgewählte Personen zu ihrem Kinobesuch. Hier zeigte sich, dass die jüngeren die häufigeren Kinogänger waren; mit zunehmendem Alter nahm auch hier die Häufigkeit der Kinobesuche ab. Schon ab 25 Jahren konnten fast zwei Drittel (61 %) der Befragten zu den seltenen oder Nicht-Kinogängern gezählt werden, bei den über 55-Jährigen zählten 85 % zu dieser Gruppe.

Prokop (1980: 251) wies ebenfalls auf einen hohen Anteil der Jugendlichen am Kinopublikum hin. Nach einer Studie von 1961 gingen in der BRD 78 % der 16- bis 17-Jährigen, 64 % der 18- bis 24-Jährigen, 39 % der 25- bis 34-Jährigen, aber nur 14 % der 55- bis 65-Jährigen ein- bis dreimal im Monat (oder häufiger) ins Kino. Die Allensbacher-Werbeträger-Analyse des Jahres 1967 brachte das gleiche Ergebnis.

Der wesentliche Grund für den Kinobesuch in den 1950er-Jahren war das konkrete Interesse am Film (Keilhacker 1960: 42). Bei filmunabhängigen Motiven kam Amgwerd zu dem Ergebnis, dass 70 % im Kino leichte Unterhaltung und Entspannung suchten und nur 10 bis 20 % aus Gewohnheit ins Kino gingen (Amgwerd 1958: 42).

In nahezu allen Untersuchungen zum Kinopublikum der 1950er- und 1960er-Jahre konnte außerdem festgestellt werden, dass unter den häufigen (wöchentlichen) und extrem häufigen (mehrmals die Woche) Kinogängern wesentlich mehr Jungen als Mädchen zu finden waren. Margarete Keilhacker (1960: 15) führte dies darauf zurück, dass das weibliche Geschlecht mehr zum Mittelmaß neigt. Zu ähnlichen Ergebnissen kam auch Hanke (1955), der eine Emnid-Studie mit 1.500 befragten Jugendlichen zwischen 13 und 25 Jahren auswertete. Der Normalfall für die Jugendlichen der 1950er-Jahre war danach der 14-tägliche Kinobesuch (Hanke 1955: 13). Damit wollte er die Vorwürfe der Kinosucht unter Jugendlichen entkräften, die von den Bewahrpädagogen mit erhobenem Zeigefinger immer wieder beschworen wurde.

Nach der Lektüre verschiedener Publikumsuntersuchungen aus den 1950er-Jahren zeigt sich, dass es ein quer über alle Altersgruppen verteiltes Kinopublikum damals nicht gegeben hat.

3.4 Das Kinosterben

Das sogenannte Kinosterben begann in den frühen 1960er-Jahren und hielt bis in die 1980er-Jahre an. Seit den 1990er-Jahren scheint dieser Trend aufgehört zu haben. Mit Kinosterben werden der immense Rückgang der Besucherzahlen und die damit einhergehende Reduktion der Filmtheater beschrieben (vgl. Abbildung 2). Innerhalb weniger Jahre reduzierte sich die Anzahl der Kinobesuche auf ein Viertel (von 818 Mio. Besuchern im Jahre 1956 auf 216 Mio. im Jahre 1967) und damit auch die Zahl der Filmtheater, um sich 30 Jahre später schließlich bei einem Achtel der Besucherzahl, etwas mehr als 100 Mio. Besuchern, einzupendeln (siehe dazu die Jahrbücher der Spitzenorganisation des Deutschen Films SPIO ab 1957 ff.). Ein Rückgang des Kinopublikums wurde in allen westlichen Industrieländern gleichermaßen verzeichnet (Docherty et al. 1987: 3).

Manche Kinobesitzer sahen die Sachlage etwas differenzierter. Ihrer Ansicht nach war auch die zunehmende Mobilität der Bürger, insbesondere durch das Auto, ein Grund der Problems: Früher hatte man am Wochenende das Kino besucht, nun zog es die Leute eher aus der Stadt ins Grüne (Baacke et al. 1994: 60). Zu bedenken ist auch, dass die Kinogänger mehrheitlich Jugendliche waren, die damals wie heute in der Regel den geringsten Fernsehkonsum aufweisen.

Die Autoren Docherty et al. (1987: 4) machten eher die Entwicklungen und Veränderungen im Freizeitverhalten der Gesellschaft insgesamt als das Fernsehen für die Einbußen verantwortlich. Neben der Mobilität entwickelten sich vor allem bei Jugendlichen andere aushäusige Freizeitbedürfnisse wie Musikklubs und Diskotheken.

Inwieweit die Fernsehversorgung in der BRD den Kinobesucherrückgang beeinflusste, lässt sich nur schwer beantworten, da die Fernsehverbreitung mit der Phase des wirtschaftlichen Aufschwungs einsetzte. Verbesserte Lebensbedingungen, höhere Einkünfte und mehr Freizeit führten letztlich auch zu Veränderungen der Freizeitgewohnheiten (Berg/Frank 1979: 14).

1969 kümmerte sich die deutsche Kinoindustrie erstmals um den Publikumsschwund. Zu diesem Zeitpunkt hatten die Kinos jedoch schon etwa ein Viertel ihrer Besucher eingebüßt. Die Filmförderungsanstalt gab beim New Yorker „Institut for Motivational Research Ernest Dichter" eine motivationspsychologische Studie (Dichter 1969) in Auftrag. Die Ergebnisse waren so vernichtend, dass die Studie lange Zeit unter Verschluss gehalten wurde (Kübler 1982: 53). Aus ähnlichen Motiven heraus entstanden in den 1970er-Jahren weitere Studien, die sich hauptsächlich mit dem Publikumsschwund beschäftigten (Infratest 1970, IMARC 1972). Die Dichter-Studie ermittelte einen erheblichen Prestigeverlust des Kinos, der einer gesellschaftlichen Ächtung gleichkam (Nemeczek 1980: 85). Das Publikum setzte sich nach Meinung der Befragten aus ledigen Männern zusammen, die entweder ganz jung oder Rentner waren. Die Kinos, so hieß es dort, seien schmuddelig und unwirtlich. Einer der Ratschläge von Dichter wurde in den folgenden Jahren befolgt und führte zu der wirtschaftlich vielleicht sinnvollen, jedoch unkomfortablen Zerschachtelung der Kinos (Nemeczek 1980: 87). Dem Freizeitgedanken von Dichter wurde auch teilweise Rechnung getragen, wenn nämlich Foyers zum Verweilen und Kaffeetrinken eingerichtet wurden. Als Gegengewicht zum Mainstream-Programm begannen Kinoenthusiasten und Cineasten, lokale, nicht gewerbliche Filmklubs zu gründen, in denen ein anspruchsvolleres Programm gezeigt wurde.

Die 1960er-, 1970er- und 1980er-Jahre können für das Kino zusammenfassend als die Jahre der Verluste und der Stabilisierung auf niedrigem Niveau bezeichnet werden. Betrachtet man das Kinopublikum der ersten 40 Jahre der BRD, so ist es vorwiegend jugendlich, ledig und in der Ausbildung befindlich. Auch für die frühen 1950er-Jahre gilt diese Aussage, womit ein weiterer Mythos über das Kinopublikum widerlegt werden konnte.

> „The myth of the universal audience states that once upon a time everyone went to the cinema and that the way forward for the cinema is an indiscriminate attempt to lure them back." (Docherty et al. 1987: 15)

4 Auf ins neue Jahrtausend: Das Kinopublikum im Wandel

4.1 Das Kinopublikum in den 1990er-Jahren

In den 1990er-Jahren setzte eine Modernisierungswelle der Kinoindustrie ein (Bähr 1994: 8). Der Einzug der Kinopaläste der 1990er-Jahre – der Multiplexe: Kinos mit mehr als sieben Leinwänden – führte endlich zu Zuwächsen beim Kinopublikum.

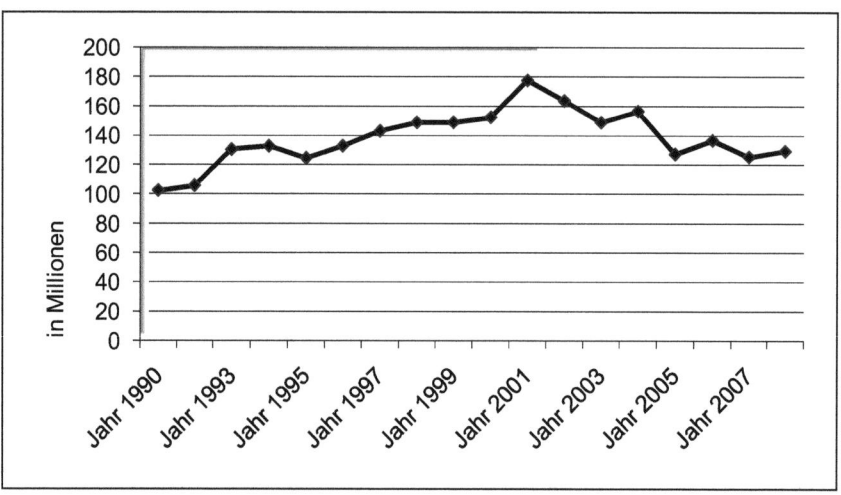

Abbildung 3: Kinobesuche in der BRD von 1990 bis 2007 (SPIO 1991-2008: Filmstatistisches Jahrbuch 1991 bis 2008)

Mit der Wiedervereinigung gab es in den neuen Bundesländern zunächst Einbrüche in der Kinonutzung einhergehend mit einer Reduzierung der Filmtheater. Viele der schon zu DDR-Zeiten maroden Kinos wurden geschlossen. Etwa ab 1993 stabilisierte sich die Kinonutzung in den neuen Bundesländern. Langsam wurden wieder Zuwächse verzeichnet. Auch in den alten Bundesländern wurde ein Aufschwung in der Kinolandschaft verzeichnet. Der Höchststand der Kinobesuche wurde im Jahr 2001 erreicht, hier wurden 178 Millionen Kinokarten verkauft (vgl. Abbildung 3).

4.2 Wer geht ins Kino: die Soziodemografie

Das Kinopublikum macht seit den 1990er-Jahren einen grundlegenden Wandel durch: Galt es bis in die 1980er-Jahre als überwiegend jugendlich und überwiegend männlich, in der Ausbildung befindlich und ledig (Henseler 1987: 56), so alterte es seit den 1990er-Jahren kontinuierlich. Lag der Anteil der unter 30-Jährigen am Kinopublikum im Jahr 1993 bei 70 %, dass heißt fast vier von fünf Besuchern waren unter 30 Jahre, so schrumpfte diese Altersgruppe bis 2007 auf etwa die Hälfte. Diese Gruppe macht seit 2007 nur noch 51 % des Publikums aus. Vor allem die 20- bis 29-Jährigen machen einen immer kleineren Anteil der Kinobesucher aus.

Im Gegenzug steigt der Anteil der über 50-Jährigen kontinuierlich an. Vor allem die Altersgruppe der über 60-Jährigen hat sich in den letzten Jahren mehr als verdoppelt (von 3 % im Jahr 1993 auf 7 % im Jahr 2007). Abbildung 4 veranschaulicht den demografischen Wandel. Die Verschiebung der Altersgruppen fand kontinuierlich von Jahr zu Jahr statt.

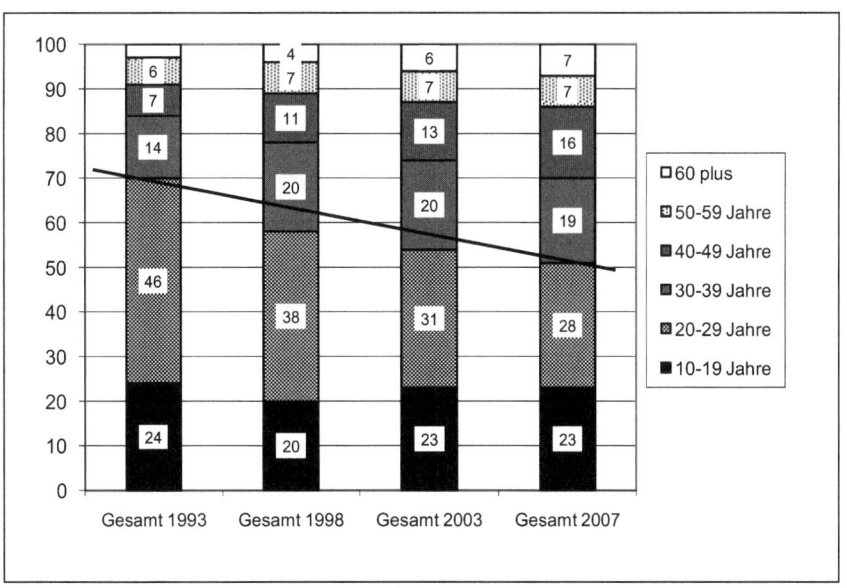

Abbildung 4: Soziodemografische Entwicklung des Kinopublikums (FFA 2005: 18)

Begründen lassen sich diese Beobachtungen teilweise durch die Verschiebung in der Alterspyramide. So wird die Gruppe der unter 29-Jährigen in der Bevölkerung immer kleiner, während der Anteil der über 50-Jährigen wächst. Diese über 50-Jährigen sind aber auch gleichzeitig eine aktive Generation. Marketingexperten nennen sie gerne „Best-Ager", „Silverliner" oder finden andere freundliche Namen für Menschen über 50. Diese Bezeichnungen verdeutlichen das Aktive und Unternehmungslustige sowie die Kaufkraft dieser Generation. Diese neue ältere Generation unterscheidet sich von ihren Vorgängern, indem sie ins Kino geht und dies in einem Alter, in dem vor 20 Jahren nur wenige ins Kino gingen.

Zwar werden die Kinobesucher insgesamt etwas älter, dennoch gehen die jungen Menschen bezogen auf ihren Anteil an der Bevölkerung immer noch überproportional häufig ins Kino. So machen die 20- bis 29-Jährigen nur 13 % der Bevölkerung aus, aber 28 % des Kinopublikums. Umgekehrt machen die über 60-Jährigen ein Drittel der Bevölkerung aus, aber nur 7 % der Kinobesucher. Abbildung 5 veranschaulicht diesen Befund.

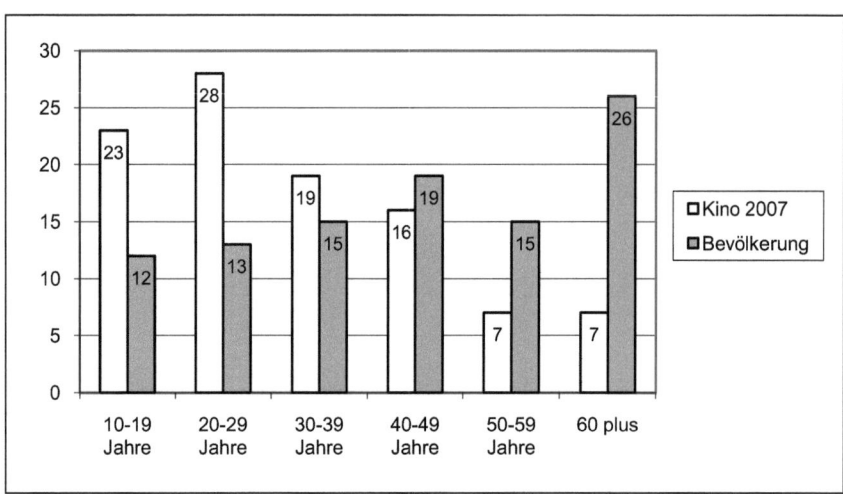

Abbildung 5: Soziodemografischer Vergleich: Kinopublikum vs. Bevölkerung (FFA 2008 und Media Analyse 2007)

Die derzeit jährlich etwa 120 bis 130 Mio. Kinobesuche werden von ca. 30 Mio. Personen durchgeführt. Dies bedeutet, dass im Jahr 2007 zwei von fünf Personen, also 39 % der Bevölkerung, mindestes einmal im Jahr ins Kino gegangen sind. Der Altersverteilung entsprechend ist die Reichweite[3] des Kinobesuchs (nach der Definition der FFA diejenigen, die mindestens einmal im Jahr ins Kino gehen) unter den Teenagern und Twens am höchsten. In dieser Altersgruppe beträgt die Reichweite 63 bis 65 % im Jahr 2007. Am höchsten, nämlich 72 %, ist die Reichweite bei den jungen Frauen zwischen 10 und 19 Jahren. Von den über 50-Jährigen gehen nur 16 % mindestens einmal im Jahr ins Kino.

Im Jahr 2007 machen die Kinobesucher, die seltener als dreimal im Jahr ins Kino gehen, 68 % der Kinobesucher aus. Kinobesucher, die mindestens alle zwei Monate ins Kino gehen, machen nur 13 % des Kinopublikums aus. Die kleine Gruppe dieser Kinobesucher ist aber fast für die Hälfte des Umsatzes (45 % im Jahr 2007) verantwortlich. Dies bedeutet, dass die meisten Kinokarten von ‚intensiven'[4] Kinobesuchern gekauft werden (FFA 2007: 43). Seit 2001 ist diese Gruppe der intensiven Kinobesucher deutlich geschrumpft. Waren 2001 noch 19 % der Kinobesucher häufiger als siebenmal im Jahr im Kino, so waren es 2007 nur noch 13 %. Offensichtlich finden die intensiven Kinobesucher kein Angebot mehr für häufige Kinobesuche. So machte diese Gruppe 2001 noch 51 % des Gesamtumsatzes aus, 2007 nur noch 45 %. (FFA 2007: 43). Gesunken ist die Besuchsintensität vor allem bei den jüngeren Kinobesuchern. Anstatt 7,6-mal im Jahr wie 2001, gehen die unter 19-Jährigen nur noch 5,8-mal ins Kino. Unter den intensiven Kinobesucher sind deutlich mehr Männer (57 %) als Frauen. Außerdem sind unter den 20- bis 29-Jährigen die meisten intensiven Besucher.

Diejenigen, die ins Kino gehen, sind also jünger als die Gesamtbevölkerung, deutlich besser gebildet und im Geschlechterverhältnis ausgewogen. Das Geschlechterverhältnis ist über die letzten 20 Jahre konstant geblieben mit marginalen Schwankungen von einem bis 2 %. Dies gilt für die Kinobesucher insgesamt. Betrachtet man spezifische Filme, so gibt es deutlich geschlechtsspezifische Präferenzen. In den Altersgruppen der jungen Kinobesucher unter 20 Jahren sind deutlich mehr Frauen unter den Kinobesuchern (57 %), genauso in den älteren Gruppen ab 50 Jahre; die Männer überwiegen in der mittleren Altersgruppe der 30- bis 49-Jährigen.

Obwohl Großstädte wie Berlin oder München diejenigen mit der größten Kinodichte sind, werden zwei Drittel (69 %) der Kinobesuche in kleineren Städ-

---

3 Die Reichweite ist ein Begriff aus der Medienforschung. Sie drückt aus wie viel Potential es für eine bestimmte Mediennutzung gibt. Sie wird in einer Prozentzahl im Bezug auf die Gesamtbevölkerung ausgerückt. Die Reichweite von Fernsehen liegt bei ca. 90 Prozent. Das bedeutet, dass 90 % der Bevölkerung fernsehen, es drückt aber nicht die Häufigkeit aus. Für den Kinobesuch bedeutet es, dass 39 % der Gesamtbevölkerung mindestens einmal im Jahr im Kino waren.

4 Die FFA nennt diejenigen, die mindestens alle zwei Monate ins Kino gehen ‚intensive' Kinobesucher.

ten mit unter 100.000 Einwohnern gemacht. Lediglich 15 % der Kinobesuche werden in Großstädten gemacht. Da kleinere Städte in der Regel nur mehr am Mainstream orientierte Kinos haben oder die Einwohner zum nächstgelegenen Multiplexkino fahren müssen, werden hier die meisten Eintrittskarten für Filme aus den jeweiligen Top-Ten-Listen gelöst. Im Jahr 2007 wurden über 120 Spielfilme in den Kinos gezeigt, davon waren aber nur 26 Filme für die Hälfte des Umsatzes verantwortlich (FFA 2008: 9).

Etwa die Hälfte der Kinokarten wird für Filme gekauft, die man als Blockbuster bezeichnen kann. Für Filme mit jeweils einem Einspielergebnis von über eine Mio. Besucher wurden insgesamt ca. 60 Mio. Karten verkauft. Nur etwa ein Viertel der Kinokarten wurde für Filme mit unter 500.000 Zuschauer (FFA 2007: 8) gelöst. Die Filmförderungsanstalt formuliert es pointiert: Jede dritte Kinokarte wird für einen Top-Ten-Film verkauft (FFA 2007: 9).

Die größte Berufsgruppe unter den Kinobesuchern ist die der Angestellten: Sie machen 32 % (FFA 2008: 92) aus. Studierende machen 11 % und Schüler 18 % der Kinobesucher aus. Die meisten leben in Mehrpersonenhaushalten und haben ein überdurchschnittliches Haushaltseinkommen. Über die Hälfte der Kinobesucher kommt mit mehr als 2.250 Euro Haushaltseinkommen aus der höchsten Kategorie. Kinobesucher sind im Vergleich mit der Gesamtbevölkerung überdurchschnittlich gut gebildet. So haben lediglich 11 % nur einen Haupt- oder Volksschulabschluss, 38 % haben mindestens die Mittlere Reife erreicht oder eine Fachschule besucht und weitere 51 % haben das Abitur oder ein Studium absolviert. In der Gesamtbevölkerung haben nur 24 % das Abitur oder ein Fachabitur (vgl. Autorengruppe Bildungsberichterstattung 2008: 39). Die überdurchschnittlich hohe Bildung kommt durch die jungen Kinobesucher zustande. Jüngere sind deutlich besser gebildet als Ältere. So haben in Deutschland 40 % der 20- bis 30-Jährigen die Fachhochschul-/Hochschulreife; unter den über 60-Jährigen sind es nur 13 %.

Wir können festhalten: Die Kinobesucher sind zu 50 % unter 30 Jahre alt und damit ist das Kinopublikum deutlich jünger sind als die durchschnittliche Bevölkerung. Gleichzeitig müssen wir innerhalb des Kinopublikums eine Alterung feststellen. So schrumpfte die Gruppe der unter 30-Jährigen von vormals 75 % auf lediglich 50 %, und die Gruppe der über 60-Jährigen verdoppelte sich in den letzten 15 Jahren von 3 auf 7 %. Dies weist auf einen dramatischen Strukturwandel des Kinopublikums hin.

4.3 Filmvorlieben und Filmgeschmack der Kinobesuchergruppen

Die vorangegangene Beschreibung der soziodemografischen Struktur der Kinobesucher zeigt: Die typische Kinobesucherin bzw. den typischen Kinobesucher gibt es nicht. Bereits in der Besuchsfrequenz unterscheiden sich die Altersgruppen. Das Kinopublikum differenziert sich vor allem nach Filmvorlieben stark. So gibt es deutliche Unterschiede zwischen Männern und Frauen und zwischen den Filmvorlieben jüngerer und älterer Kinobesucher. Romantische Liebeskomödien haben ein überwiegend weibliches Publikum. Beispielhaft wären Filme wie *Der Teufel trägt Prada* mit Meryl Streep (2006: 70 % Frauen) und *Mitten ins Herz – Ein Song für Dich* mit Hugh Grant (2007: 71 % Frauen).

„Männerfilme" sind actionorientiert wie *Stirb langsam 4.0* (2007: Männeranteil 66 %), *Transformers* (70 % Männeranteil) oder *Star Wars Episode III* (66 % Männeranteil). Auch in der Alterszusammensetzung unterscheiden sich die Filmbesucher deutlich. Kinobesucher ab 50 Jahre schätzen anspruchsvolle Dramen und Filme über Zeitgeschichte. So setzt sich das Publikum des mit dem Oskar prämierten Films *Das Leben der Anderen* zu einem Drittel aus über 60-Jährigen zusammen; fast die Hälfte der Besucher war 50 Jahre alt (47 %, FFA 2008: 5). Der Publikum des Films *Das Bourne Ultimatum* wiederum setzte sich überproportional aus 20- bis 29-Jährigen zusammen. Diese Beispiele zeigen, wie unterschiedlich das Publikum einzelner Filme ist.

Die Top-Ten-Filme der Kassenhits werden aber von allen Geschlechtern und allen Altersgruppen gesehen. Die breite Ansprache macht offensichtlich den Erfolg aus. So waren in allen Altersgruppen im Jahr 2007 die Filme *Fluch der Karibik – Am Ende der Welt,* der aktuelle Harry-Potter-Film (*Harry Potter und der Orden des Phönix*) und *Die Simpsons – Der Film* am beliebtesten. Während bei allen Altersgruppen Mainstream-Hits und Blockbuster zu den zehn beliebtesten Filmen des Jahres gehören, machen die über 50-Jährigen eine Ausnahme. Hier spielen anspruchsvolle Dramen wie *Die Queen* oder *La vie en rose* eine Rolle. Die Beispiele beziehen sich auf das Jahr 2007, gelten aber für alle Jahre.

Was sich an spezifischen Filmtiteln darstellen lässt, zeigt sich auch bei den Genrevorlieben. Kinobesucher über 60 Jahre mögen Dramen deutlich mehr als andere Altersgruppen (vgl. Abbildung 6). Action und Abenteuerfilme werden dagegen von den unter 30-Jährigen bevorzugt. Komödien wiederum sind bei allen Altersgruppen beliebt.

Auch bei anderen Kriterien unterscheiden sich die Filmgeschmäcker. Die intensiven Kinobesucher, die häufiger als siebenmal im Jahr ins Kino gehen, bevorzugen deutlich häufiger Dramen als andere Kinobesucher, dafür gehen sie seltener in Fantasy-Filme (FFA 2008: 52). Die Kinobesucher mit hoher Bildung bevorzugen Dramen und anspruchsvolle Themen wie in *Nirgendwo in Afrika, 8 Frauen* oder *Italienisch für Anfänger* (FFA 2002: 24).

Bei Studien über das Kinopublikum ist die Frage nach den bevorzugten Filmgenres besonders schwierig. Verstehen denn auch alle Befragten unter einem Action-Film das Gleiche? Dieser Frage gingen Austin und Gordon (1987) nach. Die Befragten bewerteten eine Liste mit 20 Genres durch ein semantisches Differential mit 50 Adjektivpaaren. Durch Mittelwertvergleich und Multidimensionaler Skalierung (MDS) konnten Genres gefunden werden, die vom Publikum ähnlich bewertet werden, wie:

- „Documentary, Biography and Drama
- Crime, War, Action and Adventure
- Spectacle, Western, War and Adventure
- Comedy, Satire, Fantasy and Cartoon" (Austin/Gordon 1987: 30)

Die Ergebnisse belegen, dass es keine trennscharfen und eindeutigen Genres gibt. Auch Gehrau (1999) kommt zu dem Schluss, dass die Zuordnung von Genres und Gattungen letztlich ein individuelles Phänomen bleibt.

Die FFA löste das Problem der Mehrdeutigkeit der Genres, indem sie die Befragten nicht nach den bevorzugten Genres befragte, sondern die Liste der Filme, die die Panelteilnehmer gesehen hatten, Genres zuordneten. Hat eine Person den Film *Das Leben der Anderen* gesehen, dann wurde dieser Film dem Genre ‚Drama' zugeordnet.

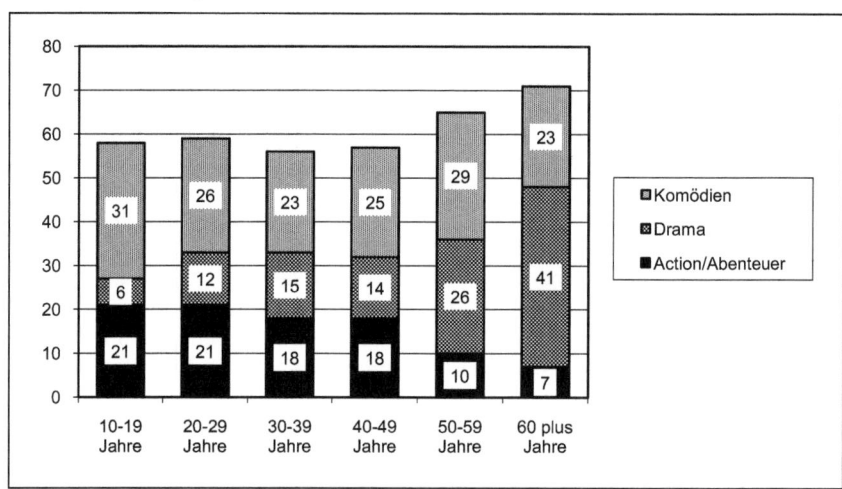

Abbildung 6: Genrevorlieben nach Alter (FFA 2008)

4.4 Motive und Gründe für den Kinobesuch

In der amerikanischen Kinopublikumsforschung wird zwischen ‚movie going' und ‚movie attendance' differenziert (Austin 1988a). Diese begriffliche Unterscheidung soll den Kontrast zwischen dem Kinobesuch als sozialem und medialem Handeln von dem Aspekt der Auswahl des spezifischen Films deutlicher formulieren. Die Unterscheidung ist hilfreich, um die Fülle von Beiträgen und Studien differenziert zu betrachten. Eine geeignete deutsche Begrifflichkeit wäre die Unterscheidung der Motive für den Kinobesuch im Allgemeinen und der Gründe für die spezifische Filmauswahl. Hier wird dann berücksichtigt, dass wir nicht einfach nur ins Kino gehen, sondern immer einen spezifischen Film im Kino anschauen.

Mit dem Themenkomplex ‚movie-going' im Sinne des amerikanischen Kinopublikumsforschers Austin (1993) beschäftigen sich zum Beispiel Palmgreen et al. (1988). Hier werden, ausgehend vom Uses-and-Gratifications-Ansatz, die Motive für den Kinobesuch untersucht. Auch die Studien von Prommer (1999a), Henseler (1987) und Beer (2000) stellen die Beweggründe, warum Menschen überhaupt ins Kino gehen, ins Zentrum der Untersuchung.

Der Wunsch, einen spezifischen Film sehen zu wollen, wird in fast allen Studien als das zentrale Motiv für den Kinobesuch genannt. Dieser Grund erhält je nach Fragestellung Nennungen um die 80 % (Berg/Frank 1979: 69 ermitteln 68 %, Baacke 1994: 103 weist 94 % aus). Neben diesem offensichtlichen Anlass, ins Kino zu gehen, spielt die soziale Komponente ebenfalls eine wichtige Rolle. Dies war das zentrale Motiv, das Prommer (1999a) in ihrer medienbiografischen Studie ermittelt hat. So geht der Großteil der Kinobesucher ins Kino, um mit Freunden auszugehen und etwas zu unternehmen. Nur für einen kleinen Teil, wie den Cineasten, steht allein der spezifische Film im Vordergrund.

Dieses Ergebnis bestätigen auch neuere Daten von Prommer (2009). Hier wurden die Befragten gebeten, verschiedene Gründe des Kinobesuchs jeweils auf ihre Wichtigkeit hin zu überprüfen; dabei führte das soziale Motiv, etwas mit Freunden zu unternehmen, die Rangfolge an. Für 86 %, also fast alle Befragten, war der Grund „Etwas mit Freunden/Familie/Bekannten zu unternehmen" sehr wichtig (vgl. Abbildung 7).

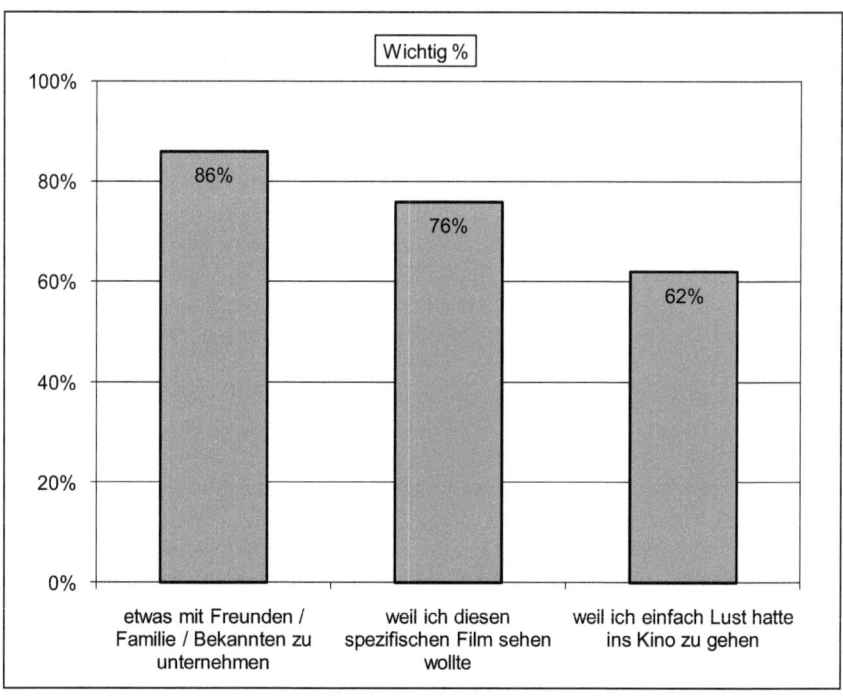

Abbildung 7: Gründe für den aktuellen Kinobesuch in Berlin 2009/Mehrfachnennungen (Prommer 2009)

Das zentrale Motiv – der Kinobesuch als gesellige Freizeitaktivität mit Freunden – hat sich in den letzten 50 Jahren nicht geändert. Etwa ein Drittel der Befragten der Studie von Berg und Frank aus dem Jahr 1979 hatten für ihren Kinobesuch soziale Motive wie unter Leuten sein, etwas mit dem Partner zu unternehmen oder etwas außerhalb der Familie zu unternehmen, genannt (Berg/Frank 1979: 95). Auch die IMARC-Studie von 1984 ermittelte neben dem Film die soziale Komponente als wichtigen Grund, um ins Kino zu gehen. Ebenso kommt in der Shell Jugendstudie 1992 das Argument „Ich will mit anderen zusammen etwas unternehmen" an zweiter Stelle nach dem Interesse an einem Film (Shell 1992: 128). Settele (1996: 74) stellte Ähnliches fest.

Auch Ost- und Westdeutsche unterscheiden sich nicht in den Gründen für den Kinobesuch, wie eine spezielle Kinopublikumsstudie des *FDW Werbung im Kino e.V.* aus dem Jahr 1994 zeigen konnte. Ostdeutsche wollen etwas häufiger ausgehen, während Westdeutsche sich etwas mehr für den Film interessieren und Spaß haben wollen. Aus der Studie des FDW geht hervor, dass intensive Kinogänger insgesamt ‚kulturaktiver' sind. Sie gehen häufiger ins Theater, ins Konzert und zu kulturellen Veranstaltungen (FDW 1994).

Bentele und Schrott (1988) ermittelten ebenfalls einen hohen Stellenwert der sozialen Motive: Nur 53 % der Befragten gaben an, speziell wegen eines bestimmten Films in Kino gegangen zu sein. Die anderen Gründe, wie Ausgehen und mit Freunden zusammen sein, hatten fast die gleiche Bedeutung. Die Rolle des Films bewerteten die über 40-Jährigen und die Frauen etwas stärker als die übrigen Befragten. Bentele und Schrott führen dies auf die Fragestellung zurück:

„Wird allgemein nach den Motiven für den Kinobesuch gefragt, so neigen die Befragten offenbar dazu, einen bestimmten Film als Hauptmotiv zu nennen. Wird jedoch wie in der vorliegenden Studie anläßlich eines Kinobesuchs nach den Motiven für diesen Besuch gefragt, so zeigt sich, dass die sozialen Motive (nicht zuhause bleiben, mit jemanden anderem zusammensein wollen etc.) einen wichtigere Rolle spielen als angenommen." (Bentele/Schrott 1988: 738)

Ähnliche, sich augenscheinlich widersprechende, Ergebnisse ermittelt die aktuelle Untersuchung der FFA 2007. Vermengt man verschiedene soziale Dimensionen mit filmspezifischen Kriterien in einer Frage, so erhält das soziale Motiv deutlich weniger Nennungen. Im Jahr 2007 gaben nur etwa ein Viertel der Befragten an, in dem letzten Film gewesen zu sein, um mit ‚anderen was zu unternehmen', genauso viele geben an, dass der Film ‚Wunsch der Begleitperson' war. Der häufigste Besuchsgrund war dagegen ‚Thema und Story' des Films (FFA 2007: 68). Offensichtlich führt schon allein die Auflistung filmspezifischer Fragepunkte dazu, diese viel höher zu bewerten.[5] Fragen wir also nach dem Besuchsgrund für einen Film (wie die FFA), so überwiegen die filmspezifischen Argumente, wie ‚Thema und Story' oder ‚Film war eine Fortsetzung'. Fragen wir nach den Motiven für den Kinobesuch allgemein, so überwiegen die sozialen Motive.

Den hohen Stellenwert des Kinobesuchs als gemeinsame Unternehmung bestätigen auch folgende Befunde: Die meisten Kinobesuche finden in Begleitung statt, bei den Jugendlichen sind es 97 % aller Besuche. Je älter die Kinobesucher werden, desto eher gehen sie auch allein ins Kino. So steigt der Anteil derjenigen, die auch allein ins Kino geht, von 3 % bei den Jugendlichen auf 18 % bei den über 60-Jährigen an.

Gegen einen Kinobesuch sprechen je nach Untersuchung verschiedene Gründe. Das sind zum einen Geldmangel, mangelnder Komfort, Zeitmangel oder Prestigeprobleme. Bei Berg und Frank (1979) spielten die hohen Eintrittspreise (bei 28 %) und die Entfernung des Kinos (bei 41 %) und der mangelnde Komfort

---

5   Siehe Gründe für den Kinobesuch im Jahr 2007 in Abbildung 8.

eine Rolle. Die Studie belegt, dass die Mehrheit der über 50-Jährigen und ein Drittel der zwischen 30- und 50-Jährigen froh sei, abends zu Hause zu sein (Berg/Frank 1979: 76). Die hohen Preise und die Umständlichkeit, ins Kino zu gehen, werden immer wieder als Gründe gegen einen Kinobesuch genannt (Keil et al. 2007).

Die medienbiografische Untersuchung von Prommer (1999a) zeigt, dass der Kinobesuch vor allem in der Lebensphase stattfindet, in der (neue) soziale Kontakte und Geselligkeit wichtig sind. Dies ist bei Jugendlichen und jungen Erwachsenen der Fall. Werden berufliche Belastungen größer oder wird eine Familie gegründet, endet zumeist die Phase der Kinobesuche. Auffällig ist, dass beispielsweise bei Frauen über 50 Jahre – wenn die Kinder aus dem Haus sind – die Kinobesuche wieder wichtiger werden.

Es lässt sich festhalten: Die meisten Kinobesucher gehen ins Kino, um mit Freunden, Partnern oder Familie etwas zu unternehmen. Im Laufe des Lebens verändert sich der Stellenwert des Kinos. Nichtsdestotrotz muss sich der Kinobesucher, um den sozialen Aspekt des Kinobesuchs erfahren zu können, für einen Film entscheiden.

4.5 Filmauswahl und Informationsquellen

Wenn man sich für einen Kinobesuch entschieden hat („movie going'), ist es nun Aufgabe der ‚movie attendance'-Forschung herauszufinden, warum gerade ein spezifischer Film ausgewählt wurde. Hier kommt die Auffassung zum Tragen: „People do not go to the movies, they go to a movie" (Austin 1993:11).

Bei der ‚movie-attendance'-Forschung werden zwei Aspekte berücksichtigt: zum einen filmimmanente Aspekte, wie Geschichte, Regie und Schauspieler, zum anderen aber auch die Informationsquellen, durch die man erfährt, dass es einen Film geben könnte, der einen interessiert.

Linton und Petrovich untersuchten die Auswahl von spezifischen Filmen aus Konsumentensicht unter Berücksichtigung filmimmanenter Aspekte. Die Befragten bewerteten die Wichtigkeit der Informationen (Geschichte, Schauspieler, Regie, Kamera, Schnitt, Musik usw.), die es üblicherweise über Filme gibt. Es hat sich gezeigt, dass die narrativen Strukturen des Films (Plot, Story etc.) die größte Rolle bei der Auswahl spielten (Linton/Petrovich 1988). Die technischen Informationen über Regie, Schnitt, Kamera usw. spielen für das Publikum nur eine Nebenrolle.

Auch für das deutsche Kinopublikum sind Thema und Inhalt eines Films am wichtigsten (Prommer 2001, FFA 2008: 68, Rössler 1997: 137). Acht von zehn Befragten finden dies wichtig, unabhängig von der Altersstufe. Als weitere filmbezogene Kriterien spielen die Schauspieler für etwa ein Drittel eine wichtige Rolle. Bei der Auswahl des Films stehen also ganz offensichtlich Thema und Story im Vordergrund (vgl. Abbildung 8). Die Aspekte Thema, Inhalt, Schauspieler, Genres, Regie usw. können als filminterne Merkmale bezeichnet werden. Eine ausführlichere Beschäftigung und Darstellung des Forschungsstandes zur Filmauswahl unter filminternen Aspekten finden sich bei Prommer (1999b, 2001).

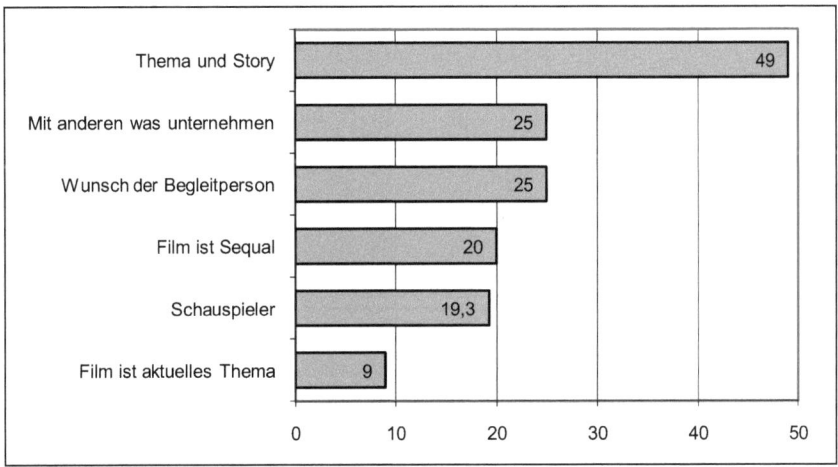

Abbildung 8: Gründe für den Kinobesuch im Jahr 2007/Mehrfachnennungen in Prozent (FFA 2008: 68)

Neben diesen wirtschafts- und kulturpolitischen Untersuchungen gibt es auch Studien über filmexterne Merkmale wie Werbung, Kritiken, Berichte, Filmpreise usw. Mit der Frage nach den Informationsquellen über einen Film beschäftigten sich Bisky/Wiedemann (1985) und Wiedemann/Stiehler (1990). Als wichtigste Quelle wurden sowohl 1990 als auch 1985 von den Bürgern der DDR jeweils die Tipps von Freunden und Bekannten genannt. Erst danach folgten Plakate zum Film und Kritiken. Für Rössler (1997) ist Mundpropaganda eine Form von interpersonaler Kommunikation, die für die Filmauswahl sehr wichtig ist. In seiner Studie von 1994 (Rössler 1997) gaben 80 % der Befragten diese als Informationsquelle an, während 86 % die Werbung in Medien nannten.

Die Beurteilung narrativer Strukturen von Filmen, die sie noch nicht kennen, erfolgt beim Publikum im Wesentlichen durch die Mundpropaganda (Austin 1981, Palmgreen et al. 1988). Mittels einer multiplen Regression fand Austin Interdependenzen zwischen dem Filmthema und den interpersonalen Kontakten (Austin 1981). Die Filmkritiker sind seiner Meinung nach nur selten in der Lage, das Publikum zu beeinflussen (Austin 1983b). Auch die FFA (Neckermann/Blothner 2001) ermittelt die ‚Mundpropaganda' als wichtigsten Anstoß, um ins Kino zu gehen. Bei 42 % der Befragten kommt auf die Frage „Was ist der Anstoß, ins Kino zugehen" die Anregung für einen Kinobesuch ‚meistens/immer' aus dem Kreise der Bekannten/Freunde oder durch den Partner. Erst danach kommen Berichte und Kritiken in Zeitungen und Zeitschriften, gefolgt von Berichten und Werbung im Fernsehen sowie die Kinotrailer. Seit 2001 änderte die FFA ihre Fragestellung und untersucht nicht mehr den ‚Anstoß' für den Kinobesuch, sondern wie man auf den Film aufmerksam wurde. Dies nennt die FFA in Anlehnung an die US-Forschung „Source of Awareness". Zuerst werden demnach die Kinozuschauer auf Filme durch Trailer und Werbung im Fernsehen aufmerksam, erst an dritter Stelle durch Freunde gemäß der neuen Form der Abfrage (vgl. Abbildung 9).

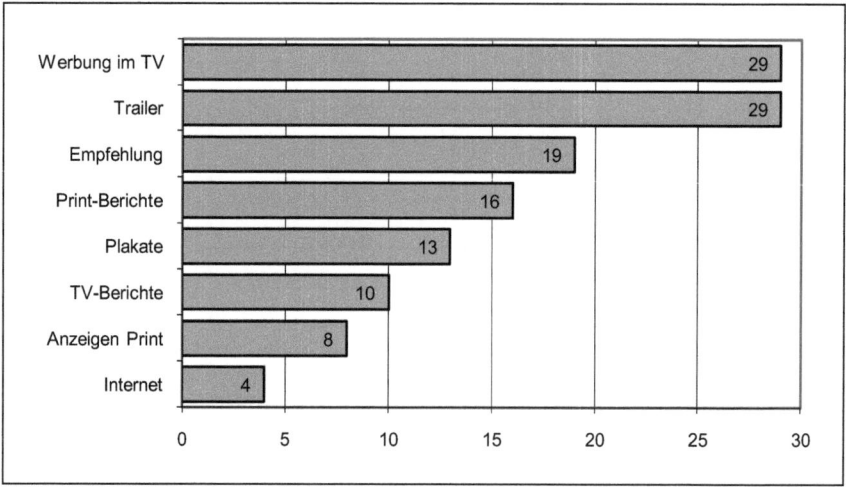

Abbildung 9: Source of Awareness im Jahr 2007/Mehrfachnennungen in Prozent (FFA 2008)

Hier wird jedoch ein mehrstufiger Prozess der Filmauswahl deutlich. Die Frage nach der ersten Aufmerksamkeit bringt andere Ergebnisse als die Frage nach dem Anstoß bzw. dem Entscheidungskriterium.

Dies bestätigt die Sichtweise von Austin, der ein Modell für die Filmauswahl (‚model for movie selection') formuliert hat (Austin 1988a). Er verglich die Entscheidungsfindung mit einem Kameraobjektiv, das mehrere Ringe und einen Zoom hat. Zu Beginn, in der ‚Weitwinkelposition', stehen dem Rezipienten viele

Filme zur Auswahl. Falls sich Individuen entschließen, ins Kino zu gehen, wird ihr Blickwinkel immer enger, je mehr Informationen sie über einen Film bekommen. Schließlich treffen sie auf Grundlage der wichtigsten Informationen ihre Wahl (Austin 1988a). Das Durchlaufen der Schritte in Austins Modell macht die Prozesshaftigkeit der Filmauswahl deutlich. Am Anfang steht das erste Aufmerksamwerden, dann folgt eventuell ein Informationsverhalten: Es werden Kritiken gelesen, Anzeigen in Tageszeitungen durchforstet oder im Internet gesurft, um im letzten Schritt die Entscheidung für einen Film zu treffen. Häufig wird die endgültige Wahl erst an der Kinokasse getroffen.

Dieses Modell war Grundlage für eine Untersuchung von Prommer (2004). Ausgehend vom aktuellen Kinobesuch von 300 Befragten wurden alle Stufen des Filmauswahlprozesses einbezogen, beginnend mit dem Zeitpunkt der Entscheidung für den gesehenen Film und dem konkreten Auswahlverhalten und endend mit dem allgemeinen Informations- und Entscheidungsverhalten (vgl. Abbildung 10). Es zeigt sich deutlich, dass die einen Informationsquellen eher der Aufmerksamkeitsgenerierung dienen, die anderen eher der Entscheidungsfindung.

Schritte der Filmauswahl		
Aufmerksamkeit auf Film	**Information über Film**	**Entscheidung für Filmbesuch**
(ja)	(sehr häufig / häufig)	(sehr wichtig / wichtig)
Empfehlung (39 %)	Empfehlung (67 %)	Empfehlung (66 %)
TV-Werbung (30 %)	Kritik Zeitung (50 %)	Kritik Zeitungen (45 %)
Filmkritik (28 %)	Kritik Zeitschrift (45 %)	Kritik Zeitschriften (44 %)
Plakat (24 %)	Trailer (40 %)	Trailer (40 %)
Trailer (21 %)	Kritik TV (32 %)	Kritik TV (31 %)
Anzeige (12 %)	TV-Werbung (27 %)	TV-Werbung (23 %)
Radio (4 %)	Anzeige TZ (23 %)	Plakat (18 %)
Internet (4 %)	Plakate (20 %)	Anzeige (15 %)
	Internet (17 %)	Internet (15 %)
	Radio-Werbung (13 %)	Radio-Werbung (11 %)

Abbildung 10: Stufen der Filmauswahl nach Prommer (Prommer 2004a)

Für die Source of Awareness bzw. die Aufmerksamkeitsgenerierung spielen Trailer, Kritiken und Fernsehwerbung eine Rolle; hier sind die Ergebnisse durchaus mit denen der FFA-Studien vergleichbar. Bei allen anderen Schritten spielen aber Kritiken nach der Empfehlung eine entscheidende Rolle (Prommer 2004a). Die große Bedeutung der Mundpropaganda zeigt sich hier in allen Schritten. Sowohl für die erste Aufmerksamkeit als auch die weiteren Informationsschritte dienen die Empfehlungen von Freunden und Bekannten. Die Altersgruppen unterscheiden sich darin, welche Source of Awareness für sie am wichtigsten ist. Kinobesucher über 50 Jahre messen den Kritiken einen höheren Stellenwert bei, die jüngeren Kinobesucher reagieren offensichtlich mehr auf Fernsehwerbung und Trailer im Kino. Die jüngeren Besucher von amerikanischen Komödien, wie *Voll verheiratet* oder *Wie werd ich ihn los – in 10 Tagen*, sind eher durch die Trailer auf diese Filme aufmerksam geworden. Dafür sind die Besucher von *Bowling für Columbine* oder *Frida* eher durch die Pressekritiken aufmerksam geworden.

Filmverleiher gehen von einem großen Einfluss der Mundpropaganda bei der Verbreitung von Informationen über einen Film aus. Dies zeigt die Forschungspraxis. So gehört zu den Standardtools der US-amerikanischen Major-Verleiher das ‚Awareness-Tracking' (Prommer 1997). Durch telefonische Befragungen wird wöchentlich von Kinobesuchern erfragt, von welchen Filmen sie schon gehört haben und welche Filme sie in nächster Zukunft im Kino sehen möchten. Dieses ‚Awareness-Tracking' hilft letztlich, den Erfolg der Werbekampagne zu überprüfen und zu steuern.

So kann man von einem komplexen Zusammenhang zwischen Werbemaßnahmen, Öffentlichkeitsarbeit und Entstehung einer ‚öffentlichen' Meinung, der Mundpropaganda, über einen neuen Film ausgehen.

5 Das Filmkunst-Publikum

Unabhängig davon, wie die Debatte um Film als Kulturgut bewertet wird, gibt es in Deutschland eine Kinoform, die sich unbestritten der Filmkunst widmet. Die Programmkinos oder Arthauskinos (diese Begriffe werden hier synonym verwendet) haben in ihrem Programm anspruchsvolle Filme wie kleinere Independentproduktionen, Filme aus dem europäischen Ausland und häufig kleinere deutsche Produktionen. Die Programmkinos machen etwa 10 % des Gesamtumsatzes des Kinomarktes aus. Im Jahr 2007 lag der Gesamtumsatz bei 757 Mio. Euro, davon wurden 73 Mio. Euro in den Programmkinos umgesetzt (Programmkinostudie 2008: 29).

Wer sind jedoch die Besucher von Programmkinos bzw. Filmkunstkinos? Unterscheiden sich diese von den Kinobesuchern, die US-amerikanische Blockbuster bevorzugen? Auch hierzu gibt es seit dem Jahr 2000 Analysen der Filmförderungsanstalt, die in der Fachöffentlichkeit kontrovers diskutiert werden.

Strittig ist dabei die Definition der Programmkinobesucher. Die Filmförderungsanstalt wertet im Rahmen ihrer jährlichen Analyse der für Deutschland repräsentativen Panelbefragung der GfK die Gruppe der Programmkinobesucher gesondert aus. Die Filmförderungsanstalt nimmt dabei seit 2001 die Definition des Programmkinobesuchers über die gesehenen Filme vor. So wird als Programmkinobesucher derjenige definiert, der einen zuvor als Programmkinofilm definierten Kinofilm gesehen hat. Diese Zuordnung birgt Schwierigkeiten. Aufgrund von geringen Fallzahlen im Programmkinobereich (vgl. FFA-Programmkino 2007/2008: 35) dominieren so Arthaus-orientierte Kassenschlager (wie *Walk the Line* oder *Brokeback Mountain*) die Daten und können zu Verzerrungen führen. Hinzu kommt die Tatsache, dass jeder in Deutschland produzierte Film als ‚Programmkinofilm' bzw. ‚Filmkunst' definiert wird. Ob das Publikum dieses Urteil bei Filmen wie *Warum Männer nicht zuhören und Frauen schlecht einparken* (FFA Programmkino 2008) teilen würde, muss offen bleiben. Rossmann (gw 2007) kritisiert diese Art der Definition, da sie sich nicht mit den empirischen Erfahrungen der Programmkinobetreiber vor Ort decken. Ein besonderer Ausreißer ist das Jahr 2006. In diesem Jahr war das Arthaus-Kinopublikum besonders jung. Das lag daran, dass *Ice Age 2 – Jetzt taut's* als Programmkinofilm gewertet wurde und das Publikum des Animationsfilms sehr jung war (FFA Programmkino 2007: 35), dadurch wurde das durchschnittliche Alter der Programmkinobesucher nach unten verzerrt.

Auch die Selbstdefinition des Publikums scheint nicht zu funktionieren. Schon 2001 schrieb Lydia Trotz im FFA-Bericht, dass beispielsweise die Selbstdefinition des Publikums kein geeignetes Kriterium zur Definition ist. So glaubten doppelt so viele Kinobesucher, in einem Filmkunstkino gewesen zu sein, als es tatsächlich der Fall war. Auch bei firmeninternen Befragungen von Prommer Media Consulting zeigt sich, dass die Selbsteinschätzung der Kinobesucher problematisch ist. Regelmäßig geben ca. jeweils ein Drittel der Besucher an, eher Arthaus-Filme zu besuchen, das andere Drittel sieht eher Mainstream-Filme und das letzte Drittel Mainstream- und Arthaus-Filme gleich häufig. Dies spiegelt aber die Anteile von Filmkunstfilmen an Umsätzen und verkauften Kinokarten nicht wieder. Wie oben beschrieben, machen die verkauften Kinokarten für Arthaus-Filme lediglich 10 % des Gesamtmarktes aus.

Neben der Definition ist die Auswertung bzw. Darstellung durch die Filmförderungsanstalt ebenfalls problematisch. Wegen fehlender Fallzahlen ist es unmöglich, Verzerrungen auf die Spur zu kommen; außerdem werden die Ergebnisse als Vergleich „Programmkinobesucher" vs. „alle Kinobesucher" dargestellt. Die Programmkinobesucher sind aber eine Teilmenge aller Kinobesucher, sodass ein Vergleich zwischen Arthaus-Besuchern und anderen Kinobesuchern nicht möglich ist.

Diese unlösbaren methodischen Probleme führten zu einer eigenen Untersuchung: Um der Frage nach der soziodemografischen Struktur, dem Filmgeschmack und den Kinonutzungsmotiven des Filmkunstpublikums nachzugehen, wurde im Sinne von Dollase (1998: 165) eine empirische Studie durchgeführt. Dollase unterscheidet ein *statistisches* Publikum, das bei bevölkerungsrepräsentativen Studien beispielsweise den FFA-Studien ermittelt wird, und ein *reales* Publikum, das die Kultureinrichtung vor Ort besucht.

Die Untersuchung des *realen* Kinopublikums von Programmkinos und Mainstream-Kinos wurde im Sommer 2008 und Winter 2009 in Berlin durchgeführt (Prommer 2009). Die zwei Befragungszeitpunkte sollen den saisonalen Schwankungen gerecht werden. Insgesamt wurden fast 1.000 Besucher der verschiedenen Kinoformen mit einem schriftlichen Fragebogen befragt. Es fand keine Quotierung statt, lediglich die Kinos und die Anzahl der dort Befragten wurde vorher festgelegt. Etwa die Hälfte (461 n 50 %) der Befragten wurde in Multiplex-Kinos (Cinemaxx, Cinestar und UCI) rekrutiert. Die andere Hälfte (455 n 50 %) in Berliner Programmkinos bzw. Arthaus-Kinos (zum Beispiel Delphi Kino, Babylon oder Filmtheater am Friedrichshain). Somit lassen sich die Ergebnisse in Programmkinobesucher und Multiplex-Besucher unterscheiden. Für Berlin gilt, dass die Multiplex-Besucher auch als Mainstream-Besucher bezeichnet werden können. In der Berliner Kinolandschaft gibt es kaum Einzelkinos, die ein am Mainstream orientiertes Programm anbieten.

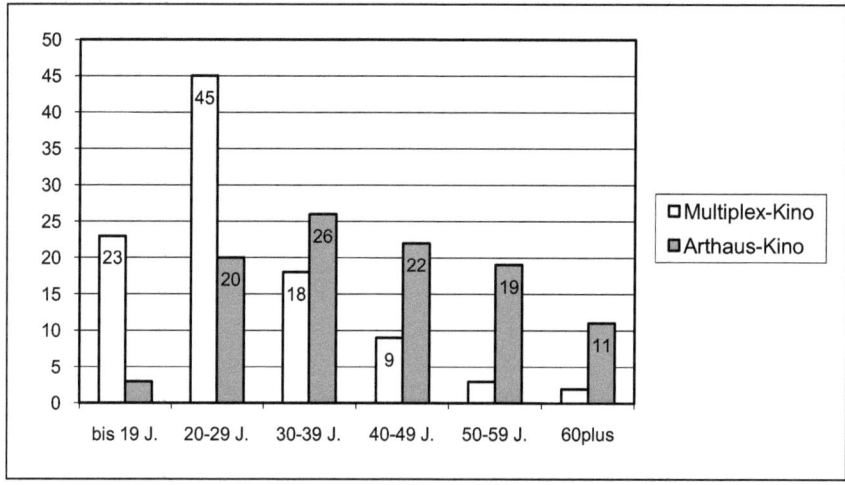

Abbildung 11: Altersstruktur der Arthaus-Besucher und Multiplex-Besucher in Prozent (Prommer 2009)

Der auffälligste Unterschied zwischen Arthaus- und Multiplex-Besuchern ist die Altersverteilung. Die Arthaus-Kinobesucher sind im Schnitt 42 Jahre alt und die Multiplex-Besucher etwa 14 Jahre jünger: im Schnitt 28 Jahre alt. Etwa die Hälfte der Arthaus-Besucher ist damit älter als 40 Jahre, während die Mainstream-Besucher zu zwei Dritteln unter 30 Jahre alt sind (vgl. Abbildung 11). Diese Ergebnisse decken sich in etwa mit den Daten der FFA für 2007. Danach sind 37 % der Arthaus-Besucher über 50 Jahre alt (FFA Programmkino 2008), in der Berliner Kinostudie sind es 30 % in den Jahren 2008 und 2009 (die Altersverteilung der beiden Jahre unterscheidet sich nicht wesentlich).

Nicht nur in der Altersverteilung, sondern auch in den Motiven für den Kinobesuch, den Gründen für die Filmauswahl, den bevorzugten Genres und den Informationsquellen unterscheiden sich Arthaus- und Mainstream-Besucher signifikant.

Programmkinobesucher gehen deutlich häufiger ins Kino. Fast die Hälfte davon (45 %) kann als intensive Kinobesucher bezeichnet werden, die mehrmals im Monat ins Kino geht. Bei den Mainstream-Besuchern ist die Gruppe derjenigen, die lediglich alle zwei Monate ins Kino geht, am größten (27 %). Hier gibt es keine Vergleichsdaten von der FFA. Auffällig ist jedoch, dass laut FFA nur 13 % der Kinobesucher öfter als siebenmal im Jahr ins Kino gehen. Diejenigen, die wir vor Ort angetroffen haben, gehen häufiger ins Kino, sowohl unter den Arthaus-Besuchern als auch unter den Mainstream-Kinobesuchern.

Die Arthaus-Besucher sind häufiger Angestellte, da sie durch ihr Alter schon im Berufsleben stehen; sie sind aber auch deutlich besser gebildet. So haben 70 % der Arthaus-Besucher ein Studium abgeschlossen – gegenüber 30 % der Mainstream-Besucher. Zählt man die Studierenden hinzu, so sind bei den Mainstream-Besuchern 53 % in der obersten Bildungsschicht zu verorten, bei den Arthaus-Besuchern 84 %. Unter den Arthaus-Besuchern befinden sich geringfügig mehr Frauen: 59 % gegenüber 53 %.

Mainstream-Besucher gehen häufiger aus sozialen Motiven ins Kino, weil sie mit Freunden oder der Familie etwas unternehmen wollen (88 % Mainstream, 77 % Arthaus). Für die Arthaus-Besucher ist der spezifische Film, den sie sehen wollten, genauso wichtig wie die Unternehmung mit Freunden (76 % Mainstream, 68 % Arthaus).

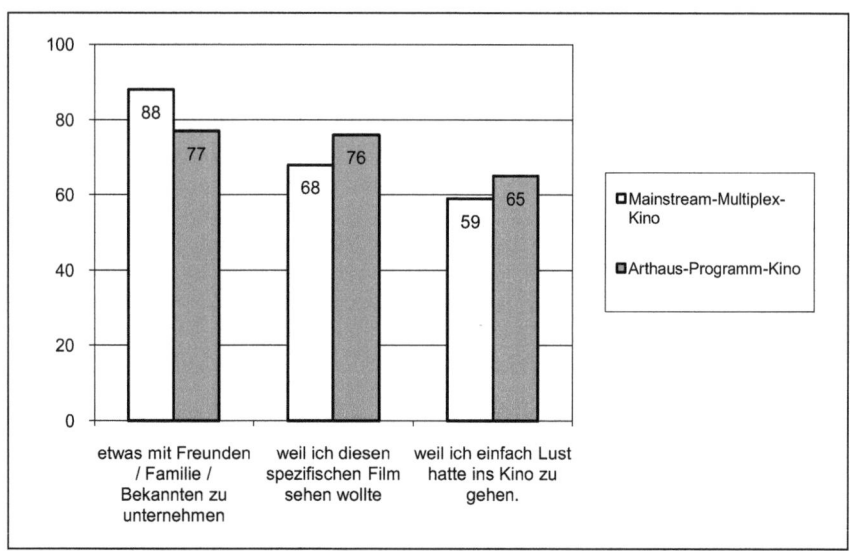

Abbildung 12: Gründe für den Kinobesuch der Arthaus-Besucher und Multiplex-Besucher in Prozent (Prommer 2009)

Thema und Story sind für beide Besuchergruppen gleich wichtig; für die Arthaus-Besucher sind aber der Regisseur und das Herkunftsland signifikant wichtiger. Die Schauspieler sind für die Multiplex-Besucher wichtiger.

Multiplex-Besucher und Arthaus-Besucher haben einen anderen Filmgeschmack. So mögen die Multiplex-Besucher lustige Liebesfilme, Filme mit vielen Kampfszenen, Spezialeffekten, Filme, die in der Zukunft spielen oder Endzeitszenarien behandeln. Sie lieben Filme mit vielen Witzen oder Gruselfilme. Die Arthaus-Besucher mögen tragische Liebesfilme, sowie Filme mit politischen oder ernsten Themen.

Dabei werden sie durch unterschiedliche Quellen auf die Filme aufmerksam. Die Arthaus-Besucher werden deutlich häufiger durch Berichte und Kritiken in Tageszeitungen, Zeitschriften oder im Radio auf die Filme aufmerksam. Auch die Empfehlung durch Bekannte und gewonnene Preise sind zentral. Alle anderen Werbemittel sind für diese Gruppe nicht so wichtig (vgl. Abbildung 13). Der Multiplex-Besucher wird hauptsächlich visuell angesprochen. Entweder sieht er den Trailer im Kino oder erste Filmbilder in der Fernsehwerbung. Diese Ergebnisse decken sich mit den Ergebnissen der FFA-Programmkinostudie 2007 (FFA 2008: 20).

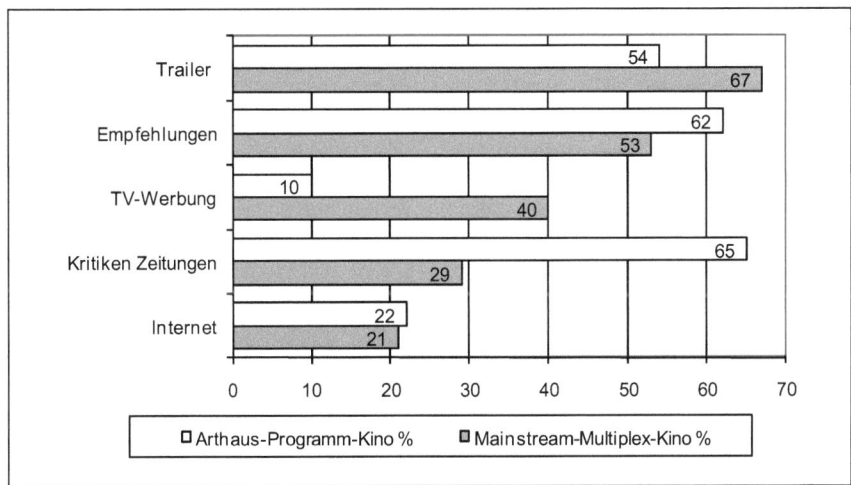

Abbildung 13: Source of Awareness: Arthaus-Besucher und Multiplex-Besucher (Prommer 2009)

Die Ergebnisse der vergleichenden Studie zeigen, dass sich die Besucher von Arthaus-Filmen und diejenigen, die in Mainstream-Filmen waren, deutlich unterscheiden. Das Arthaus-Publikum ist deutlich älter und besser gebildet. Es geht deutlich häufiger ins Kino und dies vor allem aus filmspezifischen Gründen. Am liebsten sieht das Arthaus-Publikum tragische Liebesfilme oder Filme mit politischen Themen. Dabei werden Sie vor allem durch die Kritiken in der Tagespresse auf Filme aufmerksam. So wird hier deutlich: Es gibt unterschiedliche „Publika" im Kino.

6 Ausblick: Digitalisierung und demografischer Wandel

Zwei Aspekte prägen aktuell die Diskussion um die Zukunft des Kinos. Zum einen die Auswirkungen des demografischen Wandels und die Effekte der Digitalisierung des Filmvertriebs. Von einigen Fachvertretern werden beide Aspekte miteinander verknüpft; an die Digitalisierung wird sogar die Hoffnung geknüpft, mit dem Problem des demografischen Wandels umgehen zu können.

Demografischer Wandel bedeutet, dass wir davon ausgehen können, dass innerhalb der Bevölkerung der Anteil der unter 29-Jährigen weiter schrumpfen und der Anteil der über 50-Jährigen weiter ansteigen wird. Für das Kinopublikum bedeutet dies, dass es weniger junge Kinobesucher geben wird, dafür umso mehr ältere. Wie die Ausführungen gezeigt haben, haben die unterschiedlichen Altersgruppen ganz unterschiedliche Filmvorlieben. So gehen die über 50-Jährigen gerne in Arthaus-Kinos mit einem anspruchsvolleren Programm, während die Jüngeren ein action- und komödienreiches Blockbuster-Programm bevorzugen. Offensichtlich kann es dabei zwei Phänomene geben: Zum einen könnte es sein, dass der Filmgeschmack mit zunehmenden Alter offensichtlich anspruchsvoller wird, zum anderen, dass lediglich diejenigen Kinobesucher weiterhin ins Kino gehen, die auch schon in jungen Jahren einen anspruchsvollen Kinofilmgeschmack hatten (vgl. Prommer 1999a). Die vorliegenden Daten lassen eine Überprüfung dieser Thesen jedoch nicht zu.

Eines ist jedoch offensichtlich: Die Arthaus-Kinobesucher gehen regelmäßig und häufig ins Kino. Um dieser Gruppe weiterhin ein Kinoangebot machen zu können, muss zum einen das Filmangebot stimmen und zum anderen muss sie dieses auch wahrnehmen können. An dieser Stelle kommen die Potenziale der Digitalisierung in die Diskussion.

Die Digitalisierung des Filmvertriebs wird die Kinolandschaft nachhaltig verändern, davon gehen Branchenexperten (vgl. Stei/Mab 2008) aus. Grundgedanke ist, dass keine teuren Filmkopien erstellt und diese nicht mehr versandt und geliefert werden müssen. Das Erstellen einer Filmkopie kostet zwischen 1.000 und 2.000 Euro; bei einem Film, der mit 500 Kopien startet, macht dies allein schon bis zu einer Million Euro aus. Beim digitalen Filmvertrieb werden Filme digitalisiert und die Daten per Satellit zu einem Computer im Vorführraum eines Kinos geschickt. Über einen digitalen Projektor kann der Film gezeigt werden. Zurzeit diskutiert die Kinobranche zwar noch intensiv darüber, wer die Kosten für die teuren digitalen Projektoren tragen soll – und nur wenige Kinos haben eine solche Technologie bereits im Einsatz. Der Vorteil für die Kinobesucher liegt darin, dass die Kinobetreiber in naher Zukunft wahrscheinlich schneller auf die Nachfrage des Publikums reagieren können. So können auch kleinere Arthaus-Filme, von denen es bisher nur wenige Kopien im Umlauf gibt, schneller angefordert und gezeigt werden. Nischenprogramme wären zu kleineren Kosten möglich und auch Multiplexe könnten in ihrer Programmgestaltung deutlich flexibler reagieren. Auch kleinere Programmkinos könnten davon profitieren, da sie nicht mehr warten müssen bis eine der wenigen Kopien für sie verfügbar ist – so argumentiert zumindest der Betreiber des Kinos *Hofgarten* in Belzig (Giese 2009).

In vielen Befragungen zeigt sich, dass ältere Kinobesucher viel Wert auf Komfort im Kino legen, sie wollen bequeme Sitze, eine gute Projektionsqualität und guten Ton (vgl. Keil et al. 2007). Kinos wie die *Astor Film Lounge* in Berlin möchten genau diesen Ansprüchen genügen.

Auf der anderen Seite sind die Filmproduzenten gefragt, um der sich veränderten Publikumsstruktur gerecht zu werden. Die Generation 50plus bevorzugt anspruchsvolle Dramen und diese müssen dementsprechend produziert werden. Aber auch das jugendliche und junge Publikum darf nicht vernachlässigt werden, da hier die zukünftigen Cineasten heranwachsen.

Der Überblick über den Forschungsstand zum Kinopublikum hat gezeigt, dass es zwar auf der einen Seite eine durch die FFA bereitgestellte breite Datenbasis gibt, aber auf der anderen Seite dennoch konkrete Lücken bestehen. So fehlt noch ein genaueres Wissen über die Arthaus-Kinobesucher im Vergleich zum Mainstream-Kinobesucher. Wir wissen nicht genau, wie sich der anspruchsvolle Filmgeschmack der älteren Kinobesucher entwickelt hat und wir können das Zustandekommen der Mundpropaganda nicht befriedigend erklären. Große Hoffnungen bestehen hier vor allem darin, das Internet als „Mundpropagandamaschine" nutzen zu können. Das am häufigsten zitierte Beispiel ist die Internetkampagne zum Film *Blair Witch Projekt*, die das Rätseln um die Authentizität der Geschichte ins Zentrum stellte. Wiederholt werden konnte so ein Erfolg nicht mehr. Vereinzelt konnte das Internet zwar zur Generierung von Mundpropaganda geschickt genutzt werden, wie für die *Herr der Ringe*-Filme (Mikos et al. 2007: 55 ff.). Vom Publikum wird dem Internet als Informationsquelle jedoch nach wie vor ein geringer Stellenwert zugeschrieben (FFA 2009: 64). Hier besteht genug Bedarf nach weiteren Studien.

Der Überblick über das Kulturpublikum Kinopublikum zeigt, dass es zum einen ganz verschiedene Kulturpublika im Kino gibt, dass diese zum anderen einen demografischen Wandel durchmachen.

Literaturverzeichnis

Ackerknecht, Erwin (1918): Das Lichtspiel im Dienste der Bildungspflege. Ein Handbuch für Lichtspielreformer. Berlin: Weidmann
Altenloh, Emilie (1914): Zur Soziologie des Kino. Die Kinounternehmung und die sozialen Schichten ihrer Besucher. Jena: Diederichs
Altenloh, Emilie (2007): Zur Soziologie des Kino. Die Kino-Unternehmung und die sozialen Schichten ihrer Besucher. Neuausgabe. Heide Schlüpmann; Martin Loiperdinger (Hrsg.). Frankfurt am Main: Stroemfeld
Amend, Heike/Michael Bütow (Hrsg.) (1997): Der bewegte Film. Aufbruch zu neuen deutschen Erfolgen. Berlin: Vistas
Amgwerd, Michael P. (1958): Der Film im Dienste der Kultur und Erziehung. Beiträge zum Jahresbericht des Kollegiums Sarnen 1957/58. Sarnen: Ehrli
Arnheim, Rudolf (1979/Erstausgabe: 1932): Film als Kunst. Frankfurt am Main: Fischer
Arnheim, Rudolf (2000): Das Kino und die Masse. In: montage/av: Zeitschrift für Theorie und Geschichte audiovisueller Kommunikation. Heft 2. 47-54
Arns, Alfons (1988): Glühende Fahnen locken die flanierenden Nichtsnutze in den Kientopp. Das Lichtspieltheater ‚Cines'. In: epd Film. Heft 9. 14

Austin, Bruce A. (1981): Film Attendance: Why College Students Chose To See Their Most Recent Film. In: Journal of Popular Film and Television. Nr. 9. 44-49

Austin, Bruce A. (1983a): The film audience. An international bibliography of research; with annotations and an essay. Metuchen/NJ: Scarecrow Pr

Austin, Bruce A. (1983b): Critics' and Consumers' Evaluation of Motion Pictures: A Longitudinal Test of Taste Culture Elite Hypotheses. In: Journal of Popular Film and Television. Nr. 4. 156-167

Austin, Bruce A. (Hrsg.) (1987): Current Research in Film: Audiences, Economics and the Law. Vol. 3. Norwood, NJ: Ablex

Austin, Bruce A. (1988a): Immediate Seating: A Look at Movie Audiences. Belmont, CA: Wadsworth

Austin, Bruce A. (Hrsg.) (1988b): Current Research in Film: Audiences, Economics and the Law. Vol. 4. Norwood, NJ

Austin, Bruce A. (1993): Film Audience Research. In: Dervin/Hariharan (1993): 1-44

Austin, Bruce A./Thomas F. Gordon (1987): Movie Genres: Towards a Conceptualized Model and Standardized Definitions. In: Austin (1987): 19-24

Autorengruppe Bildungsberichterstattung (Hrsg.) (2008): Bildung in Deutschland 2008. Ein indikatorengestützter Bericht mit einer Analyse zu Übergängen im Anschluss an den Sekundarbereich I. Bielefeld: Bertelsmann. http://www.bildungsbericht.de/daten2008/bb_2008.pdf (Stand: 03.07.2009)

Baacke, Dieter/Horst Schäfer/Ralf Vollbrecht (1994): Treffpunkt Kino. Daten und Materialien zum Verhältnis von Jugend und Kino. Weinheim und München: Juventa

Bähr, Rolf (1994): Cinemax, Multiplex und die Folgen „Nackte Zahlen 33 1/3". Referat zum Europäischen Filmtheaterkongreß 1994 in Wiesbaden. Manuskript. Berlin

Balázs, Béla (1924): Der sichtbare Mensch: oder die Kultur des Films. Wien u. a.: Deutsch-Österreichischer Verlag

Beer, Carolin (2000): Die Kinogeher. Eine Untersuchung des Kinopublikums in Deutschland. Berlin: Vistas

Bentele, Günter/Peter Schrott (1988): Kinobesuch und Werbeakzeptanz. Ergebnisse einer Kinobesucherumfrage. In: Media Perspektiven. Heft 11. 734-742

Berg, Elisabeth/Bernward Frank (1979): Film und Fernsehen. Ergebnisse einer Repräsentativerhebung 1978. Mainz: v. Hase & Koehler

Birett, Herbert (1994): Lichtspiele: Kino in Deutschland bis 1914. München: Q-Verlag

Bisky, Lothar/Dieter Wiedemann (1985): Der Spielfilm. Rezeption und Wirkung. Kultursoziologische Analyse. Berlin (Ost): Henschelverlag

Blanchet, Robert (2003): Blockbuster. Ästhetik, Ökonomie und Geschichte des postklassischen Hollywoodkinos. Marburg: Schüren

Blothner, Dirk (2000): Filminhalte und Zielgruppen. Untersuchung zur Zielgruppenbestimmung von Kinofilmen der Jahre 1998 bis 1999 auf der Basis des Gfk Panels. Berlin: Filmförderungsanstalt http://www.filmfoerderungsanstalt.de/downloads/publikationen/Filminhalte_und_Zielgruppen_2.pdf (Stand: 02.03.2007)

Bordwell, David/Janet Staiger/Kristin Thompson (1985): The Classical Hollywood Cinema: Film Style and Mode of Production to 1960. London/New York: Routledge & Kegan Paul/Columbia University Press

Brauneck, Manfred (1980): Film und Fernsehen. Materialien zur Theorie, Soziologie und Analyse der audio-visuellen Massenmedien. Bamberg: Buchner

Brütsch, Matthias (2005): Kinogefühle. Emotionalität und Film. Marburg: Schüren

Clement, Michael (2004): Erfolgsfaktoren von Spielfilmen im Kino. Eine Übersicht der empirischen betriebswirtschaftlichen Literatur. In: Medien & Kommunikationswissenschaft. 52. Jg. Heft 2. 250-271

Dervin, Brenda/Usha Hariharan (Hrsg.) (1993): Progress in Communication Science. Vol. XI. Norwood, NJ: Ablex

Dichter, Ernest (1969): Bericht zu einer motivpsychologischen Studie über die Einstellung des deutschen Publikums gegenüber dem Kino bzw. Filmtheater in seiner derzeitigen Erscheinungsform. Berlin/München

Döblin, Alfred (1909): Das Theater der kleinen Leute. In: Güttinger, Fritz (Hrsg.) (1984): Kein Tag ohne Kino. Schriftsteller über den Stummfilm. Frankfurt am Main: Dt. Filmmuseum, 153-159. Zuerst abgedruckt in: Das Theater. 1. Jg. Nr. 8 (Dezember 1909), 191-192

Docherty, David/David Morrison/Michael Tracey (1987): The Last Picture Show? Britain's changing film audiences. London: BFI Publ.

Dollase, Rainer (1998): Das Publikum in Konzerten, Theatervorstellungen und Filmvorführungen. In: Strauß (1998): 139-174

Drewniak, Boguslaw (1987): Der deutsche Film 1938–1945. Ein Gesamtüberblick. Düsseldorf: Droste

Dyer, Richard/Ginette Vincendeau (1992): Popular European Cinema. London: Routledge

Elberse, Anita/Joshua Eliashberg (2002): The Drivers of Motion Picture Performance: The Need to Consider Dynamics, Endogeneity and Simultaneity. Working paper: The Wharton School, University Pennsylvania

FDW Werbung im Kino e.V. (Hrsg.) (1994): Kino 94. Werbung im Kino. Reichweite, Nutzung und Wirksamkeit. Hamburg

FFA (2000-2009): Der Kinobesucher 2001 bis 2008: Strukturen und Entwicklungen auf der Basis des GfK-Panels. Berlin (als PDF-Dokument abzurufen unter http://www.ffa.de)

FFA (2001): Programmkinos. Auslastung, Bestand, Besuch und Eintrittspreise, Untersuchungszeitraum 1998-2000. Filmförderungsanstalt; Berlin 2001 unter der Mitarbeit von Lydia Trotz-Franz und Ingeborg Schulz (als PDF-Dokument abzurufen unter http://www.ffa.de)

FFA (2003): Die Kinobesucher 2002. Strukturen und Entwicklungen auf Basis des GfK Panels. Berlin unter der Mitarbeit von Marcus Zoll (als PDF-Dokument abzurufen unter http://www.ffa.de)

FFA (2005): Auswertung der Top 50-Filmtitel nach sozidemografischen Strukturen sowie kino- und filmspezifischen Informationen. Berlin unter der Mitarbeit von Regine Deiseroth (als PDF-Dokument abzurufen unter http://www.ffa.de)

FFA (2007): Programmkinos in der Bundesrepublik Deutschland und ihr Publikum im Jahr 2006. Analyse zu Auslastung, Bestand, Besuch und Eintrittspreisen sowie zu soziodemografischen und kinospezifischen Merkmalen. Filmförderungsanstalt; Berlin im Herbst 2007 unter der Mitarbeit von Yve Beigel, Britta Nörenberg und Ingeborg Schulz (als PDF-Dokument abzurufen unter http://www.ffa.de)

FFA (2008): Programmkinos in der Bundesrepublik Deutschland und das Publikum von Arthouse-Filmen im Jahr 2007. Analyse zu Auslastung, Bestand, Besuch und Eintrittspreisen sowie zu soziodemografischen und kinospezifischen Merkmalen. Filmförderungsanstalt; Berlin im September 2008 unter der Mitarbeit von Britta Nörenberg und Ingeborg Schulz (als PDF-Dokument abzurufen unter http://www.ffa.de)

Filmladen und Kulturamt der Stadt Kassel (Hrsg.) (1991): Kino, Film und Video. Aspekte der Kassler Mediengeschichte. Kassel

Fischli, Bruno (Hrsg.) (1990): Vom Sehen im Dunkeln. Kinogeschichte einer Stadt. Köln: Prometh-Verlag

Friedrichsen, Mike/Udo Göttlich (Hrsg.) (2004): Diversifikation in der Unterhaltungsproduktion. Köln: Herbert von Halem

Fuhr, Eckhard/Hanns-Georg Rodek (2009): „Kino und Fernsehen brauchen einander". In: DIE WELT vom 02.06.2009. http://www.welt.de/die-welt/article3156510/Kino-und-Fernsehen-brauchen-einander.html (Stand: 19. April 2009)

Gehrau, Volker (1999): Genres und Gattungen als individuelle sowie soziale integrative Konstruktion. In: Hasebrink/Rössler (1999): 73-88

Gesellschaft für Marktforschung (Hrsg.) (1961): Der Kinobesuch in der Bundesrepublik. Struktur, Verhaltensweisen und Einstellungen der Kinobesucher. Ergebnisse einer Repräsentativerhebung bei 6.000 Personen von 16 bis 65 Jahren. Hamburg

Giese, Jörg (2009): 3D Filme auf dem Vormarsch/Neue Technik soll die Krise der Branche stoppen – auch in Brandenburg. In: Märkische Allgemeine Zeitung vom 16.06.2009

Glogner, Patrick (2002a): Altersspezifische Umgehensweisen mit Filmen. Teilergebnisse einer empirischen Untersuchung zur kultursoziologischen Differenzierung von Kinobesuchern. In: Müller/Glogner/Rhein/Heim (2002): 98-111

Glogner, Patrick (2002b): Filmpublika und filmbezogener Nonkonformismus. Ausgewählte Ergebnisse einer Befragung von Kinobesuchern. In: tv diskurs. Heft 19. 76-79

Glogner, Patrick (2002c): Sozial-ästhetische Umgehensweisen mit Filmen. Ausgewählte Ergebnisse einer empirischen Untersuchung von Kinobesuchern. In: Heinrichs/Klein (2002): 91-111

Guttmann, Irmalotte (1928): Über die Nachfrage auf dem Filmmarkt. Berlin: Wolffsohn

gw (2007): FFA präsentiert Programmkinostudie. In: Blickpunkt Film. http://www.mediabiz.de/firmen/newsvoll.afp?Nr=1851&Nnr=241214&Typ=News&Biz=cinebiz&Premium=J&Navi=00000000 (Stand: 24.09.2007)

Hackl, Christiane/Elizabeth Prommer/Brigitte Scherer (Hrsg.) (1996): Models und Machos? Frauen- und Männerbilder in den Medien. Konstanz: Ölschläger

Hanke, Walter (1955): Die Bedeutung des Filmbesuchs für die deutsche Jugend. Untersuchung der Filmbegeisterung nach ihren Ursachen und Wirkungen. verv. Manuskript, Weilburg: Selbstverlag

Hasebrink, Uwe/Patrick Rössler (Hrsg.) (1999): Publikumsbindungen. Medienrezeption zwischen Individualisierung und Integration. München: Reinhard Fischer

Hasebrink, Uwe/Lothar Mikos/Elizabeth Prommer, (Hrsg.) (2004): Mediennutzung in konvergierenden Medienumgebungen. München: Reinhard Fischer

Heinrichs, Werner/Armin Klein (Hrsg.) (2002): Deutsches Jahrbuch für Kulturmanagement 2001. Band 5. Baden-Baden: Nomos

Hennig-Thurau, Thomas/Oliver Wruck (2000): Warum wir ins Kino gehen: Erfolgsfaktoren von Kinofilmen. In: Marketing ZFP. 22. Jg. Heft 3. 241-258
Henseler, Stephanie (1987): Soziologie des Kinopublikums. Eine sozialempirische Studie unter besonderer Berücksichtigung der Stadt Köln. Frankfurt am Main: Lang
Hepp, Andreas/Rainer Winter (Hrsg.) (1997): Kultur – Medien – Macht. Cultural Studies und Medienanalyse. Opladen: Westdeutscher Verlag. 85-102
Hoeszler, Sybille/Jofer, Gabriele (1990): Kino in der Vorstadt. Haidhauser Kinos –gestern und heute. München: Selbstverlag
Hoffmann, Hilmar (1995): 100 Jahre Film. Von Lumière bis Spielberg. Düsseldorf: ECON
Hoffmann, Hilmar/Martin Loiperdinger (1995): Zwischen Kintopp, Kunst und Krieg. In: Hoffmann (1995)
IHK 2003: Filmwirtschaft Berlin. Branchenfakten zur Berlinale 2003. In: http://www.medienboard.de/WebObjects/Medienboard.woa/wa/CMSshow/1001273 (Stand: 19. April 2009)
IMARC (1972): Trendanalyse über die heute beobachtbaren Tendenzen in der Entwicklung von Kino und Film in der BRD. Ausgearbeitet für SPIO Spitzenorganisation der deutschen Filmwirtschaft e. V. Unveröffentlichtes Manuskript. München
IMARC (1984): Ermittlung von Ursachen und Gründen der Besucher-Entwicklung in den Filmtheatern; Vorschläge für marktgerechte Maßnahmen. Ausgearbeitet für die Filmförderungsanstalt. Unveröffentlichtes Manuskript
Infratest (Hrsg.) (1970): Kino und Film im Rahmen der Freizeitgestaltung. München: Infratest
Jacobi, Reinhold (1995): Markt und Magie, Kommunikation und Kult. Zum Kino als Ereignisraum. In: Communicatio Socialis: internationale Zeitschrift für Kommunikation in Religion, Kirche und Gesellschaft. Jg. 28. Heft 1-2
Jacobsen, Wolfgang/Anton Kaes/Hans Helmut Prinzler (Hrsg.) (1993): Geschichte des deutschen Films. Stuttgart: Metzler
Jason, Alexander (1925): Der Film in Ziffern und Zahlen (1895-1925). Berlin: Deutsches Druck- u. Verlagshaus
Jason, Alexander (1930a): Handbuch der Filmwirtschaft mit Statistiken und Verzeichnissen. Jahrgang 1930. Berlin: Verlag für Presse, Wirtschaft und Politik
Jason, Alexander (1930b): Handbuch der Filmwirtschaft. Europäische Statistiken und Verzeichnisse seit 1926. Berlin: Verlag für Presse, Wirtschaft und Politik
Jason, Alexander (1935): Handbuch des Films. Berlin: Hoppenstedt
Jöckel, Sven (2005): „Der Herr der Ringe" im Film. Event-Movie – postmoderne Ästhetik – aktive Rezeption. München: Reinhard Fischer
Jung, Uli (Hrsg.) (1993): Der deutsche Film. Aspekte seiner Geschichte von den Anfängen bis zur Gegenwart. Trier: WVT
Kaes, Anton (1986): Massenkultur und Modernität: Notizen zu einer Sozialgeschichte des frühen amerikanischen und deutschen Films. In: Trommler (1986): 261-275
Kagelmann, Jürgen H./Gerd Wenninger (1982): Medienpsychologie. Ein Handbuch in Schlüsselbegriffen. München: Beltz
Kaschura, Michael (2008): Best Ager im Kino. Studie über das Kinoverhalten der Generation 50 plus. Hamburg: Diplomica

Keil, Klaus/Felicitas Milke/Dagmar Hoffmann (2007): Demografie und Filmwirtschaft. Studie zum demografischen Wandel und seinen Auswirkungen auf Kinopublikum und Filminhalte in Deutschland. Berlin: Vistas

Keilhacker, Magarete (1960): Kino und Jugend. 15- bis 18jährige in ihrem Verhältnis zu Kino und Film. München: Juventa

Kift, Dagmar (Hrsg.) (1992): Kirmes – Kneipe – Kino: Arbeiterkultur im Ruhrgebiet 1850–1914. Paderborn: Schöningh

Kinnebrock, Susanne (1996): „Den Männern ein süßes Dasein bereiten". Das bürgerliche Frauenideal des 19. Jahrhunderts und ‚Die Gartenlaube'. In: Hackl/Prommer/Scherer (1996): 51-94

Kinter, Jürgen (1985): Arbeiterbewegung und Film (1895-1933). Ein Beitrag zur Geschichte der Arbeiter- und Alltagskultur und der gewerkschaftlichen und sozialdemokratischen Kultur- und Medienarbeit. Hamburg: Medienpädagogik-Zentrum

Kinter, Jürgen (1992): „Durch die Nacht zum Licht" – Vom Guckkasten zum Filmpalast. Die Anfänge des Kinos und das Verhältnis der Arbeiterbewegung zum Film. In: Kift(1992)

Kracauer, Siegfried (1926): Kult der Zerstreuung. Über Berliner Lichtspielhäuser. In: Witte (1972): 230-235

Kracauer, Siegfried (1928): „Der heutige Film und sein Publikum". In: Frankfurter Zeitung vom 30.11 und 01.12.1928; jetzt in: Kracauer (1977): 295-310

Kracauer, Siegfried (1929): Die kleinen Ladenmädchen gehen ins Kino. In: Kracauer (1977): 279-294

Kracauer, Siegfried (1977): Das Ornament der Masse. Essays. Frankfurt am Main: Suhrkamp

Kübler, Hans-Dieter (1982): Kino und Film. In: Kagelmann/Wenninger (1982): 49

Lange, Konrad (1920): Das Kino in Gegenwart und Zukunft. Stuttgart: Enke

Linton, James M./Joseph A. Petrovich, (1988): The Application of Consumer Information Acquisition Approach to Movie Selection: A Exploratory Study. In: Austin (1988a): 36

Loiperdinger, Martin (1993): Das frühe Kino der Kaiserzeit. Problemaufriß und Forschungsperspektiven. In: Jung (1993): 21-51

Mikos, Lothar/Susanne Eichner/Elizabeth Prommer/Michael Wedel (2007): Die „Herr der Ringe"-Trilogie. Attraktion und Faszination eines populärkulturellen Phänomens. Konstanz: UVK

Mai, Manfred/Rainer Winter (Hrsg.) (2006): Das Kino der Gesellschaft – die Gesellschaft des Kinos. Interdisziplinäre Positionen, Analysen und Zugänge. Köln: Halem

Müller, Corinna (1994): Frühe deutsche Kinematographie. Formale, wirtschaftliche und kulturelle Entwicklungen. Stuttgart: Metzler

Müller, Renate/Patrick Glogner/Stefanie Rhein/Jens Heim (Hrsg.) (2002): Wozu Jugendliche Musik und Medien gebrauchen. Jugendliche Identität und musikalische und mediale Geschmacksbildung, Weinheim/München: Juventa

Neckermann, Gerhard (1994): Multiplexe verändern Kinomarktstrukturen. In: Media Perspektiven. Heft 9. 459-466

Neckermann, Gerhard (1997): Kinobesuch: Demographisch bedingte Rückgänge und neue Zuschauergrupen. In: Media Perspektiven. Heft 3. 124-132

Neckermann, Gerhard (1999): Kinobranche im Auf- und Umbruch. Filmbesuch und Kinostruktur in Deutschland 1991 bis 1998. In: Media Perspektiven. Heft 9. 480-487
Neckermann, Gerhard (2001): Das Kinopublikum 1993 bis 2000. Besucherstruktur, Besucherverhalten und Image des Kinos. In: Media Perspektiven. Heft 10. 514-523
Neckermann, Gerhard (2002): Außergewöhnliches Filmjahr bringt Rekordbesuch. Filmbesuch, Filmangebot und Kinobesucherstruktur in Deutschland 1991 bis 2001. In: Media Perspektiven. Heft 11. 557-567
Neckermann, Gerhard/Dirk Blothner (2001): Das Kinobesucherpotential 2010 nach soziodemographischen und psychologischen Merkmalen. Filmförderungsanstalt, Berlin
Nemeczek, Alfred (1980): Im Jahre 10 nach Dichter. In: Pflaum (1980): 84-91
Palmgreen, Philip/Patsy L. Cook/Jerry C. Harvill/David M. Helm (1988): The Motivational Framework of Moviegoing: Uses and Avoidances of Theatrical Films. In: Austin (1988b): 1-23
Pflaum, Hans-Günter (Hrsg.) (1980): Jahrbuch Film 1980/81. München/Wien: Hanser Verlag
Post, Anita (1990a): Paläste der Zerstreuung und ‚Kinos für Jedermann' (1919-1933). In: Fischli (1990): 47-54
Post, Anita (1990b): Kulturstätten im Dritten Reich – Kino im Zeichen ‚nationaler Feierstunden' (1933–1945). In: Fischli (1990): 55-73
Prokop, Dieter (1970): Soziologie des Films. Neuwied/Berlin: Luchterhand
Prokop, Dieter (1980): Struktur und Entwicklung der Filmwirtschaft 1947 bis 1970. In: Brauneck (1980): 235-256
Prommer, Elizabeth (1996): Der kühne Abenteurer, der fleißige Forscher und der geniale Denker. Das Männerbild in der ‚Gartenlaube'. In: Hackl/Prommer/Scherer (1996): 13-50
Prommer, Elizabeth (1997): Kinopublikumsforschung – Möglichkeiten und Einsatz in Deutschland. In: Amend/Bütow (1997): 167-188
Prommer, Elizabeth (1999a): Kinobesuch im Lebenslauf. Eine historische und medienbiographische Studie. Konstanz: UVK
Prommer, Elizabeth (1999b): Kinobesuch in der BRD und DDR im Vergleich: Motive für Filmbesuch und Filmauswahl. In: Wilke (1999): 128-142
Prommer, Elizabeth (2001): Sinn und Nutzen der Kinopublikumsforschung an einer Medienhochschule: Ergebnisse zur Filmauswahl im Längsschnitt 1996 bis 1999. In: Reimers/Mehling (2001): 145-163.
Prommer, Elizabeth (2004a): Filmauswahl unter crossmedialen Bedingungen: Der Einfluss von Trailer, Werbung, Kritiken und Film-Websites auf die Filmauswahl. In: Hasebrink/Mikos/Prommer (2004): 221-242
Prommer, Elizabeth (2004b): Filmtests: Mit Medienforschung zum Kassenerfolg. In: Friedrichsen/Göttlich (2004): 223-242
Prommer, Elizabeth (2008): Image des deutschen Kinofilms 2008. Unveröffentlichter HFF-Forschungsbericht. Potsdam
Prommer, Elizabeth (2009): Arthaus- und Multiplex-Kinopublikum und ihre Lebenswelt. Unveröffentlichter HFF-Forschungsbericht. Potsdam
Prommer, Elizabeth/Lothar Mikos (2007): The "Taste of Age" Movie attendance and the Baby-Boomers. Unveröffentlichtes Vortragsmanuskript von der Konferenz: "The

Glow in their Eyes." Global perspectives on film cultures, film exhibition and cinemagoing. In Ghent, Belgien, Dezember 2007

Reimers, Karl Friedrich/Gabriele Mehling (Hrsg.) (2001): Medienhochschulen und Wissenschaft. Konstanz: UVK

Rehbein, Florian/Matthias Kleimann/Thomas Mößle (2009): Computerspielabhängigkeit im Kindes- und Jugendalter: Empirische Befunde zu Ursachen, Diagnostik und Komorbiditäten unter besonderer Berücksichtigung spielimmanenter Abhängigkeitsmerkmale. KFN-Forschungsbericht; 108. Kriminologisches Forschungsinstitut Niedersachsen e.V. In: http://www.kfn.de/home/Computerspielabhaengigkeit_im_Kindes-_und_Jugendalter.htm (Stand: 24.03.2009)

Rössler, Patrick (1997): Filmkritiker und Publikum: Diskrepanz und Übereinstimmung. In: Media Perspektiven. Heft 3. 133-139

Scharper, Petra (1987): Kinos in Lübeck. Die Geschichte der Lübecker Lichtspieltheater und ihre unmittelbaren Vorläufer 1886 bis heute. Lübeck

Schlegel, Uta/Hans-Jörg Stiehler (1986): Filmkommunikation in den achtziger Jahren – Bilanz und Ausblick. Informationsbulletin Jugendforschung des ZIJ. Leipzig

Schweinitz, Jörg (Hrsg.) (1992): Prolog vor dem Film. 1909–1914. Leipzig: Reclam

Settele, Tanja (1996): Kinobesuch in München. Eine Befragung der Besucher ausgewählter Münchner Kinos. Unveröffentlichte Magisterarbeit. München

Shell Jugendwerk der Deutschen Shell (Hrsg.) (1992): Jugend'92. Methodenberichte, Tabellen, Fragebogen. Opladen: Leske+Budrich

SPIO Spitzenorganisation der deutschen Filmwirtschaft (1957 ff.): Filmstatistisches Jahrbuch (1957 ff.). Baden-Baden: Nomos

Stafford, Roy (2007): Understanding Audiences and the Film Industry. London: British Film Institute

Staiger, Janet (1990): Announcing Wares, Winning Patrons, Voicing Ideals. Thinking about the History and Theory of Film Advertising. In: Cinema Journal. 29. 3. 3-31

Stei/Mab (2008): Herausforderung Digitales Kino. In: Blickpunkt Film. http://www.mediabiz.de/newsvoll.afp?Nnr=261215&Biz=cinebiz&Premium=J&Navi=00000000 (Stand: 15.09.2008)

Toeplitz, Jerzy (1972): Geschichte des Films. Band 1. 1895–1928. Berlin: Henschelverlag

Trommler, Frank (Hrsg.): Amerika und die Deutschen: Die Beziehungen im 20. Jahrhundert. Opladen: Westdeutscher Verlag

Unesco (Hrsg.) (1961): The influence of the cinema on children and adolescents. An annotated international bibliography. Paris: UNESCO

WerbeWeischer (1999 ff.): Werbung im Kino. Jährliche Broschüre. Eigendruck. Hamburg

Wiedemann, Dieter/Hans-Jörg Stiehler (1986): Kinobesucher als Gegenstand soziologischer Analysen. In: Schlegel/Stiehler (1986): 11-21

Wiedemann, Dieter/Hans-Jörg Stiehler (1990): Kino und Publikum in der DDR – der kurze Weg in eine neue Identität. In: Media Perspektiven. Heft 7. 417-429

Wilke, Jürgen (Hrsg.) (1999): Massenmedien und Zeitgeschichte. Konstanz: UVK

Williams, Raymond (1958): Culture and Society. Reprint 1990. London: Columbia University Press

Winter, Rainer (1992): Filmsoziologie. Eine Einführung in das Verhältnis von Film, Kultur und Gesellschaft. München: Quintessenz

Witte, Karsten (Hrsg.) (1972): Theorie des Kinos. Ideologiekritik der Traumfabrik. Frankfurt am Main: Suhrkamp

Wolf, Sylvia/Ulrich Kurowski (1988): Das Münchner Film- und Kinobuch. Ebersberg: Ed. Achteinhalb Just

Wyatt, Justin (1994): High Concept. Movies and Marketing in Hollywood. Austin: Texas University Press

Zglinicki, Friedrich v. (1956): Der Weg des Films. Die Geschichte der Kinematographie und ihrer Vorläufer. Berlin: Rembrandt

Zöchbauer, Franz (1960): Jugend und Film. Ergebnisse einer Untersuchung. Emsdetten: Lechte

Kulturtouristen: Soll- und Ist-Zustand aus Perspektive der empirischen Kulturforschung

Yvonne Pröbstle

Einführung

„Da wir gerade über Kulturtourismus reden – haben Sie sich schon einmal Gedanken über dessen Protagonisten, über das Wesen und die Psychologie des ‚Kulturtouristen an sich' gemacht? Warum und wohin reist er? Was erwartet er, wenn er sich auf Reisen begibt? Was treibt ihn an, was will er finden? Was berührt ihn, was lässt ihn kalt? Ist er zu spezifizieren, zu charakterisieren, zu kategorisieren? Können wir ihn greifen und – natürlich ganz in seinem Sinne und zu seinem Wohle – gefügig, willig und auch handhab- und berechenbar machen?" (Grünewald Steiger 2007: 145).

Eine Antwort auf diese Fragen lautet: „Über den speziellen Typus der ‚Kulturtouristen' wissen wir im qualitativ-empirischen Sinne nichts Genaues" (Heinze 2008: 124). Es mag zunächst verwundern, doch weder Fragen noch Antwort entstammen einem Fachkreis von Touristikern. Kulturtourismus ist längst kein ausschließlich touristisches Aufgabenfeld mehr. Über den touristischen Tellerrand hinaus erfährt er zunehmend die Aufmerksamkeit von Akteuren aus Kulturpolitik, Kulturmanagement und Kulturvermittlung. In diesem Kontext sind die einleitenden Zitate zu verorten.

Die Gründe der skizzierten Entwicklung stehen am Anfang der nachfolgenden Ausführungen. Aufbauend auf den Perspektiven des Kulturtourismus für den Kultursektor werden gegenwärtig vorliegende empirische Befunde über die Kulturtouristen zusammengetragen und einer vergleichenden Analyse unterzogen. Diese Vorgehensweise erlaubt abschließend die Formulierung aktueller Forschungsdesiderata.

1 Kulturtourismus im Fokus

1.1 Kultur im Tourismus

Ende der 1980er Jahre wurde der Stellenwert von Kultur als touristischem Attraktivitätsfaktor in Europa erkannt. Als Folge wurden seinerzeit von der Europäischen Gemeinschaft Förderprogramme und -maßnahmen zur Stärkung des Kulturtourismus aufgelegt. Die Entstehung des Begriffs „Kulturtourismus" (engl. „cultural tourism") spiegelt die Erkenntnis wider, dass Kultur und Tourismus eine für beide Akteure nutzbringende Kooperation eingehen können (vgl. Weissenborn 1997: 14). Kulturtourismus wird von Touristikern als Erfolg versprechende Strategie im Tourismus erachtet. Empirisch untermauert werden solche Überzeugungen durch Studien wie beispielsweise die Grundlagenuntersuchung des Deutschen Tourismusverbandes e.V. (DTV) zum Städte- und Kulturtourismus in Deutschland. „Kultur als wichtigster Attraktivitätsfaktor" für Städtereisende (vgl. DTV 2006: 13), so etwa lautete einer der zentralen Befunde der Studie. Die Praxis wird von solchen Ergebnissen maßgeblich beeinflusst. So setzten die touristischen Verantwortlichen von Bund (Deutsche Zentrale für Tourismus), Ländern (Landesmarketingorganisationen), Regionen, Städten und Gemeinden (kommunale Tourismusorganisationen) neben privatwirtschaftlich organisierten Spezialanbietern (zum Beispiel Studiosus) in Deutschland nunmehr seit einigen Jahren verstärkt auf das Zugpferd Kulturtourismus. In der strategischen Ausrichtung von Destinationen wird dabei zwischen einer Auslöser- und Komplementärfunktion von kulturtouristischen Angeboten unterschieden. In tourismusschwachen Regionen kann das Kulturangebot Tourismus induzieren, in bestehenden Destinationen kann es deren Attraktivität für Reisende steigern und so beispielsweise positiv auf die Aufenthaltsdauer wirken (vgl. Gnad 2002: 11).

1.2 Tourismus im Kulturbetrieb

Doch nicht nur im Tourismus wurden die Potentiale von Kulturtourismus erkannt. Nahrstedt prophezeite 1997 die „Entwicklung von KulturTourismus zu einer neuen Aufgabe des *KulturManagements* [Hervorhebung Y. P.]" (Nahrstedt 1997: 13). Seither haben sich Kulturmanager mehrfach in Publikationen mit dem Themenfeld Kulturtourismus auseinandergesetzt und Berichte aus der Praxis[1] vorgelegt. Parallel dazu hat sich Kulturtourismus als Studienfach im Rahmen

---

[1] Vgl. zum Beispiel Bendixen (1998b), Heinze (2008), Klein (2007a) sowie Dillmann (2007), Eichbaum (2008), Häusser/Friedrich (1998) und Opitz (2007).

von Kulturmanagement-Studiengängen[2] etabliert. Diese Entwicklung gründet auf der Erkenntnis, dass Kulturtourismus ein strategischer Partner für Kulturbetriebe sein kann, da er eine für den Kultursektor relevante Zielgruppe bereithält: die Kulturtouristen.

Vom Standpunkt der Kulturpolitik aus betrachtet können Kulturtouristen als zusätzliche „zahlende" wie „zählende" Besucher (Klein 2007a: 284) direkt die Legitimation eines Kulturbetriebs stärken (vgl. Hausmann 2002: 50). Indirekt kann Kulturtourismus durch die kommunalpolitische Wahrnehmung als Image- und Standortfaktor zur kulturpolitischen Legitimation beitragen. Mit einer in den 1990er Jahren durchgeführten Studie zum Eigen- und Fremdimage von deutschen Mittelstädten konnte beispielsweise offengelegt werden, dass potentielle (Kultur)touristen, „die eine (…) Stadt vorwiegend über das kulturelle Angebot wahrnehmen, zu 92 % eine positive Einschätzung von ihr haben" (Heinrichs/ Klein/Hellmig 1999: 137). Tatsächlich anreisende Kulturtouristen können darüber hinaus für die Tourismuswirtschaft und in Konsequenz für die Kommune zusätzliche Einnahmen sowie die Schaffung von Arbeitsplätzen bedeuten. In der Grundlagenuntersuchung des DTV wurden die vom Städte- und Kulturtourismus in Deutschland profitierenden Wirtschaftszweige wie folgt aufgeschlüsselt: Der Einzelhandel profitierte im Jahr 2004 mit einem Anteil von 50 % und einem Brutto-Umsatz von 41,06 Mrd. Euro, gefolgt von der Gastronomie (29 %/24,25 Mrd. Euro), dem Freizeit- und Unterhaltungsgewerbe (8 %/6,35 Mrd. Euro), dem Beherbergungsgewerbe (7 %/5,91 Mrd. Euro) und sonstigen Dienstleistungen (6 %/4,8 Mrd. Euro).

Kulturtourismus jedoch aufgrund der skizzierten Aspekte als Patentlösung zur Stärkung der kulturpolitischen Legitimation zu begreifen, stellt eine für die Praxis verkürzte und nur allzu positivistische Schlussfolgerung dar. Die skizzierten Erfolge werden sich nur unter der Voraussetzung der Existenz „tourismusrelevanter kultureller Ressourcen" einstellen, die „gleichermaßen Alleinstellungspotential als auch die Möglichkeit zur authentischen Aufbereitung bieten (…). Wer also beispielsweise eine vielfältige Museumslandschaft anpreist, hinter der sich eine Ansammlung von Heimatmuseen lokalen Ranges verbirgt"[3] (Pröbstle 2008: 60 f.), wird das Interesse von Kulturtouristen nicht gewinnen können. Nicht jedweder Kulturbetrieb kann demzufolge mit dem Kulturtourismus eine erfolgreiche Kooperation eingehen.

---

2 Zum Beispiel Masterstudiengang „Kulturwissenschaft und Kulturmanagement" an der Pädagogischen Hochschule Ludwigsburg, Masterstudiengang „Kulturmanagement und Kulturtourismus" an der Europa-Universität Viadrina Frankfurt/Oder, berufsbegleitende Weiterbildung „Kulturtourismus" an der Fachhochschule Potsdam.

3 Zur Relevanz dieser Voraussetzung vgl. im Detail die weiter unten folgenden Ausführungen zur Entwicklung von einem Verkäufer- zu einem Käufermarkt im (Kultur-)Tourismus.

Entschließen sich Kulturbetriebe nach einer Bestandsaufnahme und Bewertung des kulturtouristischen Potentials zur Erarbeitung eines Kulturtourismuskonzepts, gilt es die Merkmale eines (kultur-)touristischen Produkts zu berücksichtigen. Ein solches gründet auf einer Vielzahl von touristischen Einzelleistungen, die von verschiedenen Tourismusträgern erbracht werden. Kulturbetriebe können als ein Glied in dieser Leistungskette erachtet werden. Touristen jedoch bewerten die Qualität ihrer Reise nicht an Einzelleistungen, sondern am Gesamtbündel. Bereitschaft zur Kooperation mit touristischen Leistungsträgern stellt deshalb einen wesentlichen Erfolgsfaktor im Tourismus dar (vgl. Bär 2006: 47, Becker 2003: 465, Stolpmann 2007: 24). Im Gegensatz zu typischen Betrieben der Tourismuswirtschaft, wie etwa Beherbergungsbetriebe, zählt die Erstellung von touristischen Dienstleistungen nicht zu den Kernaufgaben von Kulturbetrieben. Im Tourismus werden solche Betriebe dem Bereich der touristischen Randwirtschaft zugerechnet (vgl. Freyer 2009: 132). Umgekehrt sind Touristiker in der Regel nicht mit Zielen und Aufgaben von Kulturbetrieben vertraut. In der Praxis fällt es den Akteuren so häufig schwer, die Sprache des jeweils Anderen zu verstehen. Während Touristiker beispielsweise eine konsequente Ausrichtung am Markt einfordern, betonen Museen unter Bezugnahme auf ihren kulturpolitischen Auftrag zunächst die Kernaufgaben Sammeln, Bewahren, Forschen, Ausstellen und Vermitteln. Auf die Frage, welche Voraussetzungen für eine weitere Stärkung des Kulturtourismus geschaffen werden müssen, verlangten 44 % der in einer Studie befragten Touristiker eine „touristische Orientierung der Kulturanbieter" (vgl. DTV 2006: 12). Vor dem Hintergrund des geschilderten Konfliktpotentials scheitern Kooperationen zwischen Kultur und Tourismus in der Praxis noch allzu oft. Zur Auflösung dieses Spannungsfeldes aber kann der Kulturmanager beitragen: Kulturmanagement ist auf einen „verantwortungsvollen Umgang mit künstlerischen und kulturellen Inhalten ausgerichtet" (Heinrichs 1999: 16). Darüber hinaus hilft Kulturmanagement komplexe Vorgänge transparent zu gestalten und zu steuern. Es koordiniert Einzelleistungen und vermittelt zwischen den Leistungsträgern, so dass sich die Bausteine am Ende zu einem Ganzen zusammenfügen (vgl. Heinrichs 1999: 24). Ausgestattet mit diesen Kompetenzen kann der Kulturmanager an der Schaltstelle von Kultur und Tourismus agieren.

1.3 Kultur und Tourismus: Bedingungen einer nachhaltigen Kooperation

Ziel sollte dabei ein möglichst nachhaltiger Kulturtourismus sein. Nur unter dieser Prämisse lässt sich für Kulturbetriebe ein tatsächlicher Nutzen aus dem Kulturtourismus generieren. Klein hat das ursprünglich aus der Land- und Forstwirtschaft stammende Konzept der Nachhaltigkeit auf das Kulturmanagement übertragen und dabei vor allem folgende Aspekte fokussiert: Zukünftige

Generationen sollen in ihrer aktiven Gestaltung von Kulturpolitik nicht durch Altlasten vorausgegangener Kulturakteure eingeschränkt werden. Die Planung und Umsetzung kulturpolitischer Projekte (zum Beispiel der Bau eines Kunstmuseums in kommunaler Trägerschaft) sollte folglich von Überlegungen über mögliche Konsequenzen begleitet werden[4] (vgl. Klein 2005a: 14). Darüber hinaus fordert Klein „das sehr viel breitere und engagiertere Ergreifen von aktiven und vor allem systematischen Maßnahmen zur Gewinnung und zum Aufbau zukünftiger Nutzer von Kunst und Kultur" (Klein 2005a: 14), was im englisch- und mittlerweile auch zunehmend im deutschsprachigen Raum mit dem Begriff „Audience Development" beschrieben wird.

Für einen nachhaltigen Kulturtourismus lassen sich aus dem vorgestellten Ansatz nun folgende Kennzeichen ableiten:

- Ein nachhaltiger Kulturtourismus beruht erstens auf kulturtouristischem Potential, das bereits vorhanden ist und touristisch in Wert gesetzt werden kann. Die Möglichkeit zur authentischen Aufbereitung des kulturellen Angebots für den Tourismus verhindert die zwanghafte Schaffung künstlicher Attraktivitätsfaktoren, die beispielsweise in der Umsetzung einmalig stattfindender Events „verpuffenden Strohfeuereffekten" (Klein 2005a: 20) gleichkommen. Kulturtourismus sollte jedoch existierenden Kulturbetrieben möglichst langfristig nutzen, indem Kulturtouristen für das bereits bestehende Angebot gewonnen werden. Insbesondere im Hinblick auf Folgelasten und -kosten ist der Rückgriff auf eine bereits gewachsene kulturelle Infrastruktur kostenintensiven Projekten vorzuziehen.
- Zweitens muss das kulturtouristische Angebot in Anspruch genommen werden, schließlich gilt es in den Kulturbetrieben langfristig neue Besucherkreise aufzubauen und zusätzliche Besucher zu generieren. Vom Standpunkt des Kulturmarketing aus betrachtet rückt in diesem Kontext die Forderung nach einer konsequenten Besucherorientierung[5] in den Mittelpunkt. Aus der Perspektive der Kulturvermittlung stellt sich darüber hinaus die Frage, welche Wirkungsabsicht Kulturbetriebe gegenüber Kulturtouristen anstreben und welcher spezifischen Vermittlungsformen diese bedürfen. Ein bloßer „Abhaktourismus" (Nahrstedt 2000: 44) nämlich, der weder dazu beiträgt, das kulturell Erlebte zu verinnerlichen noch langfristig die Erinnerung daran wachzuhalten, steht der Kulturvermittlung konträr gegenüber und kann nicht Gegenstand eines nachhaltigen Kulturtourismus sein.

---

4   Ein Beispiel ist die Frage, inwieweit eine flexible Vergabe von öffentlichen Mitteln durch die nun jährlich anfallenden Kosten für das Kunstmuseum eingeschränkt wird und dadurch möglicherweise langfristig alternative Kulturprojekte und mit diesen Anregungen zur konzeptionellen Gestaltung von Kulturpolitik behindert werden.
5   Zum Verständnis von Besucherorientierung vgl. Fußnote 11.

Die Konsequenz für die Praxis lautet: Wer Kulturtouristen als Besucher gewinnen, ihnen kulturelle Inhalte vermitteln und sie zufriedenstellen möchte[6], muss über deren Interessen, Bedürfnisse und Erwartungen informiert sein.

1.4 Kultur und Tourismus: Stellenwert empirischer Befunde

Im Kulturmanagement gilt die Besucherforschung bereits als „eine der zentralen Voraussetzungen, für die strategische (Neu-)Ausrichtung einer Kultureinrichtung und damit für ein erfolgreiches Kulturmarketing" (Glogner 2008: 591). Fragen der Wirkungsforschung hingegen, die insbesondere für die Kulturvermittlung von Relevanz sind, haben bisher kein hinreichendes Interesse an empirischen Befunden evoziert.[7] Ähnlich der Entwicklung im Kulturmanagement hat die touristische Marketingforschung im Zuge der Entwicklung von einem Verkäufer- zu einem Käufermarkt (vgl. Freyer 2007: 43 f.) seit den 1990er Jahren an Stellenwert gewonnen. Diese Entwicklung mag zunächst verwundern, ist doch die Reiseintensität, also der Anteil der Reisenden an der deutschen Bevölkerung, mit knapp 75 % im Jahr 2007 noch nie höher gewesen (F.U.R 2008: 2). Auch der Trend zum Mehrfachurlauber, der sich vor allem in einem Anstieg von Kurzreisen manifestiert, wirkt positiv auf die Nachfrage (DTV 2007: 8). Gleichwohl ist das touristische Angebot im selben Zeitraum überproportional gewachsen und hat eine Wettbewerbsverschärfung verursacht. Kennzeichnend für den bestehenden Käufermarkt im Tourismus ist das im Zeitvergleich gestiegene Anspruchsniveau der Reisenden, das sich in zunehmend komplexeren Bündeln von Reisemotiven niederschlägt und eine stetig fortschreitende Differenzierung ehemals klar voneinander abgrenzbarer Zielgruppen verursacht (vgl. F.U.R 2005a: 25 f.). Auch im Marktsegment des Kulturtourismus wird sich die Konkurrenzsituation zunehmend verschärfen, denn eine „neue strategische Option ist Kulturtourismus längst nicht mehr. (…) Mittlerweile hat sich die Erkenntnis durchgesetzt, dass eine Reisedestination ohne kulturtouristisches Angebot nicht mehr mithalten kann" (ITB Auftakt Bericht 2008: 50), so eine der zentralen Erkenntnisse auf der Internationalen Tourismus Börse in Berlin 2008. Angesichts der skizzierten Entwicklung wird die oben geforderte Nachfrageanalyse in ihrer Notwendigkeit verstärkt. „Wer im Tourismus ‚möglichst vielen Interessenten möglichst alles verspricht' (…) wird im zunehmenden Konkurrenzkampf Schiffbruch erleiden"

---

6   Die Besucherzufriedenheit ist Voraussetzung für eine Weiterempfehlung des Reisenden. So verstanden ist eine erfolgreiche Zielgruppenansprache auch Instrument einer nachhaltigen Besucherentwicklung. Zufriedenheit als Kriterium für Mehrfachbesuche spielt bei Kulturtouristen aufgrund der Distanz eine untergeordnete Rolle wie beispielsweise die Untersuchung von Schuck-Wersig/Wersig (2005) gezeigt hat.

7   Die Gründe dieses Forschungsdefizits werden von den Herausgebern in der Einleitung erörtert.

(Luft 2001: 43). Kulturbetriebe sind gefordert, Kenntnisse über die Kulturtouristen als wesentlichen Erfolgsfaktor anzuerkennen und aufbauend auf diesem Wissen zielgruppengerechte Angebote zu erarbeiten.

So und ähnlich lesen sich – vollkommen zu Recht – zahlreiche Publikationen, die (Kultur-)Tourismus aus der theoretischen Perspektive behandeln. An dieser Stelle aber sei in Anlehnung an das von Heinze konstatierte Forschungsdefizit (vgl. Heinze 2008: 124) nochmals darauf hingewiesen, dass Kulturtouristen im qualitativ-empirischen Sinne ein unbeschriebenes Blatt darstellen. Für die Implementierung eines erfolgreichen Kulturtourismuskonzepts tun sich so scheinbar unüberwindbare Hürden auf. Diese Hürden werden im Folgenden einer Analyse unterzogen.

2 Definitionsansätze im Kulturtourismus

Eine Analyse der Kulturtouristen setzt die Kenntnis des Untersuchungsgegenstandes voraus. Es stellt sich folglich zunächst die Frage nach dem Begriffsverständnis von Kulturtourismus. Die World Tourism Organisation (WTO) und die European Travel Commission (ETC) kamen vor wenigen Jahren im Rahmen einer Studie zum Städtekulturtourismus zu dem Ergebnis: „There are a great number of definitions of cultural tourism in use, resulting in different definitions being used in research studies related to cultural tourism and in the field of cultural tourism" (WTO/ETC 2005: 1). In der wohl weitgefasstesten Definition wird betont, dass jede Form des Reisens Kulturtourismus impliziert: „Der Begriff KulturTourismus verstärkt das Bewußtsein, daß Tourismus immer selbst bereits Kultur ist und zwischen Kulturen des Herkunftslandes (…) wie des Gastlandes (…) vermittelt (vermitteln sollte)" (Nahrstedt 1997: 33). Diesem Verständnis von Kulturtourismus liegt ein weiter, deskriptiver Kulturbegriff zu Grunde. Der Begriff Kulturtourismus wird hier gegenüber dem Begriff Tourismus bevorzugt, um zu betonen, dass Reisen stets Kulturvermittlung im Sinne des Aufeinandertreffens verschiedener Kulturen beinhaltet.

Den Versuch einer Kategorisierung der Vielzahl von existierenden Definitionsvorschlägen hat Steinecke unternommen:

wertorientierte	angebotsorientierte	nachfrageorientierte
Definitionen von Kulturtourismus		

Abbildung 1: Definitionen von Kulturtourismus (Steinecke 2007: 4)[8]

---

8 Existierende Definitionen lassen sich oftmals mehr als einer dieser Kategorien zuordnen. Trotz solcher Mischformen vermittelt dieses Gliederungsschema eine gute Übersicht.

2.1 Wertorientierte Definitionsansätze

Diese Form von Definitionsansätzen kennzeichnen „denkmalpflegerische und didaktische Zielsetzungen" (Steinecke 2007: 4). So erwähnt Kolland beispielsweise „eine pädagogische Sichtweise des Kulturtourismus, die die Aspekte der Kommunikation, der Begegnung und der Selbstreflexion hervorhebt" (Kolland 2003: 11). Bei Lindstädt findet sich eine stärkere Akzentuierung des Vermittlungsaspekts:

> „Als kulturelle Eigenart gilt, was bei Besuchern Verständnis für die besuchte Region schafft, Hintergründe beleuchtet und Unbekanntes erfahren läßt.
> Kulturtourismus zielt auf die Vermittlung früherer und heutiger Lebensweisen der einheimischen Bevölkerung in ihrem sozialen und ökonomischen Umfeld einschließlich ihrer materiellen und baulichen Umgebung ab" (Lindstädt 1994: 13).

Eder hingegen betont den Aspekt der Nachhaltigkeit im Sinne eines verantwortungsvollen Umgangs mit dem kulturtouristischen Potential: Er begreift Kulturtourismus als

> „die schonende Nutzung kulturtouristischer Elemente und Relikte und die sachgerechte Pflege traditioneller regionsspezifischer Wohn- und Lebensformen zur Hebung des Fremdenverkehrs in der jeweiligen Region; dies mit dem Ziel, das Verständnis für die Eigenart und den Eigenwert einer Region in dem weiten Rahmen einer europäischen Kultureinheit zu erweitern und zu vertiefen und zwar durch eine verstärkte Kommunikation zwischen den Bewohnern des europäischen Kontinents und durch eine sachlich richtige, vergleichende und diskursive Information über die Zeugnisse aus Vergangenheit und Gegenwart am Ort" (Eder 1993: 165 f.).

Heinze weist dieser Form des Kulturtourismus den Begriff der Authentizität zu und stellt ihr einen erlebnisorientierten Kulturtourismus gegenüber (vgl. ausführlich Heinze 1999a: 1 ff.). Insgesamt bleibt festzuhalten, dass solche wertorientierten Definitionen von Kulturtourismus insbesondere im Kontext einer kritischen Bewertung der Folgen des Kulturtourismus zu finden sind.

2.2 Angebotsorientierte Definitionsansätze

Im Kontext angebotsorientierter Definitionsansätze wird Kulturtourismus als eine Angebotsform im Tourismus verstanden. Im Mittelpunkt der Betrachtung steht das kulturtouristische Potential. Stellvertretend kann der Definitionsvorschlag von Becker hier wiedergegeben werden:

„Der Kulturtourismus nutzt Bauten, Relikte und Bräuche in der Landschaft, in Orten und in Gebäuden, um dem Besucher die Kultur-, Sozial- und Wirtschaftsentwicklung des jeweiligen Gebietes durch Pauschalangebote, Führungen, Besichtigungsmöglichkeiten und spezifisches Informationsmaterial nahezubringen. Auch kulturelle Veranstaltungen dienen häufig dem Kulturtourismus" (Becker 1993: 8).

Diese Definition wurde in der deutschsprachigen Literatur bereits mehrfach aufgegriffen.[9] Auffallend ist der besonders weit gefasste Kulturbegriff. In jüngeren Definitionen, die Kulturtourismus als touristische Angebotsform begreifen, wird explizit ein weiter Kulturbegriff zu Grunde gelegt. So betont Hausmann beispielsweise

„dass der Begriff Kultur im Zusammenhang mit Kulturtourismus meist sehr weit bestimmt wird. Demnach dient Kultur nicht nur der menschlichen Bildung durch das Angebot von Musik, Theater, Museen, Ausstellungen, Festspielen und denkmalgeschützten Bauten, sondern durchdringt jeden Lebensbereich und bezieht sich sowohl auf Leben und Wohnen als auch auf Arbeit und Freizeitgestaltung sowie auf die zwischenmenschlichen Beziehungen (Sitte, Gebräuche, Essen und Trinken, Sprache etc.)" (Hausmann 2009).[10]

Nach Bendixen zeigt sich in solch einem Kulturverständnis „erst das ganze Gewicht, das kulturelle Attraktionen im Rahmen des Fremdenverkehrs einnehmen können" (Bendixen 1998a: 3). Steinecke allerdings warnt vor den Konsequenzen eines solchen Begriffsverständnisses: „Bei unreflektierter Übernahme dieses erweiterten Kultur-Begriffs sind (...) zahlreiche Formen des Tourismus als Kulturtourismus zu klassifizieren" wie zum Beispiel „Themenparks, Pop-Konzerte oder Amüsiermeilen" (Steinecke 2007: 4). Das Marktsegment Kulturtourismus kann so kaum abgegrenzt und unter der Maßgabe einer zielgruppengerechten Angebotsgestaltung erfolgreich bearbeitet werden.

2.3 Nachfrageorientierte Definitionsansätze

Die Verbände WTO und ETC sind vor dem Hintergrund des Fehlens einer allgemeingültigen Definition von Kulturtourismus zu einem pragmatischen Ergebnis gekommen: „The most appropriate definition is the one that best suits the task in hand" (WTO/ETC 2005: 2). Wer Kulturtouristen als Besucher gewinnen und ihnen kulturelle Inhalte vermitteln möchte, muss folglich von einem nach-

---

9   Vgl. zum Beispiel Lindstädt (1994), Klein (2007a) und Steinecke (2007).
10 Vgl. unter anderem auch Friedrich (2007: 27), Degerer (2007: 29), Heinze (2008: 119), Kagelmann/Schlaffke/Scherle (2003: 166) und Kolland (2003: 10).

frageorientierten[11] Verständnis ausgehen – der letzten Kategorie im Gliederungsschema von Steinecke. Dreyer hat eingehend für eine nachfrageorientierte Sichtweise plädiert, die sich in seinem Definitionsvorschlag wie folgt niederschlägt: „Tourismuswirtschaftlich werden alle Aktivitäten als kulturell bezeichnet, die der Reisende als solche empfindet" (Dreyer 2000a: 27). Vor dem Hintergrund der bereits skizzierten Entwicklung eines immer anspruchsvoller werdenden Käufermarkts im Kulturtourismus erklärt sich die Tatsache, dass Dreyers Ansatz auch in anderen Definitionen zu erkennen ist. So weisen beispielsweise Hausmann (vgl. 2009: 2 f.), Kolland (vgl. 2003: 10 f.) oder auch Lindstädt (vgl. 1994: 13) Kulturtourismus als Angebotsform im Tourismus aus, doch betonen sie zudem die kulturelle Motivation der Reisenden als konstituierendes Element des Kulturtourismus.

Aus diesem theoretischen Verständnis eines nachfrageorientierten Kulturtourismus lassen sich nun eine Reihe zentraler, anwendungsorientierter Fragen ableiten:

- Was empfinden Kulturtouristen als kulturell?
- Wie lässt sich ihre kulturelle Motivation beschreiben?
- In welchem kulturellen Verhalten schlägt sich diese nieder und
- welchen Vermittlungsanspruch melden sie an?

Diese Fragestellungen bilden den Leitfaden für die Bestandsaufnahme der empirischen Befunde, die sich wie folgt differenzieren lassen:

Bevölkerungsrepräsentative Erhebungen im Tourismus	Besucherbefragungen in Kulturbetrieben	Kulturtouristische Fallstudien
Kulturtouristen im empirischen Befund		

Abbildung 2: Differenzierung kulturtouristisch relevanter empirischer Befunde

---

11 Da hier das Gliederungsschema von Steinecke aufgezeigt werden soll, werden die von ihm gebrauchten Begrifflichkeiten verwendet und im weiteren Verlauf der Ausführungen aufgegriffen, um Begriffsverwirrungen entgegen zu wirken. Gleichwohl sei hier ausdrücklich betont, dass ein nachfrageorientiertes Verständnis von Kulturtourismus in diesem Aufsatz nicht als *Nachfrageorientierung* verstanden wird, deren Ziel eine Anpassung der kulturellen Inhalte an die Interessen der Kulturtouristen darstellt. Nachfrageorientierung wird vielmehr im Sinne einer *Besucherorientierung* aufgefasst, im Rahmen derer es oberstes Ziel ist, „für die von der jeweiligen Organisation präsentierten Kunst- und Kulturprodukte ein möglichst großes Publikum zu finden, das möglichst oft und gerne wiederkehrt" (Klein 2005b: 72; vgl. auch die Einleitung der beiden Herausgeber).

In Anlehnung an diese Differenzierung werden nachfolgend empirische Erhebungen vorgestellt und diskutiert. Ein Ausblick auf internationale Forschungsprojekte ergänzt die Ergebnisse für den deutschsprachigen Raum abschließend.

3 Kulturtouristen im empirischen Befund: Einheit vs. Vielfalt

Empirische Antworten auf die formulierten Leitfragen stellen, wie oben dargelegt, die Voraussetzung für einen nachhaltigen Kulturtourismus dar. Die Existenz einer Vielzahl von Definitionsvorschlägen sowie der theoretische Gehalt nachfrageorientierter Definitionen lassen jedoch bereits vermuten, dass diese Fragen in der Praxis bisweilen nicht explizit gestellt wurden: „The problem of defining cultural tourism also lies in identifying the cultural tourist" (Richards 1996a: 229).

Erste empirische Daten zum Kulturtourismus legte das Irish Tourist Board 1988 mit einer Untersuchung in den damaligen EG-Mitgliedsstaaten vor. Den Ergebnissen zu Folge konnten 23,5 % (34,5 Mio.) aller Touristenankünfte dem Kulturtourismus zugerechnet werden (vgl. Weissenborn 1997: 20). Viel interessanter als diese Zahl aber war die Erkenntnis, dass man nicht von den Kulturtouristen als Zielgruppe des Kulturtourismus sprechen kann, sondern vielmehr zumindest zwei Gruppen unterscheiden muss, und zwar die „Specific Cultural Tourists" und die „General Cultural Tourists": Während Erstere Kultur als zentrales Reisemotiv erachten, sind Letztere so genannte „Auch-Kulturtouristen" (Lohmann 1999: 64), die ihr Reiseziel nicht primär aufgrund des kulturellen Angebots auswählen und demzufolge während ihrer Reise auch Aktivitäten ausüben, die nicht ausschließlich kulturell motiviert sind. Mit einem Anteil von 90 % an der Gesamtheit der Kulturtouristen gelten die „Auch-Kulturtouristen" als wesentlich attraktiveres Marktsegment als die „Kulturtouristen" (so die deutschsprachige Unterscheidung nach Lohmann 1999: 64). Dieses Zahlenverhältnis macht deutlich:

„In Abhängigkeit von der definitorischen Eingrenzung schwankt die Bestimmung des Umfanges der Kulturtourismusnachfrage ganz erheblich (...). Das Marketing für den Kulturlaub muß sich angesichts dieser Bandbreite auf eine präzise Zielgruppe beziehen" (Lohmann 1999: 68).

Steinecke erachtete bereits 1994 weitergehende empirische Analysen der kulturtouristischen Zielgruppen als dringliches Handlungsfeld im Kulturtourismus und forderte insbesondere den Einsatz qualitativer Forschungsmethoden (vgl. Steinecke 1994: 23).

3.1 Bevölkerungsrepräsentative Erhebungen im Tourismus

In der theoretischen Diskussion wurden die Ergebnisse des Irish Tourist Board mehrfach aufgegriffen[12], um eine empirische Vertiefung der Erkenntnisse aber war ausschließlich die Forschungsgemeinschaft Urlaub und Reisen e.V. (F.U.R) bemüht. Der F.U.R gehören Vertreter der deutschen und europäischen Tourismuswirtschaft an. Ihr gemeinsames Ziel ist die Gewinnung bevölkerungsrepräsentativer Daten zu Urlaubsmotiven und -verhalten sowie soziodemografischer Merkmale der reisenden Bevölkerung. Die Ergebnisse werden seit 1970 jährlich in der so genannten „Reiseanalyse" veröffentlicht (vgl. Schrand 2007: 37, Stenger 1998: 81 f.). Neben einem überwiegend unveränderten Set an Fragen wird die Reiseanalyse jährlich durch wechselnde Schwerpunktthemen ergänzt (vgl. Stenger 1998: 84). 2005 legte die F.U.R eine Studie zu den Urlaubsmotiven der Deutschen vor. Die Befragten sollten insgesamt 29 Reisemotive auf einer Skala von 1 bis 5 nach der persönlichen Wichtigkeit bewerten (vgl. F.U.R 2005a: 9). Das Motiv „Etwas für Kultur und Bildung tun" wurde von 14 % der Befragten als „besonders wichtig" bewertet. 78 % der Reisenden hingegen stuften das Reisemotiv auf der Skala zwischen den Werten 2 und 4 ein:

„besonders wichtig"	←		→	„völlig unwichtig"
1	2	3	4	5
14 %	30 %	31 %	17 %	9 %
Kulturtouristen	Auch-Kulturtouristen			Nicht-Kulturtouristen

Abbildung 3: Wichtigkeit des Reisemotivs „Etwas für Kultur und Bildung tun" (eigene Darstellung in Anlehnung an F.U.R 2005a: 12)

Aus dieser Abbildung wird ersichtlich, dass das Reisemotiv für die „Auch-Kulturtouristen" nicht durchgehend gleichwertig ist, sondern im Wichtigkeitsgrad variiert. Daraus folgt: Die vermeintlich homogene Gruppe der „Auch-Kulturtouristen" muss weiter differenziert werden. Für die „Kulturtouristen" hingegen kann zumindest festgehalten werden: Die Mehrheit der Befragten ist über 40 Jahre alt, verfügt über ein mittleres bis hohes Netto-Einkommen und hat einen Realschulabschluss oder Abitur vorzuweisen (vgl. F.U.R 2005a: 14).

---

12 Vgl. zum Beispiel Becker/Steinecke (1997: 18), Heinze (2008: 125), Nahrstedt (1997: 105), Steckenbauer (2003: 16 f.) und Steinecke (2007: 11 f.)

Bereits 1996 hatte die F.U.R das Schwerpunktthema Kultur in die Reiseanalyse aufgenommen. 1998 wurden die Ergebnisse in der Zeitschrift des Deutschen Museumsbundes veröffentlicht (vgl. F.U.R 1998). Neben der Bedeutung des Reisemotivs „Den Horizont erweitern, etwas für Kultur und Bildung tun" wurde mitunter die Ausübung kultureller Aktivitäten abgefragt. Die Antwortvorgaben reichten dabei von „Einkaufsbummel machen" über „Besuch von archäologischen Stätten" bis hin zu „selbst musizieren" (vgl. F.U.R 1998: 18 ff.). Ergebnis der Erhebung war eine Segmentierung der Kulturtouristen in acht Subgruppen:

1. „Kultur-Motivierte (Personen, für die es ‚besonders wichtig' ist, den Horizont zu erweitern bzw. etwas für die Bildung zu tun)
2. Kultururlauber (Personen, die während ihrer letzten Haupturlaubsreise mindestens vier verschiedene kulturelle Aktivitäten ‚häufig' oder ‚sehr häufig' ausgeübt haben)
3. Auch-Kultururlauber (Personen, die während ihrer letzten Haupturlaubsreise mindestens fünf verschiedene kulturelle Aktivitäten ‚manchmal' ausgeübt haben, aber keine ‚häufig' oder ‚sehr häufig')
4. Kultururlauber 2 (Personen, die während ihres Urlaubs in den letzten drei Jahren ‚häufig' oder ‚sehr häufig' kulturelle und historische Sehenswürdigkeiten/Museen besucht haben)
5. Auch-Kultururlauber 2 (Personen, die während ihres Urlaubs in den letzten drei Jahren ‚manchmal' kulturelle und historische Sehenswürdigkeiten/ Museen besucht haben)
6. Kulturreise-Erfahrene (Personen, die in den letzten drei Jahren eine ‚Kulturreise' gemacht haben)
7. Kulturreise-Interessierte (Personen, die in den kommenden drei Jahren ‚ziemlich sicher' oder ‚wahrscheinlich' eine ‚Kulturreise' unternehmen werden)
8. Kultur-Kurzreisende (Personen, die 1995 eine Kurzreise unternommen haben, die eine Kulturreise war)" (F.U.R 1998: 25 f.).

Eine solche „Typ-in-Typ-Typologie" (Schrand 1993: 550) scheint zunächst der Forderung nach einer weiteren Differenzierung der Kulturtouristen gerecht zu werden. Im Hinblick auf die Operationalisierung der Ergebnisse ist jedoch festzustellen: Aus der bloßen Kenntnis der Häufigkeit von kulturellen Aktivitäten und Kulturreisen lassen sich weder Strategien und Maßnahmen für ein zielgruppenspezifisches Marketing im Kulturtourismus ableiten noch können Rückschlüsse auf die notwendige Form der Kulturvermittlung gezogen werden. Unter der Maßgabe einer nachfrageorientierten Definition des Kulturtourismus stellt sich darüber hinaus die Frage, ob die Merkmalsausprägungen der Variablen

„kulturelle Urlaubsaktivitäten" und „Urlaubsformen" tatsächlich das abbilden, was der Reisende als kulturell empfindet. Seit der erstmaligen Durchführung der Reiseanalyse 1970 sind Inhalt und Fragestellung der Reiseanalyse nahezu unverändert geblieben. Aufgrund dieser Kontinuität ist eine hohe Vergleichbarkeit gegeben, doch besteht „die Gefahr, daß veraltete Fragestellungen und Antwortvorgaben nicht alle Dimensionen aktueller Verhaltensweisen und Motivstrukturen repräsentieren" (Stenger 1998: 92).

Die Problematik der vorgegebenen Merkmalsausprägungen lässt sich an einer weiteren Studie der F.U.R vertiefen. Gefragt wurde im Rahmen dieser Erhebung nach den Urlaubsarten der Deutschen. Unter den 14 Antwortvorgaben waren Mehrfachnennungen erlaubt. Die prozentuale Verteilung der Mehrfachnennungen macht deutlich, dass es den Befragten schwer gefallen ist eine „Kulturreise" von anderen Urlaubsformen wie „Sightseeing-Urlaub", „Studienreise", „Rundreise" oder „Erlebnisreise" abzugrenzen und vice versa (vgl. F.U.R 2003: 7). Friedrich folgert daraus, „dass die Touristen ihr Kulturmotiv durch den Terminus Kulturreise nicht hinreichend beschrieben wissen und das (…) Kulturverständnis sich auf Seiten der Nachfrage scheinbar nicht unter dem Kultur-Begriff selbst subsumiert" (Friedrich 2007: 58).

Im Fokus der Reiseanalyse befinden sind vor allem Urlaubsreisen ab einer Dauer von fünf Tagen. Während der Tagestourismus in der Erhebung keinerlei Berücksichtigung findet, sind Kurzurlaubsreisen mit einer Dauer von zwei bis vier Tagen zumindest im Rahmen von Einzelfragen oder Schwerpunktthemen Gegenstand der Reiseanalyse.[13] Dass diese beiden Marktsegmente jedoch keinesfalls außer Acht gelassen werden sollten, wurde bereits mehrfach überzeugend dargelegt: 2005 lag die Kurzurlaubsreiseintensität bei 39 %; durchschnittlich wurden 1,9 Kurzurlaubsreisen unternommen. Obwohl in der Entwicklung von Kurzurlaubsreisen in den vergangenen Jahrzehnten Schwankungen zu beobachten waren und auch künftig wahrscheinlich sind, wird grundsätzlich von einem weiteren Wachstum dieses Marktsegments ausgegangen (vgl. F.U.R 2006: 7).

Im Tagestourismus konnte 2005 eine Reiseintensität von 85,6 % festgestellt werden. Dieser prozentuale Anteil umfasst sowohl Tagesausflüge, die vom Wohnort aus angetreten wurden, als auch Tagesgeschäftsreisen. Die Zahl der Tagesausflüge belief sich 2005 auf 34,2 pro Kopf. Für einen Tagesausflug wurden durchschnittlich 83,6 km zurückgelegt. Der „Besuch von Verwandten, Bekannten, Freunden" galt als primärer Hauptanlass für den Tagesausflug. Auf

---

13   Sowohl Kurzurlaubs- als auch Tagesreisen sind als Bestandteile des Tourismus zu begreifen. Die WTO hat in ihren Empfehlungen zur Tourismusstatistik eine entsprechend weite Definition des Begriffs vorgelegt: „Tourismus umfaßt die Aktivitäten von Personen, die an Orte außerhalb ihrer gewohnten Umgebung reisen und sich dort zu Freizeit-, Geschäfts- oder bestimmten anderen Zwecken nicht länger als ein Jahr ohne Unterbrechung aufhalten" (zitiert nach Freyer 2007: 5).

den Plätzen 3 und 6 folgten der „Besuch einer speziellen Veranstaltung (z. B. Konzert, Theater, Fest, Ausstellung)" sowie der „Besuch von Sehenswürdigkeiten/Attraktionen (z. B. Freizeitpark, Zoo, Kirche, Schloss, Museum, Landschafts- und Naturattraktionen)" (vgl. Maschke 2006: 3, 12, 26, 43). Diese Ausführungen machen deutlich, dass im Rahmen einer Zielgruppenanalyse im Kulturtourismus neben Urlaubsreisen auch Kurzurlaubs- sowie Tagesreisen fokussiert werden sollten.

Neben der Reiseanalyse existieren in Deutschland weitere Untersuchungen, die Reisen im bevölkerungsrepräsentativen Querschnitt regelmäßig erheben.[14] Da diese Studien oftmals von kommerziellen Marktforschungsinstituten erhoben werden, stehen die Ergebnisse entweder ausschließlich den Auftraggebern zur Verfügung oder die gewonnenen Daten können gegen einen meist hohen Betrag für Marketingzwecke erworben werden. Ergebnisse des Europäischen und Deutschen Reisemonitors, die alle In- und Auslandsreisen mit mindestens einer Übernachtung umfassen, sind beispielsweise nicht öffentlich zugänglich. Darüber hinaus existieren Erhebungen, die kostenfrei oder gegen einen geringen Betrag erworben werden können, Kulturtourismus jedoch in keinerlei Form thematisieren und so für eine kulturtouristische Zielgruppenanalyse nicht relevant sind. Als Beispiel kann die jährlich durchgeführte Deutsche Tourismusanalyse des BAT-Freizeit-Forschungsinstituts angeführt werden (vgl. Opaschowski 2008). Wenn Kulturtourismus in bevölkerungsrepräsentativen Erhebungen überhaupt thematisiert wird, dann überwiegend in Form von kulturtouristischen Einzelfragen. So wurden die Befragten im ADAC-Reisemonitor 2008 etwa nach der Form ihrer letzten Urlaubsreise gefragt; 8,2 % antworteten mit „Kultur/Studienreise" (ADAC 2008: 27). Auf die implizierte Problematik dieser Merkmalsausprägung wurde bereits ausführlich eingegangen.

Die Studie „Urlaubs- und Reisestile – ein Zielgruppenmodell für nachhaltige Tourismusangebote" erfasst wie die oben aufgeführten Erhebungen die touristische Nachfrage der deutschen Bevölkerung in ihrer Gesamtheit. Anders als bei diesen bevölkerungsrepräsentativen Untersuchungen handelt es sich jedoch bei der Studie des Instituts für sozial-ökologische Forschung (ISOE) um eine einmalige Erhebung. Sie ist Ergebnis des Verbundforschungsprojekts „Nachhaltiges Wirtschaften im Tourismus – Dienstleistungsinnovationen für Pauschalreisen durch strategische Marketingplanung und Akteurskooperation", das vom Bundesministerium für Bildung und Forschung (BMBF) gefördert wurde (vgl. ISOE 2005: 7).

---

14 Eine Übersicht wichtiger Repräsentativerhebungen in Deutschland findet sich zum Beispiel bei Mundt (2006: 22), Seitz/Meyer (2006: 147 ff.), Stenger (1998) und Wohlmann (1993).

"Ziel des Projekts ist es, praxisorientierte, innovative und zielgruppenspezifische Tourismusangebote für den Pauschal- und Massenmarkt zu erarbeiten, die eine nachhaltigere Entwicklung dieses Sektors ermöglichen. In einem integrativen, alle Akteure der Reisekette übergreifenden Ansatz wird dabei die gesamte Urlaubsreise betrachtet – von der Anreise über den Aufenthalt mitsamt Unterbringung und Urlaubsaktivitäten vor Ort bis zur Rückreise" (ISOE 2005: 7).

Auf Grundlage der vom ISOE durchgeführten Erhebung wurde ein Zielgruppenmodell entwickelt, das den deutschen Reisemarkt in folgende Zielgruppen segmentiert: „Natur- und Outdoor-Urlauber" (14 %), „traditionelle Gewohnheitsurlauber" (16 %), „Kinder- und Familienorientierte" (14 %), „Sonne-Strand-Pauschal-Urlauber" (20 %), „junge Fun- und Action-Urlauber" (11 %), „unkonventionelle Entdecker" (10 %) und „anspruchsvolle Kulturreisende" (15 %) (vgl. ISOE 2005: 55). Letztere sind als „Specific Cultural Tourists" bzw. als „Kulturtouristen" zu verstehen. Die Kulturtouristen werden in dieser Studie als homogene Zielgruppe behandelt und nicht weiter differenziert. Die „Auch-Kulturtouristen" finden also keine Berücksichtigung. Der Informationsgewinn über die „anspruchsvollen Kulturreisenden" lässt sich wie folgt zusammenfassen: Sie sind von einem ausgesprochenen Interesse an Kultur geprägt und hegen den Wunsch, im Urlaub neue Eindrücke auf authentische Weise zu gewinnen. Bei dieser Zielgruppe handelt es sich mehrheitlich um das Nachfragesegment der „Best Ager": 66,7 % der „anspruchsvollen Kulturreisenden" sind älter als 50 Jahre. Es überwiegen hohe Bildungsabschlüsse und mittlere sowie höhere Einkommen. Körperliche wie geistige Fitness stellen zentrale Anliegen dieser Zielgruppe dar (vgl. ISOE 2005: 62 f.). Das Urlaubs- und Kurzurlaubsverhalten der „anspruchsvollen Kulturreisenden" wird ausführlich beschrieben. So erfährt man beispielsweise, dass sie Pauschalreisen mit 29,9 % am wenigsten von allen Zielgruppen nachfragen, das Internet jedoch mit 27,8 % überdurchschnittlich zur Buchung von Urlaubsreisen nutzen (vgl. ISOE 2005: 85, 88). Solche Informationen sind für ein erfolgreiches Marketing unerlässlich, doch stellt sich aus kulturtouristischer Perspektive darüber hinaus die Frage nach einer Präzisierung der kulturellen Präferenzen und Interessen sowie der konkreten Erwartungen der „anspruchsvollen Kulturreisenden" an die Kulturvermittlung.

Jüngst hat Steinecke im Rahmen eines Vortrags auf dem „ITB Tourism and Culture Day 2009" auf das Fehlen von Wirkungsanalysen hingewiesen, mit Hilfe solcher sich Anforderungen an die Vermittlung im Kulturtourismus ableiten ließen. Er präsentierte eine im Januar 2009 mittels Telefoninterviews durchgeführte bundesweite Repräsentativerhebung und fokussierte in seinen Ausführungen unter anderem Wahrnehmung und Wirkung kultureller Angebote. Nach Angaben Steineckes wurden die Befragten gebeten, anzugeben, welche Erinnerungen ihnen an ihre letzte Besichtigung auf Reisen geblieben sind. Die Rangliste der Antworten gestaltet sich wie folgt: Die Mehrheit der Befragten haben die von ihnen unternommenen Besichtigungen als Abwechslung vom Alltag empfunden und dabei Spaß gehabt (49,3 % „völlig zutreffend"). Die Aussage, dass man einen schönen Tag mit Partner und Familie verbracht habe, reiht sich unmittelbar auf dem zweiten Platz ein (49,2 %). Am dritthäufigsten erinnern sie sich an eine schöne und niveauvolle Atmosphäre (36,8 %). Auf Platz vier folgt die Berichterstattung an Freunde und Bekannte über das Erlebte (36,0 %). Erst an fünfter Stelle verweisen die Befragten auf Gelerntes, das ihnen in Erinnerung geblieben ist (31,3 %). In diesem Kontext wäre es interessant zu eruieren, ob der Lerneffekt als Reisemotiv in seiner Wichtigkeit mit dem Erinnerungsgrad korreliert oder davon abweicht. Empirische Antworten auf diese Fragestellung sind derzeit nicht bekannt.

Insgesamt bleibt festzuhalten, dass die vorliegenden bevölkerungsrepräsentativen Erhebungen im Tourismus keine kulturtouristisch relevanten Informationen bereitstellen, die auf einem nachfrageorientierten Verständnis von Kulturtourismus aufbauen. Sie erlauben es nicht, den Markt für Kulturtourismus so zu segmentieren, dass einzelne Segmente voneinander abgrenzbar sind und in der Praxis tatsächlich eine zielgruppenspezifische Angebotsgestaltung möglich ist.[15] Aspekte der Kulturvermittlung bleiben – mit Ausnahme der vorgestellten Studie – bisweilen gänzlich außen vor.

3.2 Besucherbefragungen in Kulturbetrieben

Was für bevölkerungsrepräsentative Erhebungen im Tourismus festgestellt wurde, gilt auch für Erhebungen in Kulturbetrieben. Der Fragenkatalog reicht bei solchen Analysen von Angaben zur Soziodemografie der Besucher über die Verweildauer und Besuchshäufigkeit bis hin zu verschiedenen Aspekten der Zufriedenheit des Publikums. Ergebnis ist oftmals eine Segmentierung der Besucher in voneinander abgrenzbare Zielgruppen. Mittlerweile lassen sich durch die verschiedenen Sparten des Kulturbetriebs hindurch zahlreiche Beispiele für solche Erhebungen finden.[16] Allerdings wird im Rahmen dieser Besucherbefragungen mehrheitlich nicht nach einheimischen Besuchern und Touristen unterschieden. Kulturtouristisch relevante Informationen lassen sich

---

15 Stenger verweist auf die heterogenen Interessen der verschiedenen Auftraggeber und kommt zu dem Ergebnis, dass solche Studien gar nicht in der Lage sind, diesen Bedarf an Spezialwissen zu generieren (vgl. Stenger 1998: 11). Angesichts der oben skizzierten Entwicklungen auf dem Käufermarkt ist jedoch von einem künftig noch höheren Bedarf an detailliertem Wissen auszugehen.

16 Vgl. zum Forschungsstand in den verschiedenen Sparten des Kulturbetriebs die weiteren Beiträge in diesem Sammelband.

aufgrund dieser fehlenden Differenzierung aus den erhobenen Daten kaum gewinnen. Eine kulturtouristische Zielgruppenanalyse ist auf Grundlage dieser Datenbasis unmöglich. Einzig der Anreiseweg kann als Variable zur Unterscheidung von Einheimischen und Touristen herangezogen werden. So konnte beispielsweise für die Kunsthalle Würth in Schwäbisch Hall festgestellt werden, dass 6 % der Besucher aus Schwäbisch Hall, 22,2 % aus dem Nahbereich Schwäbisch Hall, 43,3 % aus Nordwürttemberg, 12,7 % aus dem übrigen Baden-Württemberg, 10,2 % aus Bayern und 11,4 % aus den übrigen Bundesländern und dem Ausland stammen (vgl. Klein/Bock/Trinca 2002: 27).[17] Im Ergebnis wurde deutlich, dass die Besucherstruktur der Kunsthalle Würth von Touristen dominiert wird.

Welche Informationen sich jedoch aus einer expliziten, in der Fragenkonstellation berücksichtigten Differenzierung nach Einheimischen und Touristen gewinnen lassen, haben jüngst Klein und Wegner (2009) anhand mehrerer Erhebungen in verschiedenen Museen aufgezeigt. Was die Begleitung von Besuchern der Völklinger Hütte beispielsweise anbelangt, ist man zu folgendem Ergebnis gekommen: „Familienbesuche sind unter Befragten aus dem Nahbereich (bis 50 Kilometer) anteilig häufiger vertreten, während von weiter her anreisende Besucher überdurchschnittlich oft paarweise und/oder mit Freunden kommen" (Klein/Wegner 2009). Im Freilichtmuseum Glentleiten hat sich herausgestellt, dass touristische Besucher überwiegend in den Ferienmonaten Juni bis August anreisen, während das Stammpublikum aus Oberbayern bevorzugt im Herbst das Freilichtmuseum besucht. In der Darlegung dieser und weiterer Ergebnisse weisen Klein und Wegner auf die Problematik der Abgrenzung zwischen touristischen und nicht-touristischen Besuchern hin. Während Besucher, die mehrere Tage in einer Destination verbringen, anhand des Kriteriums der Übernachtung als Touristen klassifiziert werden können, fällt die Abgrenzung von Tagesausflüglern hingegen schwer. Oben wurde bereits der Anreiseweg, also die Distanz zwischen Quell- und Zielgebiet, als mögliches und derzeit einzig angewandtes Abgrenzungskriterium aufgegriffen. Die Anwendung dieses Kriteriums ist jedoch als problematisch zu bewerten. In welcher Entfernung die Grenze einzuziehen ist, hängt von regionalspezifischen Besonderheiten (zum Beispiel Anbindung an öffentliche Verkehrsmittel, Regionalbewusstsein) ab, die von Fall zu Fall bestmöglich zu berücksichtigen sind.

In der Zusammenschau der dargelegten Befunde ergibt sich folgende Bewertung: Besucherbefragungen in Kulturbetrieben können nur dann kulturtouristisch relevante Informationen hervorbringen, wenn die Besucher entspre-

---

17 Weitere Beispiele für die Abfrage des Anreisewegs finden sich auch bei Bachleitner/Schreuer/ Weichbold (2005: 37), Keuchel/Wiesand (2008: 76 f.), Kohl (2006: 102), Schuck-Wersig/Wersig (2005: 12).

chend differenziert werden. Doch auch die wenigen Studien, denen eine explizite Unterscheidung zwischen touristischen und nicht-touristischen Besuchern zugrunde liegt, sind unter Verweis auf die Ergebnisse des Irish Tourist Board und der F.U.R nicht hinreichend, da die Kulturtouristen als homogene Zielgruppe betrachtet werden.

3.3 Kulturtouristische Fallstudien

Neben bevölkerungsrepräsentativen Erhebungen im Tourismus und Besucherbefragungen in Kultureinrichtungen können kulturtouristische Fallstudien auf ihre Relevanz im Hinblick auf eine zielgruppenspezifische Angebotsgestaltung im Kulturtourismus überprüft werden. Analysegegenstand dieser Studien sind ausschließlich touristische Besucher. Wie auch bei den bevölkerungsrepräsentativen Erhebungen im Tourismus und den Besucherbefragungen in Kulturbetrieben findet die Befragung als Untersuchungsmethode in Form von vollständig strukturierten Fragebögen überwiegend Anwendung. Kennzeichnend ist weiterhin eine Dominanz soziodemografischer und verhaltensorientierter Fragestellungen, das heißt psychographische Fragen sind weniger häufig vertreten. Eine Marktsegmentierung wird in der Regel im Rahmen von kulturtouristischen Fallstudien nicht angestrebt. Erhoben werden die Daten am jeweiligen Reiseort der Kulturtouristen; in Abgrenzung zur Wohnortmethode spricht man hier von der so genannten Standortmethode (vgl. Mundt 2006: 11). In Anlehnung an Jätzolds Darstellung der Arten des Kulturtourismus lässt sich eine Übersicht kulturtouristisch relevanter Standorte erstellen. Jätzold unterscheidet zwischen Objekt- (zum Beispiel Museen, Ausstellungen, Galerien; Kirchen und Schlösser), Gebiets- (zum Beispiel Themenstraßen), Ensemble- (zum Beispiel städtisches Ensemble), Ereignis- (zum Beispiel Festspiele), Fern- (häufig Studienreisen) und gastronomischem Kulturtourismus (zum Beispiel Weinproben) (vgl. Jätzold 1993: 138). Längst nicht alle Arten des Kulturtourismus wurden in ihren verschiedenartigen Ausprägungen im Rahmen von Fallstudien bisweilen betrachtet. Folgende Beispiele geben jedoch bereits einen Einblick in die heterogene Gestalt des Kulturtourismus:

Die Studien von Ablasser (1995), Bandi (2007) sowie Häusser und Friedrich (1998) widmeten sich den Besuchern ausgewählter Museen und Ausstellungen; in der Erhebung von Peschken (1995) hingegen rückten die Besucher von industrietouristischen Anziehungspunkten in den Mittelpunkt. Den Ereignistourismus und seine Besucher analysierten Schlinke (1996) am Beispiel der Reichstagsverhüllung 1995, Kyrer und Populorum (1995) sowie Lersch (1996) im Hinblick auf die Salzburger bzw. Bregenzer Festspiele und Göllnitz und

Hackenbroch (2000) anhand des Leipziger Bachfestes. Eine regionale Fokussierung ergab sich aus der Studie des Instituts für Kulturmarktforschung (2006), die überwiegend Besucher von Kulturveranstaltungen im Bereich der Darstellenden Kunst im Kulturland Brandenburg untersucht hat. Der Musicalmarkt als eventorientierte Veranstaltungsform ist Gegenstand der Arbeiten von Rothärmel (1996, 1999, 2000), Schäfer (1998) und Schmude (2007). Besucheranalysen im Städtetourismus finden sich in den Studien des DTV (2006), von Lohmann (1989), für die Stadt Heidelberg bei Freytag und Hoyler (2002) sowie im österreichischen Raum in den Erhebungen von Keul und Kühberger (1996) und dem Wien-Tourismus (2007) für die Städte Salzburg und Wien. Die Studienreisenden sind Gegenstand der Arbeiten der F.U.R (2005b) sowie von Dietsch (2000), Gayler (1991), Günter (1993) und Hahn (1988).

Ein Vergleich der einzelnen Studien, um die Zielgruppe der Kulturtouristen näher bestimmen zu können, ist nur bedingt möglich. Am wenigsten problematisch sind Vergleiche im Hinblick auf soziodemografische Daten, da Variablen und Merkmalsausprägungen häufig identisch oder sehr ähnlich sind. Schlinke kommt beispielsweise bei ihrer Untersuchung der Besucher der Reichstagsverhüllung zu dem Ergebnis: „Zusammenfassend handelte es sich bei den Besuchern des verhüllten Reichstags um eher ältere Personen mit einer überdurchschnittlichen Bildung und vergleichsweise gehobenen Berufsposition" (Schlinke 1996: 57). Kyrer und Populorum sowie Lersch weisen für das Publikum der Salzburger und Bregenzer Festspiele ähnliche Ergebnisse vor (vgl. Kyer/Populorum 1995: 15, 32, Lersch 1996: 88). Auch Musicalbesucher zeichnen sich den Ergebnissen von Rothärmel zu Folge durch eine höhere Bildung sowie ein überdurchschnittliches Einkommen aus. Allerdings zeigt sich eine deutliche Abweichung von der Altersstruktur der Reichstags- und Festspielbesucher, denn über 50 % der Musicalreisenden sind unter 35 Jahre alt (vgl. Rothärmel 1996: 248 f.). Auch Besucher von industrietouristischen Sehenswürdigkeiten zählen zu den jüngeren Kulturtouristen. Knapp 65 % sind zwischen 30 und 49 Jahre alt. Darüber hinaus unterscheiden sie sich von den bereits vorgestellten Besuchern deutlich im Bildungsgrad: 56,2 % der Individualbesucher[18] haben einen Haupt- oder einen Realschulabschluss vorzuweisen (vgl. Peschken 1995: 57).

Vergleichbar ist darüber hinaus die Aufenthaltsdauer der Kulturtouristen. Hier lassen sich deutliche Unterschiede zwischen und innerhalb der verschiedenen Arten des Kulturtourismus erkennen. Die Zahl der Tagesbesucher reicht beispielsweise von ca. 25 % bei den Salzburger Festspielen über 32 % bei Städtekulturtouristen in Heidelberg bis hin zu 90 % bei Ausstellungsbesuchern in Tübingen (Kyrer/Populorum 1995: 15, 32, Freytag/Hoyler 2002: 13, Häusser/

---

18 Diese Formulierung wurde in Abgrenzung von Gruppenbesuchern, bei denen es sich überwiegend um Schulklassen handelt, eingeführt.

Friedrich 1998: 89). Bei den Übernachtungsgästen lassen sich ebenfalls Unterschiede bei der Anzahl der Aufenthaltstage erkennen. Festspielbesucher beispielsweise verbrachten im Durchschnitt knapp unter zehn Tage in Salzburg (Kyrer/Populorum 1995: 15, 32) während sich die Besucher des Bachfestes durchschnittlich nur vier Tage in Leipzig aufhielten (Göllnitz/Hackenbroch 2000: 35).

Auffallend sind auch Unterschiede in den Ausgaben der Reisenden. Übernachtungsgäste in Heidelberg zum Beispiel gaben im Durchschnitt 111 DM pro Tag aus; die Tagesausgaben von Übernachtungsgästen und Reichstagsbesuchern beliefen sich im Durchschnitt jedoch nur auf 69 DM (vgl. Freytag/Hoyler 2002: 13, Schlinke 1996: 76). Gleichwohl muss darauf hingewiesen werden, dass die Unterschiede zumindest teilweise auf die zeitliche Distanz zwischen den Erhebungen zurückzuführen sind, womit ein erstes konkretes Problem hinsichtlich der Vergleichbarkeit solcher Studien benannt wird.

Weitere Aspekte, wie etwa das Verkehrsmittel zur An- und Abreise oder die Reisebegleitung, ließen sich für die Mehrheit der Studien ebenfalls vergleichend aufführen. Aus kulturtouristischer Perspektive aber ist es besonders relevant, über Kenntnisse der kulturellen Motivation der Reisenden sowie deren konkrete Umsetzung in Form von kulturellen Aktivitäten zu verfügen. Gerade hinsichtlich dieses Aspekts aber ist eine Vergleichbarkeit kaum möglich, da die Merkmalsausprägungen der Variablen Motivation und Aktivitäten insbesondere aufgrund von fallspezifischen Gegebenheiten voneinander erheblich abweichen. Nachfolgende Beispiele sollen dies verdeutlichen: Bei der Frage nach dem Besuchsgrund der Salzburger Festspiele ergab sich die Rangfolge „Musikinteresse" (41,8 %), „Kunstinteresse" (36,2 %), „Tradition" (9,5 %), „Sonstiges" (8,6 %) und „Hat sich so ergeben" (3,9 %) (Kyrer/Populorum 1995: 36). Bei der Befragung anlässlich der Reichstagsverhüllung konnten die Befragten bei der Frage nach ihrer Motivation angeben, ob die Reichstagsverhüllung Haupt-, Nebenmotiv oder eben nicht das Motiv ihrer Reise nach Berlin gewesen sei. Im Ergebnis zeigte sich, dass etwa 65 % der Reisenden des Events wegen nach Berlin gekommen waren (vgl. Schlinke 1996: 63). Eine gänzlich andersartige Ausprägung von Motivation hat in der Heidelberger Erhebung Anwendung gefunden: Die Befragten konnten wählen zwischen „Tagesausflug", „Urlaub", „Besuch von Freunden" und „Sonstiges". „Urlaub" hat mit 39 % den meisten Zuspruch unter den Befragten erfahren. Die ausgeübten Aktivitäten wurden im Rahmen dieser Studie ebenfalls sehr allgemein benannt; sie reichten von „Sehenswürdigkeiten", über „Sport/Gesundheit" bis hin zu „Restaurant/Bar" (vgl. Freytag/Hoyler 2002: 7, 12). Bei der Befragung im Rahmen der Bregenzer Festspiele hingegen wurden regionalspezifische Aktivitäten wie etwa „Schifffahrt" oder „Insel Reichenau/Insel Mainau" mit aufgenommen (Lersch 1996: 100).

Oben wurde die Befragung als bevorzugte Erhebungsmethode im Rahmen von kulturtouristischen Fallstudien ausgewiesen. In der Studie von Keul und

Kühberger (1996) hingegen wurden Befragung und Tracking als Form der verdeckten Verhaltensbeobachtung kombiniert. Auf diesem Wege konnten konkrete Erkenntnisse über das Verhalten der Touristen in der Stadt Salzburg gewonnen werden. Vergleichbare Studien liegen derzeit nicht vor, daher werden ausgewählte Ergebnisse der Studie kurz skizziert: Mittels der Beobachtung war es möglich, die Wege der Touristen sowie ihr stationäres Verhalten zu erfassen und so genannte „touristische Trampelpfade" (Keul/Kühberger 1996: 44) zu ermitteln. Im Ergebnis zeigte sich, dass es zu einer starken Konzentration der Touristenströme im Altstadtkern von Getreidegasse, Judengasse, Alter Markt, Residenzplatz, Mozartplatz, Kapitelplatz und Domplatz kommt. Erst- und Mehrfachbesucher konnten aufgrund der Gehgeschwindigkeit voneinander unterschieden werden, denn Erstbesucher gingen deutlich rascher als Mehrfachbesucher, blieben durchschnittlich jedoch deutlich länger stehen. Beim Verharren widmeten sich die Besucher mit rund 60 % bevorzugt dem Schauen; erst mit rund 20 % folgt das Fotografieren (vgl. Keul/Kühberger 1996: 44 ff.).

Die vorgestellte Studie weitet den Blick für eine kritische Betrachtung des Kulturtourismus. In Salzburg hat sich der Kulturtourismus bereits zu einem Massenphänomen entwickelt. Die Konsequenzen lesen sich wie folgt:

> „Täglich bis zu 4.500 Besucher in Mozarts Geburtshaus und eine (geschätzte) Spitzenlast von 25.000 Städtetouristen, viele davon aus hunderten Reisebussen pro Tag, die Passagiere stundenweise ‚ausleeren' und wieder einsammeln (...), erzeugen hohe soziale Dichte (...) und Mißmut der Einheimischen, die den Innenstadtbereich im Sommer lieber meiden. In der letzten Bewohnerumfrage kam bei ‚Wie würde Salzburg für Salzburger attraktiver?' am zweithäufigsten der Wunsch nach ‚weniger Touristen'" (Keul/Kühberger 1996: 22).

Die bisherigen Ausführungen geben einen Eindruck vom Verhalten der Salzburg-Besucher und der Wahrnehmung durch die Einheimischen. Die Frage nach der Motivation und Wirkung des Salzburg-Besuchs allerdings bleibt empirisch unbeantwortet. Die folgenden „Beobachtungen aus der Perspektive eines Einheimischen" wecken jedoch weiteres Interesse an eben dieser Frage:

> „,Isn't it lovely?' Sandy aus Chapel Hill, North Carolina, USA, drückt sich an ihren Carl, Pferdehändler von Beruf. Sie stehen vor der Pferdeschwemme, vis-à-vis dem großen Festspielhaus, und der barocke Pferdebrunnen raubt beiden den Atem. Als Tierliebhaber machten sie auch eine Fiakertour und besuchen jetzt zu Fuß nochmals einige Stationen ihrer Pilgerreise durch den Sound of Music-Park Salzburg.
> Ja, klar, Mozart, ‚little night music, of course', ach ja, daran hatten sie zuerst gar nicht gedacht, aber dann erinnerten sie sich wieder. Im Souvenirshop haben sie schon zwei Kaffeetassen mit seinem Konterfei erstanden, ‚not really cheap but good quality', eine CD ‚Greatest Hits' und drei Schachteln mit Kugeln. Mozart-Kugeln. Das Souvenir Nummer eins in der Welterbestadt, dabei war Mozart doch gar keine

Kugel! ‚World Heritage? Perhaps because of Mozart?' Nein? ‚Yes, beautiful buildings, the castles, and so many fountains with horses!' ‚E--del-weiß, E--delweiß, every morning you greet me' – Carl summt die Melodie und Sandy lächelt so entrückt wie tibetische Nonnen in Fernreisekatalogen.
Das litauische Studenten-Pärchen, dass sich vor dem Mozart-Denkmal ablichten lässt, hat ebenso wenig Ahnung vom Welterbe wie 20 Prozent der Bevölkerung und einige Rezeptionisten der Salzburger Vier- und Fünfstern-Hotellerie. Gestern übernachteten sie noch irgendwo in Kärnten, aber es zog sie in die Kulturmetropole und heute schlendern sie über den Mozartplatz, wollen noch in die Mozart-Ausstellung, denn morgen werden sie schon die Blumenbeete im Park von Schönbrunn niedertreten. Sie gehören zu der Gruppe der Tagestouristen, über deren Verhalten man kaum etwas weiß, aber deren Zahl auf etwa fünf Millionen geschätzt wird. ‚Salzburg – das ist die Stadt Mozarts!' Darüber hinaus kennen sie nur die Kugeln – dass sie durch das Welterbe traben, wissen sie nicht" (zitiert nach Luger 2008: 34 f.).

In einem solchen Verhalten manifestiert sich nach Hoffmann das Fehlen eines „erfahrungs- oder wissensmäßig fundierten Bezug[s, Y. P.] zur kulturellen und historischen Dimension" (Hoffmann 2008: 129) der besuchten Sehenswürdigkeiten. Dieses Erfahrungs- und Wissensdefizit könne, so Hoffmann, durch konkrete Vermittlungsmaßnahmen der Kulturakteure nicht kompensiert werden. Kulturtourismus gehe in diesem Falle nicht über die „Vermittlung flüchtiger Momentaufnahmen beziehungsweise standardisierter touristischer Klischeebilder" (Hoffmann 2008: 129) hinaus. Die oben skizzierten Kriterien der Nachhaltigkeit werden folglich nicht erfüllt. Als Image- und Standortfaktor mag diese Form des Kulturtourismus Kommunalpolitiker überzeugen, eine kulturpolitische Legitimation im Hinblick auf die Erfüllung des Kulturauftrags lässt sich daraus sicherlich nicht ableiten. Für eine stärker anwendungsorientierte Argumentation sind zukünftig empirische Untersuchungen gefordert, welche die verschiedenen Formen des Kulturtourismus einer Wirkungsanalyse unterziehen und ggf. Unterschiede im Vermittlungsanspruch der Kulturtouristen aufzeigen.

Während die bisher vorgestellten kulturtouristischen Fallstudien die Kulturtouristen wiederum als homogene Gruppe behandeln, kann bisher nur eine Studie ausgemacht werden, die Kulturtouristen in Subgruppen unterteilt. Gemeint ist die Untersuchung von Bandi (2007), die mit ihrer Fallstudie an Schweizer Kunstmuseen eine Typ-in-Typ-Typologie für den Kunstmuseumstourismus vorgelegt hat. Befragungsorte waren die Fondation Beyeler in Basel, das Kirchner Museum in Davos, das Kunsthaus in Zürich sowie die beiden Kunstmuseen in Luzern und Bern. Die Einstufung der Wichtigkeit verschiedener Angebotsbausteine wurde als aktive Variable zur Segmentierung herangezogen. Diese Bausteine umfassten sowohl das Angebot in den Museen sowie das Kunstangebot außerhalb der Museen und das Angebot der Destination. Im Ergebnis konnte Bandi vier Cluster eruieren, die sie wie folgt beschreibt:

„Cluster 1: Anspruchsvolle und unterhaltungsorientierte Kunstmuseumstouristen: Dieses Cluster ist mit 141 Besuchern am grössten und vereinigt 33 % der Befragten zu einem Segment. Kennzeichnend sind das durchgängig hohe Anspruchsniveau bei fast allen Elementen und die vergleichsweise hohe Wichtigkeit von Unterhaltung, Dufteinsatz, Eintritt und Kulturangebot. Ein weiteres charakteristisches Merkmal ist das tiefe Durchschnittsalter und der sehr hohe Frauenanteil von 68 %.
Cluster 2: Destinationsorientierte Kunstmuseumstouristen: 20 % der Besucher können diesem Segment zugeteilt werden. 54 % dieses Cluster [sic!] sind Übernachtungsgäste. Die Besucher dieses Segments sind überdurchschnittlich alt. Die Aufenthaltsmotive dieser Besucher unterscheiden sie von den anderen Clustern. Mit 23 % ist der Kunstmuseumsbesuch an der Spitze, gefolgt von der Erholung in 16 % und Sport in 12 %. Somit ist nicht lediglich die Kunst entscheidend, sondern es wirken Faktoren aus der gesamten Destination anziehend auf dieses Segment.
Cluster 3: Kunstorientierte Kunstmuseumstouristen: Das dritte Segment ist mit 137 Besuchern nur knapp kleiner als das Erste und beinhaltet 32% der Besucher. Das Durchschnittsalter liegt im ähnlichen Bereich wie bei der Gesamtauswertung, aber der Anteil der Alleinbesuchenden ist mit 29 % hoch. Die Aufenthaltsmotive entsprechen ungefähr denen der anspruchsvollen und unterhaltungsorientierten Kunstmuseumstouristen, lediglich der Kunstmuseumsbesuch wird häufiger genannt.
Cluster 4: Betreuungsorientierte Kunstmuseumstouristen: Dieses vierte Segment ist mit 14 % Besucheranteil das Kleinste und beinhaltet beinahe 80 % Tagesgäste. Die Schweizer Besucher sind mit 62 % deutlich in der Mehrzahl. Die Reihenfolge der Aufenthaltsgründe ist kennzeichnend: 38 % nennen Kunstmuseumsbesuch als Motiv für ihren Aufenthalt, bei fast 15 % ist es ein Familienbesuch und als drittes Motiv wird mit 9 % das Shoppen und Flanieren genannt" (Bandi 2007: 14 f.).

Obwohl diese Beschreibung in ihrer Kürze nur wenig marketingrelevante Informationen bereithält und keine deutliche Abgrenzung zwischen „Auch-Kulturtouristen" und „Kulturtouristen" gelingt, wird mit ihrer Hilfe erneut die Notwendigkeit einer Differenzierung der Kulturtouristen in weitere Subgruppen ersichtlich. Betont sei darüber hinaus aber auch, dass Ergebnisse von Fallstudien, – die etwa wie bei diesem Beispiel auf den Kunstmuseumstourismus fokussiert sind – keine für den Kulturtourismus allgemeingültigen Aussagen hervorbringen können.

3.4 Kulturtouristen als internationaler Forschungsgegenstand

Was nun für den deutschsprachigen Raum aufgezeigt wurde, kann im internationalen Vergleich mit den vorliegenden Studien nicht widerlegt werden: Es bleibt ein Wissensdefizit im Hinblick auf die Kulturtouristen und eine Unterscheidung in Subgruppen zu konstatieren. Gleichwohl wird diese Forschungslücke thematisiert und nach deren Ursachen gefragt. Ähnlich der Situation im deutschsprachigen Raum kommt Richards im internationalen Vergleich zu dem Ergebnis, dass bevölkerungsrepräsentative Erhebungen im Tourismus den Kulturtourismus kaum berücksichtigen. Die Ergebnisse von kulturtouristischen Fallstudien erachtet er, wenn überhaupt öffentlich zugänglich, als nur eingeschränkt vergleichbar (vgl. Richards 2001a: 31 f.). Als Grund für die Vielgestalt der kulturtouristischen Erscheinungsformen verweist Richards ebenfalls auf die Ausweitung des Kulturbegriffs (vgl. Richards 1996b: 26, 2007a: 2). Dieser weite Kulturbegriff manifestiert sich beispielsweise in der „typology of cultural tourism" von Smith wie folgt:

- „Heritage sites (e.g. archaeological sites, whole towns, monuments, museums).
- Performing arts venues (e.g. theatres, concert halls, cultural centres).
- Visual arts (e.g. galleries, sculpture parks, photography museums, architecture).
- Festivals and special events (e.g. music festivals, sporting events, carnivals).
- Religious sites (e.g. cathedrals, temples, pilgrimage destinations, spiritual retreats).
- Rural environments (e.g. villages, farms, national parks, ecomuseums).
- Indigenous communities and traditions (e.g. tribal people, ethnic groups, minority cultures).
- Arts and crafts (e.g. textiles, pottery, painting, sculpture).
- Language (e.g. learning or practice).
- Gastronomy (e.g. wine tasting, food sampling, cookery courses).
- Industry and commerce (e.g. factory visits, mines, breweries and distilleries, canal trips).
- Modern popular culture (e.g. pop music, shopping, fashion, media, design, technology).
- Special interest activities (e.g. painting, photography, weaving)" (Smith 2006: 31).

Definition und begriffliche Abgrenzung des Kulturtourismus werden auch hinsichtlich einer Differenzierung in „Specific Cultural Tourists" und „General Cultural Tourists" thematisiert (vgl. Richards 1996b: 21). Äußerst anschaulich und kritisch skizzieren McKercher und Du Cros die vermeintlich homogene Gestalt und Erscheinung der Kulturtouristen und untermauern damit die Notwendigkeit einer weiteren Segmentierung:

> „Tourists participate in a wide variety of activities when they travel. Some activities relate directly to the primary purpose of the visit, but most of them do not. A business traveler may do some duty-free shopping before returning home. Would you label that person a shopping tourist? Probably not, unless the person felt the label applied. Would you label a tourist who has a bottle of wine with a meal as a

wine tourist? Again, probably not, even if the wine was very nice. Would you call a convention delegate who attends a reception in an art gallery a cultural tourist? Probably not. Yet that is exactly what happens with cultural tourism. Because someone participates in a named activity, that person is labeled as a cultural tourist with all the connotations such a label implies" (McKercher/Du Cros 2002: 138).

Auf die Frage „What is cultural tourism" folgt schließlich die Antwort: „This seemingly simple question is actually very difficult to answer because there are almost as many definitions or variations of definitions of cultural tourism as there are cultural tourists" (McKercher/Du Cros 2002: 3).

Um eine empirische Antwort auf diese Frage ist seit den 1990er Jahren die Association for Tourism and Leisure Education (ATLAS) bemüht. Mehr als 70 Länder gehören dieser internationalen Plattform mittlerweile an. Aktuelle Handlungsfelder im Tourismus werden hier ausgelotet, im Rahmen von Tagungen und Kursen diskutiert und in empirischen Untersuchungen bearbeitet. Die Vereinigung gliedert sich nach Interessensbereichen in verschiedene Fachbereiche.[19] Die Cultural Tourism Research Group lancierte 1991 mit Unterstützung der Europäischen Kommission das Cultural Tourism Research Project. Als Projektziele wurden formuliert:

1   „Devise definitions of the nature and scope of cultural tourism
2. Collect data on cultural tourism visits to European attractions
3. Assess the profile and motivations of cultural tourists
4. Develop case studies of cultural tourism management" (Richards 2001a: 35 f.).

Eine empirische Untersuchung der Kulturtouristen wurde zuletzt im Jahr 2007 durchgeführt. Insgesamt wurden über 4.600 Fragebögen in Griechenland, Italien, Lettland, Mexiko, Österreich, Portugal, Rumänien und Vietnam ausgefüllt. Der internationale Fokus kann als Alleinstellungsmerkmal der Erhebung betrachtet werden. Vergleichbare Studien sind derzeit nicht bekannt. Die Wahl der Erhebungsorte weist auf Erscheinungsformen des Kulturtourismus hin: „Museum", „Religious site", „Historic site", „Festival", „Gallery/exhibition", „Whole city", „Heritage/tourism centre" und „Archaelogical site" (Richards o. J.: 2 f.). Bei der Konstruktion des Fragebogens wurden neben soziodemografischen auch verhaltensorientierte und psychographische Merkmale berücksichtigt. Eine Segmentierung wurde nicht vorgenommen, folglich blieb eine Differenzierung der Kulturtouristen aus. Die Frage nach der Urlaubsart („Holiday type") lässt jedoch Unterschiede zwischen den Kulturtouristen erahnen: An erster Stelle wird „Cultural holiday" mit knapp 35 % genannt, gefolgt von „Touring holiday" (ca. 22 %)

---

19 Informationen sind auf der Website der Organisation zugänglich: http://www.atlas-euro.org

und „City trip" (ca. 22 %). Mit großem Abstand folgen „Sun/beach holiday" (ca. 7 %), „Ecotourism/nature holiday" (knapp 5 %), „Health/wellness" (ca. 4 %), „Rural holiday" (ca. 3 %), „Creative/educational holiday" (ca. 3 %) und „Sports holiday" (ca. 2 %) (vgl. Richards o. J.: 6). Zumindest die letztgenannten Urlaubsarten ließen sich im Falle einer differenzierten Betrachtung den „Auch-Kulturtouristen" zuordnen.

2004 wurde im Rahmen des Cultural Tourism Research Projects ebenfalls eine Erhebung durchgeführt. Da die Ausführungen trotz ähnlicher Fragebogenkonstruktion umfassender sind als 2007, soll diese Studie kurz aufgegriffen werden. Die Datensätze wurden mit ca. 81 % überwiegend in europäischen Ländern gewonnen. Teilgenommen haben Belgien, Dänemark, Finnland, Holland, Irland, Österreich, Portugal, Rumänien, Serbien-Montenegro, Spanien, Tschechien, Türkei, Ungarn und das Vereinigte Königreich. Die verbleibenden knapp 20 % entfielen auf Argentinien, Australien, Chile, China, Japan, Mosambik und Neuseeland. Als spezifisch kulturtouristische Befragungsorte wurden aufgesucht: „Museum", „Religious site", „Historic site", „Festival", „Gallery/exhibition", „City", „Arts & Crafts centre of fair", „Parks/Theme Parks" und „Monument" (vgl. Richards/Queirós 2005: 5 f.). In der Befragung wurde zwischen „residents" und „tourists" unterschieden. Im Ergebnis zeigt sich, dass die Ergebnisse von Besucherbefragungen in Kulturbetrieben keinesfalls auf die Kulturtouristen angewendet werden können:

> „Locals tend to visit more arts events such as cinema, theatres, traditional festivals, dance and music events or art galleries, while more tourists are found at cultural sites such as museums, monuments, religious and historic sites. Arts events are much more popular among locals mainly because it is easier for them to access these events throughout the year, while tourists lack time and information about such events. The language is another limitation for foreign tourists. Tourists in general tend to visit more cultural attractions that can help them to improve their knowledge about the destinations they visit, and these attractions are in most cases are their main motivation to visit the destination" (Richards/Queirós 2005: 7).

Als Kulturtouristen werden in der Erhebung Reisende verstanden, „who defined their holiday as ‚cultural'" (Richards/Queirós 2005: 14). Die Auch-Kulturtouristen finden demzufolge keine Berücksichtigung. Diesem Verständnis nach lassen sich die Kulturtouristen von anderen Touristen wie folgt abgrenzen:

> „As cultural tourists are older than the other tourists they are more likely to have higher educational levels (67,2 %) and this can also explain the smaller percentage of students among cultural tourists (11,6 %). Cultural tourists are also more likely to be self employed and work as professionals, and in general they have higher status jobs than other types of tourists.

Cultural tourists are also more likely to have an occupation linked to the cultural sector (32,1 %) than other tourists (26 %). This association has been fairly constant in the ATLAS surveys over the years. It appears that people from the cultural sector are likely to consume culture during their holidays as well, and are particularly likely to see themselves as ‚cultural tourists'" (Richards/Queirós 2005: 14).

Ein Vergleich der Reisemotive macht darüber hinaus deutlich, dass jedes der aufgeführten Motive – „Visiting to be entertained", „Visiting for sightseeing", „Visiting to learn new things", „To find out more about local culture", „To experience the atmosphere" – den Kulturtouristen deutlich wichtiger ist als den verbleibenden Touristen (vgl. Richards/Queirós 2005: 15). Im nationalen Vergleich lassen sich ebenfalls deutliche Unterschiede ausmachen. Das Motiv „To find out more about local culture" bewerten Amerikaner beispielsweise auf einer Skala von 1 bis 5 mit knapp 4,3 am höchsten; erst an siebter Stelle folgen deutsche Kulturtouristen mit ca. 4,0 vor den Schlusslichtern Holland und Belgien (< 4,0) (vgl. Richards/Queirós 2005: 17).

Im Schlusswort der Studie wird erneut deutlich, weshalb eine Differenzierung der Kulturtouristen und insbesondere eine Fokussierung der „Auch-Kulturtouristen" ein erfolgreiches Agieren im Kulturtourismus bedingt: „However, as already underlined in previous surveys, the true ‚cultural' – those motivated by culture to travel away from home – remain a minority within the overall cultural visitor population" (Richards/Queirós 2005: 23).

Als Stärken des Cultural Tourism Research Projects können die internationale Ausrichtung sowie die Fokussierung auf verschiedene Erscheinungsformen des Kulturtourismus erachtet werden. Auf diese Weise ergibt sich erstmals eine Gesamtschau des Phänomens Kulturtourismus, die deutlich über Ergebnisse von Fallstudien hinausgeht. Erhebungen aus den 1990er Jahren sowie künftig geplante Studien werden darüber hinaus langfristig eine Betrachtung der Entwicklung des Kulturtourismus ermöglichen. Was den Kulturtouristen jedoch als Kulturtourismus gilt, wird auch in diesen Erhebungen nicht berücksichtigt. Die nun mehrfach geforderte Typ-in-Typ-Typologie des Kulturtourismus markiert weiterhin eine Forschungslücke.

4 Ansätze zum Überwinden empirischer Hürden

Eine erfolgreiche Kooperation von Kultur und Tourismus setzt auf beiden Seiten differenziertes Wissen über die gemeinsamen Zielgruppen voraus. Angesichts der skizzierten Marktentwicklung reicht es nicht mehr aus, Kultur als touristischen Attraktivitätsfaktor zu begreifen und ausgestattet mit einem Koffer kulturtouristischer Angebote auf den Zug Kulturtourismus aufzuspringen. Anspruchsvoller gewordene und vielseitig motivierte Passagiere verlangen nach zielgruppengerechten Packages. Unter dieser Prämisse wurde der Anspruch eines nachhaltigen Kulturtourismus formuliert und den nachfolgenden Ausführungen zu Grunde gelegt. In der Zusammenschau der empirischen Befunde aber zeigt sich ein Baukasten, der zwar mit Inhalt gefüllt ist, aber kaum passgenaue Bausteine für eine zielgruppenspezifische Marktbearbeitung bereithält.

Obwohl das Irish Tourist Board bereits 1988 eine empirisch begründete Unterscheidung in „Special Cultural Tourists" und „General Cultural Tourists" in die kulturtouristische Forschungsdiskussion eingeführt hat, setzten sich nachfolgende Studien weitestgehend über diese Erkenntnis hinweg und suggerieren damit vermeintliche Homogenität unter den Kulturtouristen. So bleiben insbesondere die „Auch-Kulturtouristen" bisweilen ein unbeschriebenes Blatt. Als unbedingtes Forschungsdesiderat wird daher eine differenzierte Betrachtung der Kulturtouristen formuliert. Ziel sollte eine Typ-in-Typ-Typologie sein, die es erlaubt, Subgruppen auszumachen und voneinander abzugrenzen. Als Kriterien zur Segmentierung werden neben soziodemografischen[20] vor allem psychographische und verhaltensorientierte Merkmale vorgeschlagen. Aus psychographischer Perspektive interessieren insbesondere die Reisemotive der Kulturtouristen.

> „Unter Reisemotiven verstehen wir die Gesamtheit der individuellen Beweggründe, die dem Reisen zugrunde liegen. Psychologisch gesehen handelt es sich um Bedürfnisse, Strebungen, Wünsche, Erwartungen, die Menschen veranlassen, eine Reise ins Auge zu fassen bzw. zu unternehmen. Wie andere Motive auch sind sie individuell verschieden strukturiert und von der sozio-kulturellen Umgebung beeinflußt" (Braun 1993: 199).

Die F.U.R hat wie oben aufgezeigt zur Abfrage und Messung der Reisemotive von Kulturtouristen die Formulierung „Etwas für Kultur und Bildung tun" herangezogen. Unter der Maßgabe eines nachfrageorientierten Verständnisses von Kulturtourismus wurde die Validität solcher Reisemotiverhebungen in Frage gestellt. Bilden solche Fragestellungen tatsächlich das ab, was Kulturtouristen als kulturell empfinden und sie kulturell motiviert? Bei der Durchsicht theoretischer Ansätze der touristischen Motivforschung[21] stellt sich gar die Frage, ob Reisemotive von Kulturtouristen überhaupt kulturell konnotiert oder gar nur Ausdruck von menschlichen Bedürfnissen allgemeinerer Art sind, wie zum Beispiel Erholung, Kontrast zum Alltag, Selbstfindung etc., und so für nahezu jegliche Form

---

20 Da soziodemografische Merkmale in der Ausbildung und Abgrenzung von gesellschaftlichen Gruppen zunehmend an Relevanz verlieren, wird der Nutzen einer ausschließlich soziodemografischen Segmentierung für die Gewinnung marketingrelevanter Informationen als nicht hinreichend erachtet (vgl. Klein 2005b: 140 f.).
21 Vgl. zum Beispiel Krippendorf (1986: 64 ff.), Mundt (2006: 116 ff.) und Steinecke (2006: 47 ff.).

des Reisens gelten können. In diesem Kontext gewinnt die Frage nach dem Vermittlungsanspruch von Kulturtourismus an Relevanz. Können Kulturbetriebe überhaupt mit Vermittlungsangeboten auf die Motive und Bedürfnisse der Kulturtouristen reagieren und wenn ja, welche konkreten Vermittlungsformen könnten in Betracht gezogen werden?

Neben den Reisemotiven lassen sich verhaltensorientierte Merkmale erheben, die insbesondere die Ausübung kultureller Aktivitäten erfassen sollen. Erneut stellt sich hier die Frage, was Kulturtouristen nun tatsächlich als kulturell empfinden und in welchem kulturellen Reiseverhalten sich dieses Verständnis niederschlägt. Darüber hinaus verlangt eine zielgruppengerechte Angebotsgestaltung Rahmenangaben wie zum Beispiel Buchung der Reise, Anreise und Unterkunft sowie Dauer der Reise. Diese Angaben lassen sich meist einfach mit Hilfe standardisierter Befragungen gewinnen.

Die Ergebnisse der hier vorgestellten Studien wurden überwiegend mit Hilfe von schriftlichen Befragungen gewonnen. Solche meist vollständig strukturierten Interviews weisen hinsichtlich der Fragestellungen eine vorab definierte Reihenfolge sowie vorformulierte Antwortkategorien auf (vgl. Diekmann 2008: 437). Das skizzierte Forschungsdefizit aber kann nur behoben werden, wenn die Informationsbereitschaft des Befragten nicht durch geschlossene Fragen mit vorgegebenen Antwortkategorien – wie sie für die quantitative Sozialforschung kennzeichnend sind – behindert wird. Qualitative Methoden der Befragung hingegen weisen die notwendige Offenheit gegenüber der Untersuchungsperson auf (vgl. Lamnek 2005: 21). Unter der Maßgabe eines nachfrageorientierten Verständnisses von Kulturtourismus wird daher für den Einsatz qualitativer Methoden der Befragung plädiert. Angesichts der beschriebenen Datenlage und konstatierten Wissenslücken würde eine solche Untersuchung den Charakter einer explorativen Pilotstudie annehmen. Die gewonnenen Ergebnisse könnten in Folge quantitativen Studien zugrunde gelegt werden (vgl. Berekoven/Eckert/Ellenrieder 2006: 95 und Diekmann 2008: 33 f.).

In Anlehnung an das Vorgehen im Rahmen des Cultural Tourism Research Projects könnten als Erhebungsorte die verschiedenen Erscheinungsformen des Kulturtourismus aufgesucht werden. Demzufolge würde sich die Erhebung durch die Anwendung der Standortmethode auszeichnen. Die Vorzüge von Vor-Ort-Erhebungen im Vergleich beispielsweise zu Telefoninterviews betrifft insbesondere die Validität des tatsächlichen Verhaltens der Kulturtouristen.

Stärker als jedoch in der Studie des Cultural Tourism Research Projects sollte neben einem Gesamtüberblick des Phänomens Kulturtourismus der Fokus auf einen Vergleich gerichtet werden, der es erlaubt, Unterschiede wie Gemeinsamkeiten in der kulturtouristischen Nachfrage der verschiedenen Erscheinungsformen zu eruieren. Bei den Untersuchungspersonen gilt es zwischen einheimischen Besuchern und Touristen zu unterscheiden. Letztere können weiter differenziert werden nach Tages- und Übernachtungsgästen.

Ein für die Untersuchung relevanter theoretischer Bezugsrahmen könnte, insbesondere im Hinblick auf das Reiseverhalten der Kulturtouristen, das aus der Sozialpsychologie[22] stammende Einstellungskonzept sein, da Einstellungen Verhalten implizieren:

> „Das [Einstellungs]konzept ist ein theoretisches Konzept der Sozialpsychologie zur Erklärung und Prognose menschlichen Verhaltens. Es lassen sich drei verschiedene Komponenten der E. unterscheiden: a, die kognitive oder Wissenskomponente (die Wahrnehmungen und Vorstellungen von dem Objekt), b, die affektive oder evaluative Komponente (die gefühlsmäßigen oder bewerteten Regungen gegenüber dem Objekt, und c, die konative oder Handlungskomponente (die Verhaltenstendenzen gegenüber dem Objekt)" (Peuckert 2006: 57).[23]

In der Konsumentenverhaltensforschung wurde auf die Verwendung von Einstellungen im Marketing verwiesen. Danach lassen sich mit Hilfe von Einstellungsmessungen vorherrschende Konsumenteneinstellungen feststellen und Handlungsempfehlungen für eine zielgruppenspezifische Bearbeitung des Marktes ableiten (vgl. Kroeber-Riel/Weinberg 2003: 212).

Die Erklärung von Verhalten basiert in der Konsumentenverhaltensforschung auf der so genannten „kognitiven Theorie" (Kroeber-Riel/Weinberg 2003: 23). Entgegen behavioristischer Theorien wird Verhalten („Reaktion") nicht ausschließlich auf Grundlage von beobachtbaren Reizen („Stimulus") erklärt. Die kognitive Theorie richtet ihren Blick auf nicht beobachtbare Größen, die zwischen Reiz und Verhalten geschaltet sind. Zur Beschreibung dieser theoretischen Größen wurde der Begriff „intervenierende Variable" (Kroeber-Riel/Weinberg 2003: 29) eingeführt; als solche lassen sich Einstellungen begreifen. Das beschriebene theoretische Gebilde wird in der Konsumentenverhaltensforschung als „S-I-R-Modell" (Kroeber-Riel/Weinberg 2003: 30) bezeichnet.

---

22 Eine Tourismuswissenschaft, die eigens für die Erforschung des Tourismus entwickelte Methoden bereithält, existiert nicht. Der Tourismus bedient sich der Methoden anderer Disziplinen, eben zum Beispiel derer der Sozialpsychologie (vgl. Bieger 2006: 45).
23 Weiterführende Literatur zum Einstellungskonzept vgl. zum Beispiel Fischer/Wiswede (2009), Haddock/Gregory (2007) und Witte (1994).

5 Fazit: Der Wert empirischer Befunde für den Kulturbetrieb

Zwischen dem theoretischen Anspruch einer nachfrageorientierten Definition von Kulturtourismus und der Frage nach dessen praktischer Umsetzung liegen bisweilen nicht überwundene empirische Hürden. Ein Forschungsprojekt wie es hier abschließend skizziert wurde, kann zum Überwinden dieser Hürden beitragen und die aufgezeigte Forschungslücke schließen helfen. Antworten auf die Fragen:

- Was empfinden Kulturtouristen als kulturell?
- Wie lässt sich ihre kulturelle Motivation beschreiben?
- In welchem kulturellen Verhalten schlägt sich diese nieder und
- welchen Vermittlungsanspruch melden sie an?

können Kulturbetrieben konkrete Anforderungen im Umgang mit Kulturtouristen aufzeigen und zur Entscheidung für oder gegen die Entwicklung eines Kulturtourismuskonzepts maßgeblich beitragen. Ist die Entscheidung für die Entwicklung kulturtouristischer Angebote gefallen, lassen sich auf Grundlage des empirischen Wissens konkrete Strategien und Maßnahmen ableiten. Beispielsweise wird ein Kulturtourist, der seine Freizeit mit regelmäßigen Museumsbesuchen gestaltet und ausschließlich aus kultureller Motivation verreist, an die Vermittlungsarbeit einer Kultureinrichtung voraussichtlich einen anderen Anspruch stellen als eine Familie, die primär der Erholung wegen verreist und sich aufgrund schlechten Wetters zum Museumsbesuch entschließt. Bereits dieses eine Beispiel zeigt: Eine empirisch fundierte, differenzierte Kenntnis der Kulturtouristen verleiht dem Phänomen Kulturtourismus Transparenz und stellt das Fundament eines nachhaltigen Kulturtourismus dar.

Literatur

Ablasser, Barbara (1995): Besucherstruktur und wirtschaftsfördernde Wirkungen von kulturellen Großveranstaltungen dargestellt am Beispiel der Ausstellung „Gold der Götter, Gold der Anden" in Metz (Diplomarbeit Universität Trier). Trier
ADAC Verlag GmbH (Hrsg.) (2008): Reisemonitor 2008. In: http://media.adac.de/fileadmin/user_upload/pdf/Reisemonitor_2008.pdf (Stand: 20.12.2008)
Arbeitsgruppe Kultur und Kulturbüro im Kommunalverbund Niedersachsen Bremen e.V. (Hrsg.) (2002): Fachtag Kultur und Tourismus. Dokumentation. Lilienthal
Bachleitner, Reinhard/H. Jürgen Kagelmann (Hrsg.) (2003): KulturStädteTourismus (Tourismuswissenschaftliche Manuskripte, Bd. 11). München: Profil

Bachleitner, Reinhard/Mynda Schreuer/Martin Weichbold (2005): Das Museum der Moderne Salzburg aus der Sicht seiner Besucher (Tourismuswissenschaftliche Manuskripte, Bd. 14). München/Wien: Profil

Bandi, Monika (2007): Kunstmuseen und Tourismus. Eine Marktsegmentierung der Museumstouristen (Berner Studien zu Freizeit und Tourismus, Bd. 47). Bern: FIF

Bär, Sören (2006): Ganzheitliches Tourismus-Marketing. Die Gestaltung regionaler Kooperationsbeziehungen. Wiesbaden: DUV

Becker, Christoph (1993): Kulturtourismus: Eine Einführung. In: Becker/Steinecke (1993): 7-9

Becker, Christoph (2003): Destinationsmanagement. In: Becker/Hopfinger/Steinecke (2003): 464-474

Becker, Christoph/Albrecht Steinecke (Hrsg.) (1993): Kulturtourismus in Europa: Wachstum ohne Grenzen? (ETI-Studien, Band 2). Trier

Becker, Christoph/Albrecht Steinecke (1997): KulturTourismus: Strukturen und Entwicklungsperspektiven. Studienbrief des Weiterbildenden Studiums Kultur TourismusManagement der FernUniversität Hagen. Hagen

Becker, Christoph/Hans Hopfinger/Albrecht Steinecke (Hrsg.) (2003): Geographie der Freizeit und des Tourismus. Bilanz und Ausblick. München/Wien: Oldenbourg

Bendixen, Peter (1998a): Kulturtourismus. Kulturentwicklung durch Fremdenverkehr. In: Bendixen (1998b): C 1.5

Bendixen, Peter (Hrsg.) (1998b): Handbuch KulturManagement. Stuttgart: Raabe Verlag

Berekoven, Ludwig/Werner Eckert/Peter Ellenrieder (2006): Marktforschung. Methodische Grundlagen und praktische Anwendung. 11., überarbeitete Auflage. Wiesbaden: Gabler

Bieger, Thomas (2006): Tourismuslehre – Ein Grundriss. 2., überarbeitete Auflage. Bern/Stuttgart/Wien: UTB

Braun, Ottmar L. (1993): (Urlaubs-)Reisemotive. In: Hahn/Kagelmann (1993): 199-207

Degerer, Susanne (2007): Kulturtourismus in Niedersachen. Neue Wege, das Land zu erfahren. In: Grünewald Steiger/Brunotte (2007): 29-33

Deutscher Tourismusverband e.V. (DTV) (2006): Grundlagenuntersuchung Städte- und Kulturtourismus in Deutschland (Langfassung). In: www.Deutschertourismusverband.de/content/files/staedtebroschuere_lang.pdf (Stand: 10.06.2008)

Deutscher Tourismusverband e.V. (DTV) (2007): Tourismus in Deutschland 2006. Zahlen – Daten – Fakten. Bonn

Deutsches Seminar für Fremdenverkehr (Hrsg.) (1988): Kultur und Tourismus. Dokumentation zum Fachkursus 218/88. Berlin

Deutsches Seminar für Fremdenverkehr (Hrsg.) (1989): Im Städtetourismus erfolgreich inszenieren! Berlin

Diekmann, Andreas (2008): Empirische Sozialforschung. Grundlagen, Methoden, Anwendungen. 19. Auflage. Reinbek bei Hamburg: Rowohlt

Dietsch, Klaus A. (2000): Studienreisen. In: Dreyer (2000b): 71-99

Dillmann, Martina (2007): Städtetourismus: Kultur erleben. Besucherorientierung im Jüdischen Museum Berlin. In: Grünewald Steiger/Brunotte (2007): 61-73

Dreyer, Axel (2000a): Der Markt für Kulturtourismus. In: Dreyer (2000b): 25-48

Dreyer, Axel (Hrsg.) (2000b): Kulturtourismus. 2., unwesentlich veränderte Auflage. München/Wien: Oldenbourg

Eder, Walter (1993): Wissenschaftliche Reiseleitung und Kulturtourismus. In: Becker/Steinecke (1993): 161-184

Eichbaum, Christa (2008): Kulturtourismus in Mecklenburg-Vorpommern und die Synergien durch die Entwicklung des Kulturmanagements seit Mitte der 90er Jahre. In: Lewinski-Reuter/Lüddemann (2008): 291-320

Fischer, Lorenz / Günter Wiswede (2009): Grundlagen der Sozialpsychologie. 3., völlig neu bearbeitete Auflage. München: Oldenbourg

Forschungsgemeinschaft Urlaub und Reisen e.V. (F.U.R) (1998): Modul Kultur. Marktforschungsergebnisse zum Kulturtourismus in Deutschland. In: Museumskunde Heft 63/1. 18-37

Forschungsgemeinschaft Urlaub und Reisen e.V. (F.U.R) (Hrsg.) (2003): Urlaubsarten. Kiel

Forschungsgemeinschaft Urlaub und Reisen e.V. (F.U.R) (Hrsg.) (2005a): Urlaubsmotive. Kiel

Forschungsgemeinschaft Urlaub und Reisen e.V. (F.U.R) (Hrsg.) (2005b): Urlaubsarten. Kiel

Forschungsgemeinschaft Urlaub und Reisen e.V. (F.U.R) (Hrsg.) (2006): Kurzurlaubsreisen. Kiel.

Forschungsgemeinschaft Urlaub und Reisen e.V. (F.U.R) (Hrsg.) (2008): Reiseanalyse 2008. Erste Ergebnisse. In: http://www.reiseanalyse.de/downloads/Reiseanalyse_2008.pdf (Stand: 28.07.2008)

Freyer, Walter (2007): Tourismus-Marketing. Marktorientiertes Management im Mikro- und Makrobereich der Tourismuswirtschaft. 5., überarbeitete Auflage. München/ Wien: Oldenbourg

Freyer, Walter (2009): Einführung in die Fremdenverkehrsökonomie. 9., überarbeitete und aktualisierte Auflage. München/Wien: Oldenbourg

Freytag, Tim/Michael Hoyler (2002): Heidelberg und seine Besucher. Ergebnisse der Gästebefragung 2000/01. In: http://archiv.ub.uni-heidelberg.de/volltextserver/ volltexte/2002/2116/pdf/HD_tourismus2001.pdf (Stand: 01.02.2009)

Friedrich, Juan Camillo (2007): Kulturtourismus: Marktanalyse einer sich wandelnden touristischen Erscheinungsform. Unter schwerpunktmäßiger Berücksichtigung des Erlebnismarktes sowie Möglichkeiten und Grenzen einer nachhaltigen Produktentwicklung am Beispiel des Events. Hamburg: Diplomica

Gayler, Brigitte (1991): Erwartungen und Bedürfnisse der Studienreisenden. In: Günter (1991): 117-131

Glogner, Patrick (2008): Empirische Methoden der Besucherforschung. In: Klein (2008): 591-614

Gnad, Friedrich (2002): Kultur im Tourismus – Angebotsfelder, Entwicklungen, Strategien. In: Arbeitsgruppe Kultur und Kulturbüro im Kommunalverbund Niedersachsen Bremen e.V. (2002): 7-13

Göllnitz, Angela/Rolf Hackenbroch (2000): Besucherstruktur und wirtschaftliche Bedeutung des Bachfestes Leipzig. In: Heinrichs/Klein (2000): 29-44

Grünewald Steiger, Andreas (2007): Über Kulturtouristen oder: Die feinere Art des Reisens. Epilog. In: Grünewald Steiger/Brunotte (2007): 145-148
Grünewald Steiger, Andreas/Jörn Brunotte (Hrsg.) (2007): Kultur: Kulturtourismus. Qualitäten des kultivierten Reisens. Wolfenbüttel
Günter, Wolfgang (1993): Bildungsreise, Studienreise. In: Hahn/Kagelmann (1993): 355-362
Günter, Wolfgang (Hrsg.) (1991): Handbuch für Studienreiseleiter. Pädagogischer, psychologischer und organisatorischer Leitfaden für Exkursionen und Studienreisen. 2., überarbeitete und ergänzte Auflage. Starnberg
Günther, Armin et al. (Hrsg.) (2007): Tourismusforschung in Bayern. Aktuelle sozialwissenschaftliche Beiträge. München; Profil
Haddock, Geoffrey / Gregory R. Maio (2007): Einstellungen: Inhalt, Struktur und Funktionen. In: Jonas/Stroebe/Hewstone (2007): 187-224
Hahn, Heidi (1988): Kultur- und Kunstreisende in Deutschland. Zur Typologie des kulturmotivierten Touristen. In: Deutsches Seminar für Fremdenverkehr (1988)
Hahn Heinz/H. Jürgen Kagelmann (Hrsg.) (1993): Tourismuspsychologie und Tourismussoziologie. Ein Handbuch zur Tourismuswissenschaft. München: Quintessenz
Hausmann, Andrea (2002): Kulturtouristen als wichtiges Besuchersegment im Marketing von Kulturbetrieben. In: Tourismus Journal. Heft 1. 49-57
Hausmann, Andrea (2009): Kultur und Tourismus: Marketingimplikationen für eine strategische Allianz. Erscheint in: John/Schild/Hieke (2009)
Häusser, Tilmann/Monika Friedrich (1998): Ökonomische Sekundäreffekte auf den örtlichen Einzelhandel sowie Gastronomie- und Beherbergungsbetriebe durch Ausstellungsbesucher der Kunsthalle Tübingen. In: Heinrichs/Klein (1998): 86-102
Heinrichs, Werner (1999): Kulturmanagement. Eine praxisorientierte Einführung. 2., grundlegend überarbeitete Auflage. Darmstadt: Wissenschaftliche Buchgesellschaft
Heinrichs, Werner/Armin Klein/Peter Hellmig (1999): Kultur und Stadtmarketing in Mittelstädten. Teilergebnisse eines Forschungsprojekts der Wüstenrot-Stiftung. In: Heinrichs/Klein (1999): 113-140
Heinrichs, Werner/Armin Klein (Hrsg.) (1998): Deutsches Jahrbuch für Kulturmanagement 1997 (Band 1). Baden-Baden: Nomos
Heinrichs, Werner/Armin Klein (Hrsg.) (1999): Deutsches Jahrbuch für Kulturmanagement (Band 2). Baden-Baden: Nomos
Heinrichs, Werner/Armin Klein (Hrsg.) (2000): Deutsches Jahrbuch für Kulturmanagement 1999 (Band 3). Baden-Baden: Nomos
Heinze, Thomas (1999a): Konzeptionelle und marketingstrategische Überlegungen zum (regionalen) Kulturtourismus. In: Heinze (1999b): 1-16
Heinze, Thomas (Hrsg.) (1999b): Kulturtourismus. Grundlagen, Trends und Fallstudien. München/Wien: Oldenbourg
Heinze, Thomas (2008): Kultursponsoring, Museumsmarketing, Kulturtourismus. Ein Leitfaden für Kulturmanager. 3., erweiterte Auflage. Wiesbaden: VS
Hoffmann, Robert (2008): Die Erfindung der Tradition. Welterbe und Identität am Beispiel Salzburgs. In: Luger/Wöhler (2008): 127-138
Institut für Kulturmarktforschung (2006): Besucheranalyse „Kulturtourismus in Brandenburg 2005". Eine Untersuchung im Auftrag des brandenburgischen Ministeriums für

Wissenschaft, Forschung und Kultur. In: http://kulturportal.maerkischeallgemeine.de/cms/dokumente/10658998_3879725/bca08746/Besucherumfrage%202005%20Grafiken.pdf (Stand: 20.11.2008)

Institut für sozial-ökologische Forschung (ISOE) (Hrsg.) (2005): Urlaubs- und Reisestile – ein Zielgruppenmodell für nachhaltige Tourismusangebote (ISOE-Studientexte, Nr. 12). Frankfurt am Main

ITB Berlin (2008): ITB Berlin Auftakt. In: http://www1.messe-berlin.de/vip8_1/website/Internet/Internet/www.itb-berlin/pdf/Publikationen/AUFTAKT_2008_-_Internetversion_-_normal.pdf (Stand: 20.02.2008)

Jätzold, Ralph (1993): Differenzierungs- und Förderungsmöglichkeiten des Kulturtourismus und die Erfassung seiner Potentiale am Beispiel des Ardennen-Eifel-Saar-Moselraumes. In: Becker/Steinecke (1993): 135-144

John, Harmut/Hans-Helmut Schild/Katrin Hieke (Hrsg.) (2009): Museen und Tourismus. Wie man Tourismusmarketing wirkungsvoll in die Museumsarbeit integriert. Bielefeld: transcript Verlag (im Druck)

Jonas, Klaus/Wolfgang Stroebe/Miles Hewstone (2007): Sozialpsychologie. Eine Einführung. 5., vollständig überarbeitete Auflage. Heidelberg: Springer

Kagelmann, H. Jürgen/Nico Scherle/Marlen Schlaffke (2003): Städtetourismus und populäre Kultur. In: Bachleitner/Kagelmann (2003): 165-176

Keuchel, Susanne/Johannes Wiesand (2008): KulturBarometer 50+. „Zwischen Bach und Blues…". Ergebnisse einer Bevölkerungsumfrage. Bonn: ARCult Media

Keul, Alexander G./Anton Kühberger (1996): Die Straße der Ameisen. Beobachtungen und Interviews zum Salzburger Städtetourismus (Tourismuswissenschaftliche Manuskripte, Bd. 1). München/Wien: Profil

Klein, Armin (2005a): Nachhaltigkeit als Ziel von Kulturpolitik und Kulturmanagement – ein Diskussionsvorschlag. In: Klein/Knubben (2005): 9-28

Klein, Armin (2005b): Kulturmarketing. Das Marketingkonzept für Kulturbetriebe. 2., aktualisierte Auflage. München: dtv

Klein, Armin (2007a): Der exzellente Kulturbetrieb. Wiesbaden: VS

Klein, Armin (Hrsg.) (2007b): Starken Marken im Kulturbetrieb. Baden-Baden: Nomos

Klein, Armin (Hrsg.) (2008): Kompendium Kulturmanagement. Handbuch für Studium und Praxis. 2., vollständig überarbeitete und erweiterte Auflage. München: Vahlen

Klein, Armin/Thomas Knubben (Hrsg.) (2005): Deutsches Jahrbuch für Kulturmanagement 2003/2004 (Band 7). Baden-Baden: Nomos

Klein, Hans Joachim/Julia Bock/Monica Trinca (2002): Aus Sicht der Besucher: Die Kunsthalle Würth. Künzelsau: Swiridoff

Klein, Hans Joachim/Nora Wegner (2009): Touristen im Museumspublikum. Befunde empirischer Untersuchungen aus Museumsperspektive. In: John/Schild/Hieke (2009)

Kohl, Manuela (2006): Kunstmuseen und ihre Besucher. Eine lebensstilvergleichende Studie. Wiesbaden: DUV

Kolland, Franz (2003): Konfliktlinien im Kulturtourismus. In: Bachleitner/Kagelmann (2003): 9-20

Krippendorf, Jost (1986): Die Ferienmenschen. Für ein neues Verständnis von Freizeit und Reisen. Zürich: dtv

Kroeber-Riel, Werner/Peter Weinberg (2003): Konsumentenverhalten. 8., aktualisierte und ergänzte Auflage. München: Vahlen

Kyrer, Alfred/Michael A. Populorum (1995): Strukturen einer Festspiellandschaft. Das Besucherprofil der Salzburger Festspiele in den Jahren 1992 und 1993 (Schriftenreihe des Instituts für Wirtschaftswissenschaften an der Rechswissenschaftlichen Fakultät der Universität Salzburg, Bd. 11). Regensburg: Transfer

Lamnek, Siegfried (2005): Qualitative Sozialforschung. Lehrbuch. 4., vollständig überarbeitete Auflage. Weinheim/Basel: Beltz

Lersch, Julia (1996): Der Einfluß von großen Freilichtbühnen auf den Kulturtourismus – dargestellt am Beispiel der Seebühne in Bregenz (Diplomarbeit Universität Trier). Trier

Lewinski-Reuter, Verena/Stefan Lüddemann (Hrsg.) (2008): Kulturmanagement der Zukunft. Perspektiven aus Theorie und Praxis. Wiesbaden: VS

Lindstädt, Birte (1994): Kulturtourismus als Vermarktungschance für ländliche Fremdenverkehrsregionen. Ein Marketingkonzept am Fallbeispiel Ostbayern. Trier: Geographische Gesellschaft Trier

Lohmann, Martin (1989): Städtereisen und Städtereisende. Marktforschung im Städtetourismus. In: Deutsches Seminar für Fremdenverkehr (1989): 2-21

Lohmann, Martin (1999): Kulturtouristen oder die touristische Nachfrage nach Kulturangeboten. In: Heinze (1999b): 52-82

Luft, Hartmut (2001): Organisation und Vermarktung von Tourismusorten und Tourismusregionen. Destination Management. Meßkirch: Gmeiner

Luger, Kurt (2008): Welterbe-Tourismus. Ökonomie, Ökologie und Kultur in weltgesellschaftlicher Verantwortung. In: Luger/Wöhler (2008): 17-42

Luger, Kurt/Karlheinz Wöhler (Hrsg.) (2008): Welterbe und Tourismus. Schützen und Nützen aus einer Perspektive der Nachhaltigkeit (Tourismus: transkulturell & transdisziplinär, Bd. 9). Innsbruck: Studien-Verlag

Maschke, Joachim (2005 f.): Tagesreisen der Deutschen (2 Bände) (Wirtschaftswissenschaftliches Institut für Fremdenverkehr e.V. an der Universität München, Nr. 50 f.). München

McKercher, Bob/Hilary Du Cros (2002): Cultural Tourism. The Partnership between Tourism and Cultural Heritage Management. New York/London/Oxford: Haworth Hospitality Press

Mundt, Jörn W. (2006): Tourismus. 3., vollständig überarbeitete und ergänzte Auflage. München/Wien: Oldenbourg

Nahrstedt, Wolfgang (1997): KulturTourismus. Studienbrief des Weiterbildenden Studiums KulturTourismusManagement der FernUniversität Hagen. Hagen

Nahrstedt, Wolfgang (2000): Die Kulturreise – Gedanken zur Charakterisierung einer Reiseform. In: Dreyer (2000b): 5-23

Opaschowski, Horst W. (2008): Tourismusanalyse. Hamburg

Opitz, Stephan (2007): Kulturtourismus in Schleswig-Holstein – eine neue Entwicklung. In: Klein (2007b): 172-176

Peschken, Petra (1995): Industrietourismus im Ruhrgebiet. Besucherbefragungen an fünf ausgewählten industriehistorischen Kulturinstitutionen im Ruhrgebiet (Diplomarbeit. Universität Trier). Trier

Peuckert, Rüdiger (2006): Einstellung, soziale. In: Schäfers/Kopp (2006): 57-59.
Pröbstle, Yvonne (2008): Der ländliche Raum. Ein „Kind des Kulturtourismus"? In: Kulturpolitische Mitteilungen III/2008. Nr. 122. 60 f.
Richards, Greg (1996a): European Cultural Tourism: Trends and Future Prospects. In: Richards (1996c): 225-241
Richards, Greg (1996b): The Scope and Significance of Cultural Tourism. In: Richards (1996c): 21-38
Richards, Greg (Hrsg.) (1996c): Cultural Tourism in Europe. Wallingford: CAB International
Richards, Greg (2001a): The Market for Cultural Attractions. In: Richards (2001b): 31-53
Richards, Greg (Hrsg.) (2001b): Cultural Attractions and European Tourism. New York: CABI Publications
Richards, Greg (2007a): Introduction: Global Trends in Cultural Tourismus. In: Richards (2007b): 1-24
Richards, Greg (Hrsg.) (2007b): Cultural Tourism. Global and Local Perspectives. New York/London/Oxford: Haworth Hospitality Press
Richards, Greg (o. J.): ATLAS Cultural Tourism Survey. Summary Report 2007. In: http://www.tram-research.com/atlas/ATLAS%20Cultural%20Tourism%20Survey%202007.pdf (Stand: 21.11.2008)
Richards, Greg/Célia Queirós (2005): ATLAS Cultural Tourism Research Project 2004. 2004 Survey Report. Barcelona
Rothärmel, Bettina (1996): Management von Musical-Unternehmen – am Beispiel der Stella Musical AG. In: Dreyer (1996): 243-266
Rothärmel, Bettina (1999): Eventmarketing und Sponsoring mit Musicals (am Beispiel der Stella AG). In: Heinrichs/Klein (1999): 90-99
Rothärmel, Bettina (2000): Zur wirtschaftlichen Bedeutung der Stella Musicals unter besonderer Berücksichtigung der Hansestadt Hamburg. In: Heinrichs/Klein (2000): 67-77
Schäfer, Hubert (1998): Musicalproduktionen. Marketingstrategien und Erfolgsfaktoren. Wiesbaden: DUV
Schäfers, Bernhard/Johannes Kopp (Hrsg.) (2006): Grundbegriffe der Soziologie. 9., grundlegend überarbeitete und aktualisierte Auflage. Wiesbaden: VS
Schlinke, Katrin (1996): Die Reichstagsverhüllung in Berlin 1995. Auswirkungen einer kulturellen Großveranstaltung auf die touristische Nachfrage (Materialien der Fremdenverkehrsgeographie, Bd. 34). Trier
Schmude, Jürgen (2007): Der Musicalmarkt in Deutschland. In: Günther et al. (2007): 120-125
Schrand, Axel (1993): Urlaubertypologien. In: Hahn/Kagelmann (1993): 547-553
Schrand, Axel (2007): Der Studienkreis für Tourismus in Starnberg: Die Institutionalisierung der sozialwissenschaftlichen Tourismusforschung in Deutschland. In: Günther et al. (2007): 29-38
Schuck-Wersig, Petra/Gernot Wersig (2005): Die Staatlichen Museen zu Berlin und ihre Besucher. Zusammenfassung aus den Jahren 2001-2004 (Mitteilungen und Berichte aus dem Institut für Museumskunde). In: www.smb.museum/ifm/dokumente/mitteilungen/MIT035.pdf (Stand: 15.01.2009)

Seitz, Erwin/Wolfgang Meyer (2006): Tourismusmarktforschung. Ein praxisorientierter Leitfaden für Touristik und Fremdenverkehr. 2., vollständig überarbeitete Auflage. München: Vahlen

Smith, Melanie K. (2006): Issues in Cultural Tourism Studies. 2. Auflage. London/New York: Routeledge

Steinecke, Albrecht (1994): Kultur und Tourismus: Aktuelle Forschungsergebnisse und künftige Forschungs- und Handlungsfelder. In: Revue de Tourisme – The Tourist Review – Zeitschrift für Fremdenverkehr. Heft 4. 20-24

Steinecke, Albrecht (2006): Tourismus. Eine geographische Einführung. Braunschweig: Westermann Verlag

Steinecke, Albrecht (2007): Kulturtourismus. Marktstrukturen, Fallstudien, Perspektiven. München/Wien: Oldenbourg

Steinecke, Albrecht (2009): Kultur als touristische Attraktion. Stellenwert – Erwartungen – Potenziale. Ergebnisse einer bundesweiten Repräsentativuntersuchung (Präsentation ITB Tourism and Culture Day). In: http://www1.messe-berlin.de/vip8_1/website/MesseBerlin/htdocs/Bilder_upload/Event-Datenbank/2268.pdf (Stand: 27.03.2009)

Stenger, Mario (1998): Repräsentativerhebungen im Tourismus. Ein methodischer und inhaltlicher Vergleich (Materialien der Fremdenverkehrsgeographie, Bd. 45). Trier: Geographische Gesellschaft Trier

Steckenbauer, G. Christian (2003): Kulturtourismus und kulturelles Kapital. Die feinen Unterschiede des Reiseverhaltens. In: TRANS. Internet-Zeitschrift für Kulturwissenschaften. Heft 15. http://www.inst.at/trans/15Nr/09_1/steckenbauer15.htm (Stand: 16.01.2008)

Stolpmann, Markus (2007): Tourismus-Marketing mit Profil. Reiseziele positionieren – Gäste und Kunden gewinnen. Landsberg am Lech: Redline Wirtschaftsverlag

Weissenborn, Benno (1997): Kulturtourismus (Trierer Tourismus Bibliographien, Bd. 10). Trier: Geographische Gesellschaft Trier

Wien-Tourismus (Hrsg.) (2007): Wiener Gästebefragung 2004-2007. Kurzbericht. In: http://b2b.wien.info/data/t-mona0807.pdf (Stand: 07.08.2008)

Witte, Erich H. (1994): Lehrbuch Sozialpsychologie. 2. Auflage. Weinheim: Beltz-PVU.

Wohlmann, Rainer (1993): Repräsentative Befragungen. In: Hahn/Kagelmann (1993): 558-563

World Tourism Organization (WTO)/European Travel Commission (ETC) (Hrsg.) (2005): City Tourism & Culture. The European Experience. In: http://www.etc-corporate.org/resources/uploads/ETC_CityTourism&Culture_LR.pdf (Stand: 21.05.2007)

Autorinnen und Autoren

Patrick S. Föhl, Dr. phil., Diplom-Kulturarbeiter; Arbeits-, Publikations- und Forschungsschwerpunkte: strategisches Kulturmanagement, Kooperationen und Fusionen, Governance, Kulturmarketing, Ausstellungsmanagement, Kulturfinanzierung, Kulturpolitik und Kulturentwicklungsplanung; seit 2006 Leiter der Forschungsgruppe „Regional Governance im Kulturbereich" des Studiengangs Kulturarbeit an der FH Potsdam; 2005 gründete er das Netzwerk für Kulturberatung; seit 1996 hat er in verschiedenen Kultureinrichtungen gearbeitet oder beraten; umfangreiche Publikationstätigkeit zum Kulturmanagement und zur Kulturpolitik in Theorie und Praxis; Gastdozent und Referent an verschiedenen Universitäten sowie Hochschulen in Deutschland, in Polen, in der Schweiz und in den USA.

Patrick Glogner, Dr. phil., Kulturmanager M. A.; Arbeits-, Publikations- und Forschungsschwerpunkte: Publikums-/Besucherforschung, Methoden empirischer Kulturforschung, kulturelle Bildung, Kulturpolitik und Kultursoziologie; seit 2007 Akademischer Rat und stellvertretender Leiter der Abteilung Kultur- und Medienbildung an der Pädagogischen Hochschule Ludwigsburg; von 2001 bis 2007 wissenschaftlicher Mitarbeiter am Institut für Kulturmanagement der Pädagogischen Hochschule Ludwigsburg und freier Kulturberater im Netzwerk für Kulturberatung; seit 1997 verschiedene Tätigkeiten und Beratungen in Medien- und Kultureinrichtungen; Gastdozent an Universitäten und Hochschulen in Deutschland, in der Schweiz und in Finnland.

Markus Lutz, Kulturmanager M. A., Diplom-Wirtschaftsjurist; Arbeits-, Publikations- und Forschungsschwerpunkte: Einflussfaktoren der Besucherbindung, Besuchermanagement und Kulturmarketing, ehrenamtliches Engagement im Kulturbereich, Theater- und Verbandsmanagement; seit 2008 Assistent des Geschäftsführenden Direktors an der Deutschen Oper Berlin und Doktorand bei Prof. Dr. Armin Klein am Institut für Kulturmanagement der Pädagogischen Hochschule Ludwigsburg; seit 2001 verschiedene Tätigkeiten in Kultureinrichtungen wie Staatstheater Nürnberg, ConBrio-Verlagsgesellschaft/neue musikzeitung (nmz), Südwestrundfunk (SWR), Schlossfestspiele Ludwigsburg und Bundesvereinigung Deutscher Musikverbände e.V.

Yvonne Pröbstle, Kulturmanagerin M. A.; Arbeits-, Publikations- und Forschungsschwerpunkte: Kultur und Tourismus, Bürgerschaftliches Engagement im Kulturbereich; seit 2007 wissenschaftliche Mitarbeiterin am Institut für Kulturmanagement der Pädagogischen Hochschule Ludwigsburg; Doktorandin bei Prof. Dr. Armin Klein mit einer Dissertation zum Thema „Kulturtouristen. Marktsegmentierung und Strategieentwicklung"; seit 2006 verschiedene Tätigkeiten und Beratungen in Kultureinrichtungen.

Elizabeth Anna Prommer, Dr. phil.; geboren in Palo Alto, Kalifornien (USA), aufgewachsen in München; Arbeits-, Publikations-, und Forschungsschwerpunkte: Publikums- und Rezeptionsforschung mit dem Schwerpunkt audiovisuelle Medien (Kino, Fernsehen und Internet), Methoden der empirischen Sozialforschung, Filmmarkt und Filmmarketing; derzeit Professorin für Rezeptions- und Wirkungsforschung an der Universität Wien; unterrichtete zuvor Kommunikations- und Medienwissenschaft sowie Medienforschung an der Hochschule für Film und Fernsehen Konrad Wolf in Potsdam-Babelsberg; Lehrtätigkeiten an der Universität München, der Filmhochschule München und Vertretungsprofessuren an der Universität der Künste in Berlin, Universität Hamburg; zusätzlich zur Wissenschaft: seit 1998 Gründung einer Beratungsfirma für Publikumsforschung, spezialisiert auf den Kinomarkt. Verschiedene Vortragstätigkeiten für die Medienpraxis, wie den Verband der Arthaus-Kinos EU oder der europäischen Organisation der Arthaus-Filmverleiher.

Stefanie Rhein, Dr. phil., Kultursoziologin; Arbeits-, Publikations- und Forschungsschwerpunkte: Musiksoziologie, Umgehensweisen Jugendlicher und Erwachsener mit Musik und Medien, Rezeptionsforschung, Jugend- und Fankulturen, musikalische und mediale (Selbst-)Sozialisation, Lebensstil; seit 2007 akademische Mitarbeiterin in der Abteilung Soziologie sowie seit 2005 an der Forschungsförderungsstelle der Pädagogischen Hochschule Ludwigsburg; regelmäßige Tätigkeit als wissenschaftlich-pädagogische Mitarbeiterin in Forschungsprojekten zur jugendlichen Medienrezeption für das Institut für Medienwissenschaft und Content (IMC) in München und als Lehrbeauftragte für Musiksoziologie an der Staatlichen Hochschule für Musik und Darstellende Kunst in Stuttgart; zwischen 1992 und 2005 Gitarristin in verschiedenen Bands.

Nora Wegner, Kulturmanagerin M. A., Kulturwissenschaftlerin B. A.; Arbeits-, Publikations- und Forschungsschwerpunkte: Publikums-/Besucherforschung, Evaluation im Museums- und Kulturbereich, Museumsmarketing; seit 2003 freiberufliche Tätigkeit mit Büro für Besucherforschung, Evaluation, Kulturmanagement; freie Mitarbeit im Netzwerk für Kulturberatung; seit 2010 Doktorandin bei Prof. Dr. Armin Klein am Institut für Kulturmanagement der Pädagogischen Hochschule Ludwigsburg mit einer Dissertation zum Museumspublikum; Lehraufträge an Universitäten und Hochschulen in Karlsruhe, Dresden und Ludwigsburg.

Journalismus

Christina Holtz-Bacha (Hrsg.)
Die Massenmedien im Wahlkampf
Das Wahljahr 2009
2010. 375 S. Br. EUR 39,95
ISBN 978-3-531-17414-3

Olaf Jandura / Thorsten Quandt (Hrsg.)
Methoden der Journalismusforschung
2011. ca. 350 S. Br. ca. EUR 29,95
ISBN 978-3-531-16975-0

Josef Kurz / Daniel Müller / Joachim Pötschke / Horst Pöttker / Martin Gehr
Stilistik für Journalisten
2., erw. u. überarb. Aufl. 2010. 369 S. Br.
EUR 34,95
ISBN 978-3-531-33434-9

Thomas Leif (Hrsg.)
Trainingshandbuch Recherche
Informationsbeschaffung professionell
2., erw. Aufl. 2010. 232 S. Br. EUR 29,95
ISBN 978-3-531-17427-3

Thomas Morawski / Martin Weiss
Trainingsbuch Fernsehreportage
Reporterglück und wie man es macht –
Regeln, Tipps und Tricks. Mit Sonderteil
Kriegs- und Krisenreportage
2. Aufl. 2011. ca. 245 S. Br. ca. EUR 19,95
ISBN 978-3-531-17609-3

Andreas Wrobel-Leipold
Warum gibt es die Bild-Zeitung nicht auf Französisch?
Zu Gegenwart und Geschichte der tagesaktuellen Medien in Frankreich
2010. 169 S. Br. EUR 19,95
ISBN 978-3-531-17543-0

Erhältlich im Buchhandel oder beim Verlag.
Änderungen vorbehalten. Stand: Juli 2010.

www.vs-verlag.de

VS VERLAG

Abraham-Lincoln-Straße 46
65189 Wiesbaden
Tel. 0611.7878-722
Fax 0611.7878-400

Printed by Books on Demand, Germany